陕西省"十一五"古籍整理出版规划重大项目

国家"十一五"古籍整理出版重点规划项目

2011—2020年国家古籍整理出版规划项目

# 陕西碑刻总目提要初编

## 第二册

主　　编　　吴敏霞

本册主编　　刘思怡　王珂

科学出版社
北京

# 内 容 简 介

　　《陕西碑刻总目提要初编》系陕西省"十一五"古籍整理出版规划重大项目、《国家"十一五"古籍整理出版重点规划》项目和《2011—2020年国家古籍整理出版规划》项目《陕西碑刻总目提要》的阶段性成果。

　　本书收录陕西境内历代碑、墓志、墓砖、摩崖石刻、造像题记、经幢、塔铭等多种类型的石刻资料；所收各类碑刻年代上自秦汉，下迄民国末年；所收碑刻的著录信息包括碑名、年代、形制、行字、撰书刻者、纹饰、出土地、现藏地、著录情况及提要等多方面内容。

　　《陕西碑刻总目提要初编》反映了陕西碑刻存藏的总体状况及相关著录和研究状况，是相关领域研究的重要文献资料。

**图书在版编目(CIP)数据**

　　陕西碑刻总目提要初编. 第二册/吴敏霞主编；刘思怡，王珂分册主编. —北京：科学出版社，2018.12

　　ISBN 978-7-03-051374-8

　　Ⅰ. ①陕… Ⅱ. ①吴… ②刘… ③王… Ⅲ. ①碑刻-内容提要-陕西-古代 Ⅳ. ①Z88：K877.42

　　中国版本图书馆 CIP 数据核字(2016)第 324236 号

责任编辑：付　艳　宋开金／责任校对：何艳萍
责任印制：张克忠／封面设计：黄华斌

*科学出版社* 出版
北京东黄城根北街 16 号
邮政编码：100717
http://www.sciencep.com
**中国科学院印刷厂** 印刷
科学出版社发行　各地新华书店经销
\*

2018 年 12 月第 一 版　　开本：787×1092　1/16
2018 年 12 月第一次印刷　　印张：23 1/2
字数：510 000

**定价：1998.00 元（全 5 册）**
（如有印装质量问题，我社负责调换）

# 陕西省古籍保护整理出版工作
# 领导小组编纂委员会

《陕西碑刻总目提要》主编单位

陕西省古籍整理办公室

《陕西碑刻总目提要》主要协助单位

陕西省文物局　陕西省民族宗教事务委员会　西安碑林博物馆

# 《陕西碑刻总目提要》主要支持单位

各市文物局及其辖区相关文博单位、各市宗教事务局及其辖区相关寺院道观存藏单位，包括但不仅限于：

| | |
|---|---|
| 西安市文物局 | 汉阳陵博物馆 |
| 咸阳市文物旅游局 | 法门寺博物馆 |
| 宝鸡市文物旅游局 | 乾陵博物馆 |
| 铜川市文物旅游局 | 西安事变纪念馆 |
| 渭南市文物旅游局 | 西安市民族宗教事务局 |
| 汉中市文物旅游局 | 咸阳市民族宗教事务局 |
| 安康市文化文物广电局 | 宝鸡市民族宗教事务局 |
| 商洛市文化文物广电新闻出版局 | 铜川市民族宗教事务局 |
| 延安市文物局 | 渭南市民族宗教事务局 |
| 榆林市文化广电新闻出版局 | 汉中市民族宗教事务局 |
| 西安碑林博物馆 | 安康市民族宗教事务局 |
| 陕西历史博物馆 | 延安市民族宗教事务局 |
| 陕西省考古研究院 | 榆林市民族宗教事务局 |

# 目　　录

## 九华观静□师藏形记

**全称**：唐故九华观□□师藏形记。

**年代**：唐永贞元年（805）刻。

**形制**：青石质。志长 0.37 米，宽 0.36 米。

**行字**：志文楷书 19 行，满行 30 字。

**撰书**：张问撰，张龚书。

**出土**：1966 年出土于西安市南郊三爻村第三砖瓦厂。

**现藏**：西安碑林博物馆。

**著录**：《新中国出土墓志·陕西贰》《唐代墓志汇编续集》《长安碑刻》。

**备注**：唐永贞元年八月二十四日葬。

**提要**：记载九华观道师之生平情况。

## 米继芬墓志

**全称**：唐左神策军故散副将游骑将军守左武卫大将军同正兼试太常卿上柱国京兆米府君墓志铭并序。

**年代**：唐永贞元年（805）刻。

**形制**：青石质。盖盝形。志、盖尺寸相同。长 0.48 米，宽 0.47 米。

**行字**：盖文篆书 3 行，满行 3 字，题"大唐故米府君墓志铭"。志文楷书 20 行，满行 27 字。

**撰书**：翟运撰并书。

**纹饰**：盖四刹饰四神图案。

**出土**：1955 年出土于西安市西郊三桥村。

**现藏**：西安碑林博物馆。

**著录**：《新中国出土墓志·陕西贰》《唐代墓志汇编续集》。

**备注**：唐永贞元年十二月十九日葬。

**提要**：志文记载米继芬之家世及生平。

## 韦本立墓志

**全称**：唐故灵武节度推官将仕郎试秘书省校书郎京兆韦府君墓志铭。

**年代**：唐永贞元年（805）刻。

**形制**：盖盝形，志正方形。盖边长 0.37 米，厚 0.06 米。志边长 0.38 米，厚 0.08 米。

**行字**：盖文篆书 3 行，满行 3 字，题"大唐故韦府君墓志铭"。志文楷书 21 行，满行 21 字。

**撰书**：樊砷撰，韦宗礼书。

**纹饰**：盖四周及四刹饰团花纹，志四侧饰卷云纹。

**出土**：1989 年出土于长安县南里王村。

**现藏**：陕西省考古研究院。

**著录**：《文博》（1999 年第 6 期）《长安碑刻》。

**提要**：记载韦本立之家世及生平。

## 谒华岳庙诗

**年代**：唐元和元年（806）刻立。

**形制**：螭首龟座。高 4.09 米，宽 0.32 米。

**行字**：碑文楷书 8 行，满行 8—26 字不等。

**撰书**：贾竦撰并书。

**出土**：华阴西岳庙旧藏。

**现藏**：华阴市西岳庙文物管理处。

**著录**：《金石文字记》《关中金石记》《金石萃编》。

**备注**：镌刻于西岳华山神庙之碑石右侧棱。

**提要**：刻唐元和元年十月二十八日贾竦游西岳庙题五言十八韵谒岳庙诗。

## 招圣寺大德慧坚禅师碑

**全称**：唐故招圣寺大德慧坚禅师碑铭并序。

**年代**：唐元和元年（806）刻立。

**形制**：螭首方座。通高 2.29 米；宽 0.91 米，厚 0.27 米。

**行字**：额隶书 3 行，满行 4 字，题"唐故招圣寺大德慧坚禅师碑"。碑文行书 29 行，满行字数不等。

**撰书**：徐岱撰，孙藏器书。

纹饰：碑侧饰蔓草纹及瑞兽、凤鸟图案。

出土：1945 年出土于西安机场基建工地。1948 年移藏西安碑林。

现藏：西安碑林博物馆。

著录：《西安碑林全集》《碑帖叙录》。

备注：碑阴刻有民国三十四年（1945）史直草书题记一行，记当时碑石出土情况。

提要：此碑为慧坚禅师之弟子普济等为纪念其先师，建塔于长安龙首西原。并记载慧坚禅师弱冠时即离家求佛，遇禅宗七祖神会大师付以心要。虢王李巨曾请住洛阳圣善寺，后西至长安，至化度、慧日二寺。大历年间（766—779），代宗皇帝诏其移居招圣寺，尊位宗师。贞元初，诏译新经，曾入禁中为宫中太子等讲禅，贞元八年（792）卒。

## 牛公浦妻陈氏墓志

全称：唐前左金吾卫长史牛公浦夫人颍川陈氏墓志铭并序。

年代：唐元和元年（806）刻。

形制：盖盝形，志正方形。志、盖尺寸相同。边长 0.36 米。

行字：盖文篆书 3 行，满行 3 字，题"大唐故夫人陈氏墓志"。志文楷书 21 行，满行 22 字。

撰书：秦公衡撰。

纹饰：盖四周及四刹饰团花纹，志四侧饰团花纹。

出土：出土时间、地点不详。2000 年入藏西安碑林博物馆。

现藏：西安碑林博物馆。

著录：《西安碑林博物馆新藏墓志汇编》。

提要：记载陈氏家世及生平。

## 杨良瑶神道碑

全称：唐故右三军僻仗太中大夫行内侍省内给事赐紫金鱼袋上柱国弘农县开国男食邑三百户杨公神道碑铭。

年代：唐元和元年（806）刻立。

形制：螭首圭额。高 2.75 米，宽 0.94—1.02 米。

行字：额篆书，题"唐故杨府君神道碑"。碑文楷书 36 行，满行 74 字。

撰书：陆邳撰，赵良裔书。

现藏：泾阳县博物馆。

提要：此碑记叙了杨氏家族起源和侍奉皇帝、内平祸乱、外抚异邦情况，及杨良瑶以朝廷使节身份携带国书由南海起航跨越印度洋访问远在两河流域的黑衣大食等情况。

## 假延信妻骆氏墓志

全称：故内侍省内给事假延信故夫人渤海郡君骆氏墓志铭并序。

年代：唐元和二年（807）刻。

形制：青石质。盖盝形，志正方形。志、盖尺寸相同。边长 0.51 米。

行字：盖文篆书 3 行，满行 3 字，题"大唐故骆夫人墓志铭"。志文楷书 22 行，满行 22 字。

撰书：韩逢撰。

纹饰：志四侧及盖四刹饰卷叶纹。

出土：1956 年出土于西安市东郊韩森寨。

现藏：西安碑林博物馆。

著录：《新中国出土墓志·陕西贰》。

备注：唐元和二年二月廿九日葬。

提要：志文记载骆氏之生平及婚姻情况。

## 姚常一塔铭

全称：大唐荷恩寺故大德法律禅师塔铭并序。

年代：唐元和二年（807）刻。

形制：高 1.18 米，宽 0.74 米。

行字：志文楷书 46 行，满行 25 字。

撰书：沙门锐璨述，沙门法开建。

出土：1980 年出土于西安市东郊席王乡卞家村。

现藏：西安碑林博物馆。

著录：《新中国出土墓志·陕西贰》《唐代墓志汇编》。

备注：唐元和二年四月八日建。

提要：塔铭记载了大德法律禅师的家世、生平及修为等情况。

## 苗蕃墓志

全称：唐故太原府参军事苗君墓志铭。

年代：唐元和二年（807）刻。

形制：志正方形。边长 0.53 米。

行字：志文楷书 18 行，满行 18 字。

撰书：韩愈撰。

出土：洛阳出土，时间不详。

现藏：西安碑林博物馆。

著录：《唐代墓志汇编》。

备注：唐元和二年十二月十三日葬。

提要：志文记载苗蕃之家世及生平。

## 张宁墓志

全称：唐故夏州节度衙厢马步兼四州蕃落都知兵马使银青光禄大夫检校国子祭酒兼殿中侍御史上柱国清河张宁墓志铭有序。

年代：唐元和二年（807）刻。

形制：砂石质。盖正方形，边长 0.38 米。志长 0.46 米，宽 0.48 米。

行字：盖文篆书 2 行，满行 2 字，题"张公墓志"。志文楷书 25 行，满行 24—28 字不等。

撰书：许道敬撰。

纹饰：盖四刹饰八卦图案。

出土：1995 年出土于靖边县红墩界乡圪坨河村。

现藏：榆林市文物保护研究所。

著录：《榆林碑石》。

提要：志文记载张宁家世及生平。

## 陈瑨暨妻范氏墓志

全称：唐故上柱国子颍川郡陈公及夫人范氏墓志铭并序。

年代：唐元和二年（807）刻。

形制：志长 0.40 米，宽 0.37 米。

行字：志文楷书 18 行，满行 20—29 字不等。

纹饰：志四侧饰壶门图案。

出土：出土时间、地点不详。2006 年入藏西安碑林博物馆。

现藏：西安碑林博物馆。

著录：《西安碑林博物馆新藏墓志汇编》。

提要：志文记载志主的家世及生平。

## 秦承恩墓志

全称：唐故天水郡秦公墓志铭并序。

年代：唐元和二年（807）刻。

形制：盖盝形。志、盖尺寸相同。长 0.36 米，宽 0.35 米。

行字：盖文篆书 3 行，满行 3 字，题"大唐故秦公墓志之铭"。志文楷书 16 行，满行 28 字。

纹饰：盖四周及四刹饰牡丹纹，志四侧饰壶门图案。

出土：出土时间、地点不详。2006 年入藏西安碑林博物馆。

现藏：西安碑林博物馆。

著录：《西安碑林博物馆新藏墓志汇编》。

提要：志文记载秦承恩的家世及生平。

## 裴复墓志

全称：唐故河南少尹裴君墓志铭。

年代：唐元和三年（808）刻。

形制：志长 0.40 米，宽 0.39 米。

行字：志文楷书 21 行，满行 21 字。

出土：洛阳出土，时间不详。

现藏：西安碑林博物馆。

著录：《唐代墓志汇编续集》。

备注：唐元和三年四月二十三日葬。

提要：志文记载裴复之家世及生平。

## 刘君妻骆氏墓志

全称：唐故元从朝议郎行内侍省内府局令上柱国刘府君夫人骆氏墓志铭并序。

年代：唐元和三年（808）刻。

形制：盖盝形，志、盖尺寸相同。长 0.56 米，宽 0.54 米。

行字：盖文篆书 3 行，满行 3 字，题"大唐故骆夫人墓志铭"。志文楷书 24 行，满行 26 字。

撰书：孙藏器述并书。

纹饰：盖四周饰牡丹纹，四刹饰四神图案。

出土：出土时间、地点不详。

现藏：西安碑林博物馆。

著录：《新中国出土墓志·陕西贰》《唐代墓志汇编续集》。

备注：唐元和三年十月十三日葬。

提要：志文记载骆氏之家世及生平。

## 杨萼墓志

全称：故弘农杨府君墓志铭并序。

年代：唐元和三年（808）刻。

形制：志正方形。边长 0.36 米。

行字：志文楷书 17 行，满行 17 字。

撰书：李岊撰。

出土：1961 年出土于西安市西郊枣园村。

现藏：西安碑林博物馆。

著录：《新中国出土墓志·陕西贰》《唐代墓志汇编续集》。

备注：唐元和三年十月二十五日葬。

提要：志文记载杨萼之家世及生平。

## 秦君妻杨氏墓志

全称：左神武将军秦公故夫人弘农杨氏墓志铭并序。

年代：唐元和三年（808）刻。

形制：志正方形。边长 0.49 米。

行字：志文楷书 25 行，满行 26 字。

撰书：秦宗衡撰。

纹饰：志四侧饰云纹，盖四周及四刹饰牡丹纹。

出土：1956 年出土于西安市东郊韩森寨。

现藏：西安碑林博物馆。

著录：《新中国出土墓志·陕西贰》《唐代墓志汇编续集》。

备注：唐元和三年十一月十二日葬。

提要：志文记载杨氏之家世及生平。

## 韦孟明墓志

全称：唐故同州澄城县主簿韦府君墓志铭并序。

年代：唐元和三年（808）刻。

形制：青石质。盖盝形，志、盖尺寸相同。长 0.52 米，宽 0.53 米。

行字：盖文楷书 3 行，满行 3 字，题"有唐故韦府君墓志铭"。志文楷书 23 行，满行 23 字。

撰书：柳涧撰。

纹饰：志四周饰几何纹，四侧饰十二生肖图案。盖四周饰牡丹纹，四刹饰四神图案。

出土：1954 年出土于西安市东郊郭家滩。

现藏：西安碑林博物馆。

著录：《新中国出土墓志·陕西贰》《唐代墓志汇编续集》。

备注：唐元和三年十一月二十四日葬。

提要：志文记载韦孟明之家世及生平。

## 朱庭玘墓志

全称：唐故元从奉天定难功臣云麾将军行右监门率府副率上柱国左神武军宿卫朱府君墓志铭并序。

年代：唐元和三年（808）刻。

形制：盖盝形，志正方形。志、盖尺寸相同。边长 0.50 米。

行字：盖文篆书 4 行，满行 3 字，题"唐故苏州吴郡朱府君墓志铭"。志文楷书24 行，满行 25 字。

撰书：宋颐撰。

纹饰：盖四周饰牡丹纹，四刹饰四神图案。

出土：1955 出土于西安市西郊土门。

现藏：西安碑林博物馆。

著录：《新中国出土墓志·陕西贰》《唐代墓志汇编续集》。

备注：唐元和三年十一月二十八日葬。

提要：志文记载朱庭玘之家世及生平。

## 安乡县主墓志

全称：唐永州长史王公夫人故安乡县主墓志铭并序。

年代：唐元和三年（808）刻。

形制：青石质。志正方形。边长 0.35 米。

行字：志文楷书 21 行，满行 21 字。

撰书：卢文明撰。

著录：《长安新出墓志》《长安碑刻》。

出土：出土时间、地点不详。

现藏：西安市长安博物馆。

提要：志文记载安乡县主之生平及子嗣等。

## 韦师哲墓志

全称：唐故京兆韦君墓志铭并序。

年代：唐元和三年（808）刻。

形制：青石质。志正方形。边长 0.37 米。

行字：志文楷书 16 行，满行 17 字。

撰书：萨存诚撰。

出土：出土时间、地点不详。

现藏：西安市长安博物馆。

著录：《长安新出墓志》《长安碑刻》。

提要：志文记载韦师哲的家世及生平等情况。

## 韦君妻郑氏墓志

全称：唐右庶子韦公夫人故荥阳县君郑氏墓志铭并序。

年代：唐元和三年（808）刻。

形制：青石质。志正方形。边长 0.62 米，厚0.13 米。

行字：志文楷书 34 行，满行 34 字。

撰书：李宗衡撰。

出土：1997 年出土于长安县韦曲镇里王村。

现藏：西安市长安博物馆。

著录：《长安新出墓志》《长安碑刻》。

提要：志文记载郑氏之家世及生平。

## 郑朝尚妻栗氏墓志

全称：唐故府君荥阳郑公夫人信都栗氏墓志铭并序。

年代：唐元和三年（808）刻。

形制：志正方形。边长 0.39 米。

行字：志文楷书 19 行，满行 25 字。

纹饰：志四侧饰壶门图案。

出土：出土时间、地点不详。2006 年入藏西安碑林博物馆。

现藏：西安碑林博物馆。

著录：《西安碑林博物馆新藏墓志汇编》。

提要：志文记载郑朝尚夫妇二人的家世及生平。

## 宋曜墓志

**全称：** 唐故宋府君墓志铭并序。

**年代：** 唐元和三年（808）刻。

**形制：** 志正方形。边长 0.41 米。

**行字：** 志文楷书 18 行，满行 20—26 字不等。

**纹饰：** 四侧饰壸门图案。

**出土：** 出土时间、地点不详。2006 年入藏西安碑林博物馆。

**现藏：** 西安碑林博物馆。

**著录：**《西安碑林博物馆新藏墓志汇编》。

**提要：** 志文记载宋曜夫妇二人的家世及生平。

## 秦君妻李氏墓志

**全称：** 致果副尉试左清道率府兵曹参军上轻车都尉秦君夫人陇西李氏墓志并序。

**年代：** 唐元和四年（809）刻。

**形制：** 青石质。盖盝形，志正方形。志、盖尺寸相同。边长 0.32 米。

**行字：** 盖文楷书 3 行，满行 3 字，题"大唐故李夫人墓志铭"。志文楷书 18 行，满行 18 字。

**撰书：** 秦宗武撰。

**纹饰：** 志四侧饰卷云纹，盖四周及四刹饰牡丹纹。

**出土：** 1956 年出土于西安市东郊韩森寨。

**现藏：** 西安碑林博物馆。

**著录：**《新中国出土墓志·陕西贰》。

**提要：** 志文记载李氏之家世及生平。

## 毛伯良妻杨氏墓志

**全称：** 大唐将仕郎守洪州都督府仓曹参军翰林待诏荥阳毛公故夫人弘农杨氏墓志铭并序。

**年代：** 唐元和四年（809）刻。

**行字：** 志文楷书 24 行，满行 24 字。

**纹饰：** 志四侧饰蔓草纹。

**出土：** 出土时间、地点不详。

**现藏：** 西安碑林博物馆。

**著录：**《新中国出土墓志·陕西贰》。

**提要：** 志文记载杨氏之家世及生平。

## 李日荣墓志

**全称：** 大唐故李府君墓志。

**年代：** 唐元和四年（809）刻。

**形制：** 青石质。盖盝形，志、盖尺寸相同。长 0.39 米，宽 0.38 米。

**行字：** 盖文楷书 3 行，满行 3 字，题"大唐故李府君墓志铭"。志文楷书 17 行，满行 17 字。

**纹饰：** 盖四刹饰流云纹，志四侧饰蔓草纹。

**出土：** 1956 年出土于西安市北郊。

**现藏：** 西安碑林博物馆。

**著录：**《新中国出土墓志·陕西贰》《唐代墓志汇编续集》。

**备注：** 唐元和四年十一月十八日葬。

**提要：** 志文记载李日荣之家世及生平。

## 冯得一墓志

**全称：** 大唐五通观威仪兼观主冯仙师墓志铭并序。

**年代：** 唐元和四年（809）刻。

**形制：** 青石质。盖盝形，志正方形。志、盖尺寸相同。边长 0.43 米。

**行字：** 盖文楷书 3 行，满行 3 字，题"大唐故冯仙师墓志铭"。志文楷书 24 行，满行 24 字。

**撰书：** 翟约撰并书。

**纹饰：** 志四侧饰缠枝纹，盖四刹饰牡丹纹。

**出土：** 西安近郊出土，时间不详。

**现藏：** 西安碑林博物馆。

**著录：**《新中国出土墓志·陕西贰》《唐代墓志汇编续集》。

备注：唐元和四年十二月二十五日葬。

提要：志文记载冯得一之生平。

## 魏邈墓志

全称：大唐故宣州司功参军魏府君墓志铭并序。

年代：唐元和五年（810）刻。

形制：志长 0.47 米，宽 0.46 米。

行字：志文楷书 30 行，满行 30 字。

撰书：魏匡赞撰并书。

出土：1949 年前出土于西安。

现藏：西安碑林博物馆。

著录：《八琼室金石补正》《金石萃编》《唐代墓志汇编》。

备注：唐元和五年四月八日葬。

提要：志文记载魏邈之家世及生平。

## 张涣墓志

全称：唐故元从奉天定难功臣定远将军守左龙卫武军翊府中郎将兼右羽林军通直上柱国清河郡张府君墓志铭并序。

年代：唐元和五年（810）刻。

形制：青石质。盖盝形，志正方形。志、盖尺寸相同。边长 0.61 米。

行字：盖文篆书 3 行，满行 3 字，题"大唐故张府君墓志铭"。志文楷书 32 行，满行 31 字。

撰书：刘冲玄撰并书。

纹饰：志四侧饰兽首人身十二生肖图案，盖四刹饰四神图案。

出土：1956 年出土于西安市东郊韩森寨。

现藏：西安碑林博物馆。

著录：《新中国出土墓志·陕西贰》《唐代墓志汇编续集》。

备注：唐元和五年八月四日葬。

提要：志文记载张涣之家世及生平。

## 崔慎思墓志

全称：唐故博陵崔府君墓志铭并序。

年代：唐元和五年（810）刻。

形制：青石质。盖盝形，志、盖尺寸相同。长 0.36 米，宽 0.38 米。

行字：盖文楷书 3 行，满行 3 字，题"大唐故崔府君墓志铭"。志文楷书 18 行，满行 20 字。

撰书：哥舒峘撰。

纹饰：志四侧饰十二生肖图案，盖四周饰海石榴纹，四刹饰四神图案。

出土：1956 年出土于西安市东郊韩森寨。

现藏：西安碑林博物馆。

著录：《新中国出土墓志·陕西贰》《唐代墓志汇编续集》。

备注：唐元和五年八月十六日葬。

提要：志文记载崔慎思之家世及生平。

## 李缥墓志

全称：唐故会王墓志铭并序。

年代：唐元和五年（810）刻。

形制：青石质。志长 0.76 米，宽 0.78 米。

行字：志文行楷 22 行，满行 20 字。

撰书：白居易撰。

出土：1951 年出土于长安县杨善乡席王村。

现藏：西安碑林博物馆。

著录：《新中国出土墓志·陕西贰》《唐代墓志汇编》《长安碑刻》。

备注：唐元和五年十二月十八日葬。

提要：志文记载李缥之家世及生平情况。

## 刘溢墓志

全称：唐故朝请郎行扬州海陵县丞刘府君墓志铭并序。

年代：唐元和五年（810）刻。

形制：盖盝形，志正方形。志、盖尺寸相同。边长 0.40 米。

行字：盖文篆书 3 行，满行 3 字，题"大唐故刘府君墓志铭"。志文楷书 20 行，满行 20 字。

撰书：薛成撰，刘𬭁书。

纹饰：盖四周饰宝相花纹，四刹饰海石榴纹；志四侧饰蔓草纹，

出土：1956 年出土于西安市西郊土门。

现藏：西安碑林博物馆。

著录：《新中国出土墓志·陕西贰》《唐代墓志汇编续集》。

备注：唐元和五年十二月二十四日葬。

提要：志文记载刘溢之家世及生平。

## 韦沨墓志

全称：唐故朝请大夫守华州司马韦公墓志铭并序。

年代：唐元和五年（810）刻。

形制：志正方形。边长 0.62 米。

行字：志文楷书 32 行，满行 32—35 字不等。

撰书：裴坦撰，韦同彝书。

出土：出土时间、地点不详。

现藏：西安市长安博物馆。

著录：《长安新出墓志》《长安碑刻》。

提要：志文记载韦沨之家世及生平。其历仕太子内直丞、商州司功参军、试太府主簿、商州馆驿判官、河南府功曹参军、司录参军、洛阳令和华州司马。

## 马英粲墓志

全称：大唐故内侍省文直省掌枢密马府君墓志铭并序。

年代：唐元和五年（810）刻。

形制：志正方形。边长 0.55 米，厚 0.10 米。

行字：志文楷书 28 行，满行 28 字。

撰书：蔺从素撰并书。

出土：出土时间、地点不详。

现藏：高陵县文化馆。

提要：志文记载马英粲的家世及生平、历官。

## 张朝清墓志

全称：唐故御侮校尉试殿中监骑都尉上柱国中军副将张府君墓志铭并序。

年代：唐元和五年（810）刻。

形制：盖盝形，志正方形。志、盖尺寸相同。边长 0.44 米。

行字：盖文篆书 3 行，满行 3 字，题"大唐故张府君墓志铭"。志文楷书 20 行，满行 25—27 字不等。

纹饰：盖四刹饰牡丹纹，志四侧饰壶门图案。

出土：出土时间、地点不详。2006 年入藏西安碑林博物馆。

现藏：西安碑林博物馆。

著录：《西安碑林博物馆新藏墓志汇编》。

提要：志文记载张朝清之家世及生平。

## 道广荼毗遗记

年代：唐元和五年（810）刻立。

形制：碑正方形。边长 0.27 米，厚 0.06 米。

行字：碑文行书 19 行，满行 19 字。

纹饰：四侧饰卷云纹。

出土：1980 年出土于淳化县车坞乡神圪垯村。

现藏：淳化县博物馆。

著录：《淳化县文物志》《淳化金石文存》。

## 田占墓志

全称：唐故京兆田君墓志铭并序。

年代：唐元和六年（811）刻。

形制：志长 0.32 米，宽 0.33 米。

行字：志文楷书 15 行，满行 16 字。

撰书：李仍叔撰。

出土：出土于华县梁西村，时间不详。

现藏：西安碑林博物馆。

提要：志文记载田占之家族世系、生平。

## 董希逸墓志

全称：唐故左神武军大将军都知元从奉天定难功臣宣威将军守左金吾卫大将军陇西郡董府君墓志铭并序。

年代：唐元和六年（811）刻。

形制：盖盝形，志正方形。志、盖尺寸相同。边长 0.52 米。

行字：盖文篆书 3 行，满行 3 字，题"唐故董府君墓志之铭"。志文楷书 18 行，满行 30 字。

撰书：李遇撰，米少殷书并篆额。

纹饰：盖四刹饰四神图案。

出土：1958 年出土于西安市东郊韩森寨。

现藏：西安碑林博物馆。

著录：《新中国出土墓志·陕西贰》。

备注：唐元和六年十月十二日葬。

提要：志文记载董希逸的家族世系、生平功绩及子嗣等情况。

## 张君妻宗氏墓志

全称：故汝南郡君洛阳宗夫人墓志铭并序。

年代：唐元和六年（811）刻。

形制：盖盝形，志、盖尺寸相同。长 0.62 米，宽 0.60 米。

行字：盖文篆书 3 行，满行 3 字，题"大唐故宗夫人墓志铭"。志文楷书 26 行，满行 28 字。

纹饰：志四侧饰十二生肖图案，盖四周饰牡丹纹，四刹饰四神图案。

出土：1956 年出土于西安市东郊韩森寨。

现藏：西安碑林博物馆。

著录：《新中国出土墓志·陕西贰》《唐代墓志汇编续集》。

备注：唐元和六年十月二十四日葬。

提要：志文记载宗氏之家世及生平。

## 王俊墓志

全称：唐故银青光禄大夫王府君墓志铭并序。

年代：唐元和六年（811）刻。

形制：盖盝形，志正方形。盖边长 0.32 米。志边长 0.31 米，厚 0.07 米。

行字：盖文行书 3 行，满行 3 字，题"大唐故王府君墓志铭"。志文行楷 15 行，满行 15 字。

纹饰：盖四周及四刹均饰荷花纹，志四侧饰卷叶纹。

出土：西安博物院旧藏。

现藏：西安博物院。

提要：志文记载王俊之生平及子嗣等。

## 阎君妻段氏德铭

全称：大唐故元从朝请大夫守内侍省内常侍员外置同正员上柱国赐紫金鱼袋赠右监门卫将军阎公故武威郡夫人段氏法号功德山德铭并序。

年代：唐元和六年（811）刻。

形制：志正方形。边长 0.55 米。

行字：志文楷书 25 行，满行 26 字。

撰书：离爱撰并书。

纹饰：志四侧饰十二生肖图案。

出土：出土于西安市长安区郭杜镇，时间不详。2005 年入藏西安碑林博物馆。

现藏：西安碑林博物馆。

著录：《西安碑林博物馆新藏墓志汇编》。

提要：志文记载段氏的家世及生平。

## 武士穆墓志

**全称：** 唐故王府参军武公墓志铭并序。

**年代：** 唐元和七年（812）刻。

**形制：** 志长0.43米，宽0.42米。

**行字：** 志文楷书21行，满行22字。

**纹饰：** 志四侧饰十二生肖图案。

**出土：** 1999年出土于西安市东郊田家湾。

**现藏：** 西安碑林博物馆。

**著录：**《西安碑林博物馆新藏墓志汇编》。

**备注：** 唐元和七年四月三日葬。

**提要：** 志文记载武士穆之家世及生平。

## 李赡妻萧氏墓志

**全称：** 唐朝请郎前行陕州大都督府文学李赡亡妻兰陵萧氏墓志。

**年代：** 唐元和七年（812）刻。

**形制：** 盖盝形，志、盖尺寸相同。长0.44米，宽0.46米。

**行字：** 盖文楷书3行，满行3字，题"唐李公故萧夫人墓铭"。志文楷书22行，满行25字。

**撰书：** 李赡撰。

**纹饰：** 志四侧饰蔓草纹，盖四刹饰四神图案。

**出土：** 1956年出土于西安市东郊洪庆村。

**现藏：** 西安碑林博物馆。

**著录：**《新中国出土墓志·陕西贰》《唐代墓志汇编续集》。

**备注：** 唐元和七年八月二十二日葬。

**提要：** 志文记载萧氏之家世及生平。

## 王昇墓志

**全称：** 唐故陇州汧阳县尉太原王府君墓志铭并序。

**年代：** 唐元和七年（812）刻。

**形制：** 盖盝形，志正方形。志边长0.36米，

厚0.06米。

**行字：** 盖文篆书3行，满行3字，题"大唐故王府君之铭志"。盖阴楷书9行，满行18—21字不等。志文楷书19字，满行22—30字不等。

**撰书：** 李方舟撰，王倬书，吕少琼刻。

**出土：** 1998年出土于户县涝店镇吕家堡砖厂。

**现藏：** 户县文物管理委员会。

**著录：**《户县碑刻》。

**备注：** 盖断为四块。

**提要：** 志文记载王昇之家世及生平。其历官金州汉阴县尉、陇州汧阳县尉。

## 王媛墓志

**全称：** 大唐故王夫人墓志铭并序。

**年代：** 唐元和七年（812）刻。

**形制：** 志正方形。边长0.46米。

**行字：** 志文楷书19行，满行20字。

**撰书：** 韦庇撰。

**出土：** 出土时间、地点不详。

**现藏：** 西安市长安博物馆。

**著录：**《长安新出墓志》《长安碑刻》。

**提要：** 志文记载王媛之家世及生平。

## 刘超妻张氏墓志

**全称：** 大唐刘公故夫人张氏墓志铭并序。

**年代：** 唐元和七年（812）刻。

**形制：** 志长0.51米，宽0.52米。

**行字：** 志文楷书21行，满行26字。

**撰书：** □运之撰。

**纹饰：** 志四侧饰瑞兽纹。

**出土：** 出土时间、地点不详。2006年入藏西安碑林博物馆。

**现藏：** 西安碑林博物馆。

**著录：**《西安碑林博物馆新藏墓志汇编》。

**提要：** 志文记载张氏的家世及生平。

## 李秀炎墓志

**全称：** 大唐故朝议郎试少府监丞赐紫金鱼袋李府君墓志。

**年代：** 唐元和七年（812）刻。

**形制：** 志长 0.44 米，宽 0.43 米。

**行字：** 志文楷书 21 行，满行 19—23 字不等。

**撰书：** 李文绍撰。

**纹饰：** 志四侧饰蔓草纹。

**出土：** 出土时间、地点不详。

**现藏：** 西安碑林博物馆。

**著录：** 《西安碑林博物馆新藏墓志汇编》。

**提要：** 志文记载李秀炎的家世及生平。

## *郑君墓志

**年代：** 唐元和七年（812）刻。

**形制：** 志正方形。边长 0.40 米，厚 0.09 米。

**行字：** 志文楷书 21 行，满行 23 字。

**撰书：** 碧烟子霄撰。

**纹饰：** 志四侧饰花卉纹。

**出土：** 出土时间、地点不详。

**现藏：** 宝鸡市渭滨区图书博物馆。

**提要：** 志文记载郑君的家世及生平。

## *萧君妻张氏墓志

**年代：** 唐元和七年（812）刻。

**形制：** 盖盝形，志正方形。盖边长 0.40 米，志边长 0.37 米。盖、志厚均 0.06 米。

**行字：** 盖文篆书 3 行，满行 3 字，题"唐敦煌张夫人墓志铭"。志文楷书 20 行，满行 20 字。

**撰书：** 萧瀚撰。

**纹饰：** 盖四周及四刹均饰牡丹纹。

**出土：** 1996 年出土于长安县韦曲镇西兆余村。

**现藏：** 陕西历史博物馆。

**提要：** 志文记载张氏的家世及生平。

## 马倩墓志

**全称：** 大唐故扶风马府君墓志铭并序。

**年代：** 唐元和八年（813）刻。

**形制：** 志正方形。边长 0.46 米，厚 0.08 米。

**行字：** 志文行楷 23 行，满行 24 字。

**撰书：** 姚逢撰。

**纹饰：** 志四侧饰卷云纹。

**出土：** 西安博物院旧藏。

**现藏：** 西安博物院。

**备注：** 志石从中部竖向断裂。

**提要：** 志文记载马倩之家世及生平。

## 韦直妻李氏墓志

**全称：** 唐故华州下邽县尉韦府君故夫人陇西李氏墓志铭并序。

**年代：** 唐元和八年（813）刻。

**形制：** 志正方形。边长 0.55 米。

**行字：** 志文楷书 32 行，满行 32 字。

**撰书：** 韦缤撰，李铦书。

**出土：** 出土时间、地点不详。

**现藏：** 西安市长安博物馆。

**著录：** 《长安新出墓志》《长安碑刻》。

**提要：** 志文记载李氏之家世及生平。

## 李虚中墓志

**全称：** 大唐故殿中侍御史陇西李府君墓志铭并序。

**年代：** 唐元和八年（813）刻。

**形制：** 盖盝形，志正方形。志、盖尺寸相同。边长 0.52 米。

**行字：** 盖文篆书 3 行，满行 3 字，题"大唐故李府君墓志铭"。志文楷书 26 行，满行 26 字。

**撰书：** 韩愈撰，卢礼源书，郑权篆盖。

**纹饰：** 盖四周饰几何纹。

出土：出土时间、地点不详。

现藏：西安碑林博物馆。

著录：《唐代墓志汇编》。

备注：唐元和八年十月二十九日葬。

提要：志文记载李虚中之家世及生平。

## 马考颜墓志

全称：唐故扶风郡马府君墓志铭并序。

年代：唐元和八年（813）刻。

形制：志正方形。边长 0.51 米。

行字：志文楷书 19 行，满行 28—30 字不等。

撰书：马公咏撰并书。

纹饰：志四侧饰兽首人身十二生肖图案。

出土：出土时间、地点不详。2006 年入藏西安碑林博物馆。

现藏：西安碑林博物馆。

著录：《西安碑林博物馆新藏墓志汇编》。

提要：志文记载马考颜之家世及生平。

## 郭惟良暨妻王氏合葬墓志

全称：唐故郭君并妻王夫人合祔墓志铭并序。

年代：唐元和八年（813）刻。

形制：志正方形。边长 0.51 米。

行字：志文楷书 20 行，满行 19 字。

纹饰：志四侧饰瑞兽纹。

出土：出土时间、地点不详。2006 年入藏西安碑林博物馆。

现藏：西安碑林博物馆。

著录：《西安碑林博物馆新藏墓志汇编》。

提要：志文记载郭惟良夫妇的家世及生平。

## 李术墓志

全称：唐故叔氏墓志并序。

年代：唐元和九年（814）刻。

形制：志正方形。边长 0.36 米。

行字：志文楷书 15 行，满行 15 字。

撰书：李翱撰。

出土：出土时间、地点不详。

现藏：西安碑林博物馆。

著录：《新中国出土墓志·陕西贰》《唐代墓志汇编》。

备注：唐元和九年正月十九日葬。

提要：志文记载李术之生平情况。

## 刘君妻宋氏墓志

全称：河间郡太夫人宋氏墓志铭。

年代：唐元和九年（814）刻。

形制：志长 0.42 米，宽 0.44 米。

行字：志文楷书 24 行，满行 23 字。

出土：1956 年出土于西安市东郊。

现藏：西安碑林博物馆。

著录：《新中国出土墓志·陕西贰》《唐代墓志汇编续集》。

备注：唐元和九年正月二十五日葬。

提要：志文记载宋氏之家世及生平。

## 张良辅墓志

全称：唐故中散大夫检校卫尉少卿兼监察御史上柱国赐紫金鱼袋张君墓志铭并序。

年代：唐元和九年（814）刻。

形制：志正方形。边长 0.37 米。

行字：志文楷书 21 行，满行 24 字。

撰书：陆南珹撰，郭逵书。

纹饰：志四侧饰卷云纹。

出土：1955 年出土于西安市东郊郭家滩。

现藏：西安碑林博物馆。

著录：《新中国出土墓志·陕西贰》《唐代墓志汇编续集》。

备注：唐元和九年五月十四日葬。

提要：志文记载张良辅之生平。

## 赵氏墓志

**全称：**唐故天水赵夫人墓志铭并序。

**年代：**唐元和九年（814）刻。

**形制：**志正方形。边长 0.50 米。

**行字：**志文楷书 19 行，满行 31 字。

**纹饰：**志四侧饰壸门图案。

**出土：**出土时间、地点不详。2006 年入藏
西安碑林博物馆。

**现藏：**西安碑林博物馆。

**著录：**《西安碑林博物馆新藏墓志汇编》。

**提要：**志文记载赵氏的家世及生平。

## 王叔宁墓志

**全称：**唐故朝议郎行宣州司法参军上柱国王
君墓志铭并序。

**年代：**唐元和十年（815）刻。

**形制：**盖盝形，志正方形。志、盖尺寸相同。
边长 0.45 米。

**行字：**盖文篆书 3 行，满行 3 字，题"大唐
故王府君墓志铭"。志文楷书 25 行，
满行 24 字。

**撰书：**周捆撰。

**纹饰：**志四侧饰缠枝纹，盖四周饰牡丹纹，
四刹饰四神图案。

**出土：**1980 年出土于西安市西郊土门。

**现藏：**西安碑林博物馆。

**著录：**《新中国出土墓志·陕西贰》《唐代墓
志汇编续集》。

**备注：**唐元和十年八月四日葬。

**提要：**志文记载王叔宁之家世及生平。

## 李君妻王氏墓志

**全称：**唐太原郡夫人太原郡王氏墓志铭并序。

**年代：**唐元和十年（815）刻。

**形制：**志长 0.57 米，宽 0.56 米。

**行字：**志文楷书 27 行，满行 27 字。

**撰书：**蔺巨淮撰。

**纹饰：**志四侧饰十二生肖图案，盖四周饰团
花纹，四刹饰四神图案。

**出土：**出土时间、地点不详。

**现藏：**西安碑林博物馆。

**著录：**《新中国出土墓志·陕西贰》。

**备注：**唐元和十年十二月二十三日葬。

**提要：**记载王氏之家世及生平。

## 董文莩墓志

**全称：**大唐故幽州卢龙节度监军宣义郎内
侍省掖庭局令员外置同正员上轻车
都尉赐紫金鱼袋陇西董府君墓志铭
并序。

**年代：**唐元和十一年（816）刻。

**形制：**青石质。盖盝形，志正方形。志、盖
尺寸相同。边长 0.63 米。

**行字：**盖文篆书 3 行，满行 3 字，题"大唐
故董府君墓志铭"。志文行楷 31 行，
满行 32 字。

**撰书：**习繻撰、书并篆盖，邵契刻。

**纹饰：**志四侧饰兽首人身十二生肖图案，四
刹饰四神图案及云纹。

**出土：**1954 年出土于西安市东郊郭家滩。

**现藏：**西安碑林博物馆。

**著录：**《新中国出土墓志·陕西贰》《唐代墓
志汇编续集》。

**备注：**唐元和十一年三月十八日葬。

**提要：**记载董文莩之家世及生平。

## 松君墓志

**年代：**唐元和十一年（816）刻。

**形制：**志正方形。边长 0.36 米。

**行字：**志文楷书 14 行，满行 18—23 字不等。

**出土：**1955 年出土于西安市东郊韩森寨。

现藏：西安碑林博物馆。

备注：唐元和十一年三月十八日葬。

提要：记载志主的家世及生平。

## *元和十一年陀罗尼经幢

年代：唐元和十一年（816）刻。

形制：八棱柱形。高 1.92 米，宽 0.20—0.22 米。

行字：幢文每面 8 行，满行 64 字。

现藏：眉县人民政府院。

著录：（宣统）《眉县志》。

提要：正文刻《佛顶尊胜陀罗尼经》经文。

## *郑更郎墓志

年代：唐元和十一年（816）刻。

形制：志正方形。边长 0.34 米，厚 0.08 米。

行字：志文楷书 13 行，满行 15 字。

出土：西安博物院旧藏。

现藏：西安博物院。

提要：志文记载殇子（五岁而夭）郑更郎之家世。

## 李君妻卢氏墓志

全称：唐故殿中侍御史陇西李府君夫人范阳卢氏墓志铭并序。

年代：唐元和十二年（817）刻。

形制：志正方形。边长 0.35 米。

行字：志文楷书 21 行，满行 22 字。

撰书：卢卓撰。

出土：1936 年出土于洛阳。

现藏：西安碑林博物馆。

著录：《唐代墓志汇编》。

备注：唐元和十二年六月二十七日葬。

提要：志文记载卢氏之家世及生平。

## 秦朝俭墓志

全称：唐故开府仪同三司行左领军卫上将军

致仕阳城郡王秦公墓志铭并序。

年代：唐元和十二年（817）刻。

形制：盖盝形，志正方形。志、盖尺寸相同。边长 0.87 米。

行字：盖文篆书 3 行，满行 3 字，题"大唐故秦府君墓志铭"。志文行楷 34 行，满行 34 字。

撰书：裴询撰，孙藏器书。

纹饰：志四周饰几何纹，四侧饰十二生肖图案，盖四刹饰四神图案。

出土：1956 年出土于西安市东郊韩森寨。

现藏：西安碑林博物馆。

著录：《新中国出土墓志·陕西贰》《唐代墓志汇编续集》。

备注：唐元和十二年七月十日葬。

提要：记载秦朝俭之家世及生平。

## 萧君妻田氏墓志

全称：大唐朝议郎前行司农寺太仓署令上柱国萧公故夫人田氏墓志铭并序。

年代：唐元和十二年（817）刻。

形制：盖盝形，志正方形。志、盖尺寸相同。边长 0.63 米。

行字：盖文楷书 3 行，满行 3 字，题"唐故夫人田氏墓志铭"。志文楷书 24 行，满行 24 字。

撰书：王敬休撰并书，邵契刻。

纹饰：志四侧饰十二生肖图案，四刹饰四神图案。

出土：1955 年出土于西安市东郊郭家滩。

现藏：西安碑林博物馆。

著录：《新中国出土墓志·陕西贰》《唐代墓志汇编续集》。

备注：唐元和十二年八月十五日葬。

提要：记载田氏之家世及生平。

## *贾君墓志

**年代**：唐元和十二年（817）刻。

**形制**：志正方形。边长 0.33 米。

**行字**：志文楷书 14 行，满行 25 字。

**出土**：1954 年出土于西安市东郊郭家滩。

**现藏**：西安碑林博物馆。

**著录**：《新中国出土墓志·陕西贰》。

**备注**：唐元和十二年八月二十七日葬。

**提要**：志文记载志主家世、子嗣等情况。

## 张君妻吕氏墓志

**年代**：唐元和十二年（817）刻。

**形制**：志、盖均为正方形，尺寸相同。边长 0.32 米。

**行字**：盖文篆书 3 行，满行 3 字，题"大唐故吕氏夫人墓志"。志文楷书 14 行，满行 24 字。

**出土**：1956 年出土于西安市机场基建工地。

**现藏**：西安碑林博物馆。

**著录**：《新中国出土墓志·陕西贰》。

**备注**：唐元和十二年九月十七日葬。

**提要**：记载吕氏家世及生平。

## 韦柏夷墓志

**全称**：唐故奉义郎行京兆府泾阳县丞韦府君墓志文并序。

**年代**：唐元和十二年（817）刻。

**形制**：志正方形。边长 0.40 米。

**行字**：志文楷书 20 行，满行 20 字。

**撰书**：韦道冲撰。

**出土**：出土时间、地点不详。

**现藏**：西安市长安博物馆。

**著录**：《长安碑刻》。

**提要**：志文记载韦柏夷之家世及生平。其官至泾阳县丞。

## 胡君妻雍氏墓志

**全称**：唐故左清道率府兵曹参军胡府君夫人晋陵郡君荥阳雍氏墓志铭并序。

**年代**：唐元和十二年（817）刻。

**形制**：志正方形。边长 0.37 米，厚 0.07 米。

**行字**：志文楷书 18 行，满行 19 字。

**纹饰**：志四侧饰十二生肖图案。

**出土**：西安博物院旧藏。

**现藏**：西安博物院。

**提要**：志文记载胡君夫人荥阳雍氏之生平。

## 韦暎妻薛琰墓志

**全称**：唐韦氏故夫人河东薛氏墓志铭并序。

**年代**：唐元和十二年（817）刻。

**形制**：志正方形。边长 0.46 米。

**行字**：志文楷书 23 行，满行 26 字。

**撰书**：韦暎撰。

**出土**：出土时间、地点不详。

**现藏**：西安市长安博物馆。

**提要**：志文记载韦暎夫人薛琰之家世及生平。

## 郝茂光暨妻孙氏墓志

**全称**：唐故折冲郝府君及夫人孙氏铭文并序。

**年代**：唐元和十二年（817）刻。

**形制**：盖盝形，志正方形。志、盖尺寸相同。边长 0.35 米。

**行字**：盖文篆书 3 行，满行 3 字，题"唐故郝府君墓志之铭"。志文楷书 17 行，满行 17—24 字不等。

**纹饰**：盖四周饰几何纹，四刹饰牡丹纹，志四侧饰壶门图案。

**出土**：出土时间、地点不详。2006 年入藏西安碑林博物馆。

**现藏**：西安碑林博物馆。

**著录**：《西安碑林博物馆新藏墓志汇编》。

提要：志文记载郝茂光夫妇的家世及生平。

## 韦行全墓志

全称：唐故京兆韦府君墓志铭并序。

年代：唐元和十二年（817）刻。

形制：盖盝形，志正方形。志、盖尺寸相同。边长 0.36 米。

行字：盖文楷书 3 行，满行 3 字，题"唐故京兆韦公墓志铭"。志文楷书 17 行，满行 17 字。

撰书：韦立行撰。

纹饰：盖四周饰牡丹纹，四刹饰四神图案。志四侧饰十二生肖图案。

出土：1989 年出土于长安县子午镇风雷仪表厂基建工地。

现藏：陕西省考古研究院。

著录：《考古与文物》（2005 年第 3 期）。

提要：志文记载韦行全之家世及生平。

## 王涓墓志

全称：唐故王公墓志铭并序。

年代：唐元和十三年（818）刻。

形制：青石质。盖盝形，志正方形。志、盖尺寸相同。边长 0.39 米。

行字：盖文篆书 3 行，满行 3 字，题"大唐故王府君墓志铭"。志文行楷 17 行，满行 18 字。

撰书：王巨撰。

纹饰：志四侧饰兽首人身十二生肖图案，盖四刹饰四神图案。

出土：1956 年出土于西安市东郊韩森寨。

现藏：西安碑林博物馆。

著录：《新中国出土墓志·陕西贰》《唐代墓志汇编续集》。

备注：唐元和十三年七月二十日葬。

提要：志文记载王涓之家世及生平。

## 张怙墓志

全称：唐故检校少府少监驸马都尉赠卫尉卿范阳张府君墓志铭。

年代：唐元和十三年（818）刻。

形制：青石质。盖盝形，志正方形。志、盖尺寸相同。边长 0.78 米。

行字：盖文篆书 3 行，满行 3 字，题"大唐故张府君墓志铭"。志文楷书 30 行，满行 30 字。

撰书：崔复本撰，杨脾书。

纹饰：盖四周及四刹饰团花纹。

出土：1953 年出土于咸阳市底张湾。

现藏：西安碑林博物馆。

著录：《新中国出土墓志·陕西贰》《唐代墓志汇编》。

备注：唐元和十三年十月二十三日葬。

提要：志文记载张怙之家世及生平。

## 僧宪超塔铭

全称：兴国寺故大德上座号宪超塔铭并序。

年代：唐元和十三年（818）刻立。

形制：中部鼓起成弧形。长 0.79 米，宽 0.55 米。

行字：铭文行书 30 行，满行 20 字。

撰书：沙门玄应撰并书。

纹饰：四侧饰忍冬纹。

出土：1989 年出土于淳化县政府院内。

现藏：淳化县博物馆。

著录：《金石萃编》《淳化县文物志》《长安碑刻》。

## 慕容瑰墓志

全称：故朔方副元帅防秋兵马使金紫光禄大夫张掖郡王慕容府君墓志铭并序。

年代：唐元和十四年（819）刻。

形制：青石质。志正方形。边长 0.39 米。

行字：志文楷书 24 行，满行 24 字。

撰书：慕容汤撰并书。

出土：出土时间、地点不详。

现藏：西安市长安博物馆。

著录：《长安新出墓志》《长安碑刻》。

提要：志文记载慕容瑰之家世及生平。

## 韦君墓志

全称：唐故辰州参军韦府君墓志铭并序。

年代：唐元和十四年（819）刻。

形制：志正方形。边长 0.45 米，厚 0.09 米。

行字：志文楷书 17 行，满行 24 字。

撰书：韦待敬撰，韦公宿书。

出土：西安博物院旧藏。

现藏：西安博物院。

提要：志文记载京兆杜陵韦君生平及子嗣等情况。

## 石倩陀罗尼真言兼神道碑

全称：大唐故武威郡石府君陀罗尼真言兼神道丘坟远近铭记并序。

年代：唐元和十四年（819）刻立。

形制：圆首。高 1.56 米，宽 0.81 米。

行字：碑文行书 23 行，满行 36 字。

撰书：梁匡尧述，卢遣书，陈应朝刊。

纹饰：志四侧饰卷纹。

出土：原存耀县五台村秦岭水泥公司工人村路基下。

现藏：铜川市耀州区博物馆

提要：记文记载石倩之生平、家世等情况。志文分两部分，上部分为"佛说净除一切恶道佛顶尊胜陀罗尼真言"，共 36 句。下部分为志文，记载石倩世居京兆华原，终身不仕。

## 韦端玄堂志

全称：唐故朝散大夫秘书省著作郎致仕京

兆韦公玄堂志。

年代：唐元和十五年（820）刻。

形制：志正方形。边长 0.46 米。

行字：志文楷书 27 行，满行 25 字。

撰书：韦纾撰并书。

出土：出土时间、地点不详。

现藏：西安碑林博物馆。

著录：《八琼室金石补正》《长安碑刻》。

备注：唐元和十五年五月一日葬。

提要：志文记载韦端之家世及生平。

## 元君妻裴氏墓志

全称：唐故太原府太谷县尉元府君亡夫人河东裴氏墓志铭并序。

年代：唐元和十五年（820）刻。

形制：志正方形。边长 0.40 米。

行字：志文楷书 24 行，满行 24 字。

撰书：裴俭撰，李游道书。

出土：出土时间、地点不详。

现藏：西安市长安博物馆。

著录：《长安新出墓志》《长安碑刻》。

提要：志文记载裴氏之家世及生平。

## 韦及墓志

全称：唐故朝散大夫使持节蕲州诸军事守蕲州刺史上柱国韦府君墓志铭并序。

年代：唐元和十五年（820）刻。

形制：志正方形。边长 0.63 米。

行字：志文楷书 34 行，满行 35 字。

撰书：韦䂮撰。

出土：出土时间、地点不详。

现藏：西安市长安博物馆。

著录：《长安新出墓志》《长安碑刻》。

提要：志文记载韦及之家世及生平。历仕同州冯翊县尉、京兆咸阳县尉、昭应主簿、万年县尉、长安县丞、京兆尹和蕲州刺史。

## 张氏墓志

**全称**：唐故清河张夫人墓志铭并序。

**年代**：唐元和十五年（820）刻。

**形制**：志正方形。边长 0.75 米。

**行字**：志文楷书 26 行，满行 26 字。

**撰书**：成元操撰，周仲谞书并篆盖，朱士良刻。

**纹饰**：志四侧饰十二生肖图案。

**出土**：西安博物院旧藏。

**现藏**：西安博物院。

**提要**：志文记载清河张氏之生平及子嗣等。

## 李夷简家庙碑

**全称**：唐淮南节度等使金紫光禄大夫检校尚书左仆射同中书门下平章事荥阳郡公李公家庙碑。

**年代**：唐元和十五年（820）刻立。

**形制**：螭首方座。通高 3.51 米，宽 1.01 米，厚 0.29 米。

**行字**：额篆书 4 行，满行 4 字，题"唐尚书左仆射同平章事李公家庙之碑"。碑文楷书 23 行，满行 42 字。

**撰书**：裴度撰，萧祐书。

**纹饰**：碑侧饰花纹，已漫漶，碑座四面分别浮雕龙、鹿、兔、天禄及花草图案。

**出土**：原在长安靖安坊李氏家庙内，1974年出土于西安公路学院，后入藏西安碑林。

**现藏**：西安碑林博物馆。

**著录**：《西安碑林全集》。

**备注**：碑文漫漶，碑侧漫漶较甚。

**提要**：此碑记载李夷简的家族世系、官爵祀秩，及其在长安靖安坊修建家庙之事。

## 权德舆颂师德教碑

**全称**：唐吏部尚书权德舆颂师德教碑。

**年代**：唐元和年间（806—820）刻立。

**形制**：高 0.67 米，宽 0.31 米，厚 0.13 米。

**行字**：碑文楷书 12 行，满行 23 字。

**撰书**：权德舆撰。

**纹饰**：碑额饰二龙戏珠图案，四周饰卷云纹。

**出土**：原竖于略阳县中川河口马莲坪，民国时期移置略阳县灵岩寺。

**现藏**：略阳县灵岩寺博物馆。

**著录**：《灵岩流光》《灵岩寺汉唐宋明十一品》《汉中碑石》。

**备注**：据碑文最后有"重新"二字，原碑已损毁，此碑为何氏后裔重刻。

**提要**：碑文乃唐吏部尚书权德舆为其何姓老师所撰写的叙述其生平、功绩的文章。

## *吴弘简妻李氏墓志

**年代**：唐长庆元年（821）刻。

**形制**：盖盝形，志、盖尺寸相同。长 0.44 米，宽 0.43 米。

**行字**：盖文篆书 3 行，满行 3 字，题"大唐故李夫人墓志铭"。志文楷书 20 行，满行 21 字。

**撰书**：吴延封撰，史宣书。

**纹饰**：盖四周及四刹饰团花纹，志四侧饰兽首人身十二生肖图案。

**出土**：出土于西安南郊山门口乡管家村，时间不详。

**现藏**：西安碑林博物馆。

**著录**：《西安碑林博物馆新藏墓志汇编》。

**备注**：唐长庆元年十月二十二日葬。

**提要**：志文记载吴弘简妻李氏的家世、生平及子嗣情况。

## 程君妻李守柔墓志

全称：大唐陇西李夫人墓志铭并序。
年代：唐长庆元年（821）刻。
形制：志正方形。边长 0.36 米。
行字：志文楷书 22 行，满行 22 字。
撰书：李肇撰。
出土：出土时间、地点不详。
现藏：西安市长安博物馆。
著录：《长安新出墓志》《长安碑刻》。
提要：志文记载李守柔之家世及生平。

## 康志达墓志

全称：唐故幽州卢龙军节度衙前兵马使朝散大夫检校光禄卿兼监察御史赠莫州刺史会稽康公墓志铭并序。
年代：唐长庆元年（821）刻。
形制：青石质。盖盝形，志正方形。盖边长 0.47 米，厚 0.08 米。志边长 0.44 米。
行字：盖文篆书 3 行，满行 3 字，题"大唐故康府君墓志铭"。志文楷书 21 行，满行 21 字。
纹饰：盖四周图案模糊不清，四刹饰团花纹，志四侧饰十二生肖图形。
出土：西安博物院旧藏。
现藏：西安博物院。
提要：志文记载康志达之家世及生平。

## 马大使墓志

全称：大唐故□京内仓使朝议郎行内侍省内府局令员外置同正员上柱国赐绯鱼袋扶风郡马府君墓志铭并序。
年代：唐长庆元年（821）刻。
形制：志正方形。边长 0.60 米，厚 0.06 米。
行字：志文行书 26 行，满行 28 字。
撰书：单少达撰。

纹饰：志四侧饰十二生肖图案。
出土：西安博物院旧藏。
现藏：西安博物院。
提要：志文记载马大使之生平及子嗣等。

## *长庆元年陀罗尼经幢

年代：唐长庆元年（821）刻立。
形制：八棱柱形。通高 5.33 米。
纹饰：幢顶饰狮头、城郭、人物等；座为须弥座，浮雕瑞兽、佛像、乐伎等。
出土：1983 年于铜川黄堡镇南寺（圪罗寺）寺址收集。
现藏：铜川市玉华博物馆。
著录：《文物》（1959 年第 8 期）。
提要：正文刻《佛顶尊胜陀罗尼经》经文。

## 杨翼贯墓志

全称：大唐故讨击使游击将军上柱国赐紫金鱼袋弘农杨公墓志铭并序。
年代：唐长庆二年（822）刻。
形制：盖盝形，志正方形。志、盖尺寸相同。边长 0.42 米。
行字：盖文篆书 3 行，满行 3 字，题"唐故弘农杨公墓志铭"。志文楷书 17 行，满行 28 字。
撰书：王文璧撰。
纹饰：盖四刹饰缠枝牡丹花纹。
出土：出土于靖边县红墩界乡陈梁村，时间不详。
现藏：榆林市文物保护研究所。
著录：《榆林碑石》。
备注：剥蚀较重，文字模糊不清。
提要：志文记载杨翼贯的家世及生平。

## 韦及妻柳氏墓志

全称：唐故朝散大夫使持节蕲州诸军事守蕲

州刺史上柱国韦府君夫人河东县君柳氏墓志铭并序。

年代：唐长庆二年（822）刻。

形制：志正方形。边长 0.45 米。

行字：志文楷书 22 行，满行 22 字。

撰书：韦㕧撰。

出土：出土时间、地点不详。

现藏：西安市长安博物馆。

著录：《长安新出墓志》《长安碑刻》。

提要：志文记载柳氏之家世及生平。

## 杨峄暨妻梁氏合葬墓志

全称：唐故朝议郎卫尉寺承上柱国弘农杨府君夫人梁氏合祔墓志铭并序。

年代：唐长庆二年（822）刻。

形制：志正方形。边长 0.46 米，厚 0.08 米。

行字：志文楷书 23 行，满行 25 字。

撰书：郗从周撰并书。

纹饰：志四侧饰十二生肖图案。

出土：西安博物院旧藏。

现藏：西安博物院。

提要：志文记载杨峄之家世及生平。其历仕大理狱丞、金州司仓参军、中书主书参议、卫尉寺丞等。

## 梁守谦功德碑

全称：邠国公功德铭并序。

年代：唐长庆二年（822）刻立。

形制：龟座。通高 3.28 米，宽 1.22 米，厚 0.31 米。

行字：碑文楷书 46 行，满行 88 字。

撰书：杨承和撰并书，陆祁篆额。

纹饰：碑石两侧、碑座两旁均饰宝相花、瑞兽等图案。

出土：原在长安大宁坊兴唐寺，宋初移至文庙，后移藏西安碑林。

现藏：西安碑林博物馆。

著录：《西安碑林全集》《金石萃编》。

备注：碑额佚，碑阴刻北宋《中书门下牒永兴军》。

提要：碑文颂扬梁守谦之主要功绩，记述其在平淮西战役中之事迹较详。

## 胡珦神道碑

全称：唐故中散大夫少府监胡良公神道碑。

年代：唐长庆三年（823）刻立。

形制：碑长方形，尺寸不详。

行字：碑文隶书。残存 136 字。

出土：出土时间、地点不详。

现藏：蒲城县博物馆。

提要：此碑系唐胡珦墓前神道碑。

## 李赡墓志

全称：唐故通直郎行右神武军兵曹参军李府君墓铭并序。

年代：唐长庆三年（823）刻。

形制：志正方形。边长 0.45 米。

行字：志文楷书 23 行，满行 24 字。

撰书：刘宽夫撰。

纹饰：志四侧饰卷云纹。

出土：1956 年出土于西安市东郊洪庆村。

现藏：西安碑林博物馆。

著录：《新中国出土墓志·陕西贰》《唐代墓志汇编续集》。

备注：唐长庆三年正月五日葬。

提要：志文记载李赡之家世及生平。

## 唐故薛孝廉墓志

年代：唐长庆四年（824）刻。

形制：志正方形。边长 0.37 米。

行字：志文楷书 20 行，满行 20 字。

撰书：薛循中撰。

出土：出土时间、地点不详。

现藏：西安市长安博物馆。

著录：《长安碑刻》。

提要：志文记载薛孝廉之家世及生平。

## 戒诚寺坂比丘尼陀罗尼影幢

全称：大唐戒诚寺坂比丘尼佛顶尊胜陀罗尼影幢并序。

年代：唐宝历元年（825）刻立。

形制：八棱柱形。高 1.42 米，面宽 0.15 米。

行字：幢文楷书，每面 7 行，满行 75 字。

现藏：蒲城县博物馆。

备注：仅存柱身。

提要：幢文记载比丘尼法号惟操，俗姓王，太原人，王贲之女，唐长庆四年（824）卒。

## 李济墓志

全称：唐故宗正少卿上柱国赐紫金鱼袋李公墓铭并序。

年代：唐宝历元年（825）刻。

形制：志正方形。边长 0.63 米。

行字：志文楷书 30 行，满行 30 字。

撰书：李仍叔撰，周汉宾书。

出土：出土时间、地点不详。

现藏：西安市长安博物馆。

著录：《长安碑刻》。

提要：志文记载李济之家世及生平。其历仕监察御史、成德军节度巡官、侍御史、户部员外郎等。

## 张希进妻申屠氏墓志

全称：唐故南阳张府君金城申屠氏夫人墓志铭并序。

年代：唐宝历元年（825）刻。

形制：盖盝形，志正方形，志、盖尺寸相同。边长 0.45 米。

行字：盖文篆书 3 行，满行 3 字，题"唐故张府君夫人志铭"。志文楷书 20 行，满行 21 字。

纹饰：盖四周饰几何纹，四刹饰卷叶纹。志四侧饰壸门图案。

出土：出土时间、地点不详。2006 年入藏西安碑林博物馆。

现藏：西安碑林博物馆。

著录：《西安碑林博物馆新藏墓志汇编》。

提要：志文记载张希进夫妇的家世及生平。

## *郑何墓志

年代：唐宝历元年（825）刻。

形制：志正方形。边长 0.76 米，厚 0.08 米。

行字：志文楷书 27 行，满行 38 字。

撰书：奚敬玄撰，徐郡书。

出土：1999 年出于长安县细柳乡高庙村。1999 年入藏陕西历史博物馆。

现藏：陕西历史博物馆。

著录：《陕西历史博物馆馆刊》（第 8 辑）《长安碑刻》。

提要：志文记载郑何之家世、生平。何母肃宗女纪国公主，父驸马郑沛。郑何初以门荫补京兆府参军，德宗朝尚咸宁郡主，任检校赞善大夫；贞元二十一年（805）肃宗即位，咸宁郡主晋封为普安公主，郑何辟为秘书少监、驸马都尉；宪宗朝，任卫尉少卿，赐爵开国侯，不久任少府少监，加银青光禄大夫；穆宗朝，又加任检校左散骑常侍。

## 韩国信墓志

全称：唐故内侍省内给事韩府君墓志。

年代：唐宝历元年（825）刻。

形制：盖盝形，志正方形。志、盖尺寸相同。边长 0.58 米，厚 0.20 米。

行字：盖文篆书 3 行，满行 3 字，题"大唐
故韩府君墓志铭"。志文行书 27 行，
满行 26 字。

撰书：谭温撰并书。

纹饰：盖四刹饰四神图案。

出土：出土时间、地点不详。

现藏：陕西历史博物馆。

提要：志文记载韩国信的家世、生平。国信
初进阶登仕郎，贞元六年（790）授
内侍省内给事，赐绯鱼袋，上柱国。

## 贾光妻陈氏墓志

全称：唐故朝议郎内供奉守庆州司马上柱国
赐紫金鱼袋贾公故夫人颍川县太君
陈氏墓志铭并序。

年代：唐宝历二年（826）刻。

形制：盖盝形，志正方形。志、盖尺寸相
同。边长 0.55 米。

行字：盖文楷书 3 行，满行 3 字，题"大唐
故贾公墓志之铭"。志文楷书 20 行，
满行 25 字。

撰书：李参撰。

纹饰：盖四刹饰牡丹纹，志四侧饰卷云纹。

出土：1955 年出土于西安市东郊郭家滩。

现藏：西安碑林博物馆。

著录：《新中国出土墓志·陕西贰》《唐代墓
志汇编续集》。

备注：唐宝历二年十月十五日葬。

提要：志文记载贾光夫妇的家世及生平。

## 王仙之墓志

全称：太原郡王氏墓铭并序。

年代：唐宝历二年（826）刻。

形制：志正方形。边长 0.37 米。

行字：志文楷书 18 行，满行 19 字。

撰书：赵郢撰。

出土：出土时间、地点不详。

现藏：西安市长安博物馆。

著录：《长安碑刻》。

提要：志文记载王仙之的生平。

## 赵君妻李氏墓志

全称：唐天水郡赵公陇西郡李夫人墓志铭
并序。

年代：唐宝历二年（826）刻。

形制：志正方形。边长 0.44 米。

行字：志文楷书 20 行，满行 22 字。

撰书：崔博言撰。

出土：出土时间、地点不详。

现藏：西安市长安博物馆。

提要：志文记载李氏之生平。

## 韦挺墓志

全称：唐故青州户曹参军京兆韦府君墓志
铭并序。

年代：唐宝历二年（826）刻。

形制：志正方形。边长 0.42 米。

行字：志文楷书 23 行，满行 23 字。

撰书：冯行俭撰。

出土：出土时间、地点不详。

现藏：西安市长安博物馆。

著录：《长安新出墓志》《长安碑刻》。

提要：志文记载韦挺之家世及生平。其历
官荆襄郢邑令尹、青州户曹参军。

## 第五修妻卫氏墓志

全称：唐故弘农郡第五府君河东郡卫氏夫
人墓志铭并序。

年代：唐宝历二年（826）刻。

形制：盖盝形，志正方形。志、盖尺寸相同。
边长 0.46 米。

行字：盖文楷书 3 行，满行 3 字，题"大唐

故第五府君墓志"。志文楷书 22 行，满行 23 字。

**纹饰**：盖四周饰葵纹，四刹饰四神图案，志四侧饰十二生肖图案。

**出土**：出土时间、地点不详。2004 年入藏西安碑林博物馆。

**现藏**：西安碑林博物馆。

**著录**：《西安碑林博物馆新藏墓志汇编》。

**提要**：志文记载第五修夫妇的家世及生平。

## 李贤妻郑氏墓志

**全称**：大唐故荥阳郡夫人郑氏墓志铭并序。

**年代**：唐大和元年（827）刻。

**形制**：志正方形。边长 0.46 米，厚 0.08 米。

**行字**：志文楷书 20 行，满行 20 字。

**撰书**：吴弘简撰，张可法书。

**纹饰**：志四侧饰牡丹纹。

**出土**：西安博物院旧藏。

**现藏**：西安博物院。

**提要**：志文记载曹州成武县令李贤夫人郑氏的生平。

## 郑溥墓志

**全称**：大唐故朝议大夫试沂州司马荥阳郡郑府君墓志铭并序。

**年代**：唐大和元年（827）刻。

**形制**：志正方形。边长 0.40 米，厚 0.09 米。

**行字**：志文楷书 22 行，满行 24 字。

**撰书**：于君奭撰。

**纹饰**：志四侧饰牡丹纹。

**出土**：西安博物院旧藏。

**现藏**：西安博物院。

**提要**：志文记载郑溥之家世及生平。

## 独孤娥娘墓志

**全称**：幼妹娥娘墓志。

**年代**：唐大和二年（828）刻。

**形制**：志长 0.31 米，宽 0.36 米。

**行字**：志文楷书 16 行，满行 15 字。

**撰书**：独孤顼撰。

**纹饰**：志四侧饰卷云纹。

**出土**：1956 年出土于西安市东郊梁家庄。

**现藏**：西安碑林博物馆。

**著录**：《新中国出土墓志·陕西贰》《唐代墓志汇编续集》。

**备注**：唐大和二年正月十九日葬。

**提要**：志文记载独孤娥娘之家世及生平。

## 李良墓志

**全称**：唐故特进检校工部尚书使持节都督延州诸军事行延州刺史充本州防御左神策行营先锋安塞军等使兼御史大夫上柱国陇西李府君志铭并序。

**年代**：唐大和二年（828）刻。

**形制**：盖盝形，志正方形。盖长 1.24 米，宽 1.25 米，厚 0.25 米。志边长 1.25 米，厚 0.15 米。

**行字**：盖文篆书 3 行，满行 3 字，题"大唐故李府君志铭"。志文楷书 38 行，满行 35 字。

**撰书**：卢谏卿撰。

**纹饰**：盖四刹饰缠枝莲龙凤纹。

**出土**：1993 年出土于延安市柳林乡虎头峁。

**现藏**：延安市宝塔区文物管理所。

**备注**：志盖残，志石基本完好。

**提要**：志文记载李良之家世及生平。其曾任左神策军行营先锋兵马使、延州安塞军蕃部副使。

## 卫嘉进墓志

**全称**：唐故河东郡卫府君墓志铭并序。

**年代**：唐大和二年（828）刻。

形制：志正方形。边长 0.56 米，厚 0.08 米。

行字：志文楷书 22 行，满行 22—25 字不等。

出土：1970 年出土于府谷县高石崖乡任家塌村。

现藏：府谷县文物管理所。

著录：《榆林碑石》。

提要：志文记载卫嘉进的家世及生平。

## 李应玄墓志

全称：唐故阳城县主墓志。

年代：唐大和二年（828）刻。

形制：志正方形。边长 0.54 米。

行字：志文楷书 22 行，满行 22 字。

撰书：张籍撰，丘玄楚书，李叔寂刻。

出土：出土时间、地点不详。

现藏：西安市长安博物馆。

著录：《长安新出墓志》《长安碑刻》。

提要：志文记载寿王瑁第二十二女阳城县主丘运夫人李应玄之生平。

## 杨士真墓志

全称：大唐故奉义郎行洪州南昌县丞杨府君墓志铭并序。

年代：唐大和二年（828）刻。

形制：志正方形。边长 0.55 米，厚 0.08 米。

行字：志文楷书 28 行，满行 26 字。

撰书：顿鸿之撰，陈少儒书，邢公素刻。

纹饰：志四侧饰十二生肖图案。

出土：西安博物院旧藏。

现藏：西安博物院。

提要：志文记载杨士真之家世及生平。其历仕登士郎、连山县丞、虔州司户参军、南昌县丞等。

## 程寅恭墓志

全称：唐故京兆府好畤县丞程府君男墓志。

年代：唐大和二年（828）刻。

形制：志正方形。边长 0.31 米，厚 0.07 米。

行字：志文楷书 14 行，满行 15 字。

纹饰：志四侧饰蔓草纹。

出土：西安博物院旧藏。

现藏：西安博物院。

提要：志文记载程寅恭之家世及生平。

## 郑溶墓志

全称：唐故夫人荥阳郑氏墓铭并序。

年代：唐大和二年（828）刻。

形制：志正方形。边长 0.37 米。

行字：志文楷书 22 行，满行 21 字。

撰书：苗纾撰。

纹饰：志四侧饰祥云纹。

出土：出土时间、地点不详。2006 年入藏西安碑林博物馆。

现藏：西安碑林博物馆。

著录：《西安碑林博物馆新藏墓志汇编》。

提要：志文记载郑溶之家世及生平。

## *大和二年金刚经幢

年代：唐大和二年（828）刻立。

形制：八棱柱形。通高 1.70 米，面宽 0.18 米。

行字：幢文楷书，每面 8 行，满行 80 余字。

撰书：尉迟仙刻。

出土：1981 年出土于铜川市重兴寺塔基。

现藏：铜川市玉华博物馆。

著录：《同官县志》。

提要：正文刻《金刚般若波罗蜜经》经文。

## 文安公主墓志

全称：大唐故文安公主墓志铭并序。

年代：唐大和二年（828）刻。

形制：盖盝形，志正方形。志、盖尺寸相同。边长 0.75 米，厚 0.17 米。

行字：盖文篆书 3 行，满行 3 字，题"大唐故文安公主墓铭"。志文楷书 20 行，满行 20 字。

撰书：宋申锡撰。

纹饰：盖四周饰石榴纹，四刹饰四神图案。志四侧饰十二生肖图案。

出土：1985 年出土于西安市东郊灞桥乡草滩砖厂。

现藏：陕西省考古研究院。

著录：《考古与文物》（1988 年第 4 期）。

提要：志文记载文安公主乃唐高祖之九代孙，顺宗皇帝之第十七女。

## 许遂忠墓志

全称：唐故内坊典内银青光禄大夫行内侍省内侍上柱国高阳郡开国公食邑二千户许公墓志铭并序。

年代：唐大和三年（829）刻。

形制：志长 0.75 米，宽 0.74 米。

行字：志文楷书 31 行，满行 36 字。

撰书：王源中撰，刘讽书。

纹饰：志四侧饰兽首人身十二生肖图案。

出土：1982 年出土于西安市东郊堡子村。

现藏：西安碑林博物馆。

著录：《新中国出土墓志·陕西贰》《唐代墓志汇编续集》《西安碑林博物馆新藏墓志汇编》。

备注：唐大和三年十一月八日葬。

提要：志文记载许遂忠之家世及生平。

## 王明哲墓志

全称：唐故湖南监军使正议大夫行内侍省内府局令上柱国赐绯鱼袋王府君墓志铭并序。

年代：唐大和三年（829）刻。

形制：志正方形。边长 0.71 米。

行字：志文楷书 28 行，满行 29 字。

撰书：赵玄卿撰，宋居本书。

纹饰：志四侧饰兽首人身十二生肖图案，盖四刹饰四神图案。

出土：1955 年出土于西安市东郊十里铺。

现藏：西安碑林博物馆。

著录：《唐代墓志汇编续集》。

备注：唐大和三年十一月二十六日葬。

提要：志文记载王明哲之家世及生平。

## 娥冲虚墓志

全称：大唐故游击将军泾州四门府折冲上柱国赐紫金鱼袋河东娥府君墓志铭并序。

年代：唐大和三年（829）刻。

形制：志长 0.54 米，宽 0.52 米，厚 0.10 米。

行字：志文楷书 20 行，满行 24 字。

撰书：杨敬儒撰。

出土：出土于横山县雷龙湾乡沙梁村，时间不详。

现藏：榆林市文物保护研究所。

著录：《榆林碑石》。

提要：志文记载娥冲虚的家世、生平。

## 邢君妻墓志

全称：唐故郑县丞邢府君夫人陇西县太君墓志铭并序。

年代：唐大和三年（829）刻。

形制：志长 0.40 米，宽 0.40 米，厚 0.08 米。

行字：志文楷书 21 行，满行 20 字。

撰书：邢群撰，邢球书。

出土：1986 年出土于华县杏林梓里。

现藏：华县文庙。

著录：《全唐文补遗》（第三辑）。

提要：志文记载丞邢君妻之生平及子嗣。

## *大和三年陀罗尼经幢（甲）

**年代：** 唐大和三年（829）刻立。

**形制：** 八棱柱形。高 2.26 米，面宽 0.15 米。

**行字：** 楷书每面 6 字。

**纹饰：** 底部线刻立像。

**现藏：** 蒲城县博物馆。

**提要：** 正文刻《佛顶尊胜陀罗尼经》经文。

## *大和三年陀罗尼经幢（乙）

**年代：** 唐大和三年（829）刻立。

**形制：** 八棱柱形。高 1.66 米，面宽 0.14 米。

**行字：** 幢文楷书 56 行，满行 87 字。

**撰书：** 鱼福进书。

**现藏：** 西安市临潼博物馆。

**备注：** 幢顶佚。

**提要：** 正文刻《佛顶尊胜陀罗尼经》经文。

## 李晟神道碑

**全称：** 唐故太尉兼中书令西平郡王赠太师李公神道碑铭并序。

**年代：** 唐大和三年（829）刻立。

**形制：** 螭首龟座。通高 4.37 米，宽 1.46 米，厚 0.46 米。

**行字：** 额篆书 5 行，满行 4 字，题"唐故太尉兼中书令西平郡王赠太师李公神道碑"。碑文楷书 34 行，满行 61 字。

**撰书：** 裴度撰，柳公权书并篆额。

**出土：** 原立于高陵县余楚乡渭桥村。

**现藏：** 高陵县第一中学操场。

**著录：** 《金石萃编》《金石录》《高陵碑石》。

**提要：** 碑文主要记述李晟的生平及战功业绩，碑阴有明弘治十六年（1503）二十五世孙参政芜湖李赞所作祭文和正德三年（1508）教谕李兴祭文。

## 王君季女墓志

**全称：** 唐故成德军节度使尚书左仆射赠侍中王公季女墓志铭并序。

**年代：** 唐大和三年（829）刻。

**形制：** 盖盝形，志正方形。志、盖尺寸相同。边长 0.54 米。

**行字：** 盖文楷书 3 行，满行 3 字，题"唐故王府君墓志铭石"。志文楷书 24 行，满行 21 字。

**撰书：** 王承泰叙，王承元铭，李景裕书。

**纹饰：** 盖四刹饰四神图案，志四侧饰十二生肖图案。

**出土：** 出土时间、地点不详。2006 年入藏西安碑林博物馆。

**现藏：** 西安碑林博物馆。

**著录：** 《西安碑林博物馆新藏墓志汇编》。

**提要：** 志文记载志主的家世及生平。

## 郑准墓志

**全称：** 故右内率府兵曹郑君墓志铭并序。

**年代：** 唐大和四年（830）刻。

**形制：** 志长 0.37 米，宽 0.36 米。

**行字：** 志文楷书 20 行，满行 20 字。

**撰书：** 陈齐之撰。

**出土：** 出土于西安市近郊，时间不详。

**现藏：** 西安碑林博物馆。

**著录：** 《西安碑林博物馆新藏墓志汇编》。

**备注：** 唐大和四年八月二十五日葬。

**提要：** 志文记载郑准之家世及生平。

## 韦行立墓志

**全称：** 唐故遂州刺史京兆韦府君墓志铭并序。

**年代：** 唐大和四年（830）刻。

**形制：** 志正方形。边长 0.54 米。

**行字：** 志文楷书 26 行，满行 25 字。

撰书：韦端符撰。

出土：出土时间、地点不详。

现藏：西安市长安博物馆。

著录：《长安新出墓志》《长安碑刻》。

提要：志文记载韦行立之家世及生平。其历官太常主簿、太常丞、尚书工部员外郎、太子中允、率更令、卫尉少卿、遂州刺史。

## *刘氏墓记

年代：唐大和四年（830）刻。

形制：志正方形。边长 0.34 米。

行字：记文楷书 7 行，满行 8 字。

出土：出土时间、地点不详。

现藏：西安市长安博物馆。

著录：《长安新出墓志》《长安碑刻》。

提要：记文记载刘氏之卒葬时间。

## 韦方墓志

全称：唐故前商州商洛县主簿韦府君墓志铭并序。

年代：唐大和四年（830）刻。

形制：志正方形。边长 0.36 米。

行字：志文楷书 19 行，满行 19 字。

出土：出土时间、地点不详。

现藏：西安市长安博物馆。

著录：《长安新出墓志》《长安碑刻》。

提要：志文记载韦方之家世及生平。其曾任商洛县主簿。

## 卫国华墓志

全称：唐故左随身军兵马使兼节度使押衙权充行营步军都兵马使朝请大夫检校秘书监殿中侍御史河东卫府君墓志铭并序。

年代：唐大和四年（830）刻。

形制：志、盖均正方形，尺寸相同。边长 0.51 米。

行字：盖文篆书 33 行，满行 3 字，题"唐故卫府君墓志之铭"。志文楷书 23 行，满行 27—31 字不等。

撰书：申屠唐师述并书。

纹饰：盖四周饰几何纹，四刹饰牡丹纹。志四侧饰蔓草纹。

出土：出土时间、地点不详。2005 年入藏西安碑林博物馆。

现藏：西安碑林博物馆。

著录：《西安碑林博物馆新藏墓志汇编》。

提要：志文记载卫国华生平。其历官有监察御史、殿中侍御史。

## 陈氏墓志

全称：唐故陈夫人墓志铭并序。

年代：唐大和四年（830）刻。

形制：志正方形。边长 0.44 米。

行字：志文楷书 19 行，满行 22—26 字不等。

纹饰：志四侧饰宝相花纹。

出土：出土时间、地点不详。

现藏：西安碑林博物馆。

著录：《西安碑林博物馆新藏墓志汇编》。

备注：志石右上缺一角。

提要：志文记载陈氏的生平。

## *大和四年陀罗尼经幢（甲）

年代：唐大和四年（830）刻立。

形制：圆顶，八棱柱形。高 1.46 米，直径 0.37—0.41 米。

行字：经文楷书 38 行，满行 83 字。赞文并序楷书 5 行，满行 74 字。经之序文楷书 9 行，满行 80 字。

撰书：王简能撰，李季文书。

出土：原存澄城县善化乡居安村圣寿寺

院，1962 年迁至澄城县乐楼文物
管理所。

**现藏**：澄城县乐楼文物管理所。

**著录**：《澄城碑石》。

**提要**：正文刻《佛顶尊胜陀罗尼经》经文及赞文。

## *大和四年陀罗尼经幢（乙）

**年代**：唐大和四年（830）刻立。

**形制**：八棱柱形。底端截面直径 0.32 米。顶端截面直径 0.28 米，幢身每面上宽 0.12 米，下宽 0.14 米。

**行字**：幢文楷书，行字数不详。

**出土**：2001 年出土于咸阳市渭城区韩家湾乡白庙村北。

**现藏**：咸阳市渭城区文物管理委员会。

**提要**：正文刻《佛顶尊胜陀罗尼经》经文。

## 祁宪直墓志

**全称**：唐故兴元元从朝议郎行内侍省奚官局令员外置同正员上柱国赐绯鱼袋太原郡祁府君墓志铭。

**年代**：唐大和五年（831）刻。

**形制**：盖盝形，志正方形。志、盖尺寸相同。边长 0.54 米。

**行字**：盖文篆书 3 行，满行 3 字，题"大唐故祁府君墓志铭"。志文楷书 26 行，满行 27 字。

**撰书**：李遇撰。

**纹饰**：志四侧饰兽首人身十二生肖图案，盖四周饰宝相花纹，盖四刹饰四神图案。

**出土**：1954 年出土于西安市西郊。

**现藏**：西安碑林博物馆。

**著录**：《新中国出土墓志·陕西贰》《唐代墓志汇编续集》。

**备注**：唐大和五年十一月二日葬。

**提要**：志文记载祁宪直之家世及生平。

## 高谅墓志

**全称**：大唐夏绥银宥等州节度左厢兵马使正议大夫检校太子宾客上柱国食邑三千户故渤海高公墓志。

**年代**：唐大和五年（831）刻。

**形制**：盖盝形，志正方形。盖长 0.59 米，宽 0.54 米。志边长 0.58 米。

**行字**：盖文篆书 3 行，满行 3 字，题"渤海郡故高府君墓志"。志文楷书 23 行，满行 28 字。

**纹饰**：盖四刹饰牡丹花纹。

**出土**：出土于内蒙古自治区乌审旗纳林河乡背锅沙村，时间不详。

**现藏**：榆林市文物保护研究所。

**著录**：《榆林碑石》。

**提要**：志文记载高谅的家族世系及生平。

## 郭献忠墓志

**全称**：大唐故处士郭公墓志铭并序。

**年代**：唐大和五年（831）刻。

**形制**：志正方形。边长 0.45 米，厚 0.09 米。

**行字**：志文行楷 27 行，满行 27—30 字不等。

**撰书**：张璇甫撰。

**纹饰**：志四周饰几何纹。

**出土**：出土时间、地点不详，2007 年入藏岐山县博物馆。

**现藏**：岐山县博物馆。

**备注**：残列为三块，字有残缺。

**提要**：志文记载郭献忠的家世及生平。

## 李氏墓志

**全称**：邠宁节度使检校司徒陇西李公长女墓志并序。

**年代**：唐大和五年（831）刻。

形制：盖盝形，志正方形。志、盖尺寸相同。
　　　边长 0.67 米。
行字：盖文篆书 3 行，满行 3 字，题"陇西
　　　李公长女墓志铭"。志文楷书 23 行，
　　　满行 23 字。
撰书：厉玄撰。
纹饰：盖四周饰四神图案，志四侧饰十二生
　　　肖图案。
出土：出土时间、地点不详。
现藏：西安交通大学博物馆。
著录：《西安交通大学博物馆藏品集锦——
　　　碑石书法卷》。
提要：志文记载李氏的家世情况。

## 韩自明墓志

全称：唐故内玉晨观上清大洞三景法师赐紫
　　　大德仙宫铭并序。
年代：唐大和五年（831）刻。
形制：志长 0.42 米，宽 0.44 米。
行字：志文楷书 26 行，满行 26 字。
撰书：赵承亮撰，张损书。
纹饰：志四侧饰忍冬纹。
出土：1984 年出土于长安县韦曲镇。
现藏：西安碑林博物馆。
著录：《西安碑林博物馆新藏墓志汇编》
　　　《长安碑刻》。
提要：志文记载韩自明法师的家世、生平
　　　及修为情况。

## 彭君神道碑

年代：唐大和五年（831）刻立。
形制：碑残损。残高 1.09 米，宽 1.08 米。
行字：正文楷书，残存行书 27 行，满行
　　　31 字。
撰书：毛伯通书。
出土：2001 年出土于西安市东郊。

现藏：西安碑林博物馆。
备注：碑石上部缺佚。
提要：此碑系唐代彭君墓前神道碑。碑残
　　　损，墓主名字不详。

## 李氏墓志

全称：唐故陇西县太君李氏夫人墓志铭。
年代：唐大和六年（832）刻。
形制：志正方形。边长 0.60 米。
行字：志文楷书 28 行，满行 28 字。
撰书：姚康撰。
出土：出土时间、地点不详。
现藏：西安市长安博物馆。
著录：《长安新出墓志》《长安碑刻》。
提要：志文记载陇西县太君李氏之家世及
　　　生平。

## 廖游卿墓志

全称：唐故京兆府云阳县令廖君墓铭。
年代：唐大和六年（832）刻。
形制：盖盝形，志正方形。志、盖尺寸相
　　　同。边长 0.44 米。
行字：盖文楷书 3 行，满行 3 字，题"唐故
　　　廖端公府君墓铭"。志文楷书 23 行，
　　　满行 26 字。
纹饰：盖四周及四刹均饰方纹。
出土：出土时间、地点不详。2006 年入藏
　　　西安碑林博物馆。
现藏：西安碑林博物馆。
著录：《西安碑林博物馆新藏墓志汇编》。
备注：盖残一角。
提要：志文记载廖游卿的家世及生平。其
　　　历官同、泗二州从事，试太子正字，
　　　太常寺协律郎，夏州节度掌书记、
　　　判官，大理评事，殿中御史，沧州
　　　佐府，云阳令。

## 杨准墓志

**全称：** 唐故弘农杨府君墓志铭并序。

**年代：** 唐大和六年（832）刻。

**形制：** 盖盝形，志正方形。志、盖尺寸相同。边长 0.45 米，厚 0.09 米。

**行字：** 盖文楷书 3 行，满行 3 字，题"大唐故杨府君墓志铭"。志文行书 29 行，满行 25—28 字不等。

**撰书：** 吉郁撰。

**纹饰：** 盖四周及四刹均饰牡丹纹。

**出土：** 出土时间、地点不详。

**现藏：** 陕西历史博物馆。

**提要：** 志文记载杨准之家世及生平。

## 薛弘实墓志

**全称：** 唐故河东薛府君墓志铭并序。

**年代：** 唐大和六年（832）刻。

**形制：** 盖盝形，志正方形。志、盖尺寸相同。边长 0.38 米，厚 0.12 米。

**行字：** 盖文楷书 3 行，满行 3 字。志文楷书 17 行，满行 18 字。

**撰书：** 李蚡撰。

**纹饰：** 盖四周及四刹均饰莲花纹。

**出土：** 1997 年出土于西安市南郊曲江池。

**现藏：** 陕西历史博物馆。

**提要：** 志文记载薛弘实之家世及生平情况。

## 关氏墓志

**全称：** 大唐故河东关氏墓志铭并序。

**年代：** 唐大和六年（832）刻。

**形制：** 盖盝形，志正方形。盖边长 0.43 米，志边长 0.42 米。盖、志厚均 0.06 米。

**行字：** 盖文篆书 3 行，满行 3 字，题"大唐故关氏夫人墓志"。志文楷书 22 行，满行 26—30 字不等。

**撰书：** 苏全艺撰。

**纹饰：** 盖四刹饰卷云纹。

**出土：** 出土时间、地点不详。

**现藏：** 陕西历史博物馆。

**提要：** 志文记载关氏家世及生平。

## 李君妻庾氏墓志

**全称：** 唐左金吾判官前华州司户参军李公故夫人新野庾氏墓志铭并序。

**年代：** 唐大和六年（832）刻。

**形制：** 志正方形。边长 0.52 米。

**行字：** 志文楷书 27 行，满行 27 字。

**撰书：** 崔行宣撰，李琪书。

**出土：** 出土时间、地点不详。

**现藏：** 西安市长安博物馆。

**著录：**《长安碑刻》。

**提要：** 志文记载李君故夫人新野庾氏之家世及生平。

## 李稷墓志

**全称：** 唐故庐江县令李府君墓志铭并序。

**年代：** 唐大和七年（833）刻。

**形制：** 盖盝形，志正方形。志、盖尺寸相同。边长 0.38 米。

**行字：** 盖文篆书 3 行，满行 3 字，题"大唐故李府君墓志铭"。志文楷书 24 行，满行 24 字。

**撰书：** 刘宽夫撰。

**纹饰：** 盖四刹饰四神图案，志四侧饰兽首人身十二生肖图案。

**出土：** 1956 年出土于西安市东郊路家湾。

**现藏：** 西安碑林博物馆。

**著录：**《新中国出土墓志·陕西贰》《唐代墓志汇编续集》。

**备注：** 唐大和七年四月二十八日葬。

**提要：** 志文记载李稷之家世及生平。

## 车益墓志

全称：唐故京兆真化府折冲都尉鲁国车府
君墓志铭并序。

年代：唐大和七年（833）刻。

形制：盖盝形，志、盖尺寸相同。长 0.40
米，宽 0.44 米。

行字：盖文篆书 3 行，满行 3 字，题"大唐
故车府君墓志铭"。志文楷书 25 行，
满行 22 字。

纹饰：盖四刹饰四神图案。

出土：出土时间、地点不详。

现藏：西安碑林博物馆。

著录：《唐代墓志汇编》《陕西金石志》。

备注：唐大和七年十月三日葬。

提要：志文记载车益之生平及历官情况。

## *大和七年陀罗尼经幢（甲）

年代：唐大和七年（833）刻立。

形制：八棱柱形。残高 0.62 米，面宽 0.14 米。

行字：幢文楷书 52 行，满行 33 字。

出土：原立于麟游县九成宫遗址。

现藏：麟游县博物馆。

备注：残余下半截。

提要：此经幢为唐文宗大和七年驻守九成
宫的内飞龙厩军官李惠出资敬造。

## *大和七年陀罗尼经幢（乙）

年代：唐大和七年（833）刻立。

形制：八棱柱形。通高 1.52 米，面宽 0.13 米。

行字：幢文每面楷书 7 行，满行 81 字。

撰书：董□□撰。

出土：1982 年出土于咸阳市秦都区平陵乡
白良村。

现藏：咸阳博物馆。

著录：《咸阳碑石》。

备注：顶座皆佚。

提要：正文刻《佛顶尊胜陀罗尼经》经文。

## *张通明墓志

年代：唐大和七年（833）刻。

形制：志正方形。边长 0.61 米。

行字：志文楷书 27 行，满行 24 字。

出土：出土于蒲城县甜水井乡惠家村，时
间不详。

现藏：蒲城县文物保护开发中心。

提要：志文记载张通明生平。

## 杨元素墓志

全称：大唐故右羽林军正将杨君墓志铭。

年代：唐大和七年（833）刻。

形制：志正方形。尺寸不详。

行字：盖文楷书 3 行，满行 3 字，盖题"大
唐故杨府君墓志铭"。志文行书 16 行，
满行 23 字。

出土：2002 年出土于蒲城县古镇村。

现藏：蒲城县文物保护开发中心。

提要：杨元素，弘农人，曾任大唐故右羽林
军正将。

## 大德杜和尚墓志

全称：大唐崇敬寺内外临坛尼大德杜和尚墓
志铭并序。

年代：唐大和七年（833）刻。

形制：盖盝形，志正方形。志、盖尺寸相
同。边长 0.45 米。

行字：盖文楷书 3 行，满行 3 字，题"崇敬
寺杜大德墓志铭"。志文楷书 21 行，
满行 24 字。

撰书：杜行方述。

纹饰：盖四周及四刹饰莲花纹，志四侧饰卷
云纹。

出土：西安博物院旧藏。

现藏：西安博物院。

提要：志文记载大德杜氏之家世及生平。

## 李经墓志

全称：大唐故剡王墓志铭并序。

年代：唐大和八年（834）刻。

形制：盖盝形，志、盖尺寸相同。长 0.77 米，宽 0.76 米。

行字：志文楷书 25 行，满行 27 字。

撰书：李珏撰。

纹饰：志四侧饰兽首人身十二生肖图案，盖四刹饰四神图案。

出土：1952 年出土于西安市东郊灞桥东卞家村。

现藏：西安碑林博物馆。

著录：《新中国出土墓志·陕西贰》《唐代墓志汇编续集》。

备注：唐大和八年八月二十四日葬。

提要：志文记载李经的家世及生平情况。

## 严愈妻李氏墓志

全称：唐故陇西李夫人墓志。

年代：唐大和八年（834）刻。

形制：盖盝形，志、盖尺寸相同。长 0.47 米，宽 0.46 米。

行字：盖文篆书 3 行，满行 3 字，题"唐故陇西李夫人墓志"。志文楷书 22 行，满行 21 字。

撰书：严愈撰并书。

纹饰：盖四周饰卷云纹，四刹饰四神图。志四侧饰十二生肖图案。

出土：2002 年出土于西安市长安区杜陵乡三府井村。

现藏：西安碑林博物馆。

著录：《碑林集刊》（第 10 辑）《长安碑刻》。

备注：唐大和八年十一月。

提要：志文记载李氏生平及家世。

## 权凑夫妇墓志幢

全称：大唐天水权府君及夫人陇西李氏佛顶尊胜陀罗尼影幢铭并序。

年代：唐大和八年（834）刻。

形制：八棱柱形。高 1.40 米，面宽 0.12 米。

行字：幢文每面楷书 5 行，满行 85 字。

撰书：尉迟戎书。

现藏：蒲城县博物馆。

提要：幢文记载天水府君权凑夫妇于唐大和八年合葬京兆府奉先县城西南。

## 张荣恩墓志

全称：大唐故清河张府君墓志铭并序。

年代：唐大和九年（835）刻。

形制：盖盝形，志正方形。志、盖尺寸相同。边长 0.59 米。

行字：盖文篆书 3 行，满行 3 字，题"大唐故张府君墓志铭"。志文楷书 28 行，满行 28 字。

撰书：张殷巢撰并书。

纹饰：盖四刹饰四神图案，志四侧饰兽首人身十二生肖图案。

出土：1956 年出土于西安市东郊韩森寨。

现藏：西安碑林博物馆。

著录：《新中国出土墓志·陕西贰》《唐代墓志汇编续集》。

备注：唐大和九年二月九日葬。

提要：志文记载张荣恩的家世及生平。

## 贾温墓志

全称：大唐故银青光禄大夫检校太子宾客上柱国阳武县开国子充右神策军衙前正将专知两市回易武威贾公墓志铭有序。

年代：唐大和九年（835）刻。

形制：盖盝形，志正方形。志、盖尺寸相同。边长 0.61 米。

行字：盖文篆书 3 行，满行 3 字，题"大唐故贾府君墓志铭"。志文楷书 25 行，满行 25 字。

撰书：李抱一撰，周启书并篆盖。

纹饰：盖四刹饰宝相纹，志四侧饰兽首人身十二生肖图案。

出土：1954 年出土于西安市东郊韩森寨。

现藏：西安碑林博物馆。

著录：《新中国出土墓志·陕西贰》《唐代墓志汇编续集》。

备注：唐大和九年二月十五日葬。

提要：志文记载贾温之家世及生平。

## 姚存古墓志

全称：唐故东都功德等使朝议大夫内侍省内常侍员外置同正员知东都内侍省事上柱国长城县开国公食邑一千五百户姚公墓志铭并序。

年代：唐大和九年（835）刻。

形制：志正方形。边长 0.77 米。

行字：志文楷书 37 行，满行 39 字。

撰书：郑瀚撰，刘讽书。

纹饰：志四侧饰兽首人身十二生肖图案。

出土：1954 年出土于西安市东郊韩森寨。

现藏：西安碑林博物馆。

著录：《新中国出土墓志·陕西贰》《唐代墓志汇编续集》。

备注：唐大和九年十月葬。

提要：志文记载姚存古之家世及生平。

## 李叔夏墓志

全称：大唐故宣威将军右骁卫翊府左郎将上柱国李府君墓志铭并序。

年代：唐大和九年（835）刻。

形制：志长 0.56 米，宽 0.55 米。

行字：志文楷书 27 行，满行 27 字。

撰书：金瑜撰并书。

纹饰：志四侧饰蔓草纹。

出土：1955 年出土于西安市东郊郭家滩。

现藏：西安碑林博物馆。

著录：《新中国出土墓志·陕西贰》《唐代墓志汇编续集》。

备注：唐大和九年十一月十九日葬。

提要：志文记载李叔夏之家世及生平。

## 裴起墓志

全称：唐昭义军节度衙前兵马使兼监察侍御故东眷裴府君墓志铭并序。

年代：唐大和九年（835）刻。

形制：志长 0.40 米，宽 0.39 米。

行字：志文楷书 20 行，满行字数不等。

出土：出土时间、地点不详。

现藏：西安交通大学博物馆。

著录：《西安交通大学博物馆藏品集锦——碑石书法卷》。

提要：志文记载裴起的家世及生平。

## 司马偹墓志

全称：唐故银青光禄大夫左羽林军通直宣威将军守右卫勋贰府中郎扶风县开国男食邑三百户上柱国赐紫金鱼袋司马府君墓志并序。

年代：唐开成元年（836）刻。

形制：志长 0.76 米，宽 0.75 米。

行字：志文楷书 22 行，满行 23 字。

撰书：朱德玄撰。

纹饰：志四侧饰兽首人身十二生肖图案。

出土：1956 年出土于西安市东郊郭家滩。

现藏：西安碑林博物馆。

著录:《新中国出土墓志·陕西贰》《唐代墓志汇编续集》。

备注:唐开成元年二月三日葬。

提要:志文记载司马俭之家世及生平。

## 李君妻戴氏墓志

全称:左神策军副使太中大夫行内侍省内侍员外置同正员上柱国赐紫金鱼袋陇西李公夫人戴氏墓志铭并序。

年代:唐开成元年(836)刻。

形制:盖盝形,志正方形。志、盖尺寸相同。边长0.55米。

行字:盖文篆书3行,满行3字,题"大唐故戴夫人墓志铭"。志文楷书20行,满行25字。

撰书:秦严己撰。

纹饰:盖四刹饰四神图案,志四侧饰兽首人身十二生肖图案。

出土:1955年出土于西安市东郊郭家滩。

现藏:西安碑林博物馆。

著录:《新中国出土墓志·陕西贰》《唐代墓志汇编续集》。

备注:唐开成元年十月十三日葬。

提要:志文记载戴氏之家世及生平。

## 贾雄墓志

全称:唐故昭武校尉守朔州尚德府折冲都尉上柱国贾府君墓志铭并序。

年代:唐开成元年(836)刻。

形制:盖盝形,志正方形。志、盖尺寸相同。边长0.45米。

行字:盖文篆书3行,满行3字,题"大唐故贾府君墓志铭"。志文楷书23行,满行23字。

撰书:毛伯贞撰并书。

纹饰:志四侧、盖四周及四刹饰牡丹纹。

出土:1956年出土于兴平县西郊月斯村。

现藏:西安碑林博物馆。

著录:《新中国出土墓志·陕西贰》《唐代墓志汇编续集》。

备注:唐开成元年十月十九日葬。

提要:志文记载贾雄之家世及生平。

## 贺从章墓志

全称:大唐会稽郡贺府君墓志铭。

年代:唐开成元年(836)刻。

形制:盖盝形,志正方形。志、盖尺寸相同。边长0.37米。

行字:盖文篆书3行,满行3字,题"唐会稽郡贺府君墓志"。志文楷书22行,满行22字。

撰书:任硕撰并书。

纹饰:盖四刹饰四神图案,志四侧饰兽首人身十二生肖图案。

出土:1955年出土于西安市西郊贺家村。

现藏:西安碑林博物馆。

著录:《新中国出土墓志·陕西贰》《唐代墓志汇编续集》。

备注:唐开成元年十月二十四日葬。

提要:志文记载贺从章之家世及生平。

## 张惟则墓志

全称:故左金吾卫引驾仗正将都知检校太子宾客上柱国清河县开国男食邑三百户赐紫金鱼袋张公墓志铭文并序。

年代:唐开成元年(836)刻。

形制:志正方形。边长0.54米,厚0.08米。

行字:志文楷书22行,满行24字。

撰书:刘赟撰并书。

纹饰:志四侧饰卷云纹。

出土:西安博物院旧藏。

现藏:西安博物院。

提要：志文记载张惟则之家世及生平。其历仕
陪戎副尉、伏洛府折冲、尚德府别将、
赐上柱国、紫金鱼袋，封清河县开国男。

## 回元观钟楼铭

全称：大唐回元观钟楼铭并序。

年代：唐开成元年（836）刻立。

形制：高 0.60 米，宽 1.24 米，厚 0.18 米。

行字：铭文楷书 41 行，满行 21 字。

撰书：令狐楚撰，柳公权书。

出土：1986 年出土于化工部第六设计院（原
陕西省化工设计研究院）基建工地。

现藏：西安碑林博物馆。

著录：《西安碑林全集》。

备注：碑石四边有残缺。

提要：碑文记唐肃宗将安禄山宅改建为回
元观并赐铜钟事。

## 卢岑改葬墓志

全称：有唐故河中府参军范阳卢公改葬墓志
铭并序。

年代：唐开成二年（837）刻。

形制：盖盝形，志、盖尺寸相同。长 0.34
米，宽 0.35 米。

行字：盖文楷书 2 行，满行 4 字，题"有
唐故卢公墓志铭"。志文楷书 21 行，
满行 25 字。

撰书：卢翱撰。

纹饰：盖四周饰弧形图案，四刹饰卷云纹，
志四侧饰卷云纹。

出土：1954 年出土于西安市南郊岳家寨。

现藏：西安碑林博物馆。

著录：《新中国出土墓志·陕西贰》《唐代墓
志汇编续集》。

备注：唐开成二年八月十一日。

提要：志文记载卢岑之家世及生平。

## 韦行规等游记摩崖石刻

年代：唐开成二年（837）刻立。

形制：高 0.50 米，宽 0.40 米。

行字：碑文楷书 7 行，满行 2—9 字不等。

撰书：韦行规书。

出土：此碑自立未移。

现藏：略阳县灵岩寺博物馆。

著录：《舆地纪胜》《汉中碑石》。

提要：碑文记兴州刺史韦行规、河中府参
军裴思猷、处士刘防、进士孟元植于
大唐开成二年丁巳岁十一月九日同游
灵岩寺事。

## 韦行立暨妻卢公寀合葬墓志

全称：唐故遂州刺史韦公故夫人范阳县君卢
氏合祔墓志并序。

年代：唐开成二年（837）刻。

形制：志正方形。边长 0.45 米。

行字：志文楷书 26 行，满行 24 字。

撰书：卢俦撰。

出土：出土时间、地点不详。

现藏：西安市长安博物馆。

著录：《长安新出墓志》《长安碑刻》。

提要：志文记载韦行立、卢公寀之家世及
生平。

## 何毅木墓志

全称：大唐故庐江潜人何毅木墓志铭并序。

年代：唐开成二年（837）刻。

形制：志正方形。边长 0.37 米。

行字：志文楷书 17 行，满行 18 字。

出土：出土时间、地点不详。

现藏：西安市长安博物馆。

著录：《长安新出墓志》《长安碑刻》。

提要：志文记载何植（字毅木）之家族世
系、生平情况。

## 吴降妻李绍仁墓志

**全称**：唐平卢军节度推官监察御史里行吴君故夫人李氏墓志铭并序。

**年代**：唐开成二年（837）刻。

**形制**：志正方形。边长0.40米。

**行字**：志文楷书22行，满行22字。

**撰书**：吴降撰。

**出土**：出土时间、地点不详。

**现藏**：西安市长安博物馆。

**著录**：《长安新出墓志》《长安碑刻》。

**提要**：志文记载吴降故夫人李绍仁之家世及生平。

## 冯宿神道碑

**全称**：大唐故银青光禄大夫检校礼部尚书使持节梓州诸军事兼梓州刺史御史大夫充剑南东川节度副大使知节度事管内观察处置静戎军等使上柱国长乐县开国公食邑一千户赠礼部尚书冯公神道碑铭并序。

**年代**：唐开成二年（837）刻立。

**形制**：螭首龟座。通高3.14米，宽1.04米，厚0.33米。

**行字**：额篆书5行，满行4字，题"大唐故剑南东川节度使赠吏部尚书冯公神道碑"。碑文楷书41行，满行83字。

**撰书**：王起撰，柳公权书并篆额。

**纹饰**：碑侧饰花草纹。

**出土**：原在长安县白鹿原冯宿墓前，后移藏西安碑林。

**现藏**：西安碑林博物馆。

**著录**：《西安碑林全集》《金石萃编》《石墨镌华》。

**备注**：碑文多漫漶并剥蚀。

**提要**：碑文记述冯宿的家世及生平。

## 开成石经

**年代**：唐开成二年（837）刻立。

**形制**：双面刻。高2.17米，宽0.83—0.96米不等。

**行字**：碑文楷书。每面分八栏，每栏36—39行，满行10字。

**出土**：原在长安务本坊国子监，北宋元祐二年（1087）移藏西安碑林。

**现藏**：西安碑林博物馆。

**著录**：《西安碑林全集》《金石萃编》。

**备注**：《开成石经》共114石，228面，虽经唐末战乱，几经搬迁，现今保存基本完好，凡碑身断裂者系明代地震所致，断裂处文字有残损。

**提要**：《开成石经》之内容有《周易》《尚书》《诗经》《周礼》《仪礼》《礼记》《左传》《公羊传》《穀梁传》《孝经》《论语》《尔雅》。此外还将唐大历十二年（777）张参所编的《五经文字》和唐玄度编撰的《九经文字》一并刻石，附于石经之后。

## *开成石经角柱题名题字（甲）

**年代**：唐开成二年（837）刻立。

**形制**：三面刻。高2.41米，宽0.46米，厚0.36米。

**出土**：原在长安务本坊国子监，北宋元祐二年（1087）移藏西安碑林。

**现藏**：西安碑林博物馆。

**著录**：《西安碑林全集》。

**备注**：此角柱是用来夹护《开成石经》之碑石。

**提要**：此角柱东面上有乾符四年（877）唐人题名，明王承裕、王云凤正德元年（1506）题名；下有西安府学士子中试者十三人及西安府学署训导三人题名。西面有北宋皇祐二年（1050）傅录、石瑀、吴天常等九人题名。南面刻明人五河左思明书"竹音"行书二字。

## *开成石经角柱题名题字（乙）

**年代：** 唐开成二年（837）刻立。

**形制：** 三面刻。高 2.41 米，宽 0.48 米，厚 0.36 米。

**出土：** 原在长安务本坊国子监，北宋元祐二年（1087）移藏西安碑林。

**现藏：** 西安碑林博物馆。

**著录：**《西安碑林全集》。

**备注：** 此角柱为夹护《开成石经》之碑石。

**提要：** 此角柱东面刻"李遂□来"篆书四字；西面刻明人五河左思明"浣俗轩"楷书三字；南面上栏刻野庵书竹、菊、兰、石图，下栏刻东坡梅鹄图笔意。

## *兴隆寺经幢

**年代：** 唐开成二年（837）刻立。

**形制：** 八棱柱形。通高 1.67 米，面宽 0.15 米。

**行字：** 幢文楷书 56 行，满行 64 字。

**出土：** 2006 年出土于乾县漠西乡贾赵村东北角原兴隆寺遗址。

**现藏：** 乾县汉西乡贾赵村村中偏东路南侯荣祖家门前。

## 王志用墓志

**全称：** 唐故汝州襄郏等城群牧使朝议郎行内侍省内府局令上柱国赐绯鱼袋琅琊郡王公墓志铭并序。

**年代：** 唐开成三年（838）刻。

**形制：** 志正方形。边长 0.56 米。

**行字：** 志文楷书 28 行，满行 34 行。

**撰书：** 盖黄撰。

**出土：** 1960 年出土于西安市东郊韩森寨。

**现藏：** 西安碑林博物馆。

**著录：**《新中国出土墓志·陕西贰》《唐代墓志汇编续集》。

**备注：** 唐开成三年正月二十六日葬。

**提要：** 志文记载王志用之家世及生平。

## 李君妻王氏墓志

**全称：** 前河阳三城节度观察处置等使怀州刺史检校尚书左仆射兼御史大夫澧州长史开国男食邑三千户上柱国李公夫人太原郡君王氏夫人墓铭并序。

**年代：** 唐开成三年（838）刻。

**形制：** 志正方形。边长 0.73 米。

**行字：** 志文楷书 36 行，满行 46 字。

**撰书：** 薛元龟撰，李轲书。

**出土：** 1953 年出土于西安市近郊。

**现藏：** 西安碑林博物馆。

**著录：**《新中国出土墓志·陕西贰》。

**备注：** 唐开成三年十月二十五日葬。

**提要：** 志文记载王氏之家世及生平。

## 李德义墓志

**全称：** 唐故朝请大夫行内侍省内府局丞员外置同正员上柱国陇西李府君墓志铭并序。

**年代：** 唐开成四年（839）刻。

**形制：** 志长 0.37 米，宽 0.38 米。

**行字：** 志文楷书 20 行，满行 28 字。

**撰书：** 敬逢撰。

**纹饰：** 志四侧饰兽首人身十二生肖图案。

**出土：** 1958 年出土于西安市东郊韩森寨。

**现藏：** 西安碑林博物馆。

**著录：**《新中国出土墓志·陕西贰》《唐代墓志汇编续集》。

**备注：** 唐开成四年十一月六日葬。

**提要：** 志文记载李德义之生平。

## *开成四年陀罗尼经幢（甲）

**年代：** 唐开成四年（839）刻立。

**形制：** 八棱柱形。高 1.62 米，面宽 0.14 米。

**行字：** 每面楷书 7 行，满行 75 字。

**出土：** 原在高陵县崇皇乡绳刘村，1992 年移至高陵县文化馆。

**现藏：** 高陵县文化馆。

**著录：**《高陵碑石》。

**备注：** 经文泐蚀较重。

**提要：** 正文刻《佛顶尊胜陀罗尼经》经文。

## *开成四年陀罗尼经幢（乙）

**年代：** 唐开成四年（839）刻立。

**形制：** 八棱柱形。高 1.57 米，面宽 0.16 米。

**行字：** 幢文楷书 64 行，满行 61 字。

**出土：** 出土于乾县大墙乡扶村西村小学，时间不详。

**现藏：** 乾陵懿德太子墓博物馆。

**提要：** 正文刻《佛顶尊胜陀罗尼经》经文。

## 王阿贵墓志

**年代：** 唐开成五年（840）刻。

**形制：** 志长 0.36 米，宽 0.19 米。

**出土：** 西安市西郊出土，时间不详。

**现藏：** 西安碑林博物馆。

**提要：** 记载王阿贵的卒年、葬地。

## 李溶墓志

**全称：** 大唐故安王墓志铭并序。

**年代：** 唐开成五年（840）刻。

**形制：** 盖盝形，志正方形。志、盖尺寸相同。边长 0.79 米。

**行字：** 盖文篆书 3 行，满行 3 字，题"大唐故安王墓志之铭"。志文楷书 20 行，满行 21 字。

**撰书：** 李褒撰，安景之书，唐玄度篆盖。

**纹饰：** 志四侧饰兽首人身十二生肖图案，四刹饰四神图案。

**出土：** 1952 年出土于西安市东郊灞桥。

**现藏：** 西安碑林博物馆。

**著录：**《新中国出土墓志·陕西贰》《唐代墓志汇编续集》。

**备注：** 唐开成五年八月二十九日葬。

**提要：** 记载李溶之生平。

## 杜惊长女墓志

**全称：** 唐工部尚书杜公长女墓志铭并序。

**年代：** 唐开成五年（840）刻。

**形制：** 志正方形。边长 0.43 米。

**行字：** 志文楷书 19 行，满行 21 字。

**撰书：** 毕诚撰。

**纹饰：** 志四侧饰兽首人身十二生肖图案。

**出土：** 1979 年出土于长安县大兆乡司马村。

**现藏：** 西安碑林博物馆。

**著录：**《新中国出土墓志·陕西贰》《唐代墓志汇编续集》《长安碑刻》。

**备注：** 唐开成五年八月二十九日葬。

**提要：** 志文记载杜惊长女之家世及生平。

## 李荣妻常氏墓志

**全称：** 唐汝州长史上柱国骠骑大将军陇西故李公河内常氏故夫人墓志铭并序。

**年代：** 唐开成五年（840）刻。

**形制：** 志正方形。边长 0.53 米。

**行字：** 志文楷书 23 行，满行 30 字。

**出土：** 出土时间、地点不详。2005 年入藏西安碑林博物馆。

**现藏：** 西安碑林博物馆。

**著录：**《西安碑林博物馆新藏墓志汇编》。

**备注：** 碑石下部有一断裂。

**提要：** 志文记载李荣妻常氏的家世及生平。

## 归弘简妻范氏墓志

**全称：** 大学归博士亡妻顺阳范氏墓志。

**年代：** 唐开成五年（840）刻。

**形制：** 盖盝形，志正方形。志、盖尺寸相
同。边长 0.46 米，盖厚 0.10 米，志
厚 0.09 米。

**行字：** 盖文篆书 3 行，满行 3 字，题"唐故
顺阳范氏墓志铭"。志文楷书 20 行，
满行 22 字。

**撰书：** 范鄹撰。

**纹饰：** 盖四周饰莲花纹，四刹饰四神图案。
志四侧饰十二生肖图案。

**出土：** 2004 年出土于西安市长安区韦曲镇
夏殿村。

**现藏：** 陕西省考古研究院。

**提要：** 志文记载归弘简妻范氏之家世及生平。

## 寂照和上碑

**全称：** 大唐安国寺故内外临坛大德寂照和上
碑铭并序。

**年代：** 唐开成六年（841）刻立。

**形制：** 螭首。通高 1.96 米，宽 0.74 米，厚
0.21 米。

**行字：** 碑文楷书 29 行，满行 52 字。

**撰书：** 段成式撰，僧无可书，顾玄篆额。

**出土：** 明以前立于咸阳县西魏店村，后移凤
凰台北，民国时移咸阳县民众图书馆。

**现藏：** 咸阳博物馆。

**著录：**《咸阳碑石》《关中金石记》。

**提要：** 碑文记载寂照和上的生平及出家经历。

## 苗君妻张氏玄堂志

**全称：** 唐故太原府参军赠尚书工部员外郎
苗府君夫人河内县太君玄堂志铭并序。

**年代：** 唐会昌元年（841）刻。

**形制：** 盖盝形，志正方形。志、盖尺寸相

同。边长 0.64 米。

**行字：** 盖文篆书 3 行，满行 3 字，题"唐故
魏国夫人墓志铭"。志文楷书 36 行，
满行 36 字。

**撰书：** 苗愔撰，苗恽书。

**纹饰：** 志四侧饰兽首人身十二生肖图案，
盖四刹饰蔓草纹。

**出土：** 1949 年前出土于洛阳。

**现藏：** 西安碑林博物馆。

**著录：**《唐代墓志汇编》《西安碑林全集》。

**备注：** 唐会昌元年七月二十九日葬。

**提要：** 志文记载张氏之家世及生平。

## 刘渶涮墓志

**全称：** 唐故银青光禄大夫行内侍省内常侍上
柱国彭城县开国公食邑五百户赐紫
金鱼袋刘府君墓志铭并序。

**年代：** 唐会昌元年（841）刻。

**形制：** 志长 0.88 米，宽 0.89 米。

**行字：** 志文楷书 38 行，满行 39 字。

**撰书：** 魏则之撰并书。

**出土：** 1975 年出土于西安市近郊。

**现藏：** 西安碑林博物馆。

**著录：**《新中国出土墓志·陕西贰》《唐代墓
志汇编续集》。

**备注：** 唐会昌元年十月三十日葬。

**提要：** 志文记载刘渶涮之家世及生平。

## 刘士环墓志

**全称：** 大唐故营幕使判官登仕郎内侍省掖庭
局宫教博士上柱国刘公墓志铭并序。

**年代：** 唐会昌元年（841）刻。

**形制：** 盖盝形，志、盖尺寸相同。长 0.38
米，宽 0.37 米。

**行字：** 盖文楷书 3 行，满行 3 字，题"大唐
故刘府君墓志铭"。志文楷书 17 行，

满行 25 字。

撰书：龚师鲁撰。

纹饰：志四侧及盖四刹饰蔓草纹。

出土：1956 年出土于西安市东郊十里铺。

现藏：西安碑林博物馆。

著录：《新中国出土墓志·陕西贰》《唐代墓志汇编续集》《全唐文补遗》(第三辑)。

备注：唐会昌元年十二月十日葬。

提要：志文记载刘士环之家世、生平、婚姻、子嗣及历官情况。

## 武自和墓志

全称：唐故朝议大夫内侍省内府局丞员处置同正员上柱国武府君墓志铭并序。

年代：唐会昌元年（841）刻。

形制：志正方形。边长 0.60 米，厚 0.09 米。

行字：志文行书 31 行，满行 25 字。

撰书：张摸述并书。

纹饰：四侧饰十二生肖图案。

出土：西安博物院旧藏。

现藏：西安博物院。

提要：志文记载武自和之家世及生平。其历官自宪宗朝至武宗朝，历仕监右神策军征马使、登仕郎、内侍省内府局丞、新罗宣慰告哀等使、幽州宣慰、左神策军美原镇监军使，以及邠、宁、庆等州别驾等。

## 玄秘塔碑

全称：唐故左街僧录内供奉三教谈论引驾大德安国寺上座赐紫大达法师玄秘塔碑铭并序。

年代：唐会昌元年（841）刻立。

形制：螭首方座。通高 4.45 米，宽 1.32 米，厚 0.34 米。

行字：碑额篆书 3 行，满行 4 字，题"唐故

左街僧录大达法师碑铭"。碑文楷书 28 行，满行 54 字。

撰书：裴休撰，柳公权书并篆额，邵建和、邵建初刻。

纹饰：碑侧饰蔓草纹。

出土：原在长安兴宁坊安国寺，宋初移至文庙，后移藏西安碑林。

现藏：西安碑林博物馆。

著录：《西安碑林全集》《金石萃编》《石墨镌华》。

备注：碑身上部断裂，字有残损，碑阴刻唐《敕内庄宅使牒》《比丘正言疏》等；下部有明万历二十一年（1593）所刻"纲纪重地"隶书 4 字。

提要：碑文记载大达法师之生平事迹。大达法师俗姓赵，天水人，十岁即随崇福寺道悟禅师学习佛法，十七岁剃度出家，后入长安安国寺为上座，大力宣扬佛法。其多受唐德宗、顺宗、宪宗三朝之恩遇，曾任左街僧录。开成元年（836）六月卒。

## 张德之墓志

全称：唐清河张氏墓志铭并序。

年代：唐会昌二年（842）刻。

形制：志正方形。边长 0.45 米。

行字：志文楷书 20 行，满行 21 字。

撰书：萧蕃撰。

出土：出土时间、地点不详。

现藏：西安碑林博物馆。

著录：《新中国出土墓志·陕西贰》。

备注：唐会昌二年六月一日葬。

提要：志文记载张德之之生平。

## *会昌二年金刚经幢

年代：唐会昌二年（842）刻立。

形制：八棱柱形，上小下大，八角攒尖顶，
座伕。高 1.53 米，面宽 0.15 米。

行字：幢文每面楷书 8 行，满行 84 字。

撰书：□□崇□撰，赵弘礼书。

纹饰：幢顶每角饰出兽首，顶下饰浮雕三
组飞仙。

现藏：茂陵博物馆。

提要：正文刻《金刚般若波罗密经》经文。

## 谢寿墓志

全称：右神策延州防御安塞军同十将陈留
谢君墓志铭并序。

年代：唐会昌三年（843）刻。

形制：志正方形。边长 0.54 米，厚 0.08 米。

行字：志文楷书 19 行，满行 19 字。

撰书：王俦撰。

出土：1982 年出土于安塞县砖窑湾镇杨家
沟村望台庄。

现藏：延安市文物研究所。

提要：志文记载谢寿的生平及家世。其历官
有安塞军同十将、先锋十将。

## 严愈墓志

全称：唐故太子中舍人冯翊严府君墓志铭
并叙。

年代：唐会昌三年（843）刻。

形制：盖盝形，志正方形。志、盖尺寸相同。
边长 0.53 米。

行字：盖文篆书 3 行，满行 3 字，题"唐故
中舍严府君墓志"。志文楷书 27 行，
满行 32 字。

撰书：严厚本撰，李琨书并篆盖。

纹饰：盖四周饰牡丹纹，四刹饰四神图案，
志四侧饰十二生肖图案。

出土：2002 年出土于西安市长安区杜陵乡
三府井村。

现藏：西安碑林博物馆。

著录：《西安碑林博物馆新藏墓志汇编》《长
安碑刻》。

备注：唐会昌三年二月二十五日葬。

提要：志文记载严愈之家世及生平。

## 焦仙芝墓志

全称：唐故通议大夫行内侍省内寺伯员外
置同正员上柱国广平县开国男食邑
三百户广陵焦府君墓志铭并序。

年代：唐会昌四年（844）刻。

形制：志正方形。边长 0.61 米，厚 0.11 米。

行字：志文楷书 29 行，满行 30 字。

撰书：熊岳撰。

纹饰：志四侧饰十二生肖图案。

出土：西安博物院旧藏。

现藏：西安博物院。

提要：志文记载焦仙芝之家世及生平。

## 范眉孙墓志

全称：有唐顺阳范氏幼女墓志铭。

年代：唐会昌四年（844）刻。

形制：盖盝形，志、盖尺寸相同。长 0.37
米，宽 0.36 米。

行字：盖文楷书 3 行，满行 3 字，题"唐顺
阳范氏幼女之墓"。志文楷书 15 行，
满行 15 字。

纹饰：盖四刹饰几何纹。

出土：1956 年出土于西安市东郊韩森寨。

现藏：西安碑林博物馆。

著录：《唐代墓志汇编续集》。

备注：唐会昌四年四月十七日葬。

提要：志文记载范眉孙的生平情况。

## 敬氏墓志

全称：□□□□平阳敬氏墓志铭并序。

年代：唐会昌四年（844）刻。

形制：志长 0.45 米，宽 0.46 米。

行字：志文楷书 21 行，满行 29 字。

撰书：罗弘约书。

纹饰：志四侧饰流云纹。

出土：1956 年出土于西安市东郊韩森寨东南。

现藏：西安碑林博物馆。

著录：《新中国出土墓志·陕西贰》《唐代墓志汇编续集》。

备注：唐会昌四年七月二十一日葬。

提要：志文记载敬氏之家世及生平。

## 梁元翰墓志

全称：唐故桂管监军使太中大夫行内侍省奚官局令员外置同正员上柱国赐绯鱼袋梁公墓志并序。

年代：唐会昌四年（844）刻。

形制：盖盝形，志正方形。志、盖尺寸相同。边长 0.61 米。

行字：盖文篆书 3 行，满行 3 字，题"大唐故梁府君墓志铭"。志文楷书 36 行，满行 36 字。

撰书：苏繁撰。

纹饰：盖四刹饰四神图案，志四侧饰兽首人身十二生肖图案。

出土：1954 年出土于西安市东郊郭家滩。

现藏：西安碑林博物馆。

著录：《新中国出土墓志·陕西贰》《唐代墓志汇编续集》。

备注：唐会昌四年十月十八日葬。

提要：志文记载梁元翰之家世及生平。

## 元升进墓志

全称：唐故陇州防御同十将宁远将军守左威卫慈州平昌府左果毅都尉员外置同正员元府君墓志铭并序。

年代：唐会昌五年（845）刻。

形制：盖盝形，边长 0.40 米，厚 0.14 米。志长 0.42 米，宽 0.38 米，厚 0.13 米。

行字：盖文篆书 3 行，满行 3 字，题"大唐故元府君墓志铭"。志文行书 19 行，满行 18 字。

纹饰：盖四刹饰动物及花卉纹，志四侧饰十二生肖图案。

出土：1992 年出土于宝中铁路考古发掘陇县原子头唐墓。

现藏：陇县博物馆。

著录：《陇县原子头》。

提要：志文记载元升进之生平及历官。其官至陇州防御、守左威卫、慈州平昌府左果毅都尉。

## 张渐墓志

全称：唐故仗内教坊第一部供奉赐紫金鱼袋清河张府君墓志铭并序。

年代：唐会昌五年（845）刻。

形制：盖盝形，志正方形。志、盖尺寸相同。边长 0.46 米。

行字：盖文篆书 3 行，满行 3 字，题"大唐故府君张氏墓志"。志文楷书 24 行，满行 24 字。

撰书：张元孙撰并书。

纹饰：志四侧饰兽首人身十二生肖图案，盖四刹饰四神图案。

出土：1954 年出土于西安市东郊郭家滩。

现藏：西安碑林博物馆。

著录：《新中国出土墓志·陕西贰》《唐代墓志汇编续集》。

备注：唐会昌五年八月九日葬。

提要：志文记载张渐之家世及生平。

## 魏君妻赵氏墓志

**全称：**唐故宣功参军钜鹿魏君夫人赵氏墓志铭并序。

**年代：**唐会昌五年（845）刻。

**形制：**志正方形。边长 0.53 米。

**行字：**志文楷书 28 行，满行 29 字。

**撰书：**王俦撰。

**出土：**1949 年出土于长安县。

**现藏：**西安碑林博物馆。

**著录：**《唐代墓志汇编》《长安碑刻》。

**备注：**唐会昌五年十一月二十三日葬。

**提要：**志文记载赵氏之家世及生平。

## 赵文信墓志

**全称：**唐故试右内率府长史军器使推官天水郡赵府君墓志铭并序。

**年代：**唐会昌六年（846）刻。

**形制：**志正方形。边长 0.62 米，厚 0.10 米。

**行字：**志文楷书 31 行，满行 30 字。

**撰书：**姚汝能撰，赵义方书，强琼刻。

**纹饰：**志四侧饰十二生肖图案。

**出土：**西安博物院旧藏。

**现藏：**西安博物院。

**提要：**志文记载赵文信之家世及生平。

## 吴元勉墓志

**全称：**唐故浙江东道监军使承奉郎行内侍省内仆局丞上柱国赐绯鱼袋吴府君墓志铭并序。

**年代：**唐会昌六年（846）刻。

**形制：**志正方形。边长 0.6 米，厚 0.10 米。

**行字：**志文楷书 29 行，满行 31 字。

**撰书：**姜瞳撰。

**纹饰：**志四侧饰十二生肖图案。

**出土：**西安博物院旧藏。

**现藏：**西安博物院。

**提要：**志文记载吴元勉之家世及生平。其历仕将仕郎、内侍省掖庭局宫教博士、登仕郎、南库判官、西库判官、威远军监军使、浙江东道监军使等。

## 韦承素墓志

**全称：**唐故昭义军节度判官朝请郎检校尚书主客员外郎兼侍御史京兆韦府君墓志铭并序

**年代：**唐大中元年（847）刻。

**形制：**志正方形。边长 0.60 米。

**行字：**志文楷书 35 行，满行 36 字。

**撰书：**薛廷范撰。

**出土：**出土时间、地点不详。

**现藏：**西安市长安博物馆。

**著录：**《长安新出墓志》《长安碑刻》。

**提要：**志文记载韦承素之家世及生平。其历官绛州太平县尉、广文助教、试评事、团练巡官、监察御史、京兆府士曹参军、京兆府兵曹参军、侍御史、观察判官、河南府汜水县令、检校尚书主客员外郎、节度判官。

## 刘君妻马氏墓志

**全称：**唐故刘公扶风郡马氏夫人墓志并序。

**年代：**唐大中元年（847）刻。

**形制：**盖盝形，志正方形。志、盖尺寸相同。边长 0.42 米。

**行字：**盖文篆书 3 行，满行 3 字，题"大唐故夫人马氏墓志"。志文楷书 23 行，满行 23 字。

**撰书：**从鹏撰，刘习古书，强琼刻并篆盖。

**纹饰：**盖四刹饰牡丹纹，志四侧饰卷云纹。

**出土：**1955 年出土于西安市西郊土门。

**现藏：**西安碑林博物馆。

**著录：**《新中国出土墓志·陕西贰》《唐代墓志汇编续集》。

**备注：**唐大中元年二月二十四日葬。

**提要：**志文记载马氏之家世及生平。

## 黄季长墓志

**全称：**唐故吉州司法参军黄府君墓志铭并序。

**年代：**唐大中元年（847）刻。

**形制：**盖盝形，志正方形。志、盖尺寸相同。边长 0.42 米。

**行字：**盖文楷书 3 行，满行 3 字，题"大唐故黄府君墓志铭"。志文楷书 20 行，满行 23 字。

**撰书：**王鲁复撰。

**纹饰：**盖四刹饰宝相花纹。

**出土：**1956 年出土于西安市东郊韩森寨。

**现藏：**西安碑林博物馆。

**著录：**《新中国出土墓志·陕西贰》《唐代墓志汇编续集》。

**提要：**志文记载黄季长之家世及生平。

## 高克从墓志

**全称：**故义昌军监军使正议大夫行内侍省掖庭局令上柱国赐绯鱼袋渤海高公墓志铭并序。

**年代：**唐大中元年（847）刻。

**形制：**盖盝形，志、盖尺寸相同。长 0.71 米，宽 0.70 米。

**行字：**盖文楷书 3 行，满行 3 字，题"大唐渤海高公墓志铭"。志文楷书 33 行，满行 38 字。

**撰书：**陈毅撰并书。

**纹饰：**志四侧饰十二生肖图案，盖四刹饰四神图案。

**出土：**1954 年出土于西安市东郊高楼村。

**现藏：**西安碑林博物馆。

**著录：**《新中国出土墓志·陕西贰》《唐代墓志汇编续集》。

**提要：**志文记载高克从的家世、生平、历官等。

## 窦缳墓志

**全称：**唐故朝议郎使持节剑州诸军事守剑州刺史上柱国扶风县开国伯食邑七百户赐绯鱼袋窦公墓志铭并序。

**年代：**唐大中元年（847）刻。

**形制：**志长 0.44 米，宽 0.45 米。

**行字：**志文楷书 25 行，满行 27 字。

**撰书：**窦缳撰，窦涣书。

**纹饰：**志四侧饰卷云纹。

**出土：**1999 年出土于咸阳市渭城区羊过村。

**现藏：**西安碑林博物馆。

**著录：**《西安碑林博物馆新藏墓志汇编》《碑林集刊》（第 8 辑）。

**备注：**唐大中元年十月十四日葬。

**提要：**志文记载窦缳的家族世系、历官、婚姻关系及葬地等。

## 乐君妻成氏墓志

**全称：**（上阙）军使朝散大夫行内侍省奚官局令员外置同正员赐绯鱼袋上柱国南阳乐公夫人（上阙）墓志铭并序。

**年代：**唐大中元年（847）刻。

**形制：**盖盝形，志正方形。盖边长 0.57 米，厚 0.09 米。志边长 0.55 米，厚 0.09 米。

**行字：**盖文篆书 3 行，满行 3 字，题"唐故乐公夫人墓志铭"。志文楷书 29 行，满行 29 字。

**撰书：**王融撰，孙泊书。

**纹饰：**盖四周饰牡丹纹，四刹饰四神图案。志四侧饰十二生肖图案。

**出土：**西安博物院旧藏。

**现藏：**西安博物院。

提要：志文记载荆南府监军使乐君妻成氏之
家世及生平。

## *大中元年陀罗尼经幢

年代：唐大中元年（847）刻立。

形制：八棱柱体。通高 1.33 米，面宽 0.11 米。

撰书：智玄撰。

出土：1998 年出土于铜川市新区。

现藏：铜川市玉华博物馆。

提要：正文刻《佛顶尊胜陀罗尼经》经文。

## 罗士则墓志

全称：唐故朝请大夫尚辇奉御上柱国罗公
墓志铭并序。

年代：唐大中二年（848）刻。

形制：盖盝形，志、盖尺寸相同。长 0.40
米，宽 0.39 米。

行字：盖文楷书 4 行，满行 3 字，题"唐故
尚辇奉御罗府君墓志铭"。志文楷书
19 行，满行 23 字。

撰书：曲文恭撰，罗弘约书。

纹饰：志四侧及盖四刹饰卷云纹。

出土：1956 年出土于西安市东郊十里铺。

现藏：西安碑林博物馆。

著录：《新中国出土墓志·陕西贰》《唐代墓
志汇编续集》。

备注：唐大中二年四月二十日葬。

提要：志文记载罗士则之家世及生平。

## 王顗墓志

全称：唐故太原郡王府君墓志铭并序。

年代：唐大中二年（848）刻。

形制：志长 0.43 米，宽 0.47 米。

行字：志文行楷 26 行，满行 22 字。

撰书：张摸撰。

纹饰：志四侧饰兽首人身十二生肖图案。

出土：1980 年出土于西安市东郊等驾坡。

现藏：西安碑林博物馆。

备注：唐大中二年十月十四日葬。

提要：志文记载王顗之生平。

## 润德泉记

年代：唐大中二年（848）刻立。

形制：圆首方座。高 2.36 米，宽 0.78 米，
厚 0.23 米。

行字：碑文楷书 24 行，满行 56 字。

撰书：崔琪撰。

出土：此碑自立未移。

现藏：岐山县周公庙管理处。

著录：《石墨镌华》。

备注：碑阴有北宋元祐八年（1093）《重修
周公庙赋并序》一篇，侧棱有元祐
年间题记两行。

提要：碑文依次为唐代宣宗时期凤翔节度
使崔琪奏状、中书门下省监呈、唐宣
宗的答诏、崔琪的答谢表四公文之全
部，并记载润德泉在唐代大中元年由
干涸而复涌，唐帝以为国瑞而赐名
"润德泉"的史实。

## 韦承素妻薛氏墓志

全称：唐故昭义军节度判官检校尚书主客
员外郎兼侍御史韦府君夫人河东薛
氏墓志铭并序。

年代：唐大中二年（848）刻。

形制：志正方形。边长 0.46 米。

行字：志文楷书 30 行，满行 30 字。

撰书：高琚撰。

出土：出土时间、地点不详。

现藏：西安市长安博物馆。

著录：《长安新出墓志》《长安碑刻》。

提要：志文记载韦承素妻薛氏之家世及生平。

## 李元玢墓志

全称：唐故太中大夫行虔州长史上柱国赐鱼袋李府君墓志铭并序。

年代：唐大中二年（848）刻。

形制：志正方形。边长0.55米，厚0.08米。

行字：志文楷书27行，满行26字。

撰书：李耽撰，魏师益篆盖，强琮刻。

纹饰：志四侧饰十二生肖图案。

出土：西安博物院旧藏。

现藏：西安博物院。

提要：志文记载李元玢之家世及生平。其历仕洪州南昌县丞、杭州司马、虔州司马、虔州长史等。

## 段文绚墓志

全称：唐故朝议郎守殿中省尚药奉御翰林供奉上柱国赐绯鱼袋段府君墓志铭并序。

年代：唐大中三年（849）刻。

形制：盖盝形，志、盖尺寸相同。长0.59米，宽0.55米。

行字：盖文楷书3行，满行3字，题"大唐故段府君墓志铭"。志文楷书28行，满行29字。

撰书：张舜公撰并书。

纹饰：志四侧饰兽首人身十二生肖图案，盖四周饰牡丹纹，盖四刹饰四神图案。

出土：1956年出土于西安市东郊十里铺。

现藏：西安碑林博物馆。

著录：《新中国出土墓志·陕西贰》《唐代墓志汇编续集》《全唐文补遗》（第三辑）。

备注：唐大中三年八月十五日葬。

提要：志文记载段文绚之家世及生平。

## 赵群墓志

全称：唐故正议大夫行衢王府咨议参军上柱国天水郡赵府君墓志铭并序。

年代：唐大中三年（849）刻。

形制：盖盝形，志正方形。志、盖尺寸相同。边长0.60米。

行字：盖文篆书3行，满行3字，题"大唐故赵府君墓志铭"。志文行书22行，满行22字。

撰书：张摸撰并书，李郢刻。

纹饰：志四侧饰兽首人身十二生肖图案，盖四刹饰四神图案。

出土：出土时间、地点不详。

现藏：西安碑林博物馆。

著录：《新中国出土墓志·陕西贰》《唐代墓志汇编续集》《全唐文补遗》（第一辑）。

备注：唐大中三年十一月十六日葬。

提要：志文记载赵群之家世及生平。

## 王氏女十六娘墓志

全称：唐太原郡王氏故笄女十六娘墓志铭并序。

年代：唐大中三年（849）刻。

形制：盖盝形，志长方形。志、盖尺寸相同。长0.34米，宽0.33米。

行字：盖文篆书3行，满行3字，题"唐故太原郡王氏墓志"。志文楷书20行，满行20字。

纹饰：志四侧饰卷云纹，盖四刹饰海石榴纹。

出土：1956年出土于西安市东郊十里铺。

现藏：西安碑林博物馆。

著录：《新中国出土墓志·陕西贰》《唐代墓志汇编续集》《全唐文补遗》（第三辑）。

备注：唐大中三年十二月二十三日葬。

提要：志文记载王氏及笄女之家世及生平情况。

## 王翊元暨妻李灵素合葬墓志

**全称:** 唐故云麾将军右龙武将军知军事兼御史中丞上柱国太原县开国公食邑一千五百户太原王公夫人陇西李氏合祔墓志铭并序。

**年代:** 唐大中三年（849）刻。

**形制:** 志长 0.62 米，宽 0.61 米。

**行字:** 志文楷书 34 行，满行 34 字。

**撰书:** 李商隐撰并书，鱼元弼刻。

**纹饰:** 志四侧饰十二生肖图案。

**出土:** 出土时间、地点不详。

**现藏:** 西安交通大学博物馆。

**著录:**《西安交通大学博物馆藏品集锦——碑石书法卷》。

**提要:** 志文记载王翊元及妻李灵素之生平。

## 梁匡仁神道碑

**全称:** 唐故陕府监军使太中大夫行内侍省内寺伯员外置同正员上柱国赐紫金鱼袋安定县开国公食邑三百户梁公神道碑并序。

**年代:** 唐大中三年（849）刻立。

**形制:** 螭首龟座。通高 3.60 米，宽 1.04 米，厚 0.31 米。

**行字:** 碑额篆书 3 行，满行 4 字，题"大唐故内常侍梁公神道之碑"。碑文行书 28 行，满行 60 字。

**撰书:** 张摸撰并书兼篆额。

**纹饰:** 碑侧饰蔓草纹。

**出土:** 2001 年出土于西安国棉六厂大门东侧，后移藏西安碑林博物馆。

**现藏:** 西安碑林博物馆。

**著录:**《碑林集刊》（第 8 辑）。

**备注:** 碑身下部残损约 50 余字，碑身两边有残。

**提要:** 碑文记载梁匡仁生平。梁匡仁历任五坊使、陕府监军使等，特加太中大夫，封安定县开国男，食邑三百户。

## 高可方墓志

**全称:** 唐故右羽林军长上高公墓志铭并序。

**年代:** 唐大中四年（850）刻。

**形制:** 盖盝形，志正方形。志、盖尺寸相同。边长 0.45 米。

**行字:** 盖文篆书 3 行，满行 3 字，题"唐故渤海高府君墓铭"。志文楷书 23 行，满行 22 字。

**撰书:** 盛遇撰并书兼篆盖。

**纹饰:** 志四侧饰兽首人身十二生肖图案，盖四刹饰四神图案。

**出土:** 1956 年出土于西安市东郊韩森寨。

**现藏:** 西安碑林博物馆。

**著录:**《隋唐五代墓志汇编》《唐代墓志汇编续集》《全唐文补遗》（第三辑）。

**备注:** 唐大中四年正月十八日葬。

**提要:** 志文记载高可方之家世、生平、婚姻、子嗣及历官情况。

## 裴行著墓志

**全称:** 唐故陆浑县令裴府君墓志铭并叙。

**年代:** 唐大中四年（850）刻。

**形制:** 盖盝形，志正方形。志、盖尺寸相同。边长 0.43 米。

**行字:** 盖文楷书 3 行，满行 3 字，题"大唐故裴府君墓志铭"。志文楷书 25 行，满行 25 字。

**撰书:** 裴谟撰。

**纹饰:** 志四侧及盖四刹均饰团花纹。

**出土:** 1958 年出土于西安市东郊韩森寨。

**现藏:** 西安碑林博物馆。

著录：《新中国出土墓志·陕西贰》《唐代墓志汇编续集》《全唐文补遗》（第三辑）。

备注：唐大中四年四月十二日葬。

提要：志文记载裴行著之家世、生平、婚姻、子嗣及历官情况。

## 丘君妻柳氏墓志

全称：唐试左武卫仓曹参军丘公夫人河东柳氏墓志铭并序。

年代：唐大中四年（850）刻。

形制：盖盝形，志、盖尺寸相同。长 0.36 米，宽 0.35 米。

行字：盖文楷书 3 行，满行 3 字，题"唐故河东柳氏墓志铭"。志文楷书 16 行，满行 16 字。

撰书：柳稼撰并书。

纹饰：志四侧饰卷云纹，盖四角饰几何纹，四周及四刹饰牡丹纹。

出土：1956 年出土于西安市东郊洪庆村。

现藏：西安碑林博物馆。

著录：《新中国出土墓志·陕西贰》《唐代墓志汇编续集》《全唐文补遗》（第三辑）。

备注：唐大中四年四月十三日葬。

提要：志文记载柳氏之家世及生平。

## 刘士准墓志

全称：唐故刘府君墓志铭并序。

年代：唐大中四年（850）刻。

形制：盖盝形，志、盖尺寸相同。长 0.60 米，宽 0.59 米。

行字：盖文篆书 3 行，满行 3 字，题"唐故刘府君墓志之铭"。志文行楷 25 行，满行 25 字。

撰书：钱师穆撰并书。

纹饰：志四侧饰十二生肖图案，盖四刹饰四神图案。

出土：1955 年出土于西安市东郊王家坟。

现藏：西安碑林博物馆。

著录：《新中国出土墓志·陕西贰》《全唐文补遗》（第三辑）。

备注：唐大中四年四月十三日葬。

提要：志文记载刘士准之生平、婚姻、子嗣及历官情况。

## 似先义逸墓志

全称：唐故银青光禄大夫行内侍省内常侍员外置同正员兼掖庭局令致仕上柱国汝南郡开国公食邑二千户赐紫金鱼似先府君墓志铭有序。

年代：唐大中四年（850）刻。

形制：志正方形。边长 0.88 米。

行字：志文楷书 40 行，满行 38 字。

撰书：王式撰，张摸书并篆额，李君郢刻。

纹饰：志四侧饰十二生肖图案。

出土：1993 年出土于西安市灞桥区务庄乡。

现藏：西安碑林博物馆。

著录：《新中国出土墓志·陕西贰》《西安碑林博物馆新藏墓志汇编》。

备注：唐大中四年十一月十六日葬。

提要：志文记载似先义逸之家世及生平。

## 裴太墓志

全称：唐故裴氏小娘子墓志铭。

年代：唐大中四年（850）刻。

形制：青石质。盖盝形，志正方形。志、盖尺寸相同。边长 0.33 米。

行字：盖文楷书 3 行，满行 3 字，题"唐故裴氏小娘子墓志"。志文楷书 13 行，满行 24 字。

撰书：卢献卿撰。

纹饰：志四侧饰龙凤纹，盖四刹饰四神图案。

出土：1950 年出土于长安县嘉里村。

现藏：西安碑林博物馆。

著录：《新中国出土墓志·陕西贰》《唐代墓志汇编续集》《全唐文补遗》（第三辑）。

备注：唐大中四年十一月十六日葬。

提要：志文记载裴氏小娘子（小字太）之家世及生平情况。

## 仇文义妻王氏墓志

全称：唐故忠武军监军使正议大夫内给事赐紫金鱼袋赠内侍仇公夫人王氏墓志铭并序。

年代：唐大中四年（850）刻。

形制：青石质。盖盝形，志正方形。盖边长0.90米，厚0.05米。志边长0.90米，厚0.13米。

行字：盖文篆书3行，满行3字，题"大唐故王夫人墓志铭"。志文行书33行，满行36字。

撰书：陈上美撰，张摸书并篆盖，李砭刻。

纹饰：盖四周饰牡丹纹，盖四刹饰四神图案，四侧饰牡丹纹。志四侧饰十二生肖图案。

出土：西安博物院旧藏。

现藏：西安博物院。

提要：志文记载仇文义妻王氏之家世及生平。

## 仇氏墓志

全称：故南安郡夫人赠才人仇氏墓志铭并序。

年代：唐大中五年（851）刻。

形制：青石质。志长0.62米，宽0.61米。

行字：志文楷书27行，满行24字。

撰书：唐宣宗撰，朱玘书，唐远篆盖，强琼刻。

出土：出土时间、地点不详。

现藏：西安碑林博物馆。

著录：《陕西金石志》。

备注：唐大中五年八月四日葬。

提要：志文记载南安郡夫人之家世及生平。

## 敕内庄宅使牒

年代：唐大中五年（851）刻立。

形制：青石质。高1.05米，宽0.54米。

行字：碑文楷书25行，满行字数不等。

出土：原在长安兴宁坊安国寺，宋初移至文庙，后移藏西安碑林。

现藏：西安碑林博物馆。

著录：《西安碑林全集》《金石萃编》。

备注：刻于唐《玄秘塔碑》碑阴。

提要：碑文是内庄宅使给大达法师弟子正言购买万年县浐川乡一处庄宅的依据，其后记述正言出资营造堂室、彩画两壁及修赎经藏诸事。

## 李君妻安氏墓志

全称：唐故武威郡安氏夫人墓志铭并序。

年代：唐大中五年（851）刻。

形制：青石质。志正方形。边长0.39米。

行字：志文楷书19行，满行17—21字不等。

纹饰：志四侧饰壶门图案，内饰花叶纹。

出土：山西出土，时间不详。2006年入藏西安碑林博物馆。

现藏：西安碑林博物馆。

著录：《西安碑林博物馆新藏墓志汇编》。

提要：志文记载安氏之生平、配偶及子嗣等情况。

## 阎叔汶妻米氏墓志

全称：唐常山故阎公金城米氏故夫人墓志铭并序。

年代：唐大中五年（851）刻。

形制：志正方形。边长0.37米。

行字：志文楷书 19 行，满行 23—27 字不等。

纹饰：四侧线饰壹门图案、瑞兽纹及云纹。

出土：山西出土，时间不详。2006 年入藏西安碑林博物馆。

现藏：西安碑林博物馆。

著录：《西安碑林博物馆新藏墓志汇编》。

提要：志文记载阎叔汶及米氏之家世及生平。

## *大中五年陀罗尼经幢

年代：唐大中五年（851）刻立。

形制：八棱柱形。高 1.51 米，面宽 0.19 米。

行字：幢文每面行书 8 行，满行 62—65 字不等。

出土：1952 年出土于淳化县南门内唐塔下。

现藏：淳化县博物馆。

著录：《淳化县文物志》。

提要：正文刻《佛顶尊胜陀罗尼经》经文。

## 环平墓志

全称：唐故鄜坊节度行营马军兵马使同节度副使银青光禄大夫检校太子宾客上柱国清河县男食邑三百户环公墓志铭并序。

年代：唐大中六年（852）刻。

形制：青石质。志、盖均为正方形。盖边长 0.57 米，厚 0.08 米。志边长 0.50 米，厚 0.07 米。

行字：盖文篆书 3 行，满行 3 字，题"大唐故环府君墓志铭" 其中"环"字楷书。志文楷书 27 行，满行 37 字。

撰书：李简休撰。

纹饰：盖四刹饰四神图案及牡丹纹。

出土：1990 年出土于富县富城镇秋家沟。

现藏：鄜州博物馆。

著录：《碑林集刊》（第 3 辑）。

提要：志文记载环平的家世及生平事迹，叙述了环平参加唐元和年间淮西之役

的历史事实。

## 孟秀荣墓志

全称：唐故振武麟胜等州监军使给事郎行内侍省内仆局丞员外置同正员上柱国赐绯鱼袋武威郡孟公府君墓志铭并序。

年代：唐大中六年（852）刻。

形制：志长 0.74 米，宽 0.75 米。

行字：志文楷书 33 行，满行 33 字。

出土：1983 年出土于西安市东郊十里铺。

现藏：西安碑林博物馆。

著录：《新中国出土墓志·陕西贰》《唐代墓志汇编续集》《全唐文补遗》（第六辑）。

提要：志文记载孟秀荣的生平及家世。其历官凤翔府仇将军小判官、东头承旨、上骑都督尉、行内侍省掖庭局宫教博士、东头高班、东头法曲使、含光使、湖南督团练兵马监军使、内仆局丞、湖南监军著蓄高班、左神策军护军中尉判官、左街功德使判官、左神策军都判官、武德副使。

## 庾君妻萧氏墓志

全称：唐庾氏妻兰陵萧氏墓志铭并叙。

年代：唐大中六年（852）刻。

形制：志正方形。边长 0.43 米。

行字：志文楷书 32 行，满行 32 字。

撰书：庾游方撰，庾宏书。

出土：出土时间、地点不详。

现藏：西安市长安博物馆。

著录：《长安新出墓志》《长安碑刻》。

提要：志文记载庾君妻萧氏之家世及生平。

## 同国政墓志

全称：唐故朝议郎行内侍省宫闱局丞员外

置同正员上柱国同府君墓志。

**年代:** 唐大中六年（852）刻。

**形制:** 志长 0.56 米，宽 0.55 米。

**行字:** 志文行书 21 行，满行 22 字。

**撰书:** 僧清澜撰并书。

**出土:** 出土时间、地点不详。1952 年段绍嘉捐藏西安碑林。

**现藏:** 西安碑林博物馆。

**著录:**《唐代墓志汇编》《全唐文补遗》（第三辑）《西安碑林全集》。

**提要:** 志文主要记载同国政之生平及家世。

## 韦正贯墓志

**全称:** 唐故岭南节度观察处置等使银青光禄大夫检校左散骑常侍兼御史大夫赠工部尚书京兆韦公墓志铭。

**年代:** 唐大中六年（852）刻。

**形制:** 志正方形。边长 0.77 米。

**行字:** 志文楷书 37 行，满行 37 字。

**撰书:** 赵橹撰，韦丞弼书。

**出土:** 出土时间、地点不详。

**现藏:** 西安市长安博物馆。

**著录:**《长安新出墓志》《长安碑刻》。

**提要:** 志文记载韦正贯之家世及生平。其历官太子校书、华原尉、万年尉、河南府司录参军、浙东团练副使、万年令、泗州刺史、光禄卿、京兆尹、同州刺史等。

## 杜顺和尚行记

**全称:** 大唐华严寺杜顺和尚行记。

**年代:** 唐大中六年（852）刻立。

**形制:** 螭首方座。高 1.94 米，宽 0.69 米，厚 0.16 米。

**行字:** 碑文行书 21 行，满行字数不等。

**撰书:** 杜殷撰，董景文书。

**纹饰:** 碑侧饰缠枝蔓草。

**出土:** 原在长安华严寺，后移藏西安碑林。

**现藏:** 西安碑林博物馆。

**著录:**《西安碑林全集》《金石萃编》。

**备注:** 碑文稍有漫漶，下部剥蚀甚重。

**提要:** 碑文记载杜顺和尚禅号法顺，俗姓杜氏，京兆人。其曾为隋文帝所重，尝入宫禁传授《华严经》等事。

## *比丘正言疏

**年代:** 唐大中六年（852）刻立。

**形制:** 高 0.68 米，宽 0.36 米。

**行字:** 碑文楷书 18 行，满行字数不等。

**撰书:** 正言撰。

**出土:** 原在长安兴宁坊安国寺，宋初移至文庙，后移藏西安碑林。

**现藏:** 西安碑林博物馆。

**著录:**《西安碑林全集》《金石萃编》。

**备注:** 刻于唐《玄秘塔碑》碑阴。此疏与《敕内庄使牒》之内容相关，为比丘正言购买此庄宅及庄内定家具什物等的凭据。

## 赵仕良墓志

**全称:** 唐故徵君赵公墓志铭并序。

**年代:** 唐大中六年（852）刻。

**形制:** 盖盝形，志、盖尺寸相同。长 0.38 米，宽 0.44 米。

**行字:** 盖文篆书 3 行，满行 3 字，题"唐故天水赵公墓志铭"。志文楷书 22 行，满行 22 字。

**撰书:** 钟畢撰。

**纹饰:** 志四侧饰如意云纹，盖四周及盖四刹均饰团花纹。

**出土:** 出土于西安郊区，时间不详。1991 年入藏西安碑林。

现藏：西安碑林博物馆。

著录：《西安碑林博物馆新藏墓志汇编》。

提要：志文记载赵仕良之生平、配偶及子嗣情况。

## 归弘简墓志

**全称**：唐故朝散大夫检校金部郎中兼侍御史知盐铁江陵院事归公墓志铭并序。

**年代**：唐大中六年（852）刻。

**形制**：盖盝形，志正方形。志、盖尺寸相同。边长 0.60 米，厚 0.10 米。

**行字**：盖文篆书 4 行，满行 4 字，题"唐故检校金部郎中归公墓志"。志文楷书 30 行，满行 30 字。

**撰书**：归仁晦撰及书并篆盖。

**纹饰**：盖四刹饰四神，志四侧饰十二生肖图案。

**出土**：2004 年出土于西安市长安区韦曲镇夏殿村。

**现藏**：陕西省考古研究院。

**提要**：志文记载归弘简之家世、历官、婚姻情况。归弘简，初以弘文馆明经及第，调补右内率兵曹参军、左威卫胄曹参军，充岭南节度使李从易幕僚，试大理评事、摄监察御史，后授国子监大学博士，又为南海节度推官，改任殿中侍御史、摄盐铁江陵院事。

## *□璬墓志

**年代**：唐大中七年（853）刻。

**形制**：志正方形。边长 0.39 米。

**行字**：志文楷书 26 行，满行 25 字。

**撰书**：张承远撰。

**出土**：出土时间、地点不详。2006 年入藏西安碑林博物馆。

**现藏**：西安碑林博物馆。

著录：《西安碑林博物馆新藏墓志汇编》。

备注：志石左下角及右下角均残缺。

提要：志文记载墓主人□璬之家世、生平、配偶及子嗣情况。

## 刘氏墓志

**全称**：唐故夫人刘氏墓志铭并序。

**年代**：唐大中七年（853）刻。

**形制**：志正方形。边长 0.45 米。

**行字**：志文楷书 21 行，满行 22 字。

**撰书**：崔愿撰。

**纹饰**：盖四刹饰四神图案，志四侧饰兽首人身十二生肖图案。

**出土**：1954 年出土于西安市东郊郭家滩。

**现藏**：西安碑林博物馆。

**著录**：《唐代墓志汇编续集》《全唐文补遗》（第三辑）《西安碑林全集》。

**提要**：志文简述了刘氏之生平及子嗣情况。

## 李文益墓志

**全称**：唐故昭义军洺州防城使朝议大夫试千牛卫长史上护军陇西李公墓志铭并序。

**年代**：唐大中七年（853）刻。

**形制**：志长 0.47 米，宽 0.49 米。

**行字**：志文楷书 24 行，满行 29 字。

**纹饰**：志四侧饰壸门图案。

**出土**：山西出土，时间不详。2006 年入藏西安碑林博物馆。

**现藏**：西安碑林博物馆。

**著录**：《西安碑林博物馆新藏墓志汇编》。

**提要**：志文记载李文益的家世及生平，其官至洺州防城使。

## 吴士恒墓志

**全称**：大唐故吴府君墓志铭并序。

**年代**：唐大中七年（853）刻。

形制：志正方形。边长 0.49 米。

行字：志文楷书 25 行，满行 25 字。

撰书：杨□儒撰。

纹饰：志四侧饰牡丹纹。

出土：山西出土，时间不详。

现藏：西安碑林博物馆。

著录：《西安碑林博物馆新藏墓志汇编》。

备注：残损较严重。

提要：志文记载墓主人吴士恒之家世、生平、配偶及子嗣等情况。

## 李弘庆墓志

全称：唐故衢王府参军李府君墓志铭并序。

年代：唐大中七年（853）刻。

形制：志正方形。边长 0.43 米，厚 0.11 米。

行字：志文楷书 22 行，满行 21 字。

撰书：李胤撰。

出土：出土于西安市西郊三桥村，时间不详。

现藏：陕西历史博物馆。

提要：志文记载李弘庆之家世、生平。

## 王氏墓志

全称：唐故太原郡王夫人墓志铭并序。

年代：唐大中八年（854）刻。

形制：盖盝形，志、盖尺寸相同。长 0.46 米，宽 0.45 米。

行字：盖文篆书 3 行，满行 3 字，题"大唐故王夫人墓志铭"。志文楷书 23 行，满行 23 字。

撰书：刘玄休撰并书，潘骈刻。

纹饰：盖四刹饰四神图案。

出土：1954 年出土于西安市东郊郭家滩。

现藏：西安碑林博物馆。

著录：《唐代墓志汇编续集》《全唐文补遗》（第三辑）《西安碑林全集》。

提要：志文主要记载王氏的生平。

## 王怡政墓志

全称：唐故正议大夫行内侍省宫闱局令员外置同正员上柱国太原郡食邑三百户赐绯鱼袋致仕王公墓志铭并序。

年代：唐大中八年（854）刻。

形制：盖盝形，志、盖尺寸相同。长 0.54 米，宽 0.53 米。

行字：盖文行书 3 行，满行 3 字，题"大唐故王府君墓志铭"。志文行书 25 行，满行 23 字。

撰书：李楼玄撰，齐正则书。

纹饰：盖四刹饰四神图案。

出土：1954 年出土于西安市东郊郭家滩。

现藏：西安碑林博物馆。

著录：《隋唐五代墓志汇编》《全唐文补遗》（第三辑）《西安碑林全集》。

提要：志文记载王怡政之生平、家世。

## 路全交墓志

全称：唐故文林郎使持节蔡州诸军事权知蔡州刺史路公墓志铭并序。

年代：唐大中八年（854）刻。

形制：盖盝形，志、盖尺寸相同。长 0.42 米，宽 0.44 米。

行字：盖文楷书 3 行，满行 3 字，题"大唐故路府君墓志铭"。志文楷书 27 行，满行 30 字。

撰书：李□撰。

纹饰：盖四周饰牡丹纹，四刹饰四神图案。

出土：1954 年出土于西安市东郊郭家滩。

现藏：西安碑林博物馆。

著录：《唐代墓志汇编续集》《全唐文补遗》（第三辑）《西安碑林全集》。

提要：志文记载路全交的生平、家世。路全交先后任丰州大都督府仓曹参军、调补泗州宿迁县丞，授慈州吕乡县令，后授蔡州刺史。

## 赵氏墓志

**全称：** 唐故天水赵夫人墓志铭序。

**年代：** 唐大中八年（854）刻。

**形制：** 志正方形。边长 0.39 米。

**行字：** 志文楷书 18 行，满行 28 字。

**纹饰：** 志四侧饰壸门图案。

**出土：** 山西出土，时间不详。2006 年入藏西安碑林博物馆。

**现藏：** 西安碑林博物馆。

**著录：**《西安碑林博物馆新藏墓志汇编》。

**提要：** 志文记载墓主人天水赵氏之家世、配偶及子嗣等情况。

## 韦洄墓志

**全称：** 唐故华州司马韦府君墓志铭并序。

**年代：** 唐大中八年（854）刻。

**形制：** 盖盝形，志正方形。志、盖尺寸相同。边长 0.46 米，厚 0.09 米。

**行字：** 盖文篆书 3 行，满行 3 字，题"大唐故韦府君墓志铭"。志文楷书 24 行，满行 24 字。

**撰书：** 韦澳撰，李询古书。

**纹饰：** 盖四刹饰卷云纹及忍冬花纹。志四侧饰十二生肖图案。

**出土：** 1989 年出土于长安县南里王村。

**现藏：** 陕西省考古研究院。

**著录：**《考古与文物》（2000 年第 1 期）《长安碑刻》。

**提要：** 志文记载韦洄之家世及生平。

## 赵石墓志

**全称：** 唐故天水赵公墓志铭并序。

**年代：** 唐大中九年（855）刻。

**形制：** 志正方形。边长 0.37 米，厚 0.05 米。

**行字：** 盖文篆书 3 行，满行 3 字，题"唐故天水赵公墓志铭"。志文楷书 12 行，满行 23 字。

**撰书：** 杨通玄撰。

**纹饰：** 盖四周饰二十八星宿，四刹饰牡丹纹。

**出土：** 1980 年出土于潼关县城关镇桃林路。

**现藏：** 潼关县东门博物馆。

**著录：**《潼关碑石》。

**提要：** 志文记载赵石的家世及生平。

## 白公济墓志

**全称：** 大唐故白府君墓志铭。

**年代：** 唐大中九年（855）刻。

**形制：** 志正方形。边长 0.45 米，厚 0.07 米。

**行字：** 志文楷书 20 行，满行 29 字。

**出土：** 1988 年出土于韩城市苏东乡西金盆村。

**现藏：** 韩城市博物馆。

**提要：** 志文记载白公济的家世及生平。白公济与白居易为从祖兄弟。

## 圭峰定慧禅师碑

**全称：** 唐故圭峰定慧禅师传法碑并序。

**年代：** 唐大中九年（855）刻立。

**形制：** 螭首龟座。高 2.16 米，宽 1.00 米，厚 0.33 米。

**行字：** 额篆书 3 行，满行 3 字，题"唐故圭峰定慧禅师碑"。碑文楷书 36 行，满行 65 字。

**撰书：** 裴休撰并序，柳公权篆额，邵建初刻。

**现藏：** 户县草堂寺。

**著录：**《全唐文》《陕西金石志》《户县碑刻》。

**提要：** 碑文记载唐代圭峰定慧禅师的法宗之世系、生平及著述情况。宗密，唐代名僧，华严宗第五祖，又号圭峰，28

岁参加贡学考试，后师事道园禅师而出家，32 岁又师事华严宗四祖澄观。后专事佛学著作，以华严为宗。穆宗长庆元年（821），住终南山草堂寺。太和年间（827—835）文宗诏见，赐紫方袍，赐号大德。武宗会昌元年（841）辛酉正月，坐化于兴福塔院。时年 62 岁，归瘗圭峰之下。宣宗即位，追谥定慧禅师，世称圭峰禅师。后被尊为华严宗五祖。

## 韦识墓志

**全称：** 唐故兴元府城固县丞京兆韦府君墓志铭并序。

**年代：** 唐大中九年（855）刻。

**形制：** 志正方形。边长 0.43 米。

**行字：** 志文楷书 26 行，满行 27 字。

**撰书：** 韦沼撰。

**纹饰：** 志四侧纹饰漫漶。

**出土：** 2001 年出土于长安县大兆乡三益村。

**现藏：** 西安碑林博物馆。

**著录：**《碑林集刊》（第 10 辑）《长安碑刻》。

**提要：** 志文主要记载韦识的生平、家世。韦识官至兴元府城固县丞。

## 韦定言墓志

**全称：** 唐故进士京兆韦秀才墓志铭并叙。

**年代：** 唐大中九年（855）刻。

**形制：** 志正方形。边长 0.36 米。

**行字：** 志文楷书 22 行，满行 22 字。

**撰书：** 陈发撰。

**出土：** 出土时间、地点不详。

**现藏：** 西安市长安博物馆。

**著录：**《长安新出墓志》《长安碑刻》。

**提要：** 志文记载韦定言之家世及生平等。

## 东乡君妻夏氏墓志

**全称：** 唐故定州司仓参军东乡府君夫人鲁郡夏氏墓志铭并序。

**年代：** 唐大中九年（855）刻。

**形制：** 青石质。盖盝形，志正方形。志、盖尺寸相同。边长 0.40 米。

**行字：** 盖文楷书 3 行，满行 3 字，题"唐故夏氏夫人墓志铭"。志文楷书 20 行，满行 29 字。

**撰书：** 王珣撰。

**纹饰：** 盖四周饰二十八星宿，四刹饰兽首人身生肖图案，四角饰牡丹纹。志四侧饰流云纹。

**出土：** 1983 年出土于西安市新安建材厂。

**现藏：** 西安碑林博物馆。

**著录：**《新中国出土墓志·陕西贰》《长安碑刻》。

**提要：** 志文主要记叙了夏氏的生平简况。

## 李映墓志

**全称：** 唐故处士李府君墓志铭并序。

**年代：** 唐大中九年（855）刻。

**形制：** 青石质。志长 0.32 米，宽 0.31 米。

**行字：** 志文楷书 21 行，满行 21 字。

**撰书：** 李景祥撰。

**纹饰：** 盖四周及四刹饰团花纹，志四侧饰卷云纹。

**出土：** 1955 年出土于西安市东郊洪庆村。

**现藏：** 西安碑林博物馆。

**著录：**《唐代墓志汇编续集》《全唐文补遗》（第三辑）《西安碑林全集》。

**提要：** 志文记载李映的生平及家世。

## 李简妻暴氏墓志

**全称：** 唐故前昭义军衙前将云麾将军试殿中

监李府君夫人暴氏墓志铭并序。

**年代**：唐大中九年（855）刻。

**形制**：志正方形。边长 0.42 米。

**行字**：志文楷书 22 行，满行 26 字。

**纹饰**：志四侧饰壸门图案。

**出土**：山西出土，时间不详。2006 年入藏西安碑林博物馆。

**现藏**：西安碑林博物馆。

**著录**：《西安碑林博物馆新藏墓志汇编》。

**提要**：志文记载李简的家世、生平、配偶及子嗣情况。

## 晏曜墓志

**全称**：大唐故北海郡晏府君之墓志铭并序。

**年代**：唐大中十年（856）刻。

**形制**：志正方形。边长 0.48 米。

**行字**：志文楷书 22 行，满行 22 字。

**撰书**：刘翘撰，刘匡篆盖，刘颍书。

**出土**：1999 年出土于礼泉县药王洞乡南晏村。

**现藏**：西安碑林博物馆。

**著录**：《西安碑林博物馆新藏墓志汇编》

**提要**：志文记载晏曜之生平、家世。晏曜为北海郡人，官至右领军长史。

## 韦挺妻柏苕墓志

**全称**：唐故青州司户参军韦君夫人柏氏墓铭并序。

**年代**：唐大中十年（856）刻。

**形制**：青石质。志正方形。边长 0.40 米。

**行字**：志文楷书 25 行，满行 28 字

**撰书**：张台撰。

**出土**：出土时间、地点不详。

**现藏**：西安市长安博物馆。

**著录**：《长安新出墓志》《长安碑刻》。

**提要**：志文记载青州司户参军韦挺妻柏苕之家世、生平及子嗣等。

## 僧灵晏墓志

**全称**：大唐崇福寺故僧录灵晏墓志铭并序。

**年代**：唐大中十一年（857）刻。

**形制**：青石质。盖盝形，志正方形。盖边长 0.64 米，志边长 0.67 米。盖、志均厚 0.12 米。

**行字**：盖文楷书 3 行，满行 3 字，题"大唐故僧录和尚墓志"。志文楷书 26 行，满行 26 字。

**撰书**：彦楚述，绍兰书，张公武刻。

**纹饰**：盖四周饰牡丹纹，四刹饰四神图案。志四侧饰十二生肖图案。

**出土**：西安博物院旧藏。

**现藏**：西安博物院。

**著录**：《唐代墓志汇编续集》

**提要**：志文记载唐崇福寺僧录灵晏之家世及生平。

## *卢弘本墓志

**年代**：唐大中十一年（857）刻。

**形制**：志正方形。边长 0.46 米。

**行字**：志文楷书 24 行，满行 24 字。

**撰书**：苏确书。

**出土**：出土时间、地点不详。

**现藏**：西安市长安博物馆。

**著录**：《长安新出墓志》《长安碑刻》。

**提要**：志文记载卢弘本之家世、生平、历官、婚姻及子嗣情况。其历官河中府解县令、河中府司录参军。

## 鲁谦墓志

**全称**：鲁氏子谦墓志铭并序。

**年代**：唐大中十一年（857）刻。

**形制**：青石质。盖盝形，志正方形。志、盖尺寸相同。边长 0.36 米。

**行字**：盖文篆书 3 行，满行 3 字，题"大唐

故鲁氏墓志之铭"。志文楷书 18 行，满行 17 字。

撰书：李恽撰，鲁谂书，鲁球刻，张宗厚篆盖。

纹饰：盖四刹角饰几何纹。

出土：出土时间、地点不详。1952 年段绍嘉捐藏西安碑林。

现藏：西安碑林博物馆。

著录：《唐代墓志汇编》《全唐文补遗》（第三辑）《西安碑林全集》。

提要：志文记载鲁谦的生平简况。

## 阎知诚墓志

全称：大唐故右神策军护军副使朝散大夫行内侍省掖庭局令员外置同正员上柱国赐紫金鱼袋阎府君墓志铭并序。

年代：唐大中十二年（858）刻。

形制：青石质。盖盝形，志正方形。志、盖尺寸相同。边长 0.61 米。

行字：盖文篆书 3 行，满行 3 字，题"大唐故阎府君墓志铭"。志文楷书 31 行，满行 31 字。

撰书：郑晦撰并书，毛伯贞篆盖。

纹饰：盖四周饰牡丹纹，四刹饰四神图案。

出土：1955 年出土于西安市东郊郭家滩。

现藏：西安碑林博物馆。

著录：《唐代墓志汇编续集》《全唐文补遗》（第三辑）《西安碑林全集》。

提要：志文记载阎知诚的生平、家世。其因会昌三年（843）讨回鹘有功，四年赐朱绶银印，拜内园副使。其历官内坊使、翰林院使、右神策军副使。

## 李虔墓志

全称：有唐陇西李夫人墓志铭并序。

年代：唐大中十二年（858）刻。

形制：青石质。盖盝形，志正方形。志、盖尺寸相同。边长 0.60 米。

行字：盖文篆书 3 行，满行 3 字，题"唐李夫人墓志铭并序"。志文楷书 19 行，满行 21 字。

撰书：邵雄撰并书。

纹饰：盖四周饰团花纹，四刹饰四神图案。

出土：出土时间、地点不详。2004 年入藏西安碑林博物馆。

现藏：西安碑林博物馆。

著录：《西安碑林博物馆新藏墓志汇编》。

提要：志文记载李虔的家世和子嗣情况。

## *唐尚书省郎官题名石柱

年代：唐大中十二年（858）刻立。

形制：青石质。七棱柱形。分上下两截，上截高 1.35 米，下截高 1.15 米，面宽 0.31—0.33 米。

行字：碑文楷书，每面上下分为 4 栏，各栏行、字数不等。

撰书：陈九言撰，张旭书。

出土：原在唐尚书省，后移藏西安碑林。

现藏：西安碑林博物馆。

著录：《西安碑林全集》《金石萃编》。

备注：碑文已残损磨泐。

提要：碑文刻左司及吏部、户部、礼部的郎官题名。

## 张君暨妻解氏合葬墓志

全称：唐故张府君及夫人墓志铭并序。

年代：唐大中十二年（858）刻。

形制：青石质。志长 0.44 米，宽 0.45 米。

行字：志文楷书 20 行，满行 30 字。

纹饰：志四侧饰瑞兽图案。

出土：山西出土，时间不详。2006 年入藏西安碑林博物馆。

现藏：西安碑林博物馆。

著录：《西安碑林博物馆新藏墓志汇编》。

提要：志文记载张君的籍贯及家世。

## 李君谊墓志

全称：唐故后院随身官李府君墓志铭并序。

年代：唐大中十二年（858）刻。

形制：青石质。志长 0.37 米，宽 0.38 米。

行字：志文楷书 17 行，满行 18 字。

纹饰：四侧饰壸门图案。

出土：出土时间、地点不详。2006 年入藏西安碑林博物馆。

现藏：西安碑林博物馆。

著录：《西安碑林博物馆新藏墓志汇编》。

提要：志文记载李君谊的家世及生平。

## 田行源墓志

全称：唐故朝议郎成都府犀浦县令京兆田府君墓志铭并序。

年代：唐大中十三年（859）刻。

形制：志正方形。边长 0.43 米，厚 0.08 米。

行字：志文楷书 25 行，满行 26 字。

撰书：万俟镕撰。

纹饰：志四侧饰十二生肖图案。

出土：西安博物院旧藏。

现藏：西安博物院。

提要：志文记载田行源之家世及生平。其历仕成都府新繁尉，魏成、什邡二县令，犀浦令。

## 王公素墓志

全称：唐故湖南监军使正议大夫行内侍省内寺伯太原县开国男食邑三百户赐绯鱼袋太原郡王府君墓志铭并序。

年代：唐大中十三年（859）刻。

形制：青石质。盖盝形，志、盖尺寸相同。

长 0.61 米，宽 0.66 米。

行字：盖文篆书 4 行，满行 3 字，题"唐故太原郡王府君墓志之铭"。志文楷书 32 行，满行 31 字。

撰书：陈竦撰，史顼书并篆盖，陈从竦刻。

纹饰：盖四刹饰四神图案。

出土：出土时间、地点不详。

现藏：西安碑林博物馆。

著录：《唐代墓志汇编》《全唐文补遗》（第三辑）《西安碑林全集》。

提要：志文主要记载王公素的生平、家世。其曾任内侍省掖庭局监作、十六宅使、深州行营监军使等。

## 庾游方墓志

全称：唐故长安县丞庾府君墓志铭并序。

年代：唐大中十三年（859）刻。

形制：青石质。志正方形。边长 0.44 米。

行字：志文楷书 6 行，满行 25 字。

撰书：庾崇撰，庾愿书。

出土：出土时间、地点不详。

现藏：西安市长安博物馆。

著录：《长安新出墓志》《长安碑刻》。

提要：志文记载庾游方之家世及生平。

## 李氏墓志

全称：唐故陇西李氏夫人墓志铭并序。

年代：唐大中十三年（859）刻。

形制：志正方形。边长 0.45 米。

行字：志文楷书 21 行，满行 25 字。

纹饰：志四侧饰壸门图案。

出土：出土时间、地点不详。2005 年入藏西安碑林博物馆。

现藏：西安碑林博物馆。

著录：《西安碑林博物馆新藏墓志汇编》。

提要：志文记载李氏生平。

## 赵贯暨妻卢氏吴氏墓志

**全称：** 唐故节度要藉儒林郎试左武卫兵曹参军中山赵公卢吴二夫人墓志铭序。

**年代：** 唐大中十三年（859）刻。

**形制：** 青石质。盖盝形，志正方形。志、盖尺寸相同。边长 0.52 米。

**行字：** 盖文篆书 3 行，满行 3 字，题"唐故赵公夫人墓志铭"。志文楷书 25 行，满行 27 字。

**纹饰：** 志四侧饰壶门图案，内饰牡丹纹及如意云纹。盖四周饰八卦图案，四边及四刹饰牡丹纹。

**出土：** 出土时间、地点不详。2005 年入藏西安碑林博物馆。

**现藏：** 西安碑林博物馆。

**著录：** 《西安碑林博物馆新藏墓志汇编》。

**备注：** 盖左上缺一角。

**提要：** 志文记载赵贯的家世及生平。赵贯曾授使宅驱使官，后迁署南曹，总辖三司，提纲四郡。

## 韩孝恭玄堂志

**全称：** 唐故颍川韩练师玄堂铭并序。

**年代：** 唐大中十三年（859）刻。

**形制：** 青石质。志正方形。边长 0.45 米。

**行字：** 志文楷书 26 行，满行 26 字。

**撰书：** 路植撰，郑岫书。

**出土：** 出土时间、地点不详。2004 年入藏西安碑林博物馆。

**现藏：** 西安碑林博物馆。

**著录：** 《西安碑林博物馆新藏墓志汇编》。

**提要：** 志文记载韩练师的生平及子嗣情况，元和中为中书令韩许公近侍，后修道术。

## 李敬实墓志

**全称：** 大唐故军器使银青光禄大夫行内侍省内给事赠内侍上柱国陇西县开国男食邑三百户赐紫金鱼袋李府君墓志铭并序。

**年代：** 唐大中十四年（860）刻。

**形制：** 青石质。盖盝形，志、盖尺寸相同。长 0.61 米，宽 0.66 米。

**行字：** 盖文篆书 4 行，满行 3 字，题"唐故军器使赠内侍李公墓志"。志文行书 23 行，满行 24 字。

**撰书：** 崔鄯撰、书及篆盖，尹仲修刻。

**纹饰：** 盖四周饰牡丹纹，四刹饰四神图案。志四侧饰十二生肖图案。

**出土：** 1982 年出土于西安市东郊郭家滩。

**现藏：** 西安碑林博物馆。

**著录：** 《唐代墓志汇编续集》《全唐文补遗》（第一辑）《西安碑林全集》。

**提要：** 志文主要记载李敬实的生平和历官。历官掖庭局令、充右神策军都判、广州都监兼市舶使、内园栽接使、军器使等。

## *王元贞墓志

**年代：** 唐大中十四年（860）刻。

**形制：** 盖盝形，志正方形。志、盖尺寸相同。边长 0.48 米。

**行字：** 盖文篆书 3 行，满行 3 字，题"大唐故王府君墓志铭"。志文楷书 20 行，满行 33 字。

**撰书：** 夏衍撰。

**纹饰：** 盖四周饰牡丹纹，四刹饰卷叶纹。志四侧饰十二生肖图案。

**出土：** 出土时间、地点不详。2006 年入藏西安碑林博物馆。

**现藏：** 西安碑林博物馆。

**著录：** 《西安碑林博物馆新藏墓志汇编》。

**提要：** 志文记载王元贞之家世及生平情况。

## 韦瓒墓志

全称：唐故乡贡进士韦府君墓志铭并序。

年代：唐大中十四年（860）刻。

形制：盖盝形，志正方形。盖边长 0.40 米，厚 0.07 米。志边长 0.40 米，厚 0.08 米。

行字：志文楷书 22 行，满行 21 字。

撰书：韦庚撰，韦瑝书。

纹饰：盖四刹饰石榴花纹，志四侧饰忍冬纹。

出土：1989 年出土于长安县南里王村。

现藏：陕西省考古研究院。

著录：《考古与文物》（2000 年第 1 期）《长安碑刻》。

提要：志文记载韦瓒之家世及生平等情况。

## 张彦琳妻王氏墓志

全称：唐故清河郡先张府君夫人太原王氏墓志铭。

年代：唐咸通二年（861）刻。

形制：盖盝形，志正方形。盖长 0.52 米，宽 0.51 米。志边长 0.53 米。

行字：盖文篆书 2 行，满行 3 字，题"张府君墓志铭"。志文楷书 19 行，满行 26 字。

撰书：张处约撰。

纹饰：盖四刹饰八卦图案。

出土：出土于靖边县红墩界乡，时间不详。

现藏：榆林市文物保护研究所。

著录：《榆林碑石》。

备注：盖右边两角残。

提要：志文记载张彦琳及其妻王氏的生平。

## 田师巽妻张氏墓志

全称：唐故田府君夫人清河郡张氏墓志铭并序。

年代：唐咸通二年（861）刻。

形制：志长 0.45 米，宽 0.44 米。

行字：志文楷书 25 行，满行 25 字。

撰书：王全敬撰并书。

出土：出土时间、地点不详。1952 年段绍嘉捐藏西安碑林。

现藏：西安碑林博物馆。

著录：《全唐文补遗》（第三辑）《西安碑林全集》。

备注：志石右下角残缺，志文漫漶。

提要：志文记载田师巽的生平、官职及其妻张氏的品行。田师巽曾任内侍省掖庭局宫教博士。

## 白敏中墓志

全称：唐故开府仪同三司守太傅致仕上柱国太原郡开国公食邑二千户赠太尉白公墓志铭并序。

年代：唐咸通二年（861）刻。

形制：志正方形。边长 0.90 米。

行字：志文楷书 52 行，满行 51 字。

撰书：高璩撰，于瑰书。

纹饰：志四侧饰蔓草纹。

出土：1959 年出土于渭南县。

现藏：西安碑林博物馆。

著录：《唐代墓志汇编续集》《全唐文补遗》（第三辑）《西安碑林全集》。

提要：志文记载白敏中的生平。其历官有兵部员外郎、翰林学士、中书舍人、户部兵部侍郎、刑部尚书右仆射、门下侍郎、集贤殿大学士监修国史、太清宫使、司空兼门下侍郎平章事、邠宁节度使、党羌平议都统事、检校司徒平章、西川节度使、荆南节度使加太子太师、太清宫弘文馆学士、凤翔节度使等。

## 田文雅墓志

**全称：** 唐故朝散大夫使持节昭州诸军事守昭州刺史上柱国田府君墓铭并序。

**年代：** 唐咸通二年（861）刻。

**形制：** 志正方形。边长 0.46 米。

**行字：** 志文楷书 23 行，满行 24 字。

**撰书：** 李郸撰并书。

**纹饰：** 盖四刹饰四神图案。

**出土：** 1955 年出土于西安市东郊郭家滩。

**现藏：** 西安碑林博物馆。

**著录：**《唐代墓志汇编续集》《全唐文补遗》（第三辑）《西安碑林全集》。

**提要：** 志文记记载田文雅的生平、家世、历官等。

## 独孤骧墓志

**全称：** 唐故兖海观察支使朝散大夫检校秘书省著作郎兼侍御史河南独孤府君墓志铭。

**年代：** 唐咸通二年（861）刻。

**形制：** 盖盝形，志正方形。尺寸不详。

**行字：** 盖文篆书 3 行，满行 3 字，题"唐故独孤府君墓志铭"。志文楷书 29 行，满行 30 字。

**撰书：** 独孤霖撰，独孤献书。

**纹饰：** 盖四刹饰四神图案。志四侧饰十二生肖图案。

**出土：** 1958 出土于长安县梁家庄。

**现藏：** 西安碑林博物馆。

**著录：**《唐代墓志汇编续集》《全唐文补遗》（第三辑）《西安碑林全集》。

**提要：** 志文记载独孤骧的生平、家世及历官情况。

## 张谦墓志

**全称：** 唐故朝议郎前河南府司录参军常山张君墓志铭。

**年代：** 唐咸通二年（861）刻。

**形制：** 志长 0.45 米，宽 0.43 米。

**行字：** 志文楷书 23 行，满行 23 字。

**撰书：** 张谯撰。

**出土：** 出土时间、地点不详。

**现藏：** 西安市长安博物馆。

**著录：**《长安新出墓志》《长安碑刻》。

**提要：** 志文记载张谦之家世及生平。其历官澄城令、殿中侍御史、邠宁和籴使、河南府司录参军。

## 杨居实墓志

**全称：** 唐故宣德郎行内侍省内府局丞弘农杨府君墓铭并序。

**年代：** 唐咸通二年（861）刻。

**形制：** 青石质。盖盝形。盖长 0.56 米，宽 0.58 米。志长 0.65 米，宽 0.68 米。

**行字：** 盖文篆书 3 行，满行 3 字，题"大唐故杨府君墓志铭"。志文楷书 36 行，满行 38 字。

**撰书：** 傅滔撰，杨全敏书。

**纹饰：** 盖四周饰团花纹，四刹饰四神图案。志四侧饰十二生肖图案。

**出土：** 1956 年出土于西安市东郊韩森寨。

**现藏：** 西安碑林博物馆。

**著录：**《唐代墓志汇编续集》《全唐文补遗》（第三辑）《西安碑林全集》。

**提要：** 志文记载杨居实之生平、家世。其主要历官有将仕郎掖庭局宫教博士、宣德郎内府局丞、天平军副监。

## 宋伯康墓志

**全称：** 唐朝请大夫行内侍省掖庭局宫教博士员外置同正员上柱国赐绯鱼袋宋伯康墓志。

年代：唐咸通二年（861）刻。

形制：志长 0.60 米，宽 0.59 米。

行字：志文楷书 27 行，满行 28 字。

撰书：徐瑰撰。

纹饰：盖四刹饰四神图案。

出土：1982 年出土于长安县郭杜镇。

现藏：西安碑林博物馆。

著录：《西安碑林博物馆新藏墓志汇编》《全唐文补遗》（第六辑）《西安碑林全集》。

提要：志文记叙了宋伯康的生平、家世及子嗣情况。

## 吴氏墓志

全称：大唐故濮阳郡吴夫人墓志铭并序。

年代：唐咸通二年（861）刻。

形制：青石质。盖盝形。盖边长 0.59 米。志长 0.59 米，宽 0.58 米。

行字：盖文篆书 3 行，满行 3 字，题"大唐故吴夫人墓志铭"。志文楷书 22 行，满行 21 字。

撰书：王逢撰，呼延奉璋书。

纹饰：盖四周饰团花纹，四刹饰四神图案。志四侧饰十二生肖图案。

出土：1988 年出土于西安市东郊韩森寨。

现藏：西安碑林博物馆。

著录：《唐代墓志汇编续集》《全唐文补遗》（第六辑）《西安碑林全集》。

提要：志文记载吴氏的生平。

## *咸通二年陀罗尼经幢

年代：唐咸通二年（861）刻立。

形制：青石质。八棱柱形。高 1.45 米，每面宽 0.14 米。

行字：幢文楷书约 3000 余字。

撰书：王宗礼书。

出土：1992 年出土于彬县太峪乡张村。

现藏：彬县文化馆。

提要：正文刻《佛顶尊胜陀罗尼经》经文。

## 白敏中神道碑

全称：唐故太傅致仕赠太尉太原白公神道碑。

年代：唐咸通三年（862）刻立。

形制：螭首方座。碑残损，残高 3.40 米，宽 1.15 米，厚 0.38 米。

行字：额篆书 4 行，满行 4 字，题"唐故太傅致仕赠太尉太原白公神道碑"。碑文楷书 37 行，满行字数不详。

出土：原立于渭南市临渭区龙北乡北程村白氏族茔。

现藏：碑林博物馆。

著录：《白居易研究》《碑林集刊》（第10辑）。

备注：此碑已残成两段。

提要：碑文记载白敏中的生平、家世。

## 郭骞妻苗氏墓志

全称：唐故太原郭公壶关苗氏夫人墓志铭序。

年代：唐咸通三年（862）刻。

形制：志正方形。边长 0.51 米。

行字：志文楷书 27 行，满行 31 字。

纹饰：志四侧饰瑞兽图案。

出土：出土时间、地点不详。2006 年入藏西安碑林博物馆。

现藏：西安碑林博物馆。

著录：《西安碑林博物馆新藏墓志汇编》。

提要：志文记载郭骞的家世、生平、配偶及子嗣情况。

## 刘让墓志

全称：唐故刘府君墓志铭并序。

年代：唐咸通三年（862）刻。

形制：盖盝形。盖长 0.43 米，宽 0.46 米。

志长 0.43 米，宽 0.41 米。

行字：盖文篆书 3 行，满行 3 字，题"大唐故刘府君墓志铭"。志文楷书 21 行，满行 21 字。

纹饰：志四侧饰壸门图案。盖四周有挽歌。

出土：山西出土，时间不详。2006 年入藏西安碑林博物馆。

现藏：西安碑林博物馆。

著录：《西安碑林博物馆新藏墓志汇编》。

提要：志文记载刘让的家世、生平、婚姻及子嗣情况。

## 狄玄愬墓志

全称：唐故集州衙推狄公墓志并序。

年代：唐咸通三年（862）刻。

形制：盖盝形，志正方形。盖长 0.45 米，宽 0.43 米。志边长 0.43 米。

行字：盖文篆书 3 行，满行 3 字，题"唐故天水狄府君志铭"。志文楷书 26 行，满行 27 字。

撰书：杨坤撰，李嵩书并篆盖。

纹饰：盖四刹饰四神图案。志四侧饰十二生肖图案。

出土：1956 年出土于西安市东郊韩森寨。

现藏：西安碑林博物馆。

著录：《唐代墓志汇编续集》《全唐文补遗》（第三辑）《西安碑林全集》。

提要：志文记载狄玄愬之生平、家世。

## 冯李南墓志

全称：唐长乐冯君墓志铭。

年代：唐咸通四年（863）刻。

形制：志长 0.36 米，宽 0.37 米。

行字：志文楷书 19 行，满行 19 字。

撰书：冯鍼撰并书。

纹饰：志四侧饰蔓草纹。

出土：出土时间、地点不详。

现藏：西安交通大学博物馆。

著录：《西安交通大学博物馆藏品集锦——碑石书法卷》。

提要：志文记载冯李南之家世及生平情况。

## 李弘易墓志

全称：唐故泾州营田巡官杭州杭县主簿陇西李府君墓志铭并序。

年代：唐咸通四年（863）刻。

形制：青石质。志正方形。边长 0.34 米。

行字：志文楷书 22 行，满行 23 字。

撰书：许临撰。

出土：出土时间、地点不详。

现藏：西安市长安博物馆。

著录：《长安新出墓志》《长安碑刻》。

提要：志文记载李弘易之家世及生平。其历官泾州营田巡官、杭县主簿。

## 郭传则墓志

全称：唐故朝议郎守魏王府咨议参军郭公墓志铭并序。

年代：唐咸通四年（863）刻。

形制：志长 0.58 米，宽 0.57 米。

行字：志文楷书 24 行，满行 27 字。

撰书：王行儒撰。

出土：1958 年出土于西安市东郊韩森寨。

现藏：西安碑林博物馆。

著录：《唐代墓志汇编续集》《全唐文补遗》（第三辑）《西安碑林全集》。

提要：志文记载郭传则之生平及家世。

## 程修己墓志

全称：唐故集贤直院官荣王府长史程公墓志铭并叙。

年代：唐咸通四年（863）刻。

形制：盖盝形。盖边长 0.53 米。志长 0.53
　　　米，宽 0.52 米。

行字：盖文篆书 3 行，满行 3 字，题"唐故
　　　广平程府君墓铭"。志文楷书 30 行，
　　　满行 30 字。

撰书：温宪撰，程进思书，程再思篆盖。

纹饰：盖四刹饰卷云纹。

出土：1956 年出土于西安市东郊韩森寨。

现藏：西安碑林博物馆。

著录：《唐代墓志汇编》《西安碑林全集》。

提要：志文记载程修己之生平及家世。

## 王太真墓志

全称：亡妻太原王夫人墓志铭。

年代：唐咸通四年（863）刻。

形制：盖盝形，志、盖尺寸相同。长 0.45
　　　米，宽 0.46 米。

行字：盖文篆书 3 行，满行 3 字，题"唐故
　　　太原王夫人墓志"。志文楷书 30 行，
　　　满行 29 字。

撰书：唐思礼撰，赵逢书。

纹饰：盖四刹饰四神图案。志四侧饰十二
　　　生肖图案。

出土：1956 年出土于西安市东郊郭家滩。

现藏：西安碑林博物馆。

著录：《唐代墓志汇编续集》《全唐文补遗》
　　　（第三辑）《西安碑林全集》。

提要：志文记载王太真之生平、家世。

## 吴德郿妻赵氏墓志

全称：唐□南监军使银青光禄大夫行内常侍
　　　赐紫金鱼袋吴德郿妻天水郡赵夫人
　　　墓志铭并序。

年代：唐咸通四年（863）刻。

形制：青石质。志正方形。边长 0.61 米。

行字：志文楷书 28 行，满行 28 字。

撰书：柳凤撰。

纹饰：志四侧饰十二生肖图案。

出土：1990 年出土于西安市东郊田家湾。

现藏：西安碑林博物馆。

著录：《新中国出土墓志·陕西贰》。

提要：志文记载赵氏的生平。

## 杨玄略墓志

全称：唐故银青光禄大夫行内侍省掖庭局
　　　令员外置同正员致仕上柱国弘农县
　　　开国侯食邑一千户赐紫金鱼袋赠内
　　　侍省内侍杨府君墓志铭。

年代：唐咸通五年（864）刻。

形制：志长 0.74 米，宽 0.75 米。

行字：志文楷书 32 行，满行 44 字。

撰书：魏沛撰，刘蒙书。

出土：1954 年出土于西安市西郊枣园村。

现藏：西安碑林博物馆。

著录：《全唐文补遗》（第三辑）《唐代墓志
　　　汇编续集》《西安碑林全集》。

提要：志文记载杨玄略之生平、家世、历
　　　官等。

## 李璆妻金氏墓志

全称：前知桂阳监将仕郎侍御史内供奉李璆
　　　夫人京兆金氏墓志铭并序。

年代：唐咸通五年（864）刻。

形制：盖盝形，志正方形。志、盖尺寸相
　　　同。边长 0.45 米。

行字：盖文篆书 3 行，满行 3 字，题"大
　　　唐故金夫人墓铭"。志文隶书 23 行，
　　　满行 27 字。

撰书：崔希古撰，董咸书并篆盖。

纹饰：盖四刹饰四神图案。志四侧饰十二生
　　　肖图案。

出土：1954 年出土于西安市东郊郭家滩。

现藏：西安碑林博物馆。

著录：《全唐文补遗》（第三辑）《唐代墓志
汇编续集》《西安碑林全集》。

提要：志文记载金氏之生平、家世等。

## 师全介墓志

全称：唐故陕府监军使正议大夫行内侍省
内谒者监员外置同正员上柱国武昌
县开国男食邑三百户赐绯鱼袋平原
郡师府君墓志铭并序。

年代：唐咸通五年（864）刻。

形制：志正方形。边长 0.53 米。

行字：盖文篆书 3 行，满行 3 字，题"大唐
故师府君墓志铭"。志文楷书 28 行，
满行 30 字。

撰书：饶简撰并书。

纹饰：盖四刹饰四神图案。

出土：1958 年出土于西安市西郊小白杨村。

现藏：西安碑林博物馆。

著录：《全唐文补遗》（第三辑）《唐代墓志
汇编续集》《西安碑林全集》。

备注：盖左上角残，志断为两块。

提要：志文记载师全介之生平。

## 崔氏墓志

全称：唐故赠魏国夫人墓志铭并序。

年代：唐咸通六年（865）刻。

形制：志正方形。边长 0.62 米，厚 0.10 米。

行字：志文行书 20 行，满行 20 字。

撰书：裴璩撰，郭弘范书，毛知传篆，强
琼刻。

纹饰：志四侧饰十二生肖图案。

出土：西安博物院旧藏。

现藏：西安博物院。

提要：志文记载赠魏国夫人博陵崔氏之生
平等。

## 樊氏墓志

全称：大唐故尚党郡夫人樊氏墓志铭并序。

年代：唐咸通六年（865）刻。

形制：志正方形。边长 0.53 米，厚 0.09 米。

行字：志文楷书 23 行，满行 23 字。

撰书：骆茂弘撰，张绚书，强存章刻。

纹饰：志四侧饰十二生肖图案。

出土：西安博物院旧藏。

现藏：西安博物院。

提要：志文记载尚党郡夫人樊氏之家世及
生平。

## 韦涣侧室李越客墓志

全称：唐杜陵韦氏侧室李氏墓志铭并序。

年代：唐咸通六年（865）刻。

形制：志正方形。边长 0.40 米，厚 0.08 米。

行字：志文楷书 17 行，满行 19 字。

纹饰：志四侧饰十二生肖图案。

出土：出土时间、地点不详。

现藏：西安博物院。

提要：志文记载韦涣侧室李越客之生平。

## 段璲妻严氏玄堂志

全称：唐守魏王府长史段璲亡室严氏玄堂铭
并序。

年代：唐咸通六年（865）刻。

形制：志长 0.55 米，宽 0.54 米。

行字：志文楷书 32 行，满行 32 字。

撰书：颜諲撰，吴弇书，毛知传篆盖。

纹饰：志四侧饰十二生肖图案。

出土：1956 年出土于西安市东郊路家湾。

现藏：西安碑林博物馆。

著录：《全唐文补遗》（第三辑）《唐代墓志
汇编续集》《西安碑林全集》。

提要：志文记载严氏之生平和家世。

## 翟庆全墓志

**全称：** 唐故右街使押衙试金吾卫长史翟府君墓志铭并序。

**年代：** 唐咸通六年（865）刻。

**形制：** 盖盝形。志、盖尺寸相同。长 0.45 米，宽 0.46 米。

**行字：** 盖文篆书 3 行，满行 3 字，题"唐故翟长史墓志之铭"。志文楷书 25 行，满行 25 字。

**撰书：** 令狐泽撰，李殷望书并篆盖，鲁球刻。

**纹饰：** 盖四周饰牡丹纹，四刹饰四神图案。志四侧饰十二生肖图案。

**出土：** 1956 年出土于西安市西郊土门。

**现藏：** 西安碑林博物馆。

**著录：**《全唐文补遗》（第三辑）《唐代墓志汇编续集》《西安碑林全集》。

**提要：** 志文记载翟庆全之生平及家世。

## 杨氏墓志

**全称：** 故楚国夫人赠贵妃杨氏墓志铭并序。

**年代：** 唐咸通六年（865）刻。

**形制：** 志正方形。边长 0.70 米。

**行字：** 志文行书 26 行，满行 25 字。

**撰书：** 刘允章撰，张宗厚书，董咸篆盖，强琮刻。

**出土：** 出土时间、地点不详。1953 年张鉴捐藏西安碑林。

**现藏：** 西安碑林博物馆。

**著录：**《唐代墓志汇编》。

**提要：** 志文记载赠贵妃杨氏的生平。

## 张氏墓志

**全称：** 故妓人清河张氏墓志。

**年代：** 唐咸通六年（865）刻。

**形制：** 志正方形。边长 0.32 米。

**行字：** 志文楷书 13 行，满行 13 字。

**撰书：** 李从质撰并书。

**出土：** 出土时间、地点不详。

**现藏：** 西安碑林博物馆。

**提要：** 志文记载张氏的生平。

## 段淙墓志

**全称：** 唐故洋州录事参军段君墓志铭并叙。

**年代：** 唐咸通六年（865）刻。

**形制：** 志长 0.41 米，宽 0.42 米。

**行字：** 志文楷书 21 行，满行 20 字。

**撰书：** 段随撰。

**纹饰：** 志四侧饰蔓草纹。

**出土：** 1955 年出土于西安市东郊韩森寨。

**现藏：** 西安碑林博物馆。

**著录：**《全唐文补遗》（第三辑）《唐代墓志汇编续集》《西安碑林全集》。

**提要：** 志文记载段淙的生平。

## 李君妻赵氏墓志

**全称：** 唐银青光禄大夫检校国子祭酒守右监门卫将军兼御史中丞上柱国陇西李君亡妻天水赵夫人墓志铭并序。

**年代：** 唐咸通七年（866）刻。

**形制：** 志正方形。边长 0.46 米。

**行字：** 志文楷书 20 行，满行 21 字。

**撰书：** 李荆玉撰。

**纹饰：** 志四侧饰十二生肖图案。

**出土：** 出土时间、地点不详。

**现藏：** 西安交通大学博物馆。

**著录：**《西安交通大学博物馆藏品集锦——碑石书法卷》。

**提要：** 志文记载赵氏的家世及子嗣等情况。

## 普康公主墓志

**全称：** 故普康公主墓志铭并序。

**年代：** 唐咸通七年（866）刻。

形制：志正方形。边长 0.56 米，厚 0.10 米。

行字：志文行楷 24 行，满行 25 字。

撰书：卢深撰，张宗厚书，毛知俦篆盖，
强琼刻字。

纹饰：志四侧饰十二生肖图案。

出土：西安博物院旧藏。

现藏：西安博物院。

提要：志文记载宣宗皇帝之孙女、懿宗皇帝
之第三女普康公主之生平（早夭）。

## 成铎墓志

全称：唐故成府君墓志铭并序。

年代：唐咸通八年（867）刻。

形制：志长 0.61 米，宽 0.59 米。

行字：志文楷书 24 行，满行 24 字。

撰书：顾特撰，屈覃书，潘存约刻。

出土：出土时间、地点不详。

现藏：西安市长安博物馆。

著录：《长安新出墓志》《长安碑刻》。

提要：志文记载成铎之家世、生平、婚姻、
子嗣及历官等情况。

## 何楚章墓志

全称：唐故左三军押衙兼监察御史何公墓志铭。

年代：唐咸通八年（867）刻。

形制：盖盝形，志、盖尺寸相同。长 0.55
米，宽 0.57 米。

行字：盖文篆书 3 行，满行 3 字，题"监察
御史何公墓志铭"。志文楷书 25 行，
满行 25 字。

撰书：何璟撰。

纹饰：盖四刹饰四神图案，志四侧饰十二
生肖图案。

出土：1956 年出土于西安市东郊韩森寨。

现藏：西安碑林博物馆。

著录：《全唐文补遗》（第三辑）《唐代墓志
汇编续集》《西安碑林全集》。

提要：志文记载何楚章之生平、家世、职
官、子嗣情况。

## *薛太仪墓志

年代：唐咸通八年（867）刻。

形制：志正方形。边长 0.30 米。

行字：志文行书 7 行，满行 10 字。

出土：1955 年出土于西安市东郊韩森寨。

现藏：西安碑林博物馆。

著录：《全唐文补遗》（第二辑）《唐代墓志
汇编续集》《西安碑林全集》。

提要：志文记载薛太仪之生平。

## 尚弘简墓志

全称：大唐故道州长史汲郡尚府君墓志铭
并序。

年代：唐咸通八年（867）刻。

形制：盖盝形，志正方形。志、盖尺寸相同。
边长 0.40 米。

行字：盖文行书 3 行，满行 3 字，题"大唐
故尚府君墓志铭"。志文楷书 21 行，
满行 38 字。

撰书：施谊撰，尚逊书，陈从竦刻。

纹饰：盖四刹饰四神图案，志四侧饰兽首人
身十二生肖图案。

出土：出土于西安近郊，时间不详。

现藏：西安碑林博物馆。

著录：《全唐文补遗》（第三辑）《西安碑林
全集》《唐代墓志汇编续集》。

提要：志文记载尚弘简之生平、家世、历官
及子嗣情况。

## *兰英墓志

年代：唐咸通八年（867）刻。

形制：志长 0.21 米，宽 0.16 米。

行字：志文楷书 5 行，满行 8 字。

出土：1955 年出土于西安市东郊韩森寨。

现藏：西安碑林博物馆。

著录：《全唐文补遗》（第二辑）《西安碑林全集》。

提要：志文记载兰英之生平。

## 何遂墓志

全称：唐故朝议郎守檀州司马何公墓志铭并序。

年代：唐咸通八年（867）刻。

形制：志长 0.43 米，宽 0.42 米。

行字：志文楷书 22 行，满行 25 字。

撰书：牛季瑰撰，杜逢书，陈从竦刻。

出土：1955 年出土于西安市东郊韩森寨。

现藏：西安碑林博物馆。

著录：《全唐文补遗》（第三辑）《唐代墓志汇编》《西安碑林全集》。

提要：志文记载何遂之生平、家世、历官等。

## 朗宁公主墓志

全称：唐故朗宁公主墓志铭并序。

年代：唐咸通八年（867）刻。

形制：青石质。盖盝形，志正方形。志、盖尺寸相同。边长 0.62 米。

行字：盖文篆书 3 行，满行 3 字，题"唐故朗宁公主墓志铭"。志文楷书 20 行，满行 20 字。

撰书：李骘撰，郭弘范书，董咸篆盖，邵宗异刻。

纹饰：盖四周饰宝相花纹，四刹饰四神图案。

出土：1952 年出土于西安市东郊灞桥。

现藏：西安碑林博物馆。

著录：《全唐文补遗》（第三辑）《唐代墓志汇编》《西安碑林全集》。

提要：志文记载朗宁公主之生平。

## 僧伽墓志

年代：唐咸通八年（867）刻。

形制：志长 0.35 米，宽 0.15 米。

行字：志文楷书 3 行，满行 10 字。

出土：1955 年出土于西安市东郊韩森寨。

现藏：西安碑林博物馆。

著录：《全唐文补遗》（第二辑）《唐代墓志汇编续集》《西安碑林全集》。

提要：志文记载僧伽之生平。

## 张君妻王氏墓志

全称：唐故宣德郎行内侍省内府局丞员外置同正员上柱国张府君夫人王氏墓志铭并序。

年代：唐咸通八年（867）刻。

形制：盖盝形，志正方形。盖边长 0.61 米，志边长 0.56 米。志、盖厚均 0.11 米。

行字：盖文篆书 3 行，满行 3 字，题"张府君夫人王氏墓志"。志文行书 27 行，满行 25 字。

撰书：夏侯智撰，李玮书。

出土：1992 年出土于西安市西郊三桥村。

现藏：陕西历史博物馆。

提要：志文记载张君妻王氏之家世、子嗣情况。

## 魏文绍墓志

全称：唐故京西步驿使军德郎行内侍省奚官局丞员外置同正员上柱国赐绯鱼袋魏府君墓志铭并序。

年代：唐咸通九年（868）刻。

形制：志正方形。边长 0.56 米。

行字：志文楷书 29 行，满行 30 字。

撰书：王颙撰。

纹饰：志四侧饰十二生肖图案。

出土：出土时间、地点不详。1960 年入藏西安碑林。

现藏：西安碑林博物馆。

著录：《全唐文补遗》（第三辑）《唐代墓志汇编续集》《西安碑林全集》。

提要：志文记载魏文绍之生平、家世。其历官有西内判官、南内判官、内园及冰井判官、内园及通掖副使、京西步驿使。

## 魏君妻韦氏墓志

全称：大唐登仕郎行内侍省掖庭局宫教博士员外置同正员上柱国钜鹿魏公夫人韦氏墓志铭并序。

年代：唐咸通九年（868）刻。

形制：盖盝形，志正方形。志、盖尺寸相同。边长 0.56 米。

行字：盖文篆书 3 行，满行 3 字，题"大唐故夫人韦氏墓志"。志文楷书 25 行，满行 27 字。

撰书：杨勋撰并书。

纹饰：盖四刹饰四神图案，志四侧饰十二生肖图案。

出土：1956 年出土于西安市西郊枣园村。

现藏：西安碑林博物馆。

著录：《全唐文补遗》（第三辑）《唐代墓志汇编续集》《西安碑林全集》。

提要：志文记载韦氏之生平及家世。

## 萧行群墓志

全称：唐故右金吾引驾游击将军守左卫翊府中郎将上柱国萧府君墓铭。

年代：唐咸通九年（868）刻。

形制：志正方形。边长 0.62 米。

行字：志文行书 30 行，满行 32 字。

撰书：萧遇撰，牛季瑰书并篆盖。

出土：1955 年出土于西安市东郊郭家滩。

现藏：西安碑林博物馆。

著录：《全唐文补遗》（第三辑）《唐代墓志汇编》《西安碑林全集》。

提要：志文记载萧行群之生平及家世。

## 李公政墓志

全称：唐故陇西李府君墓志铭。

年代：唐咸通九年（868）刻。

形制：盖盝形，志、盖尺寸相同。长 0.40 米，宽 0.43 米。

行字：盖文篆书 3 行，满行 3 字，题"李府君墓志铭"。志文楷书 24 行，满行 23 字。

纹饰：盖四刹饰八卦图案。

出土：1966 年出土于横山县党岔乡党岔中学建筑工地。

现藏：西安碑林博物馆。

著录：《全唐文补遗》（第五辑）《西安碑林全集》《榆林碑石》。

备注：志右下角残缺。

提要：志文主要记载李公政的生平。

## 臧允恭墓志

全称：大唐故夏州节度押衙银青光禄大夫检校太子宾客兼殿中侍御史上柱国东莞郡臧府君墓志铭并序。

年代：唐咸通九年（868）刻。

形制：盖盝形，志、盖尺寸相同。长 0.41 米，宽 0.43 米。

行字：盖文篆书 3 行，满行 3 字，题"东莞郡臧府君墓志铭"。志文楷书 19 行，满行 24 字。

撰书：张诚撰。

纹饰：盖四刹饰八卦及十二生肖图案。

出土：出土于内蒙古自治区乌审旗纳林河乡背锅沙村，时间不详。

现藏：榆林市文物保护研究所。

著录：《榆林碑石》。

备注：盖右上角残断。

提要：志文记载臧允恭的生平、家世。

## 樊仲文墓志

全称：唐故宣歙监军使中散大夫行内侍省内府局令员外置同正员上柱国上党县开国子食邑五百户赐紫金鱼袋南阳府君樊公墓志铭。

年代：唐咸通九年（868）刻。

形制：志长0.79米，宽0.78米。

行字：志文楷书40行，满行40字。

撰书：方蟾撰。

出土：出土时间、地点不详。

现藏：西安市长安博物馆。

著录：《长安新出墓志》《长安碑刻》。

提要：志文记载樊仲文之家世及生平。其历官邑南监军、大盈库副使、大明宫留后使、宣歙监军使。

## 包筠墓志

全称：唐□南山□□驾使兼□云麾将军□□翊壹府□将兼监察御史上柱国上党郡开国男食邑三百户包府君墓志铭并序。

年代：唐咸通十年（869）刻。

形制：志正方形。边长0.52米。

行字：志文行书24行，满行32字。

撰书：王枧撰。

纹饰：志四侧饰十二生肖图案。

出土：1958年出土于西安市东郊韩森寨。

现藏：西安碑林博物馆。

著录：《全唐文补遗》（第三辑）《唐代墓志汇编续集》《西安碑林全集》。

提要：志文记载包筠的生平。

## 魏孝本墓志

全称：唐故殿前高班承务郎行内侍省内府局令员外置同正员上柱国赐绯鱼袋魏府君墓志铭并序。

年代：唐咸通十年（869）刻。

形制：青石质。志正方形。边长0.54米。

行字：志文楷书25行，满行25字。

撰书：杨轩撰，孟逊书并篆盖，强存刻。

纹饰：志四侧饰十二生肖图案。

出土：1956年出土于西安市西郊枣园村。

现藏：西安碑林博物馆。

著录：《全唐文补遗》（第三辑）《唐代墓志汇编续集》《西安碑林全集》。

提要：志文记载魏孝本之生平、家世、历官等。

## 陈审墓志

全称：大唐故节度押衙充监军衙马步都知兵马使并知衙事银青□□大夫检校太子宾客兼侍御史上柱国颍川郡陈府君墓志铭并序。

年代：唐咸通十一年（870）刻。

形制：盖盝形，志正方形。盖边长0.61米，志边长0.60米。

行字：盖文篆书3行，满行4字，题"大唐故颍川郡陈府君墓志铭"。志文楷书28行，满行26字。

纹饰：盖四刹饰八卦图案。

出土：出土于靖边县红墩界乡圪坨河村，时间不详。

现藏：榆林市文物保护研究所。

著录：《榆林碑石》。

备注：志石断裂为四块。

提要：志文记载陈审之生平、家世、历官等。

## 赵宗祜墓志

全称：唐故天水赵府君墓志并序。

年代：唐咸通十一年（870）刻。

形制：志正方形。边长 0.43 米，厚 0.06 米。

行字：盖文篆书 3 行，满行 3 字，题"唐故天水赵府君墓志"。志文楷书 21 行，满行 25 字。

撰书：吴知可撰。

纹饰：盖四周饰二十八星宿。

出土：1972 年出土于潼关县吴村乡管南村。

现藏：潼关县东门博物馆。

著录：《潼关碑石》。

提要：志文记载赵宗祜之家世及生平。

## 陈克敬妻杨氏墓志

全称：唐故翰林待诏朝散大夫守洪州都督府长史上柱国赐绯鱼袋陈府君故夫人弘农杨氏墓志铭并序。

年代：唐咸通十一年（870）刻。

形制：青石质。志正方形。边长 0.45 米，厚 0.08 米。

行字：志文行书 23 行，满行 23 字。

撰书：崔驯撰，毛知微书，那希言篆盖，刘玮镌。

纹饰：志四侧饰十二生肖图案。

出土：出土时间、地点不详。

现藏：西安市文物保护考古研究院。

著录：《隋唐五代墓志汇编》《唐代墓志汇编续集》《全唐文补遗》（第二辑）。

提要：志文记载陈克敬妻杨氏之家世及生平。

## 傅氏墓志

全称：唐故清河郡傅夫人墓志铭并序。

年代：唐咸通十一年（870）刻。

形制：青石质。志长 0.46 米，宽 0.44 米。

行字：志文楷书 20 行，满行 20 字。

撰书：韦邺撰。

出土：出土时间、地点不详。

现藏：西安市长安博物馆。

著录：《长安新出墓志》《长安碑刻》。

提要：志文记载傅氏之家世及生平。

## 庞崇简墓志

全称：大唐上都福寿寺内大德简公墓志。

年代：唐咸通十一年（870）刻。

形制：志正方形。边长 0.43 米，厚 0.04 米。

行字：志文楷书 26 行，满行 26 字。

撰书：萧路撰。

纹饰：志四侧饰蔓草纹。

出土：出土时间、地点不详。

现藏：西安博物院。

提要：志文记载上都福寿寺大德简公庞崇简生平。

## 杨氏墓志

全称：故弘农杨氏夫人墓志铭并序。

年代：唐咸通十一年（870）刻。

形制：志正方形。边长 0.59 米。

行字：志文楷书 29 行，满行 30 字。

撰书：李振撰，康道纪书。

纹饰：盖四刹饰四神图案，志四侧饰十二生肖图案。

出土：出土时间、地点不详。

现藏：西安碑林博物馆。

著录：《全唐文补遗》（第六辑）《唐代墓志汇编续集》《西安碑林全集》。

提要：志文记载弘农杨氏之生平及子嗣情况。

## 俞氏墓志

全称：亡妻北海俞氏夫人墓志铭。

年代：唐咸通十一年（870）刻。

形制：盖盝形，志正方形。志、盖尺寸相同。边长 0.32 米。

行字：盖文楷书 3 行，满行 3 字，题"北海郡俞夫人墓志铭"。志文楷书 18 行，满行 24 字。

**撰书：** 唐思礼撰。

**纹饰：** 盖四刹饰卷云纹。

**出土：** 1954 年出土于西安市东郊郭家滩。

**现藏：** 西安碑林博物馆。

**著录：**《新中国出土墓志·陕西贰》。

**提要：** 志文记载俞氏的生平。

## 荆从皋墓志

**全称：** 大唐故银青光禄大夫检校右散骑常侍使持节沧州诸军事兼沧州刺史御史大夫充义昌军节度沧齐德等州观察处置使上柱国始平县开国伯食邑七百户赠工部尚书汝阳郡荆公墓志铭并序。

**年代：** 唐咸通十一年（870）刻。

**形制：** 盖盝形，志、盖尺寸相同。长 0.76 米，宽 0.77 米。

**行字：** 盖文篆书 3 行，满行 3 字，题"唐沧州节度荆公墓铭"。志文楷书 40 行，满行 40 字。

**撰书：** 王南薰述并书及篆盖，强颖刻。

**纹饰：** 盖四刹饰四神图案，志四侧饰十二生肖图案。

**出土：** 1956 年出土于长安县王曲镇。

**现藏：** 西安碑林博物馆。

**著录：**《全唐文补遗》（第三辑）《唐代墓志汇编续集》《西安碑林全集》。

**提要：** 志文记载荆从皋之生平、家世和历官。官至仓、济、德等州观察处置使。

## *王洞明墓志

**年代：** 唐咸通十一年（870）刻。

**形制：** 志长 0.24 米，宽 0.29 米。

**行字：** 志文楷书 4 行，满行 8 字。

**出土：** 1955 年出土于西安市东郊韩森寨。

**现藏：** 西安碑林博物馆。

**著录：**《全唐文补遗》（第七辑）《唐代墓志汇编续集》《西安碑林全集》。

**提要：** 志文记载王洞明生平。

## 王氏墓志

**全称：** 故德妃王氏墓志铭并序。

**年代：** 唐咸通十二年（871）刻。

**形制：** 青石质。盖盝形，志正方形。志、盖尺寸相同。边长 0.60 米，厚 0.08 米。

**行字：** 盖文篆书 4 行，满行 4 字，题"大唐故韩国夫人王氏赠德妃墓志之铭"。志文楷书 29 行，满行 27 字。

**撰书：** 薛调撰，张元龟书，董咸篆盖，邵建初刻。

**纹饰：** 志四侧饰十二生肖图案。

**出土：** 西安博物院旧藏。

**现藏：** 西安博物院。

**提要：** 志文记载唐懿宗赠德妃王氏生平。

## 段庚墓志

**全称：** 大唐故乡贡进士段府君墓志铭并序。

**年代：** 唐咸通十二年（871）刻。

**形制：** 志正方形。边长 0.4 米，厚 0.09 米。

**行字：** 志文楷书 29 行，满行 29 字。

**撰书：** 段雍撰。

**纹饰：** 志四侧饰十二生肖图案。

**出土：** 西安博物院旧藏。

**现藏：** 西安博物院。

**提要：** 志文记载段庚之家世及生平。

## 张国清墓志

**全称：** 唐故清河郡张府君墓志铭并序。

**年代：** 唐咸通十二年（871）刻。

**形制：** 盖盝形，志正方形。志、盖尺寸相同。边长 0.38 米。

行字：志文楷书 20 行，满行 30 字。

纹饰：志四侧及盖四刹均饰牡丹纹，盖四周饰几何纹。

出土：出土时间、地点不详。2005 年入藏西安碑林博物馆。

现藏：西安碑林博物馆。

著录：《西安碑林博物馆新藏墓志汇编》。

备注：盖四周刻挽歌："孤坟明月里，阴风吹□阳。仓仓度秋水，车马却归城。"

提要：志文记载张国清之家世及生平。

## 狄君妻骆氏墓志

全称：唐故前集州衙推狄府君夫人内黄郡骆氏墓志铭并序。

年代：唐咸通十二年（871）刻。

形制：青石质。盖盝形，志、盖尺寸相同。长 0.41 米，宽 0.44 米。

行字：盖文篆书 3 行，满行 3 字，题"大唐故骆夫人墓志铭"。志文楷书 25 行，满行 27 字。

撰书：冯谦撰，王乂书并篆盖，邵宗刻。

纹饰：盖四刹饰四神图案，志四侧饰十二生肖图案。

出土：1956 年出土于西安市东郊韩森寨。

现藏：西安碑林博物馆。

著录：《全唐文补遗》（第三辑）《唐代墓志汇编续集》《西安碑林全集》。

提要：志文记载骆氏之生平及家世。

## 唐思礼墓志

全称：唐故银青光禄大夫检校太子宾客前杭州长史兼监察御史上柱国唐公墓志铭。

年代：唐咸通十二年（871）刻。

形制：志正方形。边长 0.53 米。

行字：志文楷书 28 行，满行 31 字。

撰书：赵远撰。

出土：1955 年出土于西安市东郊郭家滩。

现藏：西安碑林博物馆。

著录：《全唐文补遗》（第三辑）《唐代墓志汇编续集》《西安碑林全集》。

提要：志文记载唐思礼之生平。其历官京兆府录事参军、紫徽署主书、遂州都督府司马、杭州长史等。

## 韦定郎墓志

全称：大唐故韦定郎之墓记。

年代：唐咸通十三年（872）刻。

形制：志正方形。边长 0.35 米。

行字：志文楷书 18 行，满行 18 字。

出土：出土时间、地点不详。

现藏：西安市长安博物馆。

著录：《长安新出墓志》《长安碑刻》。

提要：志文记载韦定郎之家世，其"年始弱冠，抱疾而卒"。

## 曹君墓志

全称：大唐故夏州节度押衙兼洪门四镇都知兵马使银青光禄大夫检校太子宾客殿中侍御史上柱国谯郡曹公墓志铭并序。

年代：唐咸通十四年（873）刻。

形制：盖盝形，志正方形。志、盖尺寸相同。边长 0.57 米。

行字：盖文篆书 2 行，满行 3 字，题"曹府君墓志铭"。志文楷书 23 行，满行 30 字。

撰书：柳罕球撰。

纹饰：盖四刹饰八卦图案。

出土：出土于靖边县红墩界乡圪坨河大队华家洼林场尔德井村，时间不详。

现藏：榆林市文物保护研究所。

著录：《榆林碑石》。

提要：志文记载墓主曹公的籍贯、家世、生平等。

## 温君妻李氏墓志

全称：陇西李氏墓记。

年代：唐咸通十四年（873）刻。

形制：志正方形。边长 0.34 米。

行字：志文楷书 14 行，满行 14 字。

撰书：温慜撰，温朗书。

纹饰：志四侧饰蔓草纹。

出土：出土时间、地点不详。

现藏：西安交通大学博物馆。

著录：《西安交通大学博物馆藏品集锦——碑石书法卷》。

提要：志文记载李氏之婚姻、子嗣情况。

## 郭克勤墓志

全称：唐故饶州余干县尉郭公墓志铭并序。

年代：唐咸通十四年（873）刻。

形制：盖盝形，志、盖尺寸相同。长 0.47 米，宽 0.45 米。

行字：盖文篆书 3 行，满行 3 字，题"大唐故郭府君墓志铭"。志文楷书 25 行，满行 28 字。

撰书：何肇撰。

纹饰：盖四刹饰四神图案。

出土：1955 年出土于西安市东郊郭家滩。

现藏：西安碑林博物馆。

著录：《隋唐五代墓志汇编》《全唐文补遗》（第三辑）《唐代墓志汇编续集》。

提要：志文记载郭克勤的生平及家世。

## 郭克全墓志

全称：唐故吉州长史郭公墓志铭并序。

年代：唐咸通十四年（873）刻。

形制：盖盝形，志、盖尺寸相同。长 0.63 米，宽 0.61 米。

行字：盖文篆书 3 行，满行 3 字，题"大唐故郭公墓志之铭"。志文楷书 35 行，满行 35 字。

撰书：何肇撰，郭弘畅书，邵易刻。

纹饰：盖四刹饰四神图案。

出土：1955 年出土于西安市东郊郭家滩。

现藏：西安碑林博物馆。

著录：《隋唐五代墓志汇编》《全唐文补遗》（第三辑）《唐代墓志汇编续集》。

提要：志文记载郭克全之生平及家世。其历官方州司马、金州长史、吉州长史。

## 张元渊墓志

全称：唐故中大夫前洪州都督司马上柱国清河张府君墓志铭并序。

年代：唐咸通十四年（873）刻。

形制：盖盝形，志正方形。志、盖尺寸相同。边长 0.60 米。

行字：盖文篆书 3 行，满行 3 字，题"大唐故张府君墓志铭"。志文楷书 27 行，满行 27 字。

撰书：冯棨撰。

出土：出土时间、地点不详。1958 年入藏西安碑林。

现藏：西安碑林博物馆。

著录：《隋唐五代墓志汇编》《全唐文补遗》（第三辑）《唐代墓志汇编续集》。

提要：志文记载张元渊之家族世系、生平及历官。其历官黄州司马、道州长史、遂州司马、寿州长史、洪州司马。

## 申氏墓志

全称：唐故金城郡申氏夫人墓志铭并序。

年代：唐咸通年间（860—874）刻。

形制：志长 0.33 米，宽 0.36 米。

行字：志文楷书 18 行，满行 23 字。

出土：出土时间、地点不详。

现藏：西安碑林博物馆。

著录：《西安碑林博物馆新藏墓志汇编》。

提要：志文记载申氏之家族世系、配偶、子嗣等情况。

## *法门寺地宫器物帐碑

年代：唐咸通十五年（874）刻立。

形制：高 0.69 米，宽 1.15 米，厚 0.08 米。

行字：碑文楷书 48 行，满行 42 字。

撰书：僧觉支书。

出土：1988 年出土于扶风县法门寺唐代地宫。

现藏：法门寺博物馆。

著录：《法门寺志》《法门寺文化与法门寺学》《法门寺考古发掘报告》。

备注：碑面有腐蚀及钙化，碑侧有磕伤及缺失，部分文字漫漶不清。

提要：碑文详细记载咸通十五年封闭地宫时，唐懿宗、僖宗、惠安皇太后、昭仪、晋国夫人等皇家贵戚，以及内臣僧官供奉佛骨舍利的金银宝器、衫袍衣裙等名称、大小、重量、施奉者姓名等情况。

## *咸通十五年陀罗尼经幢

年代：唐咸通十五年（874）刻立。

形制：八棱柱形。高 0.38 米，面宽 0.04 米。

行字：幢文每面楷书 16 行，满行字数不等。

撰书：张绍仁立。

现藏：西安交通大学博物馆。

著录：《西安交通大学博物馆藏品集锦——碑石书法卷》。

提要：正文刻《佛顶尊胜陀罗尼经》经文。

## 王氏墓志

全称：唐太原王氏墓志铭。

年代：唐咸通十五年（874）刻。

形制：志正方形。边长 0.40 米。

行字：志文楷书 17 行，满行字数不等。

撰书：杨元孙撰。

出土：出土时间、地点不详。

现藏：西安交通大学博物馆。

著录：《西安交通大学博物馆藏品集锦——碑石书法卷》。

提要：志文记载王氏之家族世系情况。

## 李仲甫暨妻崔氏田氏墓志

全称：唐故陇西李公及夫人博陵崔氏北平田氏合葬墓志文并序。

年代：唐咸通十五年（874）刻。

形制：志长 0.44 米，宽 0.45 米。

行字：志文楷书 25 行，满行 31 字。

纹饰：志四侧饰宝相花纹。

出土：出土时间、地点不详。2005 年入藏西安碑林博物馆。

现藏：西安碑林博物馆。

著录：《西安碑林博物馆新藏墓志汇编》。

提要：志文记载李仲甫之家世、生平、配偶及子嗣情况。

## 李审规重迁墓志

全称：唐故振武节度押衙陇西郡李府君重迁祔墓记。

年代：唐咸通十五年（874）刻。

形制：盖盝形，志、盖尺寸相同。长 0.45 米，宽 0.43 米。

行字：盖文楷书 3 行，满行 3 字，题"大唐故李府君墓志铭"。志文楷书 26 行，满行 27 字。

撰书：李楷重撰，李二哥儿书。

纹饰：盖四刹饰四神图案，志四侧饰十二生肖图案。

出土：1955 年出土于西安市东郊韩森寨。

现藏：西安碑林博物馆。

著录：《隋唐五代墓志汇编》《全唐文补遗》（第三辑）《唐代墓志汇编续集》。

提要：志文记载李审规的家族世系及生平。

## *苏谅妻马氏墓志

年代：唐咸通十五年（874）刻。

形制：志长 0.36 米，宽 0.40 米。

行字：志文楷书 7 行，满行 8 字。

出土：1955 年出土于西安市西郊土门。1958 年入藏西安碑林。

现藏：西安碑林博物馆。

著录：《全唐文补遗》（第二辑）《西安碑林全集》《隋唐五代墓志汇编》。

提要：志文上半为波斯文，下半为汉字，记载马氏为唐左神策军散兵使苏谅之妻事。

## *阿娘墓志

年代：唐咸通十五年（874）刻。

形制：志长 0.15 米，宽 0.05 米。

行字：志文楷书 4 行，满行 5 字。

出土：1955 年出土于西安市东郊高楼村。

现藏：西安碑林博物馆。

著录：《新中国出土墓志·陕西贰》。

提要：志文记载孟元简阿娘之生平。

## *咸通启送岐阳真身志文

年代：唐咸通十五年（874）刻立。

形制：高 1.15 米，宽 0.55 米，厚 0.10 米。

行字：碑文楷书 47 行，满行 21 字。

撰书：僧澈撰，令真书。

出土：1987 年出土于扶风县法门寺唐代地宫。

现藏：法门寺博物馆。

著录：《法门寺志》《法门寺文化与法门寺学》《法门寺考古发掘报告》。

备注：碑面有腐蚀及钙化，碑侧有磕伤及缺失，部分文字漫漶不清。

提要：碑文记载古印度孔雀王朝第三代国王阿育王安奉佛骨舍利于法门寺，以后历朝拥戴及唐代诸帝迎送、供养佛骨的历史盛况，以及会昌法难祸及法门寺的情况。

## 何柽姬王桂华墓志

全称：唐庐江何生故姬墓志铭并序。

年代：唐乾符二年（875）刻。

形制：志正方形。边长 0.27 米。

行字：志文楷书 12 行，满行 12 字。

现藏：西安市长安博物馆。

出土：出土时间、地点不详。

著录：《长安新出墓志》《长安碑刻》。

提要：志文记载何柽姬王桂华之生平及子嗣等。

## 张邵墓志

全称：唐故庆州军事判官试协律郎张府君墓铭并序。

年代：唐乾符二年（875）刻。

形制：志正方形。边长 0.61 米，厚 0.08 米。

行字：志文楷书 22 行，满行 23 字。

撰书：张奥撰。

纹饰：志四侧饰十二生肖图案。

出土：西安博物院旧藏。

现藏：西安博物院。

著录：《长安碑刻》。

提要：志文记载张邵之家世及生平。

## *刘德章女墓志

**年代：** 唐乾符二年（875）刻。

**形制：** 志长 0.34 米，宽 0.33 米。

**行字：** 志文楷书 16 行，满行 17 字。

**撰书：** 刘从周记。

**出土：** 出土时间、地点不详。

**现藏：** 西安碑林博物馆。

**著录：**《陕西金石志》《唐代墓志汇编》《西安碑林全集》。

**提要：** 志文记载刘德章女之生平及家世。

## 王幼虞墓志

**全称：** 唐故泾原节度押衙知进奏银青光（禄）大夫检校太子宾客右金吾卫长史兼殿中侍御史上柱国王府君墓志铭并序。

**年代：** 唐乾符三年（876）刻。

**形制：** 志正方形。边长 0.44 米。

**行字：** 志文楷书 24 行，满行 23 字。

**撰书：** 堇璿撰并书。

**纹饰：** 志四侧饰十二生肖图案。

**出土：** 1983 年出土于西安市新安建材公司工地。

**现藏：** 西安碑林博物馆。

**著录：**《全唐文补遗》（第六辑）《唐代墓志汇编续集》《西安碑林全集》。

**提要：** 志文记载王幼虞之生平、配偶及子嗣情况。

## 杨君妻左氏墓志

**全称：** 大唐故赠朝散大夫奚官局令赐绯鱼袋杨公故夫人左太君墓志铭并序。

**年代：** 唐乾符三年（876）刻。

**形制：** 盖盝形，志正方形。志、盖尺寸相同。边长 0.57 米。

**行字：** 盖文篆书 3 行，满行 3 字，题"唐故左太君夫人墓志"。志文楷书 27 行，满行 27 字。

**撰书：** 袁标撰，杨辛郎书。

**纹饰：** 盖四刹饰四神图案，志四侧饰十二生肖图案。

**出土：** 1956 年出土于西安市东郊韩森寨。

**现藏：** 西安碑林博物馆。

**著录：**《全唐文补遗》（第三辑）《唐代墓志汇编续集》《西安碑林全集》。

**提要：** 志文记载左氏之生平。

## 李推贤墓志

**全称：** 唐故朝散大夫汉州刺史赐紫金鱼袋李公墓志铭并序。

**年代：** 唐乾符三年（876）刻。

**形制：** 志长 0.53 米，宽 0.52 米。

**行字：** 志文楷书 33 行，满行 34 字。

**撰书：** 崔锴撰并书。

**纹饰：** 志四侧饰十二生肖图案。

**出土：** 出土时间、地点不详。1952 年入藏西安碑林。

**现藏：** 西安碑林博物馆。

**著录：**《全唐文补遗》（第三辑）《唐代墓志汇编》《西安碑林全集》。

**提要：** 志文记载李推贤的家族世系、生平及历官等。

## 韦君妻薛氏墓志

**全称：** 唐故蕲州刺史韦府君妻河东县君薛氏墓志铭。

**年代：** 唐乾符四年（877）刻。

**形制：** 志正方形。边长 0.54 米。

**行字：** 志文楷书 25 行，满行 25 字。

**出土：** 出土时间、地点不详。

**现藏：** 西安市长安博物馆。

**著录：**《长安新出墓志》《长安碑刻》。

**提要：** 记载薛氏之家世及生平等情况。

## 李行荸墓志

**全称**：唐故嗣陈王兼都勾当承旨墓志铭并序。

**年代**：唐乾符四年（877）刻。

**形制**：志正方形。边长 0.75 米，厚 0.09 米。

**行字**：志文行书 23 行，满行 25 字。

**撰书**：崔庾撰，王谦逢书，董瑰篆盖。

**纹饰**：志四侧饰十二生肖图案。

**出土**：西安博物院旧藏。

**现藏**：西安博物院。

**提要**：志文记载嗣陈王李行荸之生平。

## 李汶墓志

**全称**：唐故康王墓志铭并序。

**年代**：唐乾符四年（877）刻。

**形制**：盖盝形，志正方形。志、盖尺寸相同。边长 0.76 米。

**行字**：盖文篆书 3 行，满行 2 字，题"唐故康王墓志"。志文楷书 24 行，满行 24 字。

**撰书**：萧遘撰，牛德殷书，邢希言篆盖，盖尧刻。

**纹饰**：盖四刹饰四神图案，志四侧饰十二生肖图案。

**出土**：1986 年出土于西安市东郊纺兆路十字街。

**现藏**：西安碑林博物馆。

**著录**：《全唐文补遗》（第六辑）《唐代墓志汇编续集》《西安碑林全集》。

**提要**：志文记载康王李汶的生平。

## 李氏墓志

**全称**：唐故陇西郡李夫人墓志铭并序。

**年代**：唐乾符四年（877）刻。

**形制**：志正方形。边长 0.60 米。

**行字**：志文行书 25 行，满行 24 字。

**撰书**：杨咸撰，杨玢书，刘赡刻。

**纹饰**：盖四刹饰龙凤纹。

**出土**：1956 年出土于西安市南郊三兆缪家寨。

**现藏**：西安碑林博物馆。

**著录**：《全唐文补遗》（第三辑）《西安碑林全集》《唐代墓志汇编续集》。

**提要**：志文记载李氏之生平。

## 周孟瑶墓志

**全称**：唐故给事郎行内侍省掖庭局宫教博士员外置同正员上柱国周府君墓志铭并序。

**年代**：唐乾符四年（877）刻。

**形制**：志长 0.53 米，宽 0.54 米。

**行字**：志文楷书 26 行，满行 26 字。

**撰书**：李承龟撰，刘赡刻。

**纹饰**：志四侧饰兽首人身十二生肖图案。

**出土**：1998 年出土于西安市东郊灞桥热电厂附近。

**现藏**：西安碑林博物馆。

**著录**：《碑林集刊》（第 5 辑）《西安碑林全集》。

**提要**：志文记载周孟瑶之家族世系、生平及子嗣等情况。

## 王君妻张氏墓志

**全称**：唐故清河张氏夫人墓志铭并序。

**年代**：唐乾符四年（877）刻。

**形制**：志正方形。边长 0.59 米。

**行字**：志文楷书 23 行，满行 24 字。

**撰书**：裴浍撰。

**纹饰**：盖四刹饰卷云纹，志四侧饰兽首人身十二生肖图案。

**出土**：1956 年出土于西安市东郊路家湾。

**现藏**：西安碑林博物馆。

**著录**：《全唐文补遗》（第三辑）《唐代墓志

汇编》《西安碑林全集》。

提要：志文记载王君妻张氏的生平及其夫王君的历官情况。

## 韦询墓志

**全称**：皇朝故河中少尹检校尚书司封郎中兼侍御史柱国赐绯鱼袋韦府君墓志并序。

**年代**：唐乾符五年（878）刻。

**形制**：志正方形。边长 0.46 米。

**行字**：志文楷书 30 行，满行 29 字。

**撰书**：韦颢书。

**出土**：出土时间、地点不详。

**现藏**：西安市长安博物馆。

**著录**：《长安新出墓志》《长安碑刻》。

**提要**：志文记载韦询之家世及生平。其历官秘书省校书郎、京兆府泾阳县尉、京兆府蓝田县尉、长安县尉、江陵府士曹、知盐铁江陵院等。

## 王公操墓志

**全称**：大唐故朝议大夫行内侍省内府令员外置同正员上柱国赐紫金鱼袋王公墓志铭并序。

**年代**：唐乾符五年（878）刻。

**形制**：志长 0.59 米，宽 0.61 米。

**行字**：志文楷书 27 行，满行 27 字。

**撰书**：萧能撰。

**出土**：1960 年出土于西安市东郊韩森寨。

**现藏**：西安碑林博物馆。

**著录**：《全唐文补遗》（第三辑）《西安碑林全集》《唐代墓志汇编续集》。

**提要**：志文记载王公操的生平、历官等。

## 钱乌娘墓志

**全称**：唐故吴兴钱氏女墓志。

**年代**：唐乾符五年（878）刻。

**形制**：志正方形。边长 0.30 米。

**行字**：盖文楷书 3 行，满行 3 字，题"唐故吴兴钱氏女墓志"。志文楷书 16 行，残存 13 行，满行 18 字。

**出土**：出土时间、地点不详。1952 年段绍嘉捐藏西安碑林。

**现藏**：西安碑林博物馆。

**著录**：《西安碑林全集》《唐代墓志汇编》。

**提要**：志文主要记载钱乌娘的生平、家世。

## 韦君妻李珪墓志

**全称**：唐故京兆韦府君夫人陇西李氏墓志铭并序。

**年代**：唐乾符五年（878）刻。

**形制**：志长 0.40 米，宽 0.43 米，厚 0.09 米。

**行字**：志文楷书 24 行，满行 24 字。

**撰书**：李堪撰并书。

**纹饰**：志四侧饰十二生肖图案。

**出土**：1989 年出土于长安县南里王村。

**现藏**：陕西省考古研究院。

**著录**：《考古与文物》（2000 年第 1 期）《长安碑刻》。

**提要**：志文记载韦君妻李珪的生平与子嗣等。

## 李侹墓志

**全称**：唐故凉王墓志铭并序。

**年代**：唐乾符六年（879）刻。

**形制**：志正方形。边长 0.76 米，厚 0.15 米。

**行字**：志文行书 22 行，满行 24 字。

**撰书**：裴潋撰，姜仁表书，董环篆盖。

**纹饰**：志四侧饰十二生肖图案。

**出土**：西安博物院旧藏。

**现藏**：西安博物院。

**提要**：志文记载宣宗之孙、懿宗第三子凉王丧葬事。

## 白敬宗墓志

**全称：** 唐故白府君墓志铭并序。

**年代：** 唐乾符六年（879）刻。

**形制：** 盖盝形，志正方形。志、盖尺寸相同。边长 0.41 米、厚 0.06 米。

**行字：** 盖文篆书 3 行，满行 3 字，题"大唐故白府君墓志铭"。志文楷书 18 行，满行 30 字。

**纹饰：** 盖四刹饰兽首人身十二生肖图案，四周饰万字纹。志四侧饰四神图案。

**出土：** 1986 年出土于韩城市苏东乡西金盆村。

**现藏：** 韩城市博物馆。

**著录：**《考古与文物》（1988 年第 4 期）《唐代墓志汇编续集》。

**提要：** 志文记载白敬宗之家世及生平。

## 李裔墓志

**全称：** 唐故随州司马员外置同正员赠尚书考功郎中赐绯鱼袋陇西李府君墓志铭并序。

**年代：** 唐乾符六年（879）刻。

**形制：** 志正方形。边长 0.60 米。

**行字：** 志文楷书 39 行，满行 36 字。

**撰书：** 李钜撰。

**出土：** 出土时间、地点不详。

**现藏：** 西安市长安博物馆。

**备注：** 志石左边中部残缺。

**著录：**《长安新出墓志》《长安碑刻》。

**提要：** 志文记载李裔之家族世系及生平。其官至随州司马。

## 段琼墓志

**全称：** 唐故翰林供奉朝散大夫前守右千牛卫将军上柱国赐紫□鱼袋段府君墓志铭并序。

**年代：** 唐乾符六年（879）刻。

**形制：** 盖盝形，志正方形。志、盖尺寸相同。边长 0.52 米。

**行字：** 盖文篆书 3 行，满行 3 字，题"唐故武威段府君墓志"。志文楷书 35 行，满行 35 字。

**撰书：** 牛延翰撰。

**纹饰：** 盖四刹饰四神图案，志四侧饰十二生肖图案。

**出土：** 1956 年出土于西安市东郊韩森寨。

**现藏：** 西安碑林博物馆。

**著录：**《新中国出土墓志·陕西贰》《全唐文补遗》（第三辑）《西安碑林全集》。

**提要：** 志文记载段琼之家族世系、生平等。

## 王季初墓志

**全称：** 唐故银青光禄大夫检校太子宾客守泾州长史兼侍御史上柱国赐紫金鱼袋王公墓志铭并序。

**年代：** 唐乾符六年（879）刻。

**形制：** 盖盝形，志正方形。志、盖尺寸相同。边长 0.73 米。

**行字：** 盖文篆书 4 行，满行 4 字，题"唐故泾州长史太原王府君墓志铭"。志文楷书 37 行，满行 38 字。

**撰书：** 戴昭述，叶愿书并篆盖。

**纹饰：** 盖四刹饰四神图案。志四侧饰十二生肖图案。

**出土：** 1954 年出土于西安市东郊郭家滩。

**现藏：** 西安碑林博物馆。

**著录：**《全唐文补遗》（第三辑）《西安碑林全集》《新中国出土墓志·陕西贰》。

**提要：** 志文记载王季初的家族世系及生平。

## 韦承素暨妻合葬墓志

**全称：** 唐故昭义军节度判官检校主客员外赠兵部郎中韦府君合祔墓铭并序。

年代：唐广明元年（880）刻。

形制：志正方形。边长 0.43 米。

行字：志文楷书 24 行，满行 22 字。

撰书：孔晦撰并书。

出土：出土时间、地点不详。

现藏：西安市长安博物馆。

著录：《长安新出墓志》《长安碑刻》。

提要：志文记载韦承素之生平。

## 陈讽墓志

全称：唐故银青光禄大夫检校太子宾客使
持节宁州诸军事守宁州刺史兼侍御
史中丞充淮南军防遏都□兵马使上
柱国颍川郡陈府君墓志铭并序。

年代：唐广明元年（880）刻。

形制：志正方形。边长 0.58 米。

行字：志文楷书 36 行，满行 36 字。

撰书：杜朋撰。

出土：出土时间、地点不详。

现藏：西安市长安博物馆。

著录：《长安新出墓志》《长安碑刻》。

提要：志文记载陈讽之家世及生平。其历官
洪州建昌尉、三皇五帝庙丞、兼左监门
卫长史、兼中司、宁州刺史。

## *广明元年陀罗尼经幢

年代：唐广明元年（880）刻立。

形制：八棱柱形。高 1.70 米，面宽 0.15 米，
座高 0.46 米。

行字：幢文楷书，每面 6 行，满行 78 字。

出土：1998 年出土于铜川市新区。

现藏：铜川市玉华博物馆。

提要：正文刻《佛顶尊胜陀罗尼经》经文。
落款"维大唐广明元年岁次庚子正月
戊寅十三日丁卯，孤子吕存璋今奉为
七世波父□□□□□□。愿亡过者神

生净土，法界众生同生佛会"。

## 师弘礼墓志

全称：唐故银青光禄大夫使持节资州诸军事
守资州刺史兼安夷军使殿中侍御史
柱国平原师府君墓志铭并序。

年代：唐广明元年（880）刻。

形制：盖盝形，志正方形。志、盖尺寸相
同。边长 0.51 米。

行字：盖文楷书 3 行，满行 3 字，题"大唐
故师府君墓志铭"。志文楷书 28 行，
满行 32 字。

撰书：刘象撰。

纹饰：盖四刹饰四神图案。志四侧饰十二生
肖图案。

出土：1956 年出土于西安市西郊小土门。

现藏：西安碑林博物馆。

著录：《全唐文补遗》（第一辑）《西安碑林
全集》《唐代墓志汇编》。

提要：志文记载师弘礼之家族世系、生平和
历官。师弘礼历仕节度押衙、都游弈
使、滕州刺史、资州刺史、安夷军使。

## 党林豪墓志

全称：故党林豪府军墓旨。

年代：唐中和二年（882）刻。

形制：志正方形。边长 0.47 米，厚 0.11 米。

行字：志文楷书 17 行，满行 26 字。

纹饰：盖四刹饰牡丹纹。

出土：2006 年出土于铜川市新区。

现藏：西安市临潼博物馆。

提要：志文记载党林豪的生平。

## 郭顺墓志

全称：大唐太原郭公墓志铭并序。

年代：唐文德元年（888）刻。

形制：沙石质。盖盝形，志正方形。志、盖
尺寸相同。边长 0.64 米，厚 0.06 米。

行字：盖文篆书 3 行，满行 3 字，题"大唐
故郭府君墓志铭"。志文楷书 27 行，
满行 27 字。

撰书：李权都撰。

纹饰：盖四刹饰四神图案，四角饰团花纹。
志四侧饰十二生肖图案。

出土：1991 年出土于彬县太峪乡张村。

现藏：彬县文化馆。

提要：志文记载郭顺之生平及子嗣情况。其
历官静难军节度都兵马使兼押衙、充
丰义厢镇使、左领军卫将军、使持节
潘州诸军事、潘州刺史。

## 郑宝贵墓志

全称：唐故郑府君墓志铭并序。

年代：唐龙纪元年（889）刻。

形制：志正方形。边长 0.39 米。

行字：志文楷书 17 行，满行 26 字。

出土：出土时间、地点不详。2005 年入藏西
安碑林博物馆。

现藏：西安碑林博物馆。

著录：《西安碑林博物馆新藏墓志汇编》。

提要：志文记载郑宝贵之家族世系及生平。

## *大顺二年陀罗尼经幢

年代：唐大顺二年（891）刻立。

形制：八棱柱形。高 1.25 米，面宽 0.13—
0.14 米。

行字：碑文楷书，每面 7 行，满行 64 字。

出土：1952 年出土于淳化县南门内唐塔下。

著录：《淳化县文物志》

现藏：淳化县博物馆。

备注：断为两截。

提要：正文刻《佛顶尊胜陀罗尼经》经文。

## 白敬立墓志

全称：故延州安塞军防御使检校左仆射南
阳白公府君墓志并序。

年代：唐乾宁二年（895）刻。

形制：志正方形。边长 0.78 米。

行字：志文楷书 38 行，满行 41 字。

撰书：李潜撰。

出土：出土于靖边县红墩界乡华家洼林场，
时间不详。

现藏：靖边县文物管理委员会。

著录：《榆林碑石》。

备注：盖佚。

提要：志文记载白敬立的家族世系、生平。其
历任延州安塞军防御使、鄜州招葺使。

## 雷况墓志

全称：唐故雷府君墓志并序。

年代：唐乾宁三年（896）刻。

形制：盖盝形。志、盖尺寸相同。长 0.35
米，宽 0.34 米，厚 0.08 米。

行字：盖文楷书 3 行，满行 3 字，题"大唐
故雷府君墓志铭"。志文楷书 17 行，
满行 25 字。

纹饰：盖四刹饰十二生肖坐像图案，志四侧
饰四神图案。

出土：出土于韩城市苏东乡赵村西，时间
不详。

现藏：韩城市博物馆。

提要：志文记载雷况之家世、生平、子嗣等
情况。

## 唐重修内侍省碑

年代：唐光化二年（899）刻。

形制：螭首座佚。高 3.27 米，宽 0.93 米。

行字：额篆书 3 行，满行 3 字，题"大唐重
修内侍省之碑"。碑文行书 40 行，满

行 71 字。

**撰书：** 郑璘撰，阎湘书，董瑰篆额，陈景铢镌。

**纹饰：** 圭形额上部饰牡丹纹，碑身两侧饰神兽图案。

**出土：** 西安博物院旧藏。

**现藏：** 西安博物院。

**备注：** 碑身上部横向断裂黏结，字有损伤。

**提要：** 碑文记载唐昭宗乾宁三年（896），因内侍省"旧址荒凉，而孰议修葺"，诏广平公、晋阳公与左神策军观军容使梁国严公等，共理内侍省修葺事。

## 李令崇墓志

**全称：** 唐故南内留后使承奉郎行内侍省内府局令上柱国赐绯鱼袋陇西李府君墓志铭并序

**年代：** 唐光化二年（899）刻。

**形制：** 盖盝形，志正方形。志、盖尺寸相同。边长 0.70 米。

**行字：** 盖文行书 3 行，满行 3 字，题"唐故南内李府君墓铭"。志文楷书 41 行，满行 43 字。

**撰书：** 李应坤撰，周弘济书。

**纹饰：** 盖四刹饰四神图案。志四侧饰十二生肖图案。

**出土：** 1956 年出土于西安市西郊土门。

**现藏：** 西安碑林博物馆。

**著录：**《全唐文补遗》（第一辑）《西安碑林全集》《唐代墓志汇编》。

**提要：** 志文记载宦官李令崇之家族世系、生平及其历官、功绩等。

## 刘氏墓志

**全称：** 唐故彭城县太君刘氏墓志铭并序。

**年代：** 唐天复元年（901）刻。

**形制：** 志正方形。边长 0.50 米。

**行字：** 志文楷书 27 行，满行 28 字。

**撰书：** 史哲撰。

**纹饰：** 志四侧饰十二生肖图案。

**出土：** 1989 年出土于西安市东郊灞桥。

**现藏：** 西安碑林博物馆。

**著录：**《新中国出土墓志·陕西贰》《西安碑林全集》。

**提要：** 志文记载刘氏生平。

## 吴君墓志

**全称：** 大唐故西州司马上骑都尉吴府君之碑铭并序。

**年代：** 唐代（618—907）刻。

**形制：** 圆首方座。通高 2.00 米，宽 0.80 米，厚 0.20 米。

**行字：** 志文楷书 28 行，满行 43 字。

**纹饰：** 碑额饰二龙戏珠图案。

**出土：** 2005 年出土于澄城县王庄镇侯庄村北。

**现藏：** 澄城县乐楼文物管理所。

**提要：** 碑文记载吴氏家族世系及生平。

## 韦庆□墓志

**全称：** 大唐故洪州都督府长史韦君墓志铭并序。

**年代：** 唐代（618—907）刻。

**形制：** 志长 0.60 米，宽 0.58 米。

**行字：** 志文楷书 36 行，满行 36 字。

**出土：** 出土时间、地点不详。

**现藏：** 西安市长安博物馆。

**提要：** 志文记载韦庆□的家族世系及生平。

## 刘宽墓志

**全称：** 大唐周司筵故刘肆海墓志。

年代：唐代（618—907）刻。

形制：志正方形。边长 0.43 米。

行字：志文楷书 11 行，满行 11 字。

出土：出土时间、地点不详。

现藏：西安市长安博物馆。

著录：《长安新出墓志》《长安碑刻》。

提要：志文记载刘宽之生平及历官情况。

## 韦湑墓镇墓文

年代：唐代（618—907）刻。

形制：志正方形。边长 0.53 米。

行字：志文楷书。上半部分 11 行，满行 6 字；下半部分 21 行，满行 9 字。

出土：出土时间、地点不详。

现藏：西安市长安博物馆。

著录：《长安新出墓志》《长安碑刻》。

提要：志文记载韦湑之生平。

## 冯晋墓志

全称：京兆府会善府右果毅冯府君墓志。

年代：唐代（618—907）刻。

形制：志正方形。边长 0.45 米。

行字：志文楷书 18 行，满行 20 字。

出土：出土时间、地点不详。

现藏：西安市长安博物馆。

著录：《长安新出墓志》《长安碑刻》。

提要：此墓志记载了冯晋之家族世系、生平。其历官左卫右执戟、京兆府窦泉府别将、蒲池府左果毅、会善府右果毅。

## 吕君墓志

全称：唐故守右威卫文州阴平府左果□都尉员外□□□上□军吕府君墓志铭并序。

年代：唐代（618—907）刻。

形制：志长 0.41 米，宽 0.38 米，厚 0.11 米。

行字：志文楷书 20 行，满行 22 字。

纹饰：志四侧饰十二生肖图案。

出土：出土时间、地点不详。

现藏：陇县博物馆。

提要：记载吕君的家世及生平。

## 刘君妻李氏墓志

全称：唐故太子右千牛卫率井陉县开国公刘府君夫人陇西郡君李氏墓志铭并序。

年代：唐代（618—907）刻。

形制：志、盖均为正方形。盖边长 0.79 米，厚 0.15 米。志边长 0.74 米。

行字：志文行楷 31 行，满行 32 字。

纹饰：盖四周饰蔓草纹。

出土：出土时间、地点不详。

现藏：泾阳县博物馆。

提要：志文记载李氏家族世系及生平。

## 泊嘉陵江游灵崖题

年代：唐代（618—907）刻立。

形制：高 0.44 米，宽 0.36 米。

行字：碑文行书 14 行，满行字数不等。

撰书：杜甫撰。

现藏：略阳县灵岩寺博物馆。

著录：《灵岩流光》。

提要：题记为杜甫等人诗。

## *朱达墓碣

年代：唐代（618—907）刻。

形制：志正方形。边长 0.40 米。

行字：碣文楷书 20 行，满行 24 字。

撰书：程彦矩撰。

撰书：程彦矩撰。

出土：出土时间、地点不详。

提要：碣文记载朱达的生平。

## *富平唐陀罗尼经幢

年代：唐代（618—907）刻立。

形制：八棱柱形。高 1.35 米，直径 0.40 米。

行字：幢文行楷 56 行，满行 73 字。

出土：2001 年出土于富平县莲湖学校。

现藏：富平县文庙。

备注：下部残缺不全。

提要：正文刻《佛顶尊胜陀罗尼经》经文。

## *白水唐经幢

年代：唐代（618—907）刻立。

形制：八棱柱形，仅余一尺幢头。残高 0.32—0.37 米，面宽 0.11 米。

行字：八面共 236 字。

纹饰：幢身线刻佛造像，有背光，造像结跏趺坐于仰莲座上。

出土：1996 年出土于白水县白水中学宋妙觉寺地宫。

现藏：白水县文物管理委员会。

著录：《考古与文物》（2005 年第 4 期）。

## 李慈墓志

年代：唐代（618—907）刻。

形制：志、盖均为正方形。盖边长 0.74 米，厚 0.20 米。志边长 0.71 米，厚 0.16 米。

行字：志文楷书 26 行，满行 26 字。

出土：出土时间、地点不详。

现藏：大荔县文物局。

提要：志文记载李慈的生平及家世。

## 吕纯阳狂草

年代：唐代（618—907）刻立。

形制：高 1.14 米，宽 0.93 米。

行字：碑文草书 6 行，满行 11 字。

现藏：洋县蔡伦墓祠文物管理所。

## *大荔唐陀罗尼经幢

年代：唐代（618—907）刻立。

形制：八棱柱形。高 1.54 米，每面宽 0.15 米。

行字：每面楷文 7 行，满行 78 字。

现藏：大荔县文物局。

提要：正文刻《佛顶尊胜陀罗尼经》经文。

## *彩绘四铺首阿育王石塔

年代：唐代（618—907）刻立。

形制：由塔刹、塔盖、塔身、须弥座四部分构成。高 0.77 米，长 0.33 米，宽 0.33 米。

行字：碑文行书 1 行，共 14 字。

纹饰：塔顶为铜质宝珠形，塔盖为由上而下渐大的九层棱台，每边饰如意云头二方连续图案一周，枭混为三棱台由外向里收缩。塔身为四面，四角有立柱，每面中心设门。门有锁；门有四排乳钉，每排六枚；门扉两侧各有菩萨一尊（塔外守护佛之舍利共计有八尊菩萨）；门之四周以绿彩绘出菩提、云朵。塔身内壁绘菩提树八株。塔座为须弥座，每面束腰刻出金刚力士面首三，共计十二力士；台座三棱台边沿均刻流云纹。

出土：1988 年出土于扶风县法门寺唐代地宫。

现藏：法门寺博物馆。

著录：《法门寺志》《法门寺文化与法门寺学》《法门寺考古发掘报告》。

备注：汉白玉石质，彩绘有褪色、脱落现象。器座、身、盖均有不同程度的残损。

提要：此塔原置于地宫前室，以安奉第四枚佛指舍利。塔正面门右柱有墨书题记一行"真身道场知香火兼表启比丘常达"等字。从雕刻手法看，此塔属盛唐之物，在咸通年间（860—874）瘗埋佛指舍利时重新妆绘。

## 李氏墓志盖

全称：大唐尚服李氏墓志铭
年代：唐代（618—907）刻。
形制：盖盝形。边长 0.58 米，厚 0.08 米。
行字：盖文篆书 3 行，满行 3 字。
纹饰：盖四周饰回纹，四刹饰缠枝蔓草纹，四侧饰水波纹。
出土：西安博物院旧藏。
现藏：西安博物院。

## *酆王妃崔氏镇墓石

年代：唐代（618—907）刻立。
形制：石正方形。边长 0.53 米。
行字：上部符箓篆书 11 行，满行 6 字。下部为楷书 19 行，满行 8 字。
出土：出土时间、地点不详。
现藏：西安市长安博物馆。
提要：该镇墓石为顺天皇后先考酆王妃崔氏之镇墓石，此为北方之刻石。

## *酆王妃崔氏镇墓石记

年代：唐代（618—907）刻立。
形制：石正方形。边长 0.54 米。
行字：上部符箓篆书 11 行，满行 6 字。下部楷书 19 行，满行 8 字。
出土：出土时间、地点不详。1952 年张伯英捐藏西安碑林。
现藏：西安碑林博物馆。
著录：《西安碑林全集》《隋唐五代墓志汇编》。
提要：志文上半部为符箓；下半部文字主要告西方无极世界诸神灵官，庇护保佑葬于万年县洪固乡的崔氏不受干扰，尽享安逸。

## 吴君墓志盖

全称：大唐故吴府君墓志铭。
年代：唐代（618—907）刻。
形制：盖盝形。边长 0.76 米，厚 0.14 米。
行字：盖文篆书 3 行，满行 3 字。
纹饰：盖四周饰荷花纹，四刹饰四神图案。
出土：西安博物院旧藏。
现藏：西安博物院。

## 道经碑

年代：唐代（618—907）刻立。
形制：螭首方座。高 3.20 米，宽 1.00 米，厚 0.33 米。
行字：碑额楷书 1 行 2 字，题“道经”。碑文楷书分为 8 截，每截 38 行，满行 10 字。
出土：周至县古楼观旧藏。
现藏：周至县楼观台。
著录：《楼观台道教碑石》。
备注：碑文帖式，上下分八截，碑阴刻米芾书“第一山”三字。
提要：记老子《道德经》上半部。

## 德经碑

年代：唐代（618—907）刻立。
形制：螭首方座。高 2.70 米，宽 1.00 米，厚 0.30 米。
行字：碑额楷书 1 行 2 字，题“德经”。碑文楷书分 7 截，每截 38 行，满行 10 字。
出土：周至县古楼观旧藏。
现藏：周至县楼观台。
著录：《楼观台道教碑石》。
备注：碑文帖式，分上下七段，碑阴刻平山书“道德”二字。
提要：碑文记载老子《道德经》下半部。

## 崔君墓志盖

**全称**：大唐故崔府君墓志铭。
**年代**：唐代（618—907）刻。
**形制**：盖盝形。边长 0.45 米，厚 0.08 米。
**行字**：盖文篆书 3 行，满行 3 字。
**纹饰**：盖四周饰花卉纹，四刹饰缠枝纹。
**出土**：西安博物院旧藏。
**现藏**：西安博物院。

## 刘氏墓志盖

**全称**：大唐故刘夫人墓志铭。
**年代**：唐代（618—907）刻。
**形制**：盖盝形。边长 0.40 米。
**行字**：盖文篆书 3 行，满行 3 字。
**纹饰**：盖四周及四刹饰荷花纹。
**出土**：西安博物院旧藏。
**现藏**：西安博物院。

## 牛君墓志盖

**全称**：大唐故牛府君墓志铭。
**年代**：唐代（618—907）刻。
**形制**：盖盝形。边长 0.58 米，厚 0.13 米。
**行字**：盖文行书 3 行，满行 3 字。
**纹饰**：盖四周饰蔓草纹，四刹饰四神图案。
**出土**：西安博物院旧藏。
**现藏**：西安博物院。

## 王氏墓志盖

**全称**：唐故女道士太原郡太夫人王氏墓志铭。
**年代**：唐代（618—907）刻。
**形制**：盖盝形。边长 0.54 米，厚 0.25 米。
**行字**：盖文篆书 4 行，满行 4 字。
**纹饰**：盖四刹饰卷叶纹。
**出土**：西安博物院旧藏。
**现藏**：西安博物院。

## 太夫人墓志盖

**全称**：大唐故太夫人墓志铭。
**年代**：唐代（618—907）刻。
**形制**：盖盝形，边长 0.44 米，厚 0.10 米。
**行字**：盖文楷书 3 行，满行 3 字。
**出土**：西安博物院旧藏。
**现藏**：西安博物院。

## 王君墓志

**全称**：大唐故王府君墓志铭。
**年代**：唐代（618—907）刻。
**形制**：盖盝形。边长 0.60 米，厚 0.04 米。
**行字**：盖文篆书 3 行，满行 3 字。
**纹饰**：盖四周饰卷叶纹，四刹饰缠枝蔓草纹，盖四侧饰卷云纹。
**现藏**：西安博物院。

## *乐伎演乐图碑

**年代**：唐代（618—907）刻立。
**形制**：高 1.05 米，宽 0.55 米，厚 0.11 米。
**出土**：1998 年发现于周至县仙游寺法王塔基座东侧。
**现藏**：仙游寺博物馆。
**提要**：刻唐代《乐伎演乐图》，画面为两乐工演乐图，一为吹箫，一为弹琵琶。

## *蓝田唐陀罗尼经幢

**年代**：唐代（618—907）刻立。
**形制**：八棱柱体。高 0.98 米，直径 0.30 米。
**行字**：幢文楷书 40 行，满行 39 字。
**现藏**：蔡文姬纪念馆。
**备注**：已残。
**提要**：正文刻《佛顶尊胜陀罗尼经》经文。

## 张君墓志盖

**全称**：唐故左武卫郎将张府君墓志。

年代：唐代（618—907）刻。

形制：盖正方形。边长 0.62 米，厚 0.09 米。

行字：盖文篆书 4 行，满行 3 字。

纹饰：盖四周饰牡丹纹，四侧饰四神图案。

出土：西安博物院旧藏。

现藏：西安博物院。

## 李君政妻阳长先墓志

全称：□魏州贵乡李君政故妻阳氏墓志。

年代：唐代（618—907）刻。

形制：志正方形。边长 0.34 米，厚 0.09 米。

纹饰：志四侧饰缠枝蔓草纹。

出土：西安博物院旧藏。

现藏：西安博物院。

备注：志石有残，志面文字后半部磨损严重，无法辨识。

提要：志文记载李君政故妻阳长先之家世及生平等。

## 吕氏墓志盖

全称：唐故夫人吕氏墓志铭。

年代：唐代（618—907）刻。

形制：盖盝形。边长 0.61 米，厚 0.08 米。

行字：盖文篆书 3 行，满行 3 字。

纹饰：盖四周饰团花纹，四刹饰四神图案。

出土：西安博物院旧藏。

现藏：西安博物院。

## 石君墓志盖

全称：唐故石府君墓志之铭。

年代：唐代（618—907）刻。

形制：盖盝形。边长 0.39 米，厚 0.09 米。

行字：盖文篆书 3 行，满行 3 字。

纹饰：盖四刹饰四神图案。

出土：西安博物院旧藏。

现藏：西安博物院。

## 张氏墓志盖

全称：大唐故夫人张氏墓志。

年代：唐代（618—907）刻。

形制：盖盝形。边长 0.51 米，厚 0.04 米。

行字：盖文篆书 3 行，满行 3 字。

纹饰：盖四周饰卷云纹，四刹及四侧饰缠枝蔓草纹。

出土：西安博物院旧藏。

现藏：西安博物院。

## 韦君墓志盖

全称：唐故纳言博昌县开国男韦府君墓志铭。

年代：唐代（618—907）刻。

形制：盖盝形。边长 0.76 米，厚 0.04 米。

行字：盖文篆书 4 行，满行 4 字。

纹饰：盖四周、四刹饰卷叶纹，四侧饰卷云纹。

出土：西安博物院旧藏。

现藏：西安博物院。

## 马君墓志盖

全称：大唐故马府君墓志铭。

年代：唐代（618—907）刻。

形制：盖盝形。边长 0.61 米，厚 0.03 米。

行字：盖文篆书 3 行，满行 3 字。

纹饰：盖四周饰牡丹纹，四刹饰四神图案。

出土：西安博物院旧藏。

现藏：西安博物院。

## 郑氏子墓志盖

年代：唐代（618—907）刻。

形制：盖盝形。边长 0.37 米，厚 0.06 米。

行字：盖文篆书 3 行，满行 3 字，题"唐故郑氏伤子墓志铭"。盖阴楷书 7 行，满行 6 字。

纹饰：盖四周饰牡丹纹，四刹饰牡丹纹及云纹。

出土：西安博物院旧藏。

现藏：西安博物院。

提要：该墓志盖阴刻告祝文。

## 韦君墓志盖

全称：大唐故银青光禄大夫行黄门侍郎赠礼部尚书韦府君墓志铭。

年代：唐代（618—907）刻。

形制：盖盝形。边长 0.94 米，厚 0.05 米。

行字：盖文篆书 5 行，满行 5 字。

纹饰：盖四周饰牡丹纹，四刹饰祥云瑞兽图案，四侧饰蔓草纹。

出土：西安博物院旧藏。

现藏：西安博物院。

## 郑君墓志盖

全称：大唐故郑府君墓志铭。

年代：唐代（618—907）刻。

形制：盖盝形。边长 0.42 米，厚 0.10 米。

行字：盖文篆书 3 行，满行 3 字。

纹饰：盖四周、四刹均饰牡丹纹。

出土：西安博物院旧藏。

现藏：西安博物院。

## 西河府君墓志盖

全称：唐故西河府君墓志。

年代：唐代（618—907）刻。

形制：盖盝形。边长 0.45 米，厚 0.10 米。

行字：盖文篆书 3 行，满行 3 字。

纹饰：盖四周饰莲花纹，四刹饰四神图案。

出土：西安博物院旧藏。

现藏：西安博物院。

## 梁君墓志盖

全称：大唐故梁府君墓志铭。

年代：唐代（618—907）刻。

形制：盖盝形。边长 0.50 米，厚 0.10 米。

行字：盖文篆书 3 行，满行 3 字。

纹饰：盖四周饰牡丹纹，四刹饰四神图案。

出土：西安博物院旧藏。

现藏：西安博物院。

## 李君妻马氏墓志盖

全称：唐故李君夫人马氏铭。

年代：唐代（618—907）刻。

形制：盖盝形。边长 0.34 米，厚 0.09 米。

行字：盖文篆书 3 行，满行 3 字。

纹饰：盖四刹及四侧饰卷叶纹。

出土：西安博物院旧藏。

现藏：西安博物院。

## 李君墓志盖

全称：弘农杨府君墓志之铭。

年代：唐代（618—907）刻。

形制：盖盝形。边长 0.45 米，厚 0.10 米。

行字：盖文楷书 3 行，满行 3 字。

纹饰：盖四周饰卷叶纹，四刹饰四神图案。

出土：西安博物院旧藏。

现藏：西安博物院。

## *千刚字刻石

年代：唐代（618—907）刻立。

形制：石正方形。边长 0.61 米，厚 0.30 米。

行字：楷书 32 行，满行 32 字。

纹饰：石四刹饰牡丹纹。

出土：西安博物院旧藏。

现藏：西安博物院。

提要：该刻石楷书约有千"刚"字。

## 段君墓志盖

全称：乡贡进士段府君墓铭。

年代：唐代（618—907）刻。

形制：盖盝形。边长 0.42 米，厚 0.04 米。

行字：盖文篆书 3 行，满行 3 字。

纹饰：盖四周饰几何纹，四刹饰四神图案。

出土：西安博物院旧藏。

现藏：西安博物院。

## 王君墓志盖

全称：大唐故王君墓志之铭。

年代：唐代（618—907）刻。

形制：盖盝形。边长 0.50 米，厚 0.05 米。

行字：盖文篆书 3 行，满行 3 字。

纹饰：盖四周饰缠枝连珠纹，四刹及四侧饰缠枝蔓草纹。

出土：西安博物院旧藏。

现藏：西安博物院。

## 阳君墓志盖

全称：大唐故阳府君墓志铭。

年代：唐代（618—907）刻。

形制：盖盝形。长 0.52 米，宽 0.53 米，厚 0.12 米。

行字：盖文篆书 3 行，满行 3 字。

纹饰：盖四刹饰缠枝蔓草纹。

出土：时间、地点不详。

现藏：西安博物院。

## 李氏墓志盖

全称：大唐故夫人李氏墓志。

年代：唐代（618—907）刻。

形制：盖盝形。边长 0.37 米。

行字：盖文篆书 3 行，满行 3 字。

纹饰：盖四周饰牡丹纹，四边饰几何纹，四刹饰卷叶纹。

出土：西安博物院旧藏。

现藏：西安博物院。

## 赵氏墓志盖

全称：大唐故赵夫人墓志铭。

年代：唐代（618—907）刻。

形制：盖盝形。边长 0.44 米。

行字：盖文楷书 3 行，满行 3 字。

纹饰：盖四刹饰四神图案。

出土：西安博物院旧藏。

现藏：西安博物院。

备注：盖面磨损严重，盖四周纹饰磨损殆尽。

## 田君墓志盖

全称：大唐故田府君墓志铭。

年代：唐代（618—907）刻。

形制：盖盝形。边长 0.41 米，厚 0.10 米。

行字：盖文篆书 3 行，满行 3 字。

纹饰：盖四刹饰四神图案。

出土：西安博物院旧藏。

现藏：西安博物院。

## 索处士墓志盖

全称：大唐故索处士墓志铭。

年代：唐代（618—907）刻。

形制：盖盝形。边长 0.44 米，厚 0.04 米。

行字：盖文篆书 3 行，满行 3 字。

纹饰：盖四周饰缠枝卷叶及联珠纹，盖四刹饰四神图案，四侧饰蔓草纹。

出土：西安博物院旧藏。

现藏：西安博物院。

## 张君墓志盖

全称：大唐故张府君墓志铭。

年代：唐代（618—907）刻。

形制：盖盝形。边长 0.61 米，厚 0.14 米。

行字：盖文楷书 3 行，满行 3 字。

纹饰：盖四周饰荷花纹，四刹饰四神图案。

出土：西安博物院旧藏。

现藏：西安博物院。

## 杜君墓志盖

全称：唐故京兆杜府君墓铭。

年代：唐代（618—907）刻。

形制：盖盝形。边长 0.31 米，厚 0.07 米。

行字：盖文篆书 3 行，满行 3 字。

纹饰：盖四刹饰卷云纹。

出土：西安博物院旧藏。

现藏：西安博物院。

## 七品宫人墓志盖

全称：唐故七品宫人墓志铭。

年代：唐代（618—907）刻。

形制：盖盝形。边长 0.42 米，厚 0.08 米。

行字：盖文篆书 3 行，满行 3 字。

出土：西安博物院旧藏。

现藏：西安博物院。

## 韦君墓志盖

全称：大唐故韦府君墓志铭。

年代：唐代（618—907）刻。

形制：盖盝形。边长 0.35 米，厚 0.12 米。

行字：盖文楷书 3 行，满行 3 字。

纹饰：盖四周、四刹均饰蔓草纹。

出土：西安博物院旧藏。

现藏：西安博物院。

## 刘君之墓志盖

全称：大唐雍州万年县刘君之墓志。

年代：唐代（618—907）刻。

形制：盖盝形。边长 0.50 米。

行字：盖文篆书 4 行，满行 4 字。

纹饰：盖四刹饰缠枝蔓草纹。

出土：西安博物院旧藏。

现藏：西安博物院。

## 窦君墓志盖

全称：大唐故窦府君墓志铭。

年代：唐代（618—907）刻。

形制：盖盝形。边长 0.53 米，厚 0.10 米

行字：盖文篆书 3 行，满行 3 字。

纹饰：盖四周及四刹均饰缠枝牡丹纹。

出土：西安博物院旧藏。

现藏：西安博物院。

## 李君墓志盖

年代：唐代（618—907）刻。

形制：盖盝形。边长 0.36 米，厚 0.07 米。

行字：盖文篆书 2 行，满行 2 字。

纹饰：盖四周及四刹均饰缠枝蔓草纹。

出土：西安博物院旧藏。

现藏：西安博物院。

## 李氏墓志盖

全称：唐故陇西李夫人墓志。

年代：唐代（618—907）刻。

形制：盖盝形。边长 0.44 米，厚 0.07 米。

行字：盖文楷书 3 行，满行 3 字。

纹饰：盖四周饰山云纹，四刹饰波涛纹。

出土：西安博物院旧藏。

现藏：西安博物院。

## 裴君墓志盖

全称：大唐故裴府君墓志铭。

年代：唐代（618—907）刻。

形制：盖盝形。边长 0.50 米，厚 0.09 米。

行字：盖文楷书 3 行，满行 3 字。

纹饰：盖四周饰团花纹，四刹饰卷云纹。

出土：西安博物院旧藏。

现藏：西安博物院。

## 杨君墓志盖

**全称**：大唐故杨府君墓志铭。
**年代**：唐代（618—907）刻。
**形制**：盖盝形。边长 0.59 米。
**行字**：盖文篆书 3 行，满行 3 字。
**纹饰**：盖四周饰山岳图案，四刹饰四神图案。
**出土**：西安博物院旧藏。
**现藏**：西安博物院。

## 蒋君墓志盖

**全称**：大唐故蒋府君墓志铭。
**年代**：唐代（618—907）刻。
**形制**：盖盝形。边长 0.60 米，厚 0.11 米。
**行字**：盖文篆书 3 行，满行 3 字。
**出土**：西安博物院旧藏。
**现藏**：西安博物院。
**备注**：盖面有磕损，四刹擦伤严重。

## 亡九品墓志盖

**全称**：大唐亡九品墓志之铭。
**年代**：唐代（618—907）刻。
**形制**：盖盝形。边长 0.40 米，厚 0.09 米。
**行字**：盖文篆书 3 行，满行 3 字。
**出土**：西安博物院旧藏。
**现藏**：西安博物院。

## 杨君墓志盖

**全称**：大唐故杨府君墓志铭。
**年代**：唐代（618—907）刻。
**形制**：盖盝形。边长 0.40 米，厚 0.08 米。
**行字**：盖文篆书 3 行，满行 3 字。
**纹饰**：盖四刹饰卷叶纹。
**出土**：西安博物院旧藏。
**现藏**：西安博物院。

## 王君墓志盖

**全称**：大唐故王府君墓志铭。
**年代**：唐代（618—907）刻。
**形制**：盖盝形。边长 0.55 米，厚 0.12 米。
**行字**：盖文篆书 3 行，满行 3 字。
**纹饰**：盖四周及四刹饰卷叶纹，四侧饰水波纹。
**出土**：西安博物院旧藏。
**现藏**：西安博物院。

## 杨氏墓志盖

**全称**：唐故杨氏夫人墓志铭。
**年代**：唐代（618—907）刻。
**形制**：盖盝形。边长 0.44 米，厚 0.10 米。
**行字**：盖文篆书 3 行，满行 3 字。
**纹饰**：盖四周饰蔓草纹，四刹饰四神图案。
**出土**：西安博物院旧藏。
**现藏**：西安博物院。

## 刘君墓志盖

**全称**：大唐故刘府君墓志铭。
**年代**：唐代（618—907）刻。
**形制**：盖盝形。边长 0.50 米。
**行字**：盖文篆书 3 行，满行 3 字。
**纹饰**：盖四刹饰缠枝蔓草纹。
**出土**：西安博物院旧藏。
**现藏**：西安博物院。

## 焦君墓志盖

**全称**：大唐故焦府君墓志铭。
**年代**：唐代（618—907）刻。
**形制**：盖正方形。边长 0.62 米，厚 0.12 米。
**行字**：盖文楷书 3 行，满行 3 字。
**纹饰**：盖四周饰牡丹纹，四刹饰四神图案。
**出土**：西安博物院旧藏。

现藏：西安博物院。

## 刘氏墓志盖

**全称：** 大唐故刘夫人墓志铭。
**年代：** 唐代（618—907）刻。
**形制：** 盖盝形。边长 0.41 米，厚 0.03 米。
**行字：** 盖文篆书 3 行，满行 3 字。
**纹饰：** 四刹饰缠枝牡丹纹。
**出土：** 西安博物院旧藏。
**现藏：** 西安博物院。

## *授时幢

**年代：** 唐代（618—907）刻立。
**形制：** 十二棱柱体。高 0.49 米，面宽 0.09 米。
**行字：** 幢文楷书，每面 3 字。
**纹饰：** 上部刻兽首人身十二生肖图案。
**出土：** 原立于高陵县昭慧院遗址。
**现藏：** 高陵县文化馆。
**著录：** 《高陵碑石》。
**备注：** 有四面残损。
**提要：** 此幢出土于高陵县昭慧院遗址，似为寺院用以借助光照，推算十二时辰的标准建置。

## 王君墓志盖

**全称：** 大唐故王府君墓志铭
**年代：** 唐代（618—907）刻。
**形制：** 盖正方形。边长 0.46 米。
**行字：** 盖文篆书 3 行，满行 3 字。
**纹饰：** 盖四周及四刹均饰花纹。
**出土：** 出土时间、地点不详。
**现藏：** 西安市长安博物馆。
**备注：** 盖面磨损严重。

## 李君墓志盖

**全称：** 大唐故李府君墓志铭。

**年代：** 唐代（618—907）刻。
**形制：** 盖盝形。边长 0.60 米，厚 0.09 米。
**行字：** 盖文篆书 3 行，满行 3 字。
**纹饰：** 盖四周及四刹均饰缠枝蔓草纹。
**出土：** 西安博物院旧藏。
**现藏：** 西安博物院。

## 刘元爽墓志

**全称：** 唐故御□校尉右金吾卫定襄郡定襄府右果毅都尉刘府君墓志铭并序。
**年代：** 唐代（618—907）刻。
**形制：** 志正方形。边长 0.48 米，厚 0.11 米。
**行字：** 志文行书 21 行，满行 24 字。
**撰书：** 苏邈撰，杨品刻，陈颐书。
**纹饰：** 志四侧饰蔓草纹。
**出土：** 西安博物院旧藏。
**现藏：** 西安博物院。
**提要：** 志文记载刘元爽之家世及生平。

## 李氏墓志盖

**全称：** 大唐故陇西李氏墓志。
**年代：** 唐代（618—907）刻。
**形制：** 盖盝形。边长 0.40 米，厚 0.10 米。
**行字：** 盖文楷书 3 行，满行 3 字。
**纹饰：** 盖四周纹饰不清，四刹饰四神图案。
**出土：** 西安博物院旧藏。
**现藏：** 西安博物院。

## 薛君墓志盖

**全称：** 大唐故薛府君墓志铭。
**年代：** 唐代（618—907）刻。
**形制：** 盖盝形。边长 0.6 米，厚 0.12 米。
**行字：** 盖文篆书 3 行，满行 3 字。
**纹饰：** 盖四周及四刹均饰荷花纹。
**出土：** 西安博物院旧藏。
**现藏：** 西安博物院。

## 罗寄墓志

**全称：** 周使持节车骑大将军仪同三司大都督甘州诸军事甘州刺史兴安县开国侯赠□州刺史太□罗君之墓志。

**年代：** 唐代（618—907）刻。

**形制：** 志正方形。边长 0.38 米。

**行字：** 志文楷书 20 行，满行 20 字。

**出土：** 出土时间、地点不详。

**现藏：** 西安市长安博物馆。

**著录：**《长安新出墓志》《长安碑刻》。

**提要：** 志文记载罗寄之生平。

## *药王山唐陀罗尼经幢（甲）

**年代：** 唐代（618—907）刻立。

**形制：** 八棱柱形。残高 0.58 米。

**现藏：** 药王山博物馆。

**著录：**《药王山碑刻》《陕西药王山碑刻艺术总集》。

**备注：** 幢断裂为上下两段。

**提要：** 幢面漫漶不清，据可见部分，原碑当刻《佛顶尊胜陀罗尼经》经文。

## *药王山唐陀罗尼经幢（乙）

**年代：** 唐代（618—907）刻立。

**形制：** 八棱柱形。高 0.58 米。

**出土：** 1934 年出土于耀县漆河。

**现藏：** 药王山博物馆。

**著录：**《药王山碑刻》《陕西药王山碑刻艺术总集》。

**提要：** 据残存碑文推测，原碑当刻《佛顶尊胜陀罗尼经》经文。

## 亡宫九品墓志

**全称：** 大唐故亡宫九品墓志。

**年代：** 唐代（618—907）刻。

**形制：** 盖盝形，志、盖尺寸相同。长 0.45

米，宽 0.44 米。

**行字：** 盖文篆书 3 行，满行 3 字，题"大唐故亡宫九品墓志"。志文楷书 9 行，满行 14 字。

**出土：** 1989 年出土于西安市西郊枣园村。

**现藏：** 西安碑林博物馆。

**著录：**《新中国出土墓志·陕西贰》。

**提要：** 志文记载志主之生平。

## 释迦头像

**年代：** 唐代（618—907）刻立。

**形制：** 圆雕。高 0.60 米，周长 1.40 米。

**出土：** 出土时间、地点不详。

**现藏：** 药王山博物馆。

**著录：**《药王山碑刻》《陕西药王山碑刻艺术总集》。

**备注：** 鼻子残缺。

**提要：** 无铭文。

## 王枕女造像碑

**年代：** 唐代（618—907）刻立。

**形制：** 圆首，四面刻。高 1.10 米，宽 0.53 米，厚 0.19 米。

**行字：** 碑文楷书 22 行，满行 15 字。

**出土：** 出土时间、地点不详。

**现藏：** 药王山博物馆。

**著录：**《药王山碑刻》《陕西药王山碑刻艺术总集》。

**提要：** 碑铭文记王枕女造石像一事。

## 董弘墓志

**全称：** 朝散大夫董君墓志铭。

**年代：** 唐代（618—907）刻。

**形制：** 志正方形。边长 0.56 米。

**行字：** 志文楷书 21 行，满行 22 字。

**纹饰：** 志四侧饰壸门图案。

出土：出土时间、地点不详。2005 年入藏
西安碑林博物馆。

现藏：西安碑林博物馆。

著录：《西安碑林博物馆新藏墓志汇编》。

提要：志文记载董弘的家族世系、生平、配
偶及子嗣等情况。

## *南方精石

年代：唐代（618—907）刻立。

形制：志、盖尺寸相同。长 0.53 米，宽 0.56
米。盖厚 0.02 米，志厚 0.06 米。

行字：志文楷书 9 行，满行 8 字。

纹饰：盖顶部饰朱雀图案。

出土：20 世纪 90 年代出土于铜川市照金镇。

现藏：铜川市耀州区博物馆。

备注：盖右下角残破。

提要：此石依墓方位放置，用于镇墓，上刻
"南方"二字，余皆符篆。

## 苏君墓志盖

全称：大唐故苏府君墓志铭。

年代：唐代（618—907）刻。

形制：盖盝形。边长 0.53 米。

行字：盖文楷书 3 行，满行 3 字。

纹饰：盖四周饰牡丹纹，四刹饰四神图案。

出土：1955 年出土于西安市西郊土门。

现藏：西安碑林博物馆。

著录：《西安碑林全集》。

备注：志佚。

## 雷君墓志盖

全称：大周故雷府君墓志铭。

年代：唐代（618—907）刻。

形制：盖盝形。边长 0.52 米。

行字：盖文篆书 3 行，满行 3 字。

纹饰：盖四刹饰四神图案。

出土：1954 年出土于西安市东郊郭家滩。

现藏：西安碑林博物馆。

著录：《西安碑林全集》。

备注：志佚，盖左下角残缺。

## 王君墓志盖

全称：大唐故王府君墓志铭。

年代：唐代（618—907）刻。

形制：盖盝形。长 0.47 米，宽 0.46 米。

行字：盖文篆书 3 行，满行 3 字。

纹饰：盖四刹饰牡丹纹。

出土：1955 年出土于西安市东郊郭家滩。

现藏：西安碑林博物馆。

著录：《西安碑林全集》。

备注：志佚。

## 李氏墓志盖

全称：陇西郡李氏夫人墓志。

年代：唐代（618—907）刻。

形制：盖盝形。边长 0.62 米。

行字：盖文篆书 3 行，满行 3 字。

纹饰：盖四刹饰四神图案。

出土：1954 年出土于西安市东郊白杨寨。

现藏：西安碑林博物馆。

著录：《西安碑林全集》。

备注：志佚。

## 赵君墓志盖

全称：大周故赵府君墓志铭。

年代：唐代（618—907）刻。

形制：盖盝形。边长 0.72 米。

行字：盖文篆书 3 行，满行 3 字。

纹饰：盖四周及四刹均饰缠枝蔓草纹。

出土：1955 年出土于长安县贾里村。

现藏：西安碑林博物馆。

著录：《西安碑林全集》。

备注：志佚。

## 曲氏墓志盖

全称：唐故夫人曲氏墓志铭。

年代：唐代（618—907）刻。

形制：盖盝形。边长 0.48 米。

行字：盖文楷书 3 行，满行 3 字。

纹饰：盖四刹饰四神图案。

出土：1955 年出土于西安市西郊土门。

现藏：西安碑林博物馆。

著录：《西安碑林全集》。

备注：志佚。

## 亡宫九品墓志

全称：大唐故亡宫九品墓志。

年代：唐代（618—907）刻。

形制：盖盝形，志、盖尺寸相同。长 0.45 米，宽 0.44 米。

行字：盖文篆书 3 行，满行 3 字，题"大唐故亡宫九品墓志"。志文楷书 9 行，满行 14 字。

出土：1989 年出土于西安市西郊枣园村。

现藏：西安碑林博物馆。

著录：《新中国出土墓志·陕西贰》。

提要：志文简约记载志主之生平。

## 赵行墓志

年代：唐代（618—907）刻。

形制：志正方形。边长 0.33 米。

行字：志文楷书 3 行，满行 10 字。

出土：出土时间、地点不详。

现藏：西安碑林博物馆。

著录：《新中国出土墓志·陕西贰》。

## 郭行墓志

年代：唐代（618—907）刻。

形制：盖盝形，志正方形。志、盖尺寸相同。边长 0.48 米。

行字：盖文篆书 3 行，满行 3 字，题"唐故郭府君墓志铭"。志文楷书 4 行，满行 14 字。

纹饰：志四侧饰壸门图案，盖中部饰铺首纹，四刹饰缠枝蔓草纹。

出土：出土时间、地点不详。2005 年入藏西安碑林博物馆。

现藏：西安碑林博物馆。

著录：《西安碑林博物馆新藏墓志汇编》。

备注：志石上有石花。

提要：志文记载郭行的家世、生平及配偶等。

## 八面造像碑

年代：唐代（618—907）刻立。

形制：八棱柱形。高 0.92 米。

现藏：药王山博物馆。

提要：此碑为造像碑，无铭文。

## 僧实贶墓志盖

全称：大唐故僧实贶墓志铭。

年代：唐代（618—907）刻。

形制：盖盝形。长 0.33 米，宽 0.36 米。

行字：盖文篆书 3 行，满行 3 字。

纹饰：盖四刹饰卷云纹。

现藏：西安碑林博物馆。

著录：《西安碑林全集》。

备注：盖右上角残缺，志佚。

## 宇文氏墓志盖

全称：唐故宇文夫人墓志铭。

年代：唐代（618—907）刻。

形制：盖盝形。边长 0.52 米。

行字：盖文篆书 3 行，满行 3 字。

纹饰：盖四刹饰四神图案及云纹。

出土：1996 年出土于西安市灞桥区电厂路。

现藏：西安碑林博物馆。

著录：《西安碑林全集》。

## 葬僧塔铭

年代：唐代（618—907）刻立。

形制：高 0.42 米，宽 0.64 米。

出土：西安碑林旧藏。

现藏：西安碑林博物馆。

## 青源县主镇墓石

年代：唐代（618—907）刻立。

形制：共 5 组 10 石。

出土：西安碑林旧藏。

现藏：西安碑林博物馆。

## 韩自明赐紫大德仙宫志

全称：唐故内玉晨观上清大洞三景法师赐紫大德仙宫铭并序。

年代：唐代（618—907）刻。

形制：志长 0.45 米，宽 0.44 米。

行字：志文楷书 26 行，满行 26 字。

撰书：赵承亮撰，张损书。

纹饰：志四侧饰卷云纹。

现藏：西安碑林博物馆。

著录：《新中国出土墓志·陕西贰》。

提要：志文记载韩自明的家世及生平。

## *百塔寺心经

年代：唐代（618—907）刻立。

形制：共 4 石，均高 0.37 米，宽 0.24—0.65 米不等。

行字：经文草书 25 行，满行字数不等。

出土：原在长安百塔寺，后移藏西安碑林。

现藏：西安碑林博物馆。

著录：《西安碑林全集》。

备注：原 6 石，现仅存 4 石。另有明成化十年（1471）刻跋文一石，孙仁撰文，楷书。记《心经》移藏经过。

## 慧日寺碑

年代：唐代（618—907）刻立。

形制：碑残损。残高 1.24 米，宽 0.52 米。

行字：碑文楷书。序 6 行。正文残存 4 栏，每栏存 10 行左右，满行 21 字。

撰书：赵从师书。

出土：原在长安怀德坊慧日寺，后移藏西安碑林。

现藏：西安碑林博物馆。

著录：《西安碑林全集》。

备注：石已残损。

## *残佛经

年代：唐代（618—907）刻立。

形制：残高 1.00 米，宽 0.53 米。

行字：经文楷书，残存 3 栏，每栏行数不等，满行 11 字。

现藏：西安碑林博物馆。

著录：《西安碑林全集》。

备注：石已残损。

## 善惠玄懿碑

全称：大唐京师道德寺故大禅师大法师之碑。

年代：唐代（618—907）刻立。

形制：螭首方座。通高 2.34 米，宽 0.93 米，厚 0.28 米。

行字：碑额篆书 4 行，满行 4 字，题"大唐京师道德寺故大禅师大法师之碑"。碑文楷书 37 行，满行 65 字。

撰书：到范书。

纹饰：碑侧饰水波纹。

出土：原在长安弘德坊道德寺，1950 年西安市西郊梁家庄发现，后移藏西安碑林。

现藏：西安碑林博物馆。

著录：《西安碑林全集》。

备注：碑阴额题"道德阿弥陀像"篆书 3 行，满行 2 字，上部浮雕佛、菩萨及力士像，下部刻尼善惠、玄懿及其弟子位次图。

提要：此碑记述尼善惠和玄懿之姓、籍贯及入佛之情况，是该寺十善尼姑为其师母善惠和玄懿而刊立。其中记载师母二人在隋大业年间（605—617）为太子戒师、隋炀帝为其在弘德坊建道德寺等事。

## 净住寺碑

全称：唐净住寺释迦文贤劫像铭并序。

年代：唐代（618—907）刻立。

形制：螭首。碑残损。残高 0.98 米，宽 0.80 米，厚 0.19 米。

行字：额篆书 3 行，满行 3 字，题"唐净住寺贤劫功德碑"。碑文隶书 20 行。

出土：原在长安晋昌坊净住寺，1951 年移藏西安碑林。

现藏：西安碑林博物馆。

著录：《西安碑林全集》。

备注：碑额残，仅存半截，碑阳残断佛像 25 行，每行 20 尊。碑阴额上雕一佛、二菩萨。下刻铭文。

## 怀素草书千字文

年代：唐代（618—907）刻立。

形制：共 2 石，尺寸相同。高 0.71 米，宽 1.53 米。

行字：碑文草书 130 行，满行字数不等。

撰书：周兴嗣撰，怀素书。

出土：西安碑林旧藏。

现藏：西安碑林博物馆。

著录：《西安碑林全集》。

备注：此石为明成化六年（1470）余子俊摹刻。第 1 石阴面刻明《重修灞桥落成诗》；第 2 石阴面刻余子俊跋文，宋克《前出塞九首》及信札一封。

提要：此石《千字文》为南朝梁周兴嗣撰文，唐僧怀素草书。

## 怀素藏真律公帖

全称：唐怀素藏真律公帖。

年代：唐代（618—907）刻立。

形制：高 1.40 米，宽 0.49 米。

行字：碑文草书《藏真帖》6 行，共 50 字；《律公帖》分 2 栏，共 92 字。

撰书：怀素书。

出土：西安碑林旧藏。

现藏：西安碑林博物馆。

著录：《西安碑林全集》《八琼室金石补正》。

备注：此石系北宋元祐八年（1093）游师雄摹刻。

提要：此碑分五栏，前两栏为怀素《藏真帖》《律公帖》，第 3、4 栏为马宗海、刘挚莘等题记，第 5 栏为《李白赠怀素草书歌》及游师雄《后序》。《藏真帖》记述怀素到洛阳，通过颜真卿学习张旭笔法的一段机缘。《律公帖》前面记述律公前后几次向怀素求书；后面记述怀素患脚气和风疾在客舍甚感苦闷，律公再次求书，他表明不能作书而请求谅解之事。

## 安祯法师残碑

全称：唐安祯法师残碑。

年代：唐代（618—907）刻立。

形制：两面刻。残高 0.59 米，残宽 0.44 米。

行字：碑文行书，字数不详。

出土： 1999 年出土于西安市东郊，后入藏西安碑林。

现藏：西安碑林博物馆。

著录：《西安碑林全集》。

备注：残存 1 石，且断为两块。

## 三阶大德禅师

年代：唐代（618—907）刻立。

形制：螭首。残高 1.40 米，宽 0.73 米，厚 0.21 米。

行字：额楷书 3 行，满行 3 字，题"皇唐三阶大德禅师碑"。

出土：原在长安荐福寺，后移藏西安碑林。

现藏：西安碑林博物馆。

著录：《西安碑林全集》。

备注：仅存碑额及碑身上部。碑文漫漶难识。碑阴雕佛、力士像。碑侧残存佛像两龛。

## 张君墓志

全称：大唐故朝议郎行河南府士曹参军敦煌张公墓志。

年代：唐代（618—907）刻。

形制：志正方形。边长 0.76 米，厚 0.13 米。

行字：志文楷书 34 行，满行 38 字。

出土：1987 年出土于泾阳县太平乡小堡村。

现藏：泾阳县博物馆。

提要：志文记载张公的后裔、家族源流、历官等。

## 车光倩墓志

全称：大唐车光倩墓志铭并序。

年代：唐代（618—907）刻。

形制：志正方形。边长 0.52 米，厚 0.08 米。

行字：志文楷书 25 行，满行 26 字。

出土：1988 年出土于武功县南仁乡北坡村。

现藏：武功县城隍庙。

备注：字迹侵蚀严重。

提要：此墓志主要记载车光倩的生平及历官等情况。

## 史氏墓志

全称：唐故河南史夫人墓志铭并序。

年代：唐代（618—907）刻。

形制：志正方形。边长 0.53 米。

行字：志文楷书 23 行，满行 23 字。

现藏：武功县城隍庙。

提要：志文记载史氏家世及子嗣。

## 杜君墓志盖

全称：唐故京兆杜府君之铭。

年代：唐代（618—907）刻。

形制：盖长 0.47 米，宽 0.44 米。

行字：盖文楷书 3 行，满行 3 字。

纹饰：盖四周饰蔓草花纹。

出土：出土时间、地点不详。

现藏：武功县城隍庙。

备注：浸蚀严重，字迹、盖面不平整。

## 杜君墓志

全称：唐故恒王府谘议杜府君墓铭。

年代：唐代（618—907）刻。

形制：志长 0.77 米，宽 0.44 米。

行字：志文楷书 24 行，满行 23 字。

现藏：武功县城隍庙。

备注：保存较差，蚀锈严重，字多不清。

提要：志文记载杜氏之卒年及葬期。

## □氏墓志盖

**全称**：唐故河□□夫人墓铭。

**年代**：唐代（618—907）刻。

**形制**：盖正方形。边长0.55米。

**行字**：盖文楷书3行，满行3字。

**纹饰**：盖四周饰龙凤纹。

**现藏**：武功县城隍庙。

## 田氏墓志盖

**全称**：唐故□田氏墓志铭。

**年代**：唐代（618—907）刻。

**形制**：盖正方形。边长0.38米。

**行字**：盖文楷书3行，满行3字。

**纹饰**：盖四刹饰四神图案。

**现藏**：武功县城隍庙。

## 苏君墓志盖

**全称**：大周国故苏君墓志铭。

**年代**：唐代（618—907）刻。

**形制**：盖正方形。边长0.48米。

**行字**：盖文篆书3行，满行3字。

**现藏**：武功县城隍庙。

**备注**：为层崖石，似汉白玉，字迹不清。

## 张君墓志盖

**全称**：大周故张君墓志铭。

**年代**：唐代（618—907）刻。

**形制**：盖盝形。边长0.59米。

**行字**：盖文篆书3行，满行3字。

**现藏**：武功县城隍庙。

## *乾县唐陀罗尼经幢（甲）

**年代**：唐代（618—907）刻立。

**形制**：八棱柱形。高1.20米，每面宽0.13米。

**行字**：仅一面可辨识8行。

**纹饰**：漫漶不可识辨。

**出土**：原在乾县峰阳乡西黄村。

**现藏**：乾县峰阳乡西黄村村中机井边蓄水池底部嵌砌（1983年修蓄水池时与另一经幢移来砌于此）。

**提要**：正文刻《佛顶尊胜陀罗尼经》经文。

## *乾县唐陀罗尼经幢（乙）

**年代**：唐代（618—907）刻立。

**形制**：八棱柱形。高1.17米，面宽0.13米。

**行字**：仅一面可辨识8行。

**纹饰**：漫漶不可识辨。

**出土**：原在乾县峰阳乡西黄村。

**现藏**：乾县峰阳乡西黄村村中机井边蓄水池底部嵌砌（1983年修蓄水池时移来砌于此）。

**提要**：正文刻《佛顶尊胜陀罗尼经》经文。

## *乾县唐陀罗尼经幢（丙）

**年代**：唐代（618—907）刻立。

**形制**：八棱柱形。高2.15米，每面宽0.19米。

**行字**：残存楷书64行，满行约76字。

**撰书**：漫漶难识读。

**纹饰**：底饰高浮雕仰莲。

**出土**：乾县马连乡勃洛坊村。

**现藏**：乾县马连乡勃洛坊村。

**备注**：据传该经幢与大墙扶村、薛录大马村经幢同时雕刻。

**提要**：正文刻《佛顶尊胜陀罗尼经》经文。

## 刘沔碑

**年代**：唐代（618—907）刻立。

**形制**：螭首龟座。高2.84米，宽0.87米，厚0.28米。

**行字**：碑文楷书36行，满行65字。

**撰书**：柳公权书。

出土：永寿县好畤恩寺。

现藏：永寿县文化馆。

著录：《新编永寿县志》。

备注：此碑相传系柳公权书，今字迹不清。

## 陈德墓志

年代：唐代（618—907）刻。

形制：志、盖均正方形，尺寸相同。边长 0.53 米。志厚 0.07 米，盖厚 0.09 米。

行字：盖文篆书 2 行，满行 6 字，题"大唐陈公墓志"。志文行楷 23 行，满行 49 字。

出土：2003 年出土于永寿县渠子村。

现藏：永寿县文化馆。

提要：志文记载陈德家世、生平、历官和子嗣情况。陈德军功显赫，曾任唐绥化府果毅都尉、右金吾卫。

## 苏君墓志盖

全称：大唐故苏君之墓志铭。

年代：唐代（618—907）刻。

形制：盖盝形。边长 0.71 米，厚 0.11 米。

行字：盖文篆书 3 行，满行 3 字。

纹饰：盖四刹饰宝相花纹。

出土：1962 年出土于咸阳市底张湾顺陵内垣以外西南角。

现藏：咸阳博物馆。

著录：《咸阳碑石》。

提要：此墓志盖为苏定方墓志盖。

## 杜隍墓志

全称：唐故凤翔府士曹参军杜府君墓志铭并序。

年代：唐代（618—907）刻。

形制：志正方形。边长 0.45 米。

行字：志文楷书 28 行，满行 28 字。

出土：1985 年武功县武功镇。

现藏：武功县城隍庙。

提要：志文记载杜隍的家世及生平。

## 将兰公墓志

年代：唐代（618—907）刻。

形制：盖盝形，志正方形。志、盖尺寸相同。边长 0.56 米，厚 0.12 米。

行字：志文楷书 29 行，满行 28 字。

纹饰：盖四周饰卷云纹，志四周饰十二生肖图案。

现藏：咸阳市渭城区文物管理委员会。

## 亡尼七品墓志盖

全称：大唐故亡尼七品墓。

年代：唐代（618—907）刻。

形制：盖盝形。边长 0.41 米，厚 0.12 米。

行字：盖文篆书 3 行，满行 3 字。

现藏：秦咸阳宫遗址博物馆。

## 亡尼七品墓志盖

全称：大唐故亡尼七品墓志。

年代：唐代（618—907）刻。

形制：盖盝形。边长 0.44 米。

行字：盖文篆书 3 行，满行 3 字。

现藏：秦咸阳宫遗址博物馆。

## 亡尼七品墓志盖

全称：大唐亡尼七品墓志。

年代：唐代（618—907）刻。

形制：盖盝形。边长 0.40 米。

行字：盖文篆书 3 行，满行 3 字。

现藏：秦咸阳宫遗址博物馆。

## 亡尼七品墓志盖

全称：大唐故亡尼七品墓志。

年代：唐代（618—907）刻。

形制：盖盝形。边长 0.45 米。

行字：盖文篆书 3 行，满行 3 字。

现藏：秦咸阳宫遗址博物馆。

## 亡尼七品墓志盖

全称：大唐故亡尼七品墓志。

年代：唐代（618—907）刻。

形制：盖盝形。边长 0.40 米。

行字：盖文篆书 3 行，满行 3 字。

现藏：秦咸阳宫遗址博物馆。

## 亡尼七品墓志盖

全称：大唐故亡尼七品墓志。

年代：唐代（618—907）刻。

形制：盖盝形。边长 0.44 米，厚 0.09 米。

行字：盖文篆书 3 行，满行 3 字。

现藏：秦咸阳宫遗址博物馆。

## 延陵镇墓石

年代：唐代（618—907）刻立。

形制：石正方形。边长 0.39 米，厚 0.10 米。

行字：右部符文 2 行，满行 8 字。左部正文楷书 9 行，满行 16 字。

现藏：咸阳博物馆。

著录：《咸阳碑石》。

提要：此镇墓石刻道教符篆。

## 亡尼墓志

全称：大周故亡尼墓志。

年代：唐代（618—907）刻。

形制：志正方形。边长 0.33 米，厚 0.07 米。

行字：志文行书 7 行，满行 12 字。

现藏：秦咸阳宫遗址博物馆。

## 杨君妻高氏墓志

全称：大唐潞州刺史湖城府君杨公夫人平郡大夫人高氏墓志铭。

年代：唐代（618—907）刻。

形制：志正方形。边长 0.73 米，厚 0.14 米。

行字：志文楷书 34 行，满行 34 字。

纹饰：盖四刹饰宝相花纹。

出土：2006 年出土于咸阳市底张湾西蒋村。

现藏：咸阳市顺陵文物管理所。

提要：志文记载高氏家世及生平。

## 温彦博碑

全称：唐故特进尚书右仆射上柱国虞恭公温公碑。

年代：唐代（618—907）刻立。

形制：共 4 石，尺寸不详。

行字：额篆书 4 行，满行 5 字，题"唐故特进尚书右仆射上柱国虞恭公温公碑"。碑文楷书 36 行，满行 77 字。

撰书：岑文本撰，欧阳询书。

现藏：山阳县博物馆、镇安县文物管理所各二块。

备注：此碑书法价值极高。

提要：碑文记载、歌颂温彦博一生功绩。

## 亡尼墓志

全称：唐亡尼墓志。

年代：唐代（618—907）刻。

形制：志正方形。边长 0.41 米，厚 0.10 米。

行字：志文行书 9 行，满行字数不详。

现藏：秦咸阳宫遗址博物馆。

## 卫康墓志

年代：唐代（618—907）刻。

形制：志正方形。边长 0.54 米，厚 0.11 米。

行字：志文楷书 26 行，满行 26 字。

纹饰：志四周饰蔓草花纹。

出土：1995 年出土于淳化县辛店村。

现藏：淳化县博物馆。

## *淳化唐陀罗尼经幢（甲）

年代：唐代（618—907）刻立。

形制：八棱柱形。高 1.60 米，底径 0.45 米。

行字：幢文楷书，每面 7 行，满行 64 字。

出土：淳化县润镇五爱队出土，时间不详。

现藏：淳化县博物馆。

提要：正文刻《佛顶尊胜陀罗尼经》经文。

## *淳化唐陀罗尼经幢（乙）

年代：唐代（618—907）刻立。

形制：六棱柱形。高 1.82 米。

行字：幢文楷书，每面 7 行，满行 68 字。

出土：1987 年出土于淳化县固贤乡小豆村。

现藏：淳化县博物馆。

提要：正文刻《佛顶尊胜陀罗尼经》经文。

## 苏瓌碑

全称：大唐故司空文贞公苏府君瓌之碑。

年代：唐代（618—907）刻立。

形制：螭首。高 3.30 米，宽 1.15 米。

行字：碑文楷书 26 行，满行 60 字。

出土：原在武功县武功镇新寨村。

现藏：武功县城隍庙。

著录：《全唐文》。

提要：碑文记载苏瓌生平。苏瓌，《新唐书》《旧唐书》有传。

## 亡尼七品墓志盖

全称：大唐故亡尼七品墓志。

年代：唐代（618—907）刻。

形制：盖盝形。边长 0.42 米，厚 0.11 米。

行字：盖文篆书 3 行，满行 3 字。

现藏：秦咸阳宫遗址博物馆。

## 赵君墓志

全称：大唐故岷州基城县令赵府君墓志铭并序。

年代：唐代（618—907）刻。

形制：盖盝形，志、盖尺寸相同。长 0.43 米，宽 0.40 米，厚 0.08 米。

行字：志文楷书 21 行，满行 21 字。

出土：2004 年出土于兴平市冉庄乡侯村砖厂唐墓。

现藏：兴平市博物馆。

提要：志文记载赵君之生平、历官及子嗣情况。

## 亡尼七品墓志盖

全称：大周故亡尼七品墓志。

年代：唐代（618—907）刻。

形制：盖盝形。边长 0.35 米，厚 0.06 米。

行字：盖文篆书 3 行，满行 3 字。

现藏：秦咸阳宫遗址博物馆。

## 七品墓志盖

全称：大周故七品墓志。

年代：唐代（618—907）刻。

形制：盖盝形。长 0.34 米，宽 0.36 米，厚 0.10 米。

行字：盖文篆书 3 行，满行 3 字。

现藏：秦咸阳宫遗址博物馆。

## 亡尼墓志

全称：大周故亡尼墓志。

年代：唐代（618—907）刻。

形制：志正方形。边长 0.35 米，厚 0.07 米。

行字：志文行书 11 行，满行 13 字。

现藏：秦咸阳宫遗址博物馆。

## 亡尼墓志

年代：唐代（618—907）刻。

形制：志正方形。边长 0.38 米，厚 0.09 米。

行字：志文行书 10 行，满行 10 字。

现藏：秦咸阳宫遗址博物馆。

## 胡氏墓志

全称：安定郡夫人胡氏墓志。

年代：唐代（618—907）刻。

形制：志正方形。边长 0.60 米，厚 0.12 米。

行字：志文楷书 22 行，满行 25 字。

纹饰：志四侧饰花叶纹。

现藏：秦咸阳宫遗址博物馆。

## 契苾君墓志

全称：大唐故三品吏部常选契苾府君墓志。

年代：唐代（618—907）刻。

形制：志正方形。边长 0.41 米，厚 0.06 米。

行字：志文楷书 19 行，满行 19 字。

现藏：秦咸阳宫遗址博物馆。

## 阿史那瀚海夫人墓志

全称：大唐阿史那瀚海夫人墓志铭。

年代：唐代（618—907）刻。

形制：志正方形。边长 0.76 米，厚 0.17 米。

行字：志文楷书 30 行，共 748 字。

纹饰：盖四刹及志四侧饰宝相花纹。

出土：1992 年出土于咸阳市铁十二局。

现藏：咸阳市顺陵文物管理所。

提要：志文记载阿史那氏家世及生平。

## 吴令俊墓志

全称：唐故邠宁庆□□□行□都□□副持
　　　节都督庆州诸军事行庆州刺史兼押
　　　蕃落使四镇兵马使兼御史中丞康乐
　　　郡王吴府君墓志铭并序。

年代：唐代（618—907）刻。

形制：盖盝形，志正方形。志、盖尺寸相同。
　　　边长 0.52 米，厚 0.08 米。

行字：盖文篆书 3 行，满行 3 字，题"大唐
　　　故吴府君墓志铭"。志文楷书 20 行，
　　　满行 32 字。

撰书：翟存古撰。

纹饰：盖四刹饰四神图案。

出土：1975 年出土于彬县小章乡新兴村。

现藏：彬县文化馆。

著录：《咸阳碑刻》。

备注：志面擦伤，磨损甚为严重。

提要：志文记载吴乏俊的家世及生平等。

## 高公德政碑首

全称：唐司徒高公德政碑首。

年代：唐代（618—907）刻立。

形制：螭首圭额。高 1.47 米，宽 1.52 米，厚
　　　0.52 米。

撰书：韦处原撰，王良客书。

纹饰：龟座两侧饰金刚、花草图案。

出土：1992 年出土于彬县城东大街南侧古
　　　州衙前。

现藏：彬县文化馆。

著录：《文博》（1997 年第 2 期）《碑林集
　　　刊》（第 8 辑）。

提要：首尾碑身仅存一小块，有残文十二行。
　　　其中有"名霞寓字……"等字样，可
　　　证实此碑碑主于唐穆宗长庆年间
　　　（821—826）任邠州刺史、御史大夫、
　　　充邠宁等州节度观察等使、检校工部
　　　尚书、加检校司空、司徒高霞寓。

## *凤翔唐陀罗尼经幢

全称：唐陀罗尼经幢。

年代：唐代（618—907）刻立。

形制：八棱柱形。高 1.49 米，面宽 0.14 米。

行字：幢文楷书 40 行，共 1780 余字。

撰书：张太简立。

出土：1982 年出土于凤翔县米杆桥镇。

现藏：凤翔县博物馆。

著录：（乾隆）《凤翔县志》。

提要：此经幢为唐凤翔府陇西郡李瑰为亡妇仇氏所刻《佛顶尊胜陀罗尼经》。

## 郭少辉墓志

全称：唐故太原郭府君墓志。

年代：唐代（618—907）刻。

形制：志、盖均为正方形。边长 0.40 米。盖厚 0.05 米，志厚 0.09 米。

行字：志文楷书 21 行，满行 22 字。

撰书：方昔撰，姚恬书。

纹饰：盖四周饰莲瓣卷云花草纹。

出土：1995 年出土于凤翔县城关镇处礼村。

现藏：凤翔县博物馆。

提要：志文记载郭少辉的生平。

## 梁仁裕碑额

全称：大唐故左金吾大将军上柱国梁君之碑。

年代：唐代（618—907）刻立。

形制：螭首方座。高 1.22 米，宽 1.15 米，厚 0.34 米。

行字：额篆书 4 行，满行 4 字。

出土：原立于礼泉县赵镇新寨村梁仁裕墓前。

现藏：昭陵博物馆。

著录：《昭陵碑石》。

备注：仅存碑额。

提要：《唐会要·陪陵名位》记有"左金吾大将军梁仁裕"，据此定该碑为梁仁裕碑。

## 佛道四面造像碑

年代：唐代（618—907）刻立。

形制：方首，碑呈梯形，四面刻。碑下部中间及两边有后凿三个方孔。背面龛内佛像头残。高 1.69 米，宽 0.62 米，厚 0.21 米。

行字：右侧面下部刊发愿文，楷书 9 行。

纹饰：正面龛内雕一佛二菩萨，龛下线雕摩尼宝珠、双狮和莲花。碑下半部雕五层人物。右侧面龛内雕观世音，龛下雕五层邑子等像及发愿词文。背面龛内雕一老子两道童。龛雕佛家的摩尼宝珠、双狮和莲花。下半龛四层邑子像，每层十人，右侧面龛内雕老子立像，龛下雕摩尼宝珠、双狮和莲花，下半部分五层雕像主等。

出土：1981 年出土于临潼县栎阳镇南门外。

现藏：西安市临潼博物馆。

备注：据李松撰《临潼六通北朝造像碑考释》一文认为该碑时间为隋开皇四年（584）。

提要：此碑为佛道混合造像。

## *绥德唐陀罗尼经幢

年代：约唐中后期（771—907）刻立。

形制：八棱柱形。残高 1.54 米，宽 0.16—0.18 米。

行字：幢文楷书 23 行，满行 45—80 字不等。

现藏：绥德县满堂川乡兴善寺正殿前。

著录：《榆林碑石》。

备注：经幢残缺。正文分刻于第一、三、七、八四个面上，其余四面皆无字。

提要：正文刻《佛顶尊胜陀罗尼经》经文。

## 姚秦三藏法师鸠摩罗什舍利塔碑

年代：约唐中后期（771—907）刻立。

形制：高 0.28 米，宽 0.17 米。

行字：碑文楷书 2 行，共 13 字。

现藏：户县草堂寺。

著录：《重修户县志》《户县碑刻》。

提要：此塔铭位于户县草堂寺鸠摩罗什舍利塔身北面，自右而左竖行楷书"姚秦三藏法师鸠摩罗什舍利塔"13字，保存完好。

## 石彦辞墓志

全称：梁故静难功臣金紫光禄大夫检校司空前守右卫金吾卫大将军充街使兼御史大夫上柱国武威县开国男食邑三百户石府君墓志铭并序。

年代：后梁开平四年（910）刻。

形制：盖盝形，志正方形。志、盖尺寸相同。边长0.93米。

行字：盖文篆书3行，满行3字，题"梁故武威石公墓志铭"。志文楷书50行，满行50字。

撰书：胡裳吉撰，李昭远书，石戬篆盖，李延辉刻。

纹饰：盖四周饰牡丹纹，四刹饰四神图案。志四侧饰十二生肖图案。

出土：出土于泾阳县，时间不详。1938年于右任捐藏西安碑林。

现藏：西安碑林博物馆。

著录：《隋唐五代墓志汇编》《全唐文补遗》（第七辑）《西安碑林全集》。

提要：志文记载石彦辞之家族世系、生平、历官等情况。

## 王小小造像记

年代：后梁龙德二年（922）刻立。

形制：碑残损。残为长方形，尺寸不详。

出土：刻于药王山摩崖造像窟第一龛下部呑龛左侧。

现藏：药王山博物馆。

著录：《药王山碑刻》《陕西药王山碑刻艺术总集》。

提要：题记为"京兆府华原县□相乡大树里弟子，吏部常随王小小，敬造阿弥陀像一铺，石作匠等，奉使检寻□□此圣□记；龙德三年八月末旬刻讫，监修仕碑从军将李彦□"。

## 张居翰墓志

全称：唐故内枢密使推诚保运致理功臣骠骑大将军守右骁卫上将军知内侍省上柱国清河县开国伯食邑七百户张公墓志铭并序。

年代：后唐天成三年（928）刻。

形制：盖盝形。志、盖尺寸相同。长0.74米，宽0.75米。

行字：盖文篆书4行，满行4字，题"大唐故内枢密使清河郡张公墓志铭"。志文楷书53行，满行53字。

撰书：杨希偗撰，崔若拙书并篆盖。

纹饰：盖四刹饰四神图案及云纹，志四侧饰十二生肖图案。

出土：1989年出土于西安市西郊车刘村。

现藏：西安碑林博物馆。

著录：《新中国出土墓志·陕西贰》《全唐文补遗》（第七辑）《西安碑林全集》。

提要：志文记载张居翰之家族世系、生平、历官及子嗣情况。其历官内枢密使、南护军判官、学士院判官、推诚保运致理功臣等。张居翰两《五代史》有载。

## 破丑氏墓志

全称：故永定破丑夫人墓志文。

年代：后唐长兴元年（930）刻。

形制：砂石质。盖盝形，志正方形。盖边长0.54米，志边长0.53米。

行字：盖面无文。志文楷书 19 行，满行 22 字。

撰书：张少卿撰。

纹饰：盖四刹饰八卦图案。

出土：出土于榆林市榆阳区红石桥乡拱盖梁村，时间不详。

现藏：榆林市榆阳区文物管理所。

著录：《榆林碑石》。

提要：志文记载破丑氏家世源流及生平事。

## 毛汶墓志

全称：大晋故定难军节度判官兼掌书记朝议郎检校尚书水部员外郎兼侍御史柱国赐绯鱼袋荥阳毛公墓志铭。

年代：后晋天福七年（942）刻。

形制：盖盝形，志正方形。盖长 0.69 米，宽 0.70 米。志边长 0.69 米。

行字：盖文篆书 3 行，满行 3 字，题"荥阳郡毛公墓志之铭"。志文楷书 30 行，满行 36 字。

撰书：牛渥撰，杨从溥书，娥景稠镌。

纹饰：盖四刹饰八卦图案。

出土：出土于靖边县红墩界乡圪坨河村，时间不详。

现藏：榆林市文物保护研究所。

著录：《榆林碑石》。

提要：志文记载毛汶的家世、生平事。其曾任定难军摄节度判官兼掌书记朝议郎、检校尚书、水部员外兼侍御史柱国。

## 任景述墓志

全称：有晋故兵部尚书西河任公墓志铭并序。

年代：后晋天福七年（942）刻。

形制：志长 0.68 米，宽 0.66 米，厚 0.13 米。

行字：盖文篆书 3 行，满行 3 字，题"大晋故西河任公墓志"。志文楷书 30 行，

满行 36 字。

撰书：任珪撰并书。

纹饰：盖面及四刹磕碰严重，纹饰不清。

出土：出土于长安县郭杜镇，时间不详。

现藏：陕西历史博物馆。

著录：《文博》（1998 年第 3 期）。

提要：志文记载任景述之家族世系及生平。任景述官至兵部尚书。

## 刘敬瑭墓志

全称：大晋故定难军节度副使光禄大夫检校太保兼御史大夫上柱国开国男食邑三百户彭城刘公墓志铭。

年代：后晋天福八年（943）刻。

形制：盖盝形，志正方形。志、盖尺寸相同。边长 0.66 米。

行字：盖文篆书 3 行，满行 3 字，题"彭城郡刘公墓志之铭"。志文楷书 34 行，满行 36 字。

撰书：牛渥撰，杨从溥书，娥景稠刻。

纹饰：盖四刹饰八卦图案。

出土：出土于榆林市榆阳区红石桥乡拱盖梁村，时间不详。

现藏：榆林市榆阳区文物管理所。

著录：《榆林碑石》。

提要：志文记载刘敬瑭的家族世系及生平。

## 何德璘墓志

全称：大晋国故夏银绥宥等州观察支使将仕郎试大理评事赐绯鱼袋南阳郡何公墓志铭并序。

年代：后晋天福八年（943）刻。

形制：砂石质。盖盝形。盖长 0.49 米，宽 0.56 米。志长 0.53 米，宽 0.59 米。

行字：盖文篆书 3 行，满行 3 字，题"南阳郡何公墓志之铭"。志文楷书 27 行，

满行 29 字。

撰书：王倗撰。

纹饰：盖四刹饰八卦图案。

出土：出土于靖边县红墩界乡华家洼林场，时间不详。

现藏：靖边县文物管理委员会。

著录：《榆林碑石》。

提要：志文记载何德璘家族世系及生平。曾任夏、银、绥、宥等州观察支使。

## 李仁宝墓志

全称：大晋绥州故刺史金紫光禄大夫检校太保兼御史大夫上柱国李公墓志铭并序。

年代：后晋开运三年（946）刻。

形制：砂石质。盖盝形，志正方形。志、盖尺寸相同。边长 0.64 米，厚 0.13 米。

行字：盖文楷书 3 行，满行 3 字，题"故陇西李公墓志之铭"。志文楷书 30 行，满行 36 字。

撰书：齐峤撰。

纹饰：盖四刹饰八卦图案。

出土：出土于榆林市榆阳区红石桥乡拱盖梁村，时间不详。

现藏：榆林市榆阳区文物管理所。

著录：《榆林碑石》。

提要：志文记载党项拓跋族李仁宝的家族世系及生平。

## *重修文昌台记

年代：后周显德五年（958）刻立。

形制：碑残损。残高 0.59 米，宽 1.30 米。

行字：碑文楷书 42 行，行残存字数不等。

撰书：刘从义撰并书。

纹饰：碑四周饰卷云纹。

出土：西安碑林旧藏。

现藏：西安碑林博物馆。

著录：《西安碑林全集》《陕西金石志》。

备注：碑已断残，右上角残缺。

提要：碑文记载重修的文昌台的原因、经过。

## 冯晖墓志

全称：周朔方军节度使中书令卫王故冯公墓志铭。

年代：后周显德五年（958）刻。

形制：盖盝形，志正方形。志、盖尺寸相同。边长 0.91 米，厚 0.23 米。

行字：盖面无字。志文楷书 47 行，满行 47 字。

撰书：刘应撰。

纹饰：盖四周饰八卦图案，四刹饰十二生肖图案。

出土：1992 年出土于彬县底店乡二桥村冯家沟。

现藏：彬县文化馆。

著录：《五代冯晖墓》《咸阳碑刻》。

提要：志文记载墓主冯晖之生平。

## 王义立墓志

全称：周故朝议大夫检校安东副都护王府君墓志铭。

年代：后周（951—960）刻。

形制：志正方形。边长 0.34 米。

行字：志文楷书 16 行，满行 16 字。

出土：出土时间、地点不详。

现藏：西安交通大学博物馆。

著录：《西安交通大学博物馆藏品集锦——碑石书法卷》。

提要：志文记载王义立的家世及生平等情况。

## 重修文宣王庙记

年代：北宋建隆三年（962）刻立。

形制：螭首方座。高 2.21 米，宽 0.83 米。

行字：额篆书 2 行，满行 4 字，题"重修文宣王庙记"。碑文行书 25 行，满行 48 字。

撰书：刘从乂撰，马昭吉书并篆额。

出土：西安碑林旧藏。

现藏：西安碑林博物馆。

著录：《西安碑林全集》《金石萃编》。

备注：碑中部残断，碑右中部偏下残损。碑阴刻"太子舍人皇甫继宗"等 40 余人题名。

提要：碑文记载韩建改建长安城时，曾将太学与石经从务本坊国子监移至唐尚书省之西隅，后重修文宣王庙事。

## 重修开元寺行廊功德碑

年代：北宋建隆四年（963）刻立。

形制：螭首龟座。通高 3.62 米，宽 1.07 米，厚 0.28 米。

行字：碑文楷书 38 行，满行 67 字。

撰书：刘从乂撰，袁正己书并篆额。

出土：原在长安开元寺。

现藏：西安碑林博物馆。

著录：《西安碑林全集》《金石萃编》。

备注：碑石中下部断损，文字多漫漶。额篆书已剜阙，碑阴刻元《石溪和尚道行碑》。

提要：碑文记述唐长安开元寺已毁于唐末，宋建隆四年（963）节度使王彦超及僧嗣麟重修寺院并增建四廊壁画高僧 450 尊事。

## 篆书千字文碑

全称：篆书千字文并序碑。

年代：北宋乾德三年（965）刻立。

形制：螭首龟座，两面刻。通高 3.27 米，宽 1.03 米。

行字：额篆书 2 行，满行 3 字，题"释梦英千字文"。碑阳篆书，释字楷书 25 行，满行 40 字。碑阴楷书 21 行，满行 35 字。

撰书：周兴嗣撰，梦瑛书并篆额，袁正己隶书释字。序文为陶谷撰，皇甫俨书。

纹饰：碑四周饰花纹。

出土：西安碑林旧藏。

现藏：西安碑林博物馆。

著录：《西安碑林全集》《金石萃编》。

提要：此石《千字文》为南朝梁周兴嗣撰文，梦英篆书。梦英，宋僧，衡州人，师号宣义，效十八体书，工玉箸。明王世贞云"英篆笔亦自整劲"。《千字文》释字书者袁正己与序文书者皇甫俨也为时之高手。

## 康成此墓志

全称：故大宋国定难军管内都军指挥使康公墓志铭并序。

年代：北宋乾德四年（966）刻。

形制：盖盝形，志正方形。盖边长 0.57 米；志边长 0.58 米。

行字：盖文楷书 3 行，满行 3 字，题"太原郡康公墓志之铭"。志文楷书 33 行，满行 38 字。

撰书：郭贻撰。

纹饰：盖四刹饰八卦图案。

出土：出土于靖边县红墩界乡圪坨河大队华家洼林场尔德井村，时间不详。

现藏：榆林市文物保护研究所。

著录：《榆林碑石》。

提要：志文记载康成此的家世及生平。其历任定塞都副兵马、安远将军使、东城都虞侯、随史左都押衙、定难军管内都军指挥。

## 重修清凉建福禅院碑

**全称:** 京兆府重修清凉建福禅院之记碑。

**年代:** 北宋乾德四年(966)刻立。

**形制:** 碑残,只存额与其下相接的一块三角形碑身。残宽 0.48 米,高 0.37 米。

**行字:** 志文行书残存 19 行,行残存 4—14字不等。

**撰书:** 司马涛撰,道雍书并篆额,安仁裕刊。

**现藏:** 户县草堂寺碑廊。

**著录:**《金石萃编》《户县碑刻》。

**提要:** 碑文记载修建建福禅院的经过及修建后禅院的面貌等情况。建福禅院即草堂寺,宋乾德四年(963)重修时改称建福禅院,后复名草堂寺。

## *三体阴符经

**年代:** 北宋乾德四年(966)刻立。

**形制:** 高 1.85 米,宽 0.87 米。

**行字:** 篆书、古文、隶书三书体 20 行,满行 20 字。

**撰书:** 郭忠恕书。

**出土:** 西安碑林旧藏。

**现藏:** 西安碑林博物馆。

**著录:**《西安碑林全集》《金石萃编》。

**备注:** 其碑阳刻唐《隆禅法师碑》。

**提要:** 碑文旧题黄帝撰,后人疑其为唐李荃伪作。北宋朱熹曾作《考异》。

## 南岳宣义大师梦英十八体书

**年代:** 北宋乾德五年(967)刻立。

**形制:** 高 2.02 米,宽 0.80 米。

**行字:** 额隶书 1 行,14 字;碑身上下分为5 栏,赠诗楷书在第 1、2 栏,行字大小不一。碑文篆书。

**撰书:** 梦英书并篆额,袁允中书赠诗。

**出土:** 原在扶风县文庙,后移藏西安碑林。

**现藏:** 西安碑林博物馆。

**著录:**《西安碑林全集》《金石续编》《石墨镌华》。

**备注:** 碑为二石。左侧刻刊石人名及郭忠恕楷书答梦英,4 行。碑阴上部为唐刻《佛遗教经》残石。下部为《夫子庙堂记》。

**提要:** 碑文系书南宋僧人惠休五言古诗,考诸《文选》,实是江淹《拟休上人怨别》。共 180 字,每 5 字为一体,每体各以隶书记其名及缘起。十八体分别为古文、大篆、籀文、回鸾篆、柳叶篆、垂云篆、雕虫篆、小篆、填篆、飞白篆、芝英篆、剪刀篆、薤叶篆、龙爪篆、科斗篆、瓔珞篆、悬针篆、垂露篆。《石墨镌华》评"梦英十八体书多出臆测,与古不合"。

## 张仲荀抄高僧传序

**年代:** 北宋建隆、乾德年间(960—968)刻立。

**形制:** 高 0.81 米,宽 1.52 米。

**行字:** 额篆书 1 行 8 字,题"张仲荀抄高僧传序"。碑文行书 17 行,满行 24 字。

**撰书:** 陶谷撰,梦英书,郭忠恕篆额。

**出土:** 西安碑林旧藏。

**现藏:** 西安碑林博物馆。

**著录:**《西安碑林全集》《金石萃编》。

**备注:** 碑阴刻唐颜真卿《争座位稿》。

**提要:** 此碑为陶谷为张仲荀所撰《抄高僧传》一书所写之序。张仲荀,史籍不载,其《抄高僧传》亦不传。陶谷,字秀实,邠州人,宋初曾为礼部尚书,《宋史》有传。

## 佛说摩利支天经·黄帝阴符经

**年代：** 北宋乾德六年（968）刻立。

**形制：** 方座。高 1.33 米，宽 0.67 米。

**行字：** 碑文分 5 栏，前 3 栏刻《佛说摩利支天经》，下 2 栏刻《黄帝阴符经》，碑文楷书上 2 栏 20 行，下皆 26 行，满行 11 字。

**撰书：** 袁正己书，李奉珪、翟守喜绘像。

**出土：** 西安碑林旧藏。

**现藏：** 西安碑林博物馆。

**著录：**《西安碑林全集》《金石萃编》。

**备注：** 第 1 栏右边经前刻佛像，第 4 栏右边经前刻黄帝向道广成子像。碑下边有残。碑阴刻《常清静经·护命经·得道经》。

**提要：** 摩利支天，即摩利支菩萨。《摩利支经》在《大藏经》有 4 种，其一为唐不空译，其二为宋天息灾译，其三为印度阿地瞿多译，其四为无名氏译（《开元释教录·梁录》）。此碑署"神王女抄，多摩尼莫说，梁代，失译"，故疑即无名氏译之《摩利支天陀罗尼咒经》。

## 何君墓志

**全称：** 大宋摄夏州观察支使何公墓志并序。

**年代：** 北宋开宝二年（969）刻。

**形制：** 砂石质。盖盝形。盖边长 0.67 米。志长 0.68 米，宽 0.67 米。

**行字：** 盖文篆书 3 行，满行 3 字，题"南阳郡何公墓志之铭"。志文楷书 35 行，满行 40 字。

**撰书：** 郭贻撰。

**纹饰：** 盖四刹饰八卦图案。

**出土：** 出土于靖边县红墩界乡伍梁沙村，时间不详。

**现藏：** 榆林市文物保护研究所。

**著录：**《榆林碑石》。

**提要：** 志文记载何君的家世及生平。

## 新修唐宪宗庙碑

**全称：** 大宋新修唐宪宗庙碑铭。

**年代：** 北宋开宝六年（973）刻立。

**形制：** 螭首方座。通高 4.45 米，宽 1.55 米，厚 0.50 米。

**行字：** 碑文楷书 27 行，满行 61 字。

**撰书：** 赵孚撰，张仁厚刻。

**出土：** 此碑自立未移。

**现藏：** 渭南市蒲城县三合乡齐家村。

**著录：**《蒲城县志》。

**提要：** 此碑为宋代初期开宝六年（973）新建唐宪宗庙时所立。碑阴有"渤海稣甫江夏道一同观唐陵时崇宁年"十六字。

## 新修唐玄宗碑

**全称：** 大宋新修唐玄宗庙碑铭并序。

**年代：** 北宋开宝六年（973）刻立。

**形制：** 螭首龟座。通高 3.80 米，宽 1.36 米，厚 0.41 米。

**行字：** 碑文行书 37 行，满行 57 字。

**撰书：** 和岘撰，张仁愿书。

**出土：** 此碑自立未移。

**现藏：** 蒲城县椿林乡石道村。

**著录：**《蒲城县志》。

**备注：** 龟座埋于地下。

**提要：** 唐玄宗泰陵在梁太祖开平二年（908）被温韬盗掘。宋太祖诏修复、建庙，此即宋太祖开宝六年所立新建唐玄宗庙碑记。

## 新修周武王庙碑

**全称：** 大宋新修周武王庙碑铭并序。

年代：北宋开宝六年（973）刻立。

形制：螭首龟座。通高 3.04 米，宽 1.14 米，厚 0.33 米。

行字：碑文行书 24 行，满行 55 字。

撰书：卢多逊撰，孙崇望书。

出土：原立咸阳县四王庙。1963 年移咸阳博物馆。

现藏：咸阳博物馆。

著录：（乾隆）《咸阳县志》《关中金石记》。

提要：从残存碑文看，此碑主要歌颂周武王的功德。

## 新修唐太宗庙碑

全称：大宋新修唐太宗庙碑铭并序。

年代：北宋开宝六年（973）刻立。

形制：螭首方座。高 2.92 米，宽 1.03 米，厚 0.31 米。

行字：碑阳行书 23 行，满行 50 字。

撰书：李莹撰，孙崇望书。

纹饰：碑两侧饰蔓草花纹。

出土：原立于礼泉县骏马乡唐太宗庙遗址。

现藏：昭陵博物馆。

提要：碑文正面为《大宋新修唐太宗庙铭并序》。北宋初，宋太祖敕令在全国各前代帝王陵寝所在地县治，重修前代帝王庙。开宝六年，在唐昭陵所在地醴泉县县城修成唐太宗庙，并在庙前镌立该碑。该碑书者孙崇望，为宋初书法名家。该碑碑阴为宋绍圣元年（1094）游师雄刊刻的《唐太宗昭陵图》并楷书题记。

## *隆兴寺碑记

年代：北宋开宝八年（975）刻立。

形制：高 1.32 米，宽 0.75 米，厚 0.19 米。

行字：碑文楷书 26 行，满行 46 字。

现藏：大荔县文物局。

提要：碑阴有冯钦载于民国二十五年（1936）九月重新发现此碑之题记。

## 太上老君常清静经

年代：北宋太平兴国五年（980）刻立。

形制：高 1.33 米，宽 0.67 米。

行字：碑文楷书上下分 4 栏，每栏满 27 行，满行 13 字。

撰书：庞仁显书，白廷璘画。

出土：西安碑林旧藏。

现藏：西安碑林博物馆。

著录：《西安碑林全集》《金石萃编》。

备注：碑石下边有残，碑阳刻《佛说摩利支天经·黄帝阴符经》，首栏右首刻老君像。

提要：《太上老君常清静经》作者不详，一说葛玄撰。《太上昇玄消灾护命经》《太上天尊说生天得道经》二经出处不详。

## 夫子庙堂记

年代：北宋太平兴国七年（982）刻立。

形制：方座。高 2.02 米，宽 0.80 米。

行字：碑文楷书 19 行，满行 30 字。

撰书：程浩撰，梦英书并篆额。

出土：原在扶风县文庙，后移藏西安碑林。

现藏：西安碑林博物馆。

著录：《西安碑林全集》《金石萃编》。

备注：碑阳刻北宋《南岳宣义大师梦英十八体书》。

提要：碑文曾有颜真卿所书刻石一种，云在华县，已残，见《金石萃编》卷95。梦英后序云"此记刊石元（原）在湖州临安县"，当是误记。颜真卿书刻残石仅存 71 字，而全文应 540

余字。今此碑所存凡 246 字，缺后半篇。

## 敕赐同州韩城县开化寺记

年代：北宋太平兴国九年（984）刻立。

形制：螭首方座，首身一体。高 1.68 米，宽 0.63 米，厚 0.21 米。

行字：碑文楷书 14 行，满行 30 字。

撰书：王浚书，王士良镌。

纹饰：碑额饰双龙纹，正面中一龛五佛，背面中一龛一佛。

出土：原在韩城县昝村开化寺。

现藏：韩城市博物馆。

提要：碑文记载寺自后梁—北宋历代修葺事。佛寺原名弥勒下寺，在韩城昝村古镇东南，北宋太平兴国九年赐名开化寺。

## 新译三藏圣教序

全称：大宋新译三藏圣教序。

年代：北宋端拱元年（988）刻立。

形制：方座。高 1.87 米，宽 1.02 米。

行字：额篆书 3 行，满行 3 字，题"大宋新译三藏圣教序"。碑文隶书 20 行，满行 43 字。

撰书：宋太宗撰，僧云胜书并篆额。

出土：西安碑林旧藏。

现藏：西安碑林博物馆。

著录：《西安碑林全集》《金石萃编》。

备注：碑身中部横向斜线断残，左上角残缺。碑文中李遨题衔，亦隶书。碑侧有张天祥题字。

提要：碑文序文乃宋太宗为当时的西域僧人天息灾所译三藏经而作。

## 韩延超墓志

全称：大宋昭德军故韩府君墓志铭并序。

年代：北宋淳化三年（992）刻。

形制：盖盝形。盖边长 0.44 米；志长 0.48 米，宽 0.49 米。

行字：盖文篆书 3 行，满行 3 字，题"大宋故韩府君墓志铭"。志文楷书 22 行，满行 31 字。

纹饰：志左、右、下侧饰瑞兽图案。盖四周第一层饰水波纹，第二层有挽歌，第三层饰几何纹及八卦图案，四刹饰牡丹纹。

出土：出土时间，地点不详。2005 年入藏西安碑林博物馆。

现藏：西安碑林博物馆。

著录：《西安碑林博物馆新藏墓志汇编》。

提要：志文记载韩延超之家世、生平、配偶及子嗣情况。

## 严有邻墓志

年代：北宋淳化四年（993）刻。

形制：志长 0.55 米，宽 0.59 米。

行字：志文楷书 23 行，满行 23 字。

撰书：朱杲撰。

纹饰：志四侧饰回环纹。

出土：出土时间、地点不详。

现藏：西安碑林博物馆。

备注：志右上角残缺。

提要：志文记载严有邻的生平及家世。

## 寄赠梦英大师

年代：北宋咸平元年（998）刻立。

形制：螭首龟座。高 3.12 米，宽 1.03 米，厚 0.27 米。

行字：碑文楷书上下分为 6 栏，每栏 33 行，满行 16 字。

撰书：陶谷等 32 人撰，僧正蒙书。

出土：西安碑林旧藏。

现藏：西安碑林博物馆。

著录：《西安碑林全集》《金石萃编》。

备注：此文刻于唐《道因法师碑》碑阴。

提要：碑文有赠诗者 32 人，皆一时朝士。诗体除李建中为七绝，宋白为七古，苏易简为七绝两首，余皆为七律。

## 篆书目录偏旁字源五百四十部

年代：北宋咸平二年（999）刻立。

形制：螭首龟座。通高 3.00 米，宽 0.99 米。

行字：额篆书 3 行，满行 3 字，题"篆书目录偏旁字源碑"。碑题一行隶书。目录篆书 17 行，满行 33 字。释字、自序、答书及衔名楷书 11 行，满行字数不等。

撰书：梦英书偏旁字源并撰额，郭忠恕书释字，梦英自序，郭氏答书及衔名。

出土：西安碑林旧藏。

现藏：西安碑林博物馆。

著录：《西安碑林全集》《金石续编》。

备注：碑阴刻《京兆府小学规》。

提要：梦英自序云镌刻碑石之目的在于"使千载之后，知余振古风，明籀篆，引工学者取法于此也"。

## 安守忠墓志

全称：大宋故推诚翊戴功臣感德军节度观察留后光禄大夫检校太傅知定州军州事充本州马步军部署管内制置营田使兼御史大夫上柱国安定郡开国公食邑五千八百户实封六百户赠太尉安公墓志铭并序。

年代：北宋咸平三年（1000）刻。

形制：盖盝形，志、盖尺寸相同。长 1.00 米，宽 0.85 米。

行字：盖文篆书 3 行，满行 4 字，题"大宋故安定郡安公墓志之铭"。志文行书

47 行，满行 57 字。

撰书：张宗海撰，吴郢书并篆盖。

纹饰：盖四刹饰四神图案，志四侧饰十二生肖图案。

出土：洛阳出土，时间不详。1938 年于右任捐藏西安碑林。

现藏：西安碑林博物馆。

著录：《北京图书馆藏墓志拓片目录》。

提要：志文记载安守忠的生平、历官等。安守忠，《宋史》有传。

## 玄圣文宣王赞并序

年代：北宋大中祥符元年（1008）刻立。

形制：螭首龟座。通高 3.62 米，宽 1.09 米，厚 0.27 米。

行字：额篆书 3 行，满行 3 字，题"御制玄圣文宣王赞"。碑文楷书 16 行，满行 23 字。

撰书：赵恒撰。

出土：西安碑林旧藏。

现藏：西安碑林博物馆。

著录：《西安碑林全集》《金石萃编》。

备注：碑中部横向断残。原碑立于曲阜，后广为复制翻刻，分置各地，此碑即其中之一。碑阴刻《京兆府提学所帖》。

提要：碑文记述北宋大中祥符元年十月二十四日，宋真宗东行泰山封禅，十一月一日驱车曲府，谒祭孔庙、孔林，加谥为"玄圣文宣王"等事。

## 谭元吉玄堂志

全称：大宋故凤翔终南山上清太平宫主宗道大师赐紫谭君玄堂志铭并序。

年代：北宋大中祥符二年（1009）刻。

形制：志正方形。边长 0.55 米，厚 0.12 米。

行字：志文楷书 20 行，满行 20 字。

撰书：张元济撰。

现藏：仙游寺博物馆。

提要：志文载谭元吉的生平。

## 新修玄圣文宣王庙大门记

全称：大宋永兴军新修玄圣文宣王庙大门记。

年代：北宋大中祥符二年（1009）刻立。

形制：螭首方座。通高2.78米，宽0.92米。

行字：额篆书3行，满行3字，题"新修文宣王庙大门记"。碑文楷书22行，满行44字。

撰书：孙仅撰，冉宗敏书，张格篆额。

出土：西安碑林旧藏。

现藏：西安碑林博物馆。

著录：《西安碑林全集》《金石萃编》。

备注：碑中部横向残断，左中上部残缺。碑阴刻崔冕等19人题名。

提要：碑文记载知永兴军事孙仅重修文宣王庙大门事。

## 般若心经序

年代：北宋大中祥符二年（1009）刻立。

形制：高0.69米，宽0.55米。

行字：额隶书1行4字，题"多心经序"。碑文楷书12行，满行15字。

撰书：忠国师述，僧省言书。

纹饰：碑两侧饰蔓草纹。

出土：原在长安报恩寺，后移藏西安碑林。

现藏：西安碑林博物馆。

著录：《西安碑林全集》《金石萃编》。

备注：碑文有漫漶，其中部偏右下处有一弧形残痕。

提要：《般若心经》即《般若波罗蜜多心经》，其中"心"意为核心。《般若心经》是大乘般若经的提要，因其言简意明，易于背诵，故甚为流行。

## 龙泉寺普济禅院碑

全称：千阳县龙泉普济禅院碑铭并序。

年代：北宋大中祥符三年（1010）刻立。

形制：螭首圭额。通高1.60米，宽0.90米，厚0.20米。

行字：碑文行书30行，满行56字。

撰书：闫仲卿撰，菩隽书。

纹饰：碑四侧饰螭纹。

出土：此碑自立未移。

现藏：千阳县城关镇龙泉寺院内。

备注：碑身断为三段。

提要：碑文记载龙泉寺的起因及历史兴衰等。

## 栖先茔记

年代：宋大中祥符三年（1010）刻立。

形制：螭首方座。通高2.05米，宽0.79米，厚0.23米。

行字：碑文篆书14行，满行26字。

撰书：李季卿撰，李阳冰书。

出土：原在长安凤栖原李氏墓地，后移藏西安碑林。

现藏：西安碑林博物馆。

著录：《西安碑林全集》《金石萃编》《石墨镌华》。

备注：碑初刻于唐大历二年（767），原石早佚，此碑为宋大中祥符三年姚宗萼等重刊石，立于文庙，后移藏西安碑林。螭首已残，碑左上角残缺，中部断残，碑文漫漶。碑阴为宋大中祥符三年沙门静己书《禅师偈》，碑阴题记漫漶难识。

提要：此碑记载李季卿将父母及三位兄长之坟茔由霸陵迁至凤栖原之事。

## 沙门静己书偈碑

年代：北宋大中祥符三年（1010）刻立。

形制：高 1.71 米，宽 0.79 米。

行字：碑文楷书 18 行，满行 26 字。

撰书：□□禅师述，沙门静己书，僧省中篆额。

出土：西安碑林旧藏。

现藏：西安碑林博物馆。

著录：《西安碑林全集》《金石萃编》。

备注：碑身上部横向残断，上部残缺，碑阳刻唐《栖先茔记》。

提要：碑文旨在宣扬佛教之真谛，讲"空"、"忍"、信念专一不二等。

## 蓝田县重修玄圣文宣王庙记

年代：北宋大中祥符四年（1011）刻立。

形制：螭首圭额。高 1.96 米，宽 0.83 米，厚 0.20 米。

行字：碑文隶书 16 行，满行 26 字。

撰书：孙穆之书，安璨刊。

现藏：蔡文姬纪念馆。

备注：碑断为两段。

提要：碑文记载重修玄圣文宣王庙之原因及经过。

## 奖开龙首渠敕

年代：北宋大中祥符七年（1014）刻立。

形制：高 0.60 米，宽 1.09 米。

行字：碑文行书 19 行，满行 13 字。

撰书：陈尧咨书。

纹饰：碑四侧饰番莲纹。

出土：原在西安府布政司廨院，1952 年移藏西安碑林。

现藏：西安碑林博物馆。

著录：《西安碑林全集》《金石萃编》。

提要：碑文记载永兴军府城之井泉"大半咸苦，不得甜水吃用"，陈尧咨亲理此事，将龙水渠水引入城内造福于民，

宋真宗奖谕之敕文。

## 大宋敉兴颂并序

年代：北宋天禧三年（1019）刻立。

形制：螭首方座。通高 3.42 米，宽 1.10 米，厚 0.29 米。

行字：额篆书 3 行，满行 3 字，题"大宋敉兴颂并叙之碑"。碑文篆书 18 行，满行 21 字。

撰书：虚仪撰，唐英书并篆额。

出土：西安碑林旧藏。

现藏：西安碑林博物馆。

著录：《西安碑林全集》《金石萃编》。

备注：碑中部断残为三块，碑阳刻《孔子庙堂之碑》。

提要：此碑记述宋太祖于乾德四年（966）命慕容延昭等讨平湖南张文表、周保权之事。

## 邓珣墓志

全称：大宋镇西军留青村税户葬主邓珣墓志记并序。

年代：北宋天禧四年（1020）刻。

形制：砂石质。志长 0.67 米，宽 0.52 米。

行字：志正面上端篆书 2 行，满行 2 字，题"墓志铭记"。志文楷书 12 行，满行 24 字。

撰书：邓珣撰。

纹饰：上部饰连弧纹，两侧饰水波纹。

出土：1987 年出土于神木县永兴乡柳沟村。

现藏：神木县文物管理所。

著录：《榆林碑石》。

备注：此志为墓主人邓珣生前自撰，志阴刻《邓珣买地券》。

提要：志文记载邓珣的生平、葬地及对子嗣的希望。

## *太阳山乾初洞摩岩石刻

**年代：** 北宋天禧四年（1020）刻立。

**行字：** 正文篆书 2 行，共 15 字。

**撰书：** □锴撰并书。

**现藏：** 镇安县云盖寺镇鸽子洞。

**提要：** 正文篆书"太阳山乾初洞"，落款行书"天禧庚申夏六月锴题"。

## *武得先卖地契

**年代：** 北宋天圣四年（1026）刻立。

**形制：** 长 0.65 米，宽 0.54 米。

**行字：** 楷书 20 行，满行 24 字。

**现藏：** 佳县朱家圪乡崖畔村佛堂寺三世殿窟门口。

**备注：** 剥蚀较重，部分字迹漫漶不清。

**提要：** 为宁河都□人武得先"因军情紧急"，将祖业卖于佛堂寺僧人所立地契。

## 胡公神道碑记

**年代：** 北宋天圣六年（1028）刻立。

**形制：** 螭首龟座。高 2.98 米，宽 1.09 米，厚 0.16 米。

**行字：** 碑文楷书，行字数无法辨识。

**现藏：** 志丹县永宁镇杨城村。

**备注：** 另有胡公墓碑一通，在志丹县永宁镇石马湾村。

**提要：** 碑文记载胡公的生平与战功。胡公，保安人，大中祥符年间（1008—1016）任保安（今志丹县）巡检使。

## 赐乾兴禅院牒

**年代：** 北宋天圣六年（1028）刻立。

**形制：** 高 0.51 米，宽 0.61 米，厚 0.10 米。

**行字：** 碑文楷书 14 行，满行 7 字。

**现藏：** 户县甘河镇马坊村宝峰寺。

**著录：** 《户县碑刻》。

**提要：** 碑文记载礼部尚书平章事张士逊一份札子奏折。主要内容为"均州郑乡县广顺山乾兴禅院，蒙皇上赐额，僧人侍持于每年圣节，特赐一名剃度行者；禅院僧□因疾病死亡的，乞求在本院处理，如属非理死伤的，必须申报，向皇上请示，依奏施行"。

## 慎刑箴并序

**年代：** 北宋天圣六年（1028）刻立。

**形制：** 螭首方座。通高 2.87 米，宽 0.94 米。

**行字：** 额篆书"慎刑箴"3 字。碑文楷书 21 行，满行 44 字。

**撰书：** 晁迥撰，卢经书，庞房篆额。

**纹饰：** 碑四侧饰缠枝蔓草纹。

**出土：** 西安碑林旧藏。

**现藏：** 西安碑林博物馆。

**著录：** 《西安碑林全集》《金石萃编》。

**备注：** 碑中上部横向断残，此碑刻于北宋《劝慎刑文并序》碑阴。

**提要：** 碑文记载慎重用刑之箴言。

## 劝慎刑文并序

**年代：** 北宋天圣六年（1028）刻立。

**形制：** 螭首方座。通高 2.87 米，宽 0.94 米。

**行字：** 额篆书 2 行，满行 2 字，题"劝慎刑文"。碑文楷书 33 行，满行 61 字。

**撰书：** 晁迥撰。

**纹饰：** 碑额上部饰牡丹纹，两边饰云纹。碑侧饰连珠、云龙纹。

**出土：** 西安碑林旧藏。

**现藏：** 西安碑林博物馆。

**著录：** 《西安碑林全集》《金石萃编》。

**备注：** 碑中上部横向断残，碑阴刻北宋《慎刑箴并序》。

提要：碑文为告诫官吏慎用刑罚的内容。

## 栖禅寺新修水磨记

**全称：** 大宋京兆府户县逍遥栖禅寺新修水磨记。

**年代：** 北宋天圣八年（1030）刻立。

**形制：** 高 0.71 米，宽 0.73 米。

**行字：** 碑文行书 25 行，满行 30 字。

**撰书：** 沙门志陆撰并书，安晟刊。

**现藏：** 户县草堂寺碑廊。

**著录：** 《金石续编》《陕西金石志》《户县碑刻》。

**提要：** 碑文记载寺主法普在高冠峪口利用高冠河水创建水磨的经过。栖禅寺即草堂寺，唐时改称栖禅寺，唐末又复称草堂寺。

## 刘孟坚墓志

**全称：** 宋故将仕郎试秘书省校书郎前守兴元府司录参军刘府君墓志铭并序。

**年代：** 北宋天圣中后期（1026—1032）刻。

**形制：** 盖长方形，志正方形。盖长 0.44 米，宽 0.63 米。志边长 0.84 米，厚 0.10 米。

**行字：** 盖文篆书 2 行，满行 3 字，题"刘府君墓志铭"。志文楷书 36 行，满行 36 字。

**撰书：** 李同撰，段中庸书兼篆盖，安亮刻。

**纹饰：** 盖四周饰莲花纹。

**出土：** 出土于户县北乡，时间不详。

**现藏：** 户县文物管理委员会。

**著录：** 《户县碑刻》。

**提要：** 志文记载刘孟坚之家世及生平。其历官大名府永济县尉、蒲州临晋簿、汀州上杭县尉庆州乐蟠主簿、抚州宜黄县尉、赣州卢氏知县、兴平元府司录参军。

## 中书门下牒永兴军

**年代：** 北宋景祐二年（1035）刻立。

**形制：** 龟座。通高 3.28 米，宽 1.22 米，厚 0.31 米。

**行字：** 碑文楷书，分为二栏，上栏 16 行，下栏 14 行，满行 83 字。

**撰书：** 僧惟悟书。

**出土：** 西安碑林旧藏。

**现藏：** 西安碑林博物馆。

**著录：** 《西安碑林全集》《金石萃编》。

**备注：** 碑阳刻唐《梁守谦功德碑》。

**提要：** 碑文记载时任户部侍郎范雍知永兴军府，于北宋景祐元年（1034）奏请拨田庄、立学舍、颁经史。朝廷准奏并颁此牒，命拨田五顷充府学开支用，及令国子监赐与九经书籍。府学即从北宋景祐二年开始。

## 中书劄子

**年代：** 北宋景祐二年（1035）刻立。

**形制：** 方座。高 1.68 米，宽 0.77 米。

**行字：** 碑文楷书 11 行，满行 28 字。

**出土：** 西安碑林旧藏。

**现藏：** 西安碑林博物馆。

**著录：** 《西安碑林全集》《金石萃编》。

**备注：** 碑阴刻金《京兆府重修府学记》。

**提要：** 碑文记载范雍知修建学校并定制规绳事。

## *景祐四年陀罗尼经幢

**年代：** 北宋景祐四年（1037）刻立。

**形制：** 顶座皆佚，八棱柱形。通高 1.20 米，直径 0.38 米。

**行字：** 幢文楷书，满行字数不详。

**纹饰：** 上部雕 8 个小佛像。

**现藏：** 陇县博物馆。

提要：正文刻《佛顶尊胜陀罗尼经》经文。

## 兴庆池禊宴诗

**全称：** 上巳日兴庆池禊宴诗并序。

**年代：** 北宋庆历二年（1042）刻立。

**形制：** 螭首龟座。通高 3.34 米，宽 0.96 米，厚 0.27 米。

**行字：** 额隶书 3 行，满行 3 字，题"上巳日兴庆池禊宴诗"。碑文楷书，上下分为 6 栏，每栏 28 行，满行 11 字。

**撰书：** 范雍、张奎等撰，张子定序。

**纹饰：** 碑身两侧饰花纹。

**出土：** 原在长安兴庆宫，后移藏西安碑林。

**现藏：** 西安碑林博物馆。

**著录：**《西安碑林全集》《金石萃编》。

**备注：** 碑下部横向断裂，碑阴刻元《重修宣圣庙记》，左侧刻刘中游、景文题记，右侧刻刘顽七绝一首。

**提要：** 碑文记载北宋庆历二年上巳节之日，知永兴军府事范雍等人仿王羲之与众友兰亭修禊之游，会聚兴庆宫，于兴庆池畔饮酒赋诗、酬唱应和事。

## 普通塔记

**年代：** 北宋庆历五年（1045）刻立。

**形制：** 石正方形。边长 0.70 米，厚 0.25 米。

**行字：** 碑文楷书 16 行，满行 20 字。

**撰书：** 可度书，张遵刻。

**纹饰：** 碑四周饰花纹。

**现藏：** 扶风县法门寺。

**提要：** 碑文记载沙门智颙（俗姓李）未出家时行孝道，出家后积善行，在寺院南募地建塔，收集亡僧骨骸 40 余具埋于塔中，并使后继者有皈依等。侧面有北周题记。

## 孙氏墓志

**全称：** 大宋孙夫人墓志铭并序。

**年代：** 北宋庆历五年（1045）刻。

**形制：** 志长 0.59 米，宽 0.58 米，厚 0.11 米。

**行字：** 志文楷书 19 行，满行 18 字。

**撰书：** 雍师愈撰，郭劭书。

**现藏：** 周至县文物管理所。

**备注：** 盖佚。

**提要：** 志文记载侯诉妻孙氏之家世、生平、历官及子嗣。

## 程琳、叶清臣岳庙题记

**年代：** 北宋庆历七年（1047）刻立。

**形制：** 八棱柱形。高 2.47 米，面宽 0.26 米。

**行字：** 碑文楷书 24 行，满行 19 字。

**出土：** 华阴西岳庙旧藏。

**现藏：** 华阴市西岳庙文物管理处。

**著录：**《华山碑石》（乾隆）《华阴县志》。

**提要：** 碑文记载程琳、叶清臣游西岳庙之题记。

## *楼观改名顺天兴国观牒刻石

**年代：** 北宋皇祐元年（1049）刻立。

**形制：** 高 0.39 米，宽 0.76 米。

**行字：** 碑文楷书 17 行，满行 10 字。

**纹饰：** 四周饰回纹及三角形纹。

**出土：** 周至县古楼观旧藏。

**现藏：** 周至县楼观台。

**著录：**《楼观台道教碑石》。

**提要：** 碑文记载端拱元年（988）十月朝庭（中书门下）颁发终南山宫观，命改"楼观"为"顺天兴国观"之牒文。

## 复唯识廓院记

**年代：** 北宋皇祐三年（1051）刻立。

**形制：** 螭首方座。通高 3.14 米，宽 0.98 米，厚 0.30 米。

行字：额楷书 2 行，满行 2 字，题"复唯识记"。碑文楷书 14 行，满行 30 字，有界格。

撰书：黄庶撰，□□元书，郑□□题额。

出土：西安碑林旧藏。

现藏：西安碑林博物馆。

著录：《西安碑林全集》《金石萃编》。

备注：碑上下斜向断裂，碑阳刻唐《皇甫诞碑》。

提要：碑文记述宋皇祐年间（1049—1054），洪集、姚氏等七人修复蓝田故龙泉寺事。

## 杜甫玉华宫诗碑

年代：北宋至和元年（1054）刻立。

形制：碑残损。残高 0.57 米，宽 0.55 米，厚 0.09 米。

行字：碑文楷书 5 行，满行 16 字。

撰书：杜甫撰，李元瑜书。

纹饰：碑四周饰卷草纹。

出土：1976 年出土于铜川市玉华宫遗址。

现藏：铜川市玉华博物馆。

著录：《续修陕西通志稿》《金石萃编》。

备注：仅余下半部分。碑面风化，大部分脱落。

提要：碑文为杜甫《玉华宫》诗，文末有宋李元瑜跋。

## 游药水寺

年代：北宋至和三年（1056）刻立。

形制：高 0.58 米，宽 0.85 米，厚 0.15 米。

行字：碑文楷书 11 行，满行 15 字。

撰书：刘翼撰，刘拱刻。

纹饰：碑四周饰云纹。

出土：原在略阳县药水寺。

现藏：略阳县灵岩寺博物馆。

著录：《陕西金石志》《汉中碑石》。

提要：碑文记载宋至和年间（1054—1056）

刘翼及刘拱同游药水寺题诗。

## 肚痛帖

年代：北宋嘉祐三年（1058）摹刻。

形制：高 0.56 米，宽 0.34 米。

行字：碑文草书 6 行，满行字数不等。

撰书：张旭书。

出土：西安碑林旧藏。

现藏：西安碑林博物馆。

著录：《西安碑林全集》。

备注：此碑石系附于僧彦修草书《入洛诗》《寄边衣诗》碑阴。

## 僧彦修草书

年代：北宋嘉祐三年（1058）刻立。

形制：高 1.24 米，宽 0.56 米。

行字：碑文草书，上下分为 3 栏，共 48 行，满行 5—6 字不等。

撰书：僧彦修书，李丕绪跋。

出土：西安碑林旧藏。

现藏：西安碑林博物馆。

著录：《西安碑林全集》《金石萃编》。

备注：碑阴中部刻李丕绪跋，下部刻张旭《肚痛帖》。

提要：碑文刻僧彦修草书《寄边衣书》《入洛诗》各一首。书者僧彦修为五代后梁人，善草书。

## 侯訴墓志

全称：大宋故侯府君訴墓志铭。

年代：北宋嘉祐五年（1060）刻。

形制：志长 0.80 米，宽 0.77 米，厚 0.11 米。

行字：志文楷书 29 行，满行 29 字。

撰书：赵瞻撰，宗华书、杨恪题盖，张遵刻。

纹饰：盖四周饰四神图案，志四周饰卷草纹。

现藏：周至县文物管理所。

提要：碑文记载侯訴之家世、生平、历官及子嗣等情况。

## 栽种松柏圣旨碑

年代：北宋嘉祐六年（1061）刻立。

形制：圆首方座。通高 1.74 米，宽 0.82 米，厚 0.17 米。

行字：碑文楷书 16 行，行残存 26 字。

纹饰：碑阳四周饰变形几何纹。

现藏：黄帝陵轩辕庙碑廊。

著录：《延安市文物志》《黄帝陵碑刻》。

提要：碑文记载宋仁宗赵祯因坊州有轩辕黄帝陵，下令坊州在桥山栽种松柏。坊州依圣旨于嘉佑六年栽种松柏树1413 棵，并免除寇守文、王文政、杨遇等散户差役粮税，看守桥陵。

## 宋德元记

年代：北宋嘉祐六年（1061）刻立。

行字：碑文楷书，行字数不详。

撰书：宋德元撰。

现藏：镇安县云盖寺镇鸽子洞。

提要：碑文记载守户县尉权乾佑、县簿宋德元奉使符役夫治道事。

## 留题乾初洞诗

年代：北宋嘉祐六年（1061）刻立。

形制：高 0.37 米，宽 0.28 米。

行字：碑文楷书 8 行，满行 5 字。

撰书：王衢撰。

现藏：镇安县云盖寺镇鸽子洞。

提要：碑文记刻知县王衢五言诗一首。

## 留题太阳山圣灯龛诗

年代：北宋嘉祐七年（1062）刻立。

形制：高 0.76 米，宽 0.45 米。

行字：碑文楷书，行字数不详。

撰书：王衢撰。

现藏：镇安县云盖寺镇鸽子洞。

提要：碑文记乾佑县令王衢在太阳山圣灯龛所留诗。

## 仙洞异香记

年代：北宋嘉祐七年（1062）刻立。

形制：高 0.29 米，宽 0.27 米。

行字：碑文楷书，行字数不详。

撰书：李育得撰。

现藏：镇安县云盖寺镇鸽子洞。

提要：碑文记载时任知县等人在鸽子洞游览时闻到异香以为仙洞异事。

## 蓝田县重修孔子庙记

年代：北宋嘉祐八年（1063）刻立。

形制：螭首圭额。高 2.25 米，宽 0.80 米，厚 0.26 米。

行字：碑文楷书 18 行，满行 36 字。

撰书：关景仁书，李寂篆额，梁文演刻。

纹饰：碑额饰二龙戏珠图，碑身饰蔓草纹。

现藏：蔡文姬纪念馆。

提要：碑文记载殿中丞济南袁庭芝治蓝田时重修孔子庙事。

## 司马太史庙诗二首

年代：北宋治平元年（1064）刻立。

形制：高 0.52 米，宽 0.82 米。

行字：碑文楷书 14 行，满行 10 字。

撰书：李奎撰。

出土：此碑自立未移。

现藏：韩城市司马迁祠。

著录：《司马迁祠碑石录》。

提要：碑文记载北宋太常博士、韩城县知事李奎所作两首诗。

## *章惇题名碑

年代：北宋治平元年（1064）刻立。

形制：高 0.62 米，宽 0.12 米。

行字：碑文行草 11 行，满行 12 字。

撰书：章惇撰。

现藏：户县文物管理委员会。

著录：《石墨镌华》《陕西金石志》《户县碑刻》。

提要：碑文记载商洛令章惇自长安率苏旦、安师孟等至终南谒苏轼，同游楼观台、大秦寺、仙游寺、五郡等处事。

## 游玉华山记碑

年代：北宋治平三年（1066）刻立。

形制：高 1.00 米，宽 0.65 米，厚 0.12 米。

行字：碑文楷书 34 行，满行 24 字。

撰书：张峋撰。

出土：1977 年出土于铜川市玉华宫肃成院遗址。

现藏：铜川市玉华博物馆。

著录：《金石萃编》。

提要：碑文记载玉华宫景色。

## *宋球等留题玉华山诗碑

年代：北宋治平三年（1066）刻立。

形制：高 0.65 米，宽 1.24 米，厚 0.15 米。

行字：碑文楷书 29 行，满行 17 字。

撰书：宋球、张道宗撰，张询立，冀上之书，李玉刻。

纹饰：碑四周饰卷草纹。

出土：1977 年出土于铜川市玉华宫遗址。

现藏：铜川市玉华博物馆。

著录：《金石萃编》。

备注：局部残缺。碑石左下角断裂，碑面有多处风化脱落，部分文字缺失。

提要：碑文记载宋英宗治平三年三月，太常

博士签书坊州判官事宋球和国子博士知坊州军州事张道宗二人，在玉华踏青时作诗文，宜君县尉兼主簿张恂，于同年四月一日将二人所作的四首诗文镌刻于碑石，立于玉华寺事。

## 重修尧山夫人殿记碣

年代：北宋熙宁二年（1069）刻立。

形制：圆首。通高 0.87 米，宽 0.50 米，厚 0.16 米。

行字：碑文楷书 15 行，满行字数不详。

现藏：蒲城县尧山庙。

著录：《尧山圣母庙与神社》。

提要：此碑为尧山庙所存最早碑石，反映出尧山神祠的早期状况。

## *鲜于侁游灵岩诗

年代：北宋熙宁三年（1070）刻立。

形制：高 0.36 米，宽 0.47 米。

行字：碑文行书 17 行，满行 14 字。

撰书：鲜于侁撰。

出土：此碑自立未移。

现藏：略阳县灵岩寺博物馆。

著录：《灵岩流光》《关中金石记》《汉中碑石》。

提要：碑文为鲜于侁游灵岩寺有感而发的诗文。

## *檀越主鱼志

年代：北宋熙宁三年（1070）刻立。

形制：圆首。高 0.60 米，宽 0.49 米。

行字：碑文楷书 18 行，满行 15 字。

纹饰：两边饰线雕人物画，碑阴上部饰莲花，中部有一佛龛。

现藏：蒲城县博物馆。

提要：该碑阳面龛中为檀越主造像，碑阴记叙熙宁三年蒲城怀仁乡圣母寺僧众等造像事。

## 卢士隆墓志

**全称：**大宋故江陵府节度推官宣德郎试大理评事范阳卢公墓志铭。

**年代：**北宋熙宁四年（1071）刻。

**形制：**志正方形。边长0.61米，厚0.07米。

**行字：**碑文楷书26行，满行26字。

**撰书：**陈建中撰，马佶书。

**纹饰：**志四周饰缠枝蔓草纹。

**出土：**出土于西安市西郊三桥村，时间不详。

**现藏：**陕西历史博物馆。

**提要：**碑文记载卢士隆之家世、历官、婚姻及子嗣等情况。

## 祖士衡墓志

**全称：**宋故朝请大夫尚书礼部郎中上护军范阳县开国伯食邑七百户赐紫金鱼袋祖公墓志铭并序。

**年代：**北宋熙宁五年（1072）刻。

**形制：**盖盝形，志正方形。志、盖尺寸相同。边长0.73米。

**行字：**盖文篆书4行，满行3字，题"宋尚书礼部郎中祖公墓志铭"。志文楷书39行，满行40字。

**撰书：**祖无择撰，邵雍书并篆盖，张琇刻。

**纹饰：**盖四刹饰四神图案，志四侧饰十二生肖图案。

**出土：**洛阳出土，时间不详。

**现藏：**西安碑林博物馆。

**著录：**《西安碑林全集》。

**备注：**1938年于右任捐。

**提要：**志文主要记载祖士衡之生平、历官。其历官有大理评事、大理寺丞、殿中

丞直集贤院、右正言司、尚书礼部郎中、户部判官、监江州商税。

## 刘诜墓志

**全称：**宋故彭城刘君墓志铭并序。

**年代：**北宋熙宁五年（1072）刻。

**形制：**志长0.47米，宽0.46米。

**行字：**志文楷书28行，满行28字。

**撰书：**郭之才撰，沈师言书并篆盖，李仲甫刻。

**出土：**出土于西安市南郊延兴门，时间不详。

**现藏：**西安碑林博物馆。

**著录：**《西安碑林全集》。

**提要：**志文记载刘诜之家世及生平。

## 姚奭墓志

**全称：**宋故提点梓州路诸州军刑狱公事朝奉郎守尚书度支郎中上轻车都尉赐绯鱼袋姚府君墓志铭。

**年代：**北宋熙宁五年（1072）刻。

**形制：**志长0.77米，宽0.79米。

**行字：**志文楷书50行，满行55字。

**撰书：**邵雍撰，王慎言书，任逵篆盖。

**出土：**洛阳北邙山出土，时间不详。

**现藏：**西安碑林博物馆。

**著录：**《西安碑林全集》。

**提要：**志文主要记载姚奭的生平、历官、建树。庆历二年（1042）射策中乙科，任简州军事推官，历任大名府推官、著作佐郎、知京兆府武功县、阆州南部县东路转运使及成都尹、通判文州、开封府推官、提点梓州路刑狱公事，曾平定汉中、甘陵城叛乱。

## 赐寿圣寺院额牒

**年代：**北宋熙宁六年（1073）刻立。

形制：圆首。高 1.40 米，宽 0.72 米。

行字：碑文楷书 17 行，满行 32 字。

纹饰：碑额中间线刻一坐莲观音，两旁有侍者，碑身两侧饰缠枝卷叶纹。

现藏：蒲城县博物馆。

备注：碑下稍残。

提要：该碑系宋中书门下所发赐圣寿寺额牒文。

## 马端墓志

全称：宋故西京左藏库使银青光禄大夫检校左散骑堂侍兼御使士夫光盖利路兵马钤辖提取兵甲巡检公事上骑都尉扶风县开国的食邑五为户马公墓志铭并序。

年代：北宋熙宁七年（1074）刻。

形制：青石质。志正方形。边长 0.89 米。

行字：碑文楷书 32 行，满行 30 字。

撰书：刘凯撰并书，李元直篆盖，翟秀刻。

出土：1970 年出土于户县甘亭镇六老庵村。

现藏：户县文物管理委员会。

著录：《户县碑刻》。

备注：碑面漫漶。

提要：志文记载马端之家族世系、生平。其历官蓝田尉、苏州司户、大理寺丞、太子中舍、殿中丞、国子太常二博士、监察御史等。

## 京兆府□□善感禅院新井记

年代：北宋熙宁七年（1074）刻立。

形制：圆首。高 1.55 米，宽 0.63 米。

行字：额篆书 3 行，满行 2 字，题"善感院新井记"。碑文楷书 18 行，满行 36 字。

撰书：侯可撰，僧慧观书，李元直篆额。

纹饰：碑额饰牡丹纹，碑身两侧饰蔓草纹。

出土：原在长安香积寺，后移藏西安碑林。

现藏：西安碑林博物馆。

著录：《西安碑林全集》《金石萃编》。

备注：碑文多有漫漶。

提要：碑文记载长安因井水皆咸，香城寺主僧智海于城东隅开新井得甘泉事。

## 张百药等游灵岩寺摩崖刻石

年代：北宋熙宁八年（1075）刻立。

形制：高 0.40 米，宽 0.35 米。

行字：碑文楷书 11 行，满行 7 字。

出土：此碑自立未移。

现藏：略阳县灵岩寺博物馆。

著录：《汉中碑石》。

提要：碑文记载熙宁年间（1068—1077）张百药、蒲安行及刘表泛舟同游灵岩寺事。

## *于君墓志

年代：北宋熙宁八年（1075）刻。

形制：志正方形。边长 0.46 米。

行字：志文楷书 18 行，满行 19 字。

现藏：西安市长安博物馆。

著录：《长安新出墓志》《长安碑刻》。

提要：志文记载于君之生平、婚姻及子嗣情况。

## 杜子美诗碑

年代：北宋熙宁九年（1076）刻立。

形制：上部半圆形，下部长方形。高 1.68 米，宽 0.69 米，厚 0.22 米。

行字：碑篆书 4 字，题"杜子美诗"。碑文楷书 22 行，满行 45 字。

撰书：杜甫撰，贾京立。

纹饰：碑四周饰花草纹。

现藏：白水县文物管理委员会。

著录：（乾隆）《白水县志》。

提要：此碑为熙宁九年九月白水县令贾京为

纪念诗人杜甫而立。此碑记载唐代诗人杜甫在"安史之乱"时到白水投靠舅父期间写的三首诗。

## 元讯墓志

**全称：** 宋故元府君墓志铭并序。

**年代：** 北宋熙宁十年（1077）刻。

**形制：** 青石质。盖盝形，志正方形。志、盖尺寸相同。边长 0.68 米。盖厚 0.08 米，志厚 0.10 米。

**行字：** 盖文篆书 3 行，满行 3 字，题"宋故元君子高墓志铭"。志文楷书 27 行，满行 27 字。

**撰书：** 马威撰，安铎书，周霖篆盖。

**纹饰：** 盖四周饰八卦图案，志四周饰缠枝花纹。

**出土：** 1994 年出土于咸阳市古渡乡道北基建工地。

**现藏：** 咸阳博物馆。

**著录：** 《文博》（1999 年第 6 期）。

**提要：** 志文记载元讯的生平事迹、家世及子嗣情况。

## 争座位稿

**年代：** 北宋熙宁年间（1068—1077）刻立。

**形制：** 高 0.81 米，宽 1.52 米。

**行字：** 碑文行书，分上下两栏，上栏 36 行，下栏 40 行，满行字数不等。

**撰书：** 颜真卿撰并书。

**纹饰：** 碑侧饰蔓草纹。

**出土：** 北宋熙宁年间刊立于文庙，后移藏西安碑林。

**现藏：** 西安碑林博物馆。

**著录：** 《西安碑林全集》《金石萃编》。

**备注：** 此为宋代据长安安师文藏本摹刻，称"关中本"或《西安本》。正文稍有漫

漶。碑阳刻宋《张仲荀抄高僧传序》。

**提要：** 碑文记载颜真卿于广德二年（764）十一月写给郭英义之信札。其主要讲的是在两次隆重的集会上，即长安菩提寺举行的行香仪式及欢迎郭子仪征寇平乱得胜还朝之宴会上，郭英义指挥排列百官之座次，为了取悦宦官鱼朝恩将其安排在显赫之位置。颜真卿认为此举有悖纲常，故专致函于郭英义，申明道理，严正告诫。此稿与《祭侄文稿》《告伯父文稿》并称"三稿"。

## 程枢墓志

**全称：** 宋故安定程君墓志铭。

**年代：** 北宋元丰元年（1078）刻。

**形制：** 青石质。志正方形。边长 0.45 米。

**行字：** 志文楷书 21 行，满行 21 字。

**撰书：** 游师雄撰，范育书，苏晦篆盖。

**现藏：** 西安市长安博物馆。

**著录：** 《长安新出墓志》《长安碑刻》。

**提要：** 志文记载程枢之家世及生平。

## 谒司马子长祠

**年代：** 北宋元丰三年（1080）刻立。

**形制：** 龟座。通高 1.68 米，宽 0.68 米。

**行字：** 碑文楷书 25 行，满行 82 字。

**撰书：** 王景修撰。

**纹饰：** 碑身四周饰卷云纹。

**出土：** 此碑自立未移。

**现藏：** 韩城市司马迁祠。

**著录：** 《司马迁祠碑石录》。

**提要：** 碑文记载同州通判王景修拜谒司马迁冢祠事。

## 唐兴庆宫图

**年代：** 北宋元丰三年（1080）刻立。

形制：高 0.78 米，宽 0.66 米。

出土：西安碑林旧藏。

现藏：西安碑林博物馆。

著录：《西安碑林全集》《中国美术全集·石刻线画》。

备注：碑上部有残损。

提要：兴庆宫是唐代著名的宫苑，唐末遭兵祸之破，沦为田野。此碑刻兴庆宫图以平透视、界画法再现楼殿等原有建筑形式及所在位置，并标有"每六寸折地一亩"的计量法。

## 唐太极宫残图

年代：北宋元丰三年（1080）刻立。

形制：碑残损。残高 0.32 米，宽 0.26 米。

出土：1923 年出土于西安社会路，后移藏西安碑林。

现藏：西安碑林博物馆。

著录：《西安碑林全集》。

提要：此碑刻太极宫及其附近的建筑平面图。

## 张旭千字文

年代：北宋元丰三年（1080）吕大防摹刻。

形制：存石 6 块，残高均为 0.33 米，宽 0.31—1.17 米不等。

行字：碑文草书，满行字数不等。

撰书：周兴嗣撰，张旭书。

出土：明代入藏西安碑林。

现藏：西安碑林博物馆。

著录：《西安碑林全集》。

备注：刻石为长方形，已残断，现存 6 块。

提要：张旭，字伯高，吴郡人，开元天宝间官左率卫府长史。其工于书法，楷书端严，草书狂逸，每酒酣落笔，势如龙蛇飞舞，有"张颠"之称。

时张旭狂草、李白诗、裴旻剑舞并称"三绝"。

## 宗延英墓志

全称：宋故府州宗府君墓志铭并序。

年代：北宋元丰五年（1082）刻。

形制：青石质。志高 0.69 米，宽 0.58 米，厚 0.12 米。

行字：额隶书 1 行 5 字，题"宗君墓志铭"。志文楷书 24 行，满行 26 字。

撰书：王慎修撰，安后书，苏霖篆额。

纹饰：志周边饰花朵、如意云纹。

出土：出土于府谷县高石崖王家墕村，时间不详。

现藏：府谷县文物管理所。

著录：《榆林碑石》。

提要：志文记载宗延英的家世及生平。

## 阎公奏封德应侯碑

全称：宋耀州太守阎公奏封德应侯之碑。

年代：北宋元丰七年（1084）刻立。

形制：圆首方座。通高 1.76 米，宽 0.62 米，厚 0.16 米。

行字：额行书 2 行，满行 2 字，题"窑神寺碑"。碑文楷书 27 行，满行 41 字。

撰书：张隆撰并书及题额。

纹饰：碑额饰牡丹纹，碑身两侧饰蔓草纹。

出土：原在铜川市黄堡镇小学，1974 年移藏西安碑林。

现藏：西安碑林博物馆。

著录：《西安碑林全集》《文物参考资料》（1955 年第 4 期）。

备注：碑已断裂，碑文漫漶。

提要：碑文记载耀州太守阎公封山神为德应侯之事，同时记载了耀州窑的起源及制瓷历史，是目前所知最早的一通有关陶瓷史的碑石。

# 文与可画竹

**年代：** 北宋皇祐、元丰年间（1049—1085）刻立。

**形制：** 碑残损。残高 0.26 米，宽 0.54 米。

**撰书：** 文与可画。

**出土：** 西安碑林旧藏。

**现藏：** 西安碑林博物馆。

**著录：**《西安碑林全集》。

**备注：** 石上、下均残缺。

# *苏轼楼观题记

**年代：** 北宋元祐元年（1086）刻立。

**形制：** 圆首龟座。高 2.90 米，宽 0.98 米，厚 0.34 米。

**行字：** 碑文行书 4 行，共 52 字。

**撰书：** 苏轼题。

**现藏：** 周至县楼观台。

**著录：**《楼观台道教碑石》。

**备注：** 刻于《唐老君显见碑》碑阴。

**提要：** 碑文记载苏轼与章子厚同游终南山事。

# *薛绍彭书薛周题楼观浮刻石

**年代：** 北宋元祐元年（1086）刻立。

**形制：** 高 0.47 米，宽 0.56 米。

**行字：** 碑文楷书 13 行，满行 8 字。

**撰书：** 薛周题，薛绍彭书。

**现藏：** 周至县楼观台。

**著录：**《楼观台道教碑石》。

**提要：** 碑文记载薛周五言绝句诗题楼观一首。

# *薛绍彭书大中题楼观诗刻石

**年代：** 北宋元祐元年（1086）刻立。

**形制：** 碑正方形。边长 0.43 米。

**行字：** 碑文楷书 11 行，满行 6 字。

**撰书：** 大中撰，薛绍彭书。

**现藏：** 周至县楼观台。

**著录：**《楼观台道教碑石》。

**备注：** 石断为三块。

**提要：** 碑文记载大中题楼观七言绝句一首。

# 东陵圣母帖

**年代：** 北宋元祐三年（1088）刻立。

**形制：** 高 0.70 米，宽 1.39 米。

**行字：** 正文草书，两栏 52 行，满行字数不等。

**撰书：** 怀素书。

**出土：** 元代时存于府廨，明代移藏西安碑林。

**现藏：** 西安碑林博物馆。

**著录：**《西安碑林全集》《金石续编》《石墨镌华》。

**备注：** 帖前署楷书"唐释怀素书"，末署篆书"元祐戊辰仲春模勒上石"。石左下角有大和四年（830）柳槩、柳乘、裴休"同登"题名。

**提要：** 此碑记载东晋康帝时，东陵圣母得道升仙，自晋及隋均为圣母建置宫观，远近官民祈祷，圣母显灵，为江淮一带祛灾降福。隋炀帝时道侣遭禁，入唐虽崇奉道教，但圣母观却未修复。直至贞元九年（793），淮南节度观察使、礼部尚书等又修复宫观。

# 昭陵六骏碑

**年代：** 北宋元祐四年（1089）刻立。

**形制：** 螭首龟座。高 2.73 米，下宽 1.07 米，厚 0.28 米。

**行字：** 碑阳楷书 25 行，满行 11 字。碑阴题记楷书 15 行，满行 11 字。

**撰书：** 碑阳游师雄撰，刁玠书，蔡安时篆额，吕由圣立。碑阴前段薛嗣昌撰并书，后段刘仲游撰并书。

出土：原立于礼泉县骏马乡旧县村唐太宗庙遗址。

现藏：昭陵博物馆。

著录：《昭陵碑石》。

提要：该碑阳面为《昭陵六骏图》。宋元祐四年，游师雄在陕任判奉议，因昭陵六骏石屏立于昭陵北阙，往来观瞻不便，乃令醴泉县令吕由圣在县城唐太宗庙立昭陵六骏碑一通，把昭陵六骏按比例缩成线描画，刻于石碑上，又将每骏的名字、毛色、所处位置以及立功简况照录刻于线刻画旁，游氏还亲自撰写了一篇短文，对其此举进行了说明。该碑碑阴有两段题记，其一为绍圣四年（1097）李靖后代李宰、薛收后代薛嗣昌谒唐太宗庙时所题，其一为金明昌五年（1194）刘仲游题七绝一首。

## 游师雄过九成宫故址题诗碑

年代：北宋元祐五年（1090）刻立。

形制：石灰石质。高 0.73 米，宽 0.46 米，厚 0.13 米。

行字：碑文楷书 12 行，满行 22 字。

撰书：游师雄撰，巨旹刊刻。

出土：原嵌麟游县县学墙壁。

现藏：麟游县博物馆。

著录：（康熙）《麟游县志》（光绪）《麟游县志》。

提要：此碑诗文为北宋秦凤路提点刑狱游师雄巡按路经九成宫遗址所题。诗为唐体六言小诗二首，内容为咏史纪事。诗后附麟游县令闫上功跋文。

## 唐代功臣赞像碑

全称：宋刻唐代功臣赞像碑。

年代：北宋元祐五年（1090）刻立。

形制：高 0.65 米，宽 0.43 米，厚 0.22 米。

行字：碑文楷书 25 行，满行 10 字。

撰书：李世民撰，褚遂良书。

纹饰：碑四周线刻人物像。

出土：原嵌于麟游县县学墙壁，后移入麟游县文化馆、博物馆收藏。

现藏：麟游县博物馆。

著录：（康熙）《麟游县志》（光绪）《麟游县志》。

提要：唐贞观十七年（643），太宗李世民将开国功臣 24 人命图形于凌烟阁上，唐亡，图佚。北宋游师雄巡按陕西，得图于蒲城、华阴间，到九成宫后，命县令闫上功分别刻于 12 块石上，线刻人像，配四言赞词。画像线条流畅，人物服饰极近唐风，现仅存二石四人（一方 1992 年调陕西省博物馆），麟游县博物馆存李勣、侯君集二人石。

## 恭谒太史祠

年代：北宋元祐五年（1090）刻立。

形制：高 1.33 米，宽 0.70 米。

行字：碑文楷书 7 行，满行 13 字。

撰书：邵篪撰并书。

出土：此碑自立未移。

现藏：韩城市司马迁祠。

著录：《司马迁祠碑石录》。

提要：碑文记载北宋哲宗年间（1085—1100）同州知事邵篪拜谒司马迁祠事。

## 京兆府府学新移石经记

年代：北宋元祐五年（1090）刻立。

形制：高 1.30 米，宽 0.83 米。

行字：额篆书 5 行，满行 2 字，题"京兆府府学新移石经记"。碑文楷书 23 行，满行 37 字。

**撰书**：黎持撰，安宜之书。

**出土**：西安碑林旧藏。

**现藏**：西安碑林博物馆。

**著录**：《西安碑林全集》《金石萃编》。

**提要**：碑文记载吕大忠在元祐二年（1087）搬迁石经于府学北墉事。

# 王维画竹（甲）

**年代**：北宋元祐六年（1091）刻立。

**形制**：高 1.59 米，宽 0.86 米。

**行字**：跋文楷书 5 行，满行 21 字。

**撰书**：王维画，游师雄题跋，俞夷直摹。王箴书，郭皓模。

**出土**：西安碑林旧藏。

**现藏**：西安碑林博物馆。

**著录**：《西安碑林全集》。

**备注**：石右下角残缺。

**提要**：此碑画三竿清竹。游师雄跋文叙 "凤翔府开元寺东塔院有唐王维竹画二小壁，始兴宁间见之，墨迹尚完，无识浸汗者，日加多岁，久将遂漫灭不复见"，故 "勒石以传"。另 "因得郭生嘉祐中模本，比今壁为真"，所以此碑石刻画之王维画竹，应为摹郭生之 "模本"。

# 王维画竹（乙）

**年代**：北宋元祐六年（1091）刻立。

**形制**：高 1.61 米，宽 0.63 米。

**行字**：跋文楷书 6 行，满行 21 字。

**撰书**：王维画，游师雄题跋，俞夷直摹。王箴书，郭皓模。

**出土**：西安碑林旧藏。

**现藏**：西安碑林博物馆。

**著录**：《西安碑林全集》《金石萃编》。

**备注**：石右上角有残，碑身中上部斜向残损。

**提要**：碑文记载游师雄跋文中云此图 "竹二竿，笋三□，枝叶扶疏。有荣者，有纤者，有修者，有稚者，有正者，有背者，皆有理致，纤密不乱。想见其为人，气韵秀出于然尘浑之外也"。

# 李周李邵杨致祥种古弟诊联双桧碑

**年代**：北宋元祐七年（1092）刻立。

**形制**：高 0.75 米，宽 0.69 米，厚 0.12 米。

**行字**：碑文楷书 18 行，满行 22 字。

**撰书**：李周、李邵、杨致祥、种古、种诊撰。

**现藏**：户县草堂寺。

**著录**：《户县碑刻》。

**备注**：碑左上角残，约损二字。

**提要**：碑文记载李周在宋仁宗庆历年间（1041—1048）与李邵、杨致祥、种古、种诊联吟双桧诗文，后五十年李周之子处讷为户县令时刻石，住持赐紫绍利立石。李周，北宋大臣，同州冯翊（今大荔县）人。种古，京兆（今西安市）人，有将才，神宗时提升为通事舍人，后又与弟种诊收复环州（今甘肃环县），擢升为西上阁门副使等。

# *宝林寺塔碑

**年代**：北宋元祐七年（1092）刻立。

**形制**：圆首。高 0.26 米，宽 0.24 米。

**行字**：碑文楷书 9 行，满行 7 字。

**出土**：1988 年修葺户县宝林寺塔时发现。

**现藏**：户县太平乡紫阁峪宝林寺塔第五层西券洞龛内。

**著录**：《户县碑刻》。

**提要**：碑文记载现存宝林寺砖塔建造时间，以及主持修塔者的姓名。宝林寺在户县东南 25 公里紫阁峪内，亦称紫阁寺，寺塔建于唐贞观年间（627—649），尉迟敬德监修，因称寺塔为敬德塔。

## 重修周公庙

**全称**：重修周公庙赋并序。

**年代**：北宋元祐八年（1093）刻立。

**形制**：圆首方座。高 2.36 米，宽 0.78 米，厚 0.23 米。

**行字**：碑文楷书 26 行，满行 64 字。

**撰书**：王严撰。

**出土**：此碑自立未移。

**现藏**：岐山县周公庙管理处。

**备注**：此碑文刻于唐《润德泉记》碑阴。

**提要**：碑文记载宋哲宗即位以后，下诏凡前世圣帝明王忠贤哲义，有大功利及物列于祀典，其陵寝废缺不完者，悉令葺治；元祐六年（1091），重修周公庙。

## 前坊州太守盛公玉华宫题记

**年代**：北宋元祐八年（1093）刻立。

**形制**：高 0.73 米，宽 0.87 米，厚 0.13 米。

**行字**：碑文楷书 21 行，满行 20 字。

**撰书**：盛南仲撰，王绩书，郑觉民立，陈玉刻。

**纹饰**：碑四周饰卷草纹。

**出土**：1977 年出土于铜川市玉华宫肃成院遗址。

**现藏**：铜川市玉华博物馆。

**提要**：宋哲宗元祐八年初春，卸官东归的宋坊州太守盛南仲，因感念杜甫的《玉华宫》诗而专程来到玉华，遍游玉华胜景，撰文题于屋壁以抒其情怀。宜君县令郑觉民于同年二月十一日将其文铭刻于碑。

## 韩介卿墓志

**全称**：宋故登州防御推官知晋州冀氏县事昌黎韩君墓志铭。

**年代**：北宋元祐八年（1093）刻。

**形制**：志、盖均为正方形，尺寸相同。边长 0.74 米。

**行字**：盖文楷书 3 行，满行 4 字，题"宋故登州防御推官韩君墓志"。志文楷书，29 行，满行 29 字。

**撰书**：左先之撰，陈正辅书，孙求题盖。

**出土**：1955 年出土于西安市东郊高楼村。

**现藏**：西安碑林博物馆。

**著录**：《西安碑林全集》。

**提要**：志文记载韩介卿的生平、家世、历官。

## 韩应墓志

**全称**：宋故通直郎守太子中舍知平定军乐平县事监兵马都监赠右承议郎韩府君墓志铭。

**年代**：北宋元祐八年（1093）刻。

**形制**：志、盖均为正方形，尺寸相同。边长 0.76 米。

**行字**：盖文篆书 4 行，满行 3 字，题"宋故赠右承议郎韩公墓志铭"。志文楷书 29 行，满行 30 字。

**撰书**：刘航撰，安师文书，刘淮篆盖。

**出土**：1955 年出土于西安市东郊高楼村。

**现藏**：西安碑林博物馆。

**著录**：《西安碑林全集》。

**提要**：志文记载韩应的生平、家世及历官。

## 游师雄谒富平县七陵题记

**全称**：宋游师雄谒富平县七陵题记。

**年代**：北宋绍圣元年（1094）刻立。

**形制**：高 1.35 米，宽 0.67 米，厚 0.15 米。

**行字**：碑文楷书 7 行，满行 14 字。

撰书：游师雄书。

出土：1954 年富平县普宁寺旧址移至南街小学。

现藏：富平县流曲镇南街小学。

提要：碑文记载陕府西路转运副使游师雄宿普宁寺，翌日拜谒富平七陵留下的题记，由知县事李衮刻碑立石。

## 重修文庙记

全称：耀州重修文庙记。

年代：北宋元祐九年（1094）刻立。

形制：螭首龟座。高 3.10 米，宽 1.08 米，厚 0.32 米。

行字：额篆书，题"耀州重修文庙记"。碑文楷书24行，满行48字。

撰书：李注撰，俞次皋书。

出土：原立于耀县文庙。

现藏：铜川市耀州区博物馆。

著录：（嘉靖）《耀州志》《耀州文庙》。

备注：碑座被压于地下。背面小楷漫漶难辨。

提要：此碑由唐碑磨制复刻而成。碑文记录了耀州文庙创建的具体时间、创建人第一次维修的史实，是研究耀州古代庙学历史的珍贵资料。

## 刘全淑墓

年代：北宋绍圣二年（1095）刻。

形制：志长 0.60 米，宽 0.44 米，厚 0.16 米。

行字：志文楷书18行，满行18字。

出土：2006 年出土于周至县东风村郭家堡。

现藏：周至县文物管理所。

提要：志文记载刘全淑之家世、生平、历官及子嗣情况。

## *李章题草堂逍遥寺碑

年代：北宋绍圣二年（1095）刻立。

形制：高 0.58 米，宽 0.69 米，厚 0.07 米。

行字：碑文楷书 14 行，满行 10 字。跋满行12 字。

撰书：李百坚刊，绍利立。

现藏：户县草堂寺碑廊。

著录：《墨林快事》《金石萃编》《陕西金石志》。

提要：碑文记载宣德郎知县事李百坚于绍圣二年游草堂寺时将其父李章题草堂寺诗刻碑留念事。

## 张喜墓志

全称：宋故张君墓志铭。

年代：北宋绍圣三年（1096）刻。

形制：志正方形。边长 0.48 米，厚 0.13 米。

行字：志文楷书 23 行，满行 23 字。

撰书：崔陟明撰，石浩书。

出土：出土时间、地点不详。2008 年入藏岐山县博物馆。

现藏：岐山县博物馆。

提要：志文记载张喜之先祖为陇民，经商为业。次子中立，继承父业，迁居凤翔，家道渐丰。绍圣三年将其父与母（巩氏）墓迁于凤翔府天兴县关阳乡。

## 李邦直墓志

全称：宋故三班奉职李君墓志铭并序。

年代：北宋绍圣三年（1096）刻。

形制：志、盖均为正方形，尺寸相同。边长 0.58 米，厚 0.13 米。

行字：盖文楷书 3 行，满行 3 字，题"宋故奉职李君墓志铭"。志文楷书27行，满行 26 字。

撰书：李处讷撰，吕义山书，李寿永刊。

出土：1987 年出土于户县天桥乡南丈八寺村。

现藏：户县文物管理委员会。

著录：《户县碑刻》。

提要：志文记载李邦直之家族世系、籍贯、生平情况。

## 李宗师墓志

全称：宋故内园使上骑都尉平原县开国伯食邑九百户李公墓志铭并序。

年代：北宋绍圣三年（1096）刻。

形制：盖长 0.87 米，宽 0.85 米；志长 0.84 米，宽 0.82 米。盖、志厚均为 0.17 米。

行字：盖文篆书 3 行，满行 3 字，题"宋故内园使李公墓铭"。志文楷书 39 行，满行 38 字。

撰书：李周撰，刘随书并篆盖。

出土：1987 年出土于户县天桥乡丈南村西南。

现藏：户县文物管理委员会。

著录：《户县碑刻》。

提要：志文记载李宗师之家族世系、生平、历官、配偶及子嗣情况。李宗师，《宋史》有传。

## 游师雄墓志

全称：宋故朝奉郎直龙图阁权知陕州军府兼管内勤农事兼担举商虢等州兵马巡检公事飞骑尉赐绯鱼袋借紫游公墓志铭。

年代：北宋绍圣四年（1097）刻。

形制：志正方形。边长 1.22 米。

行字：志文楷书 68 行，满行 67 字。

撰书：张舜民撰，邵僩虎书，章棨篆盖，安民、安敏、姚文、安延年刻。

出土：西安碑林旧藏。

现藏：西安碑林博物馆。

著录：《西安碑林全集》《金石萃编》。

提要：志文记载游师雄的生平、历官。游师雄，《宋史》有传。

## 合阳县重兴戒香寺记

年代：北宋绍圣五年（1098）刻立。

形制：高 1.40 米，宽 0.60 米。

行字：碑文楷书 19 行，满行 30 字。

现藏：合阳县博物馆。

提要：碑文记载合阳县戒香寺在宋绍圣年间（1094—1097）重兴时请文才主持重修、重建的过程。

## *王致明墓志

年代：北宋元符元年（1098）刻。

形制：青石质。志正方形。边长 0.44 米。

行字：志文楷书 14 行，满行 15 字。

撰书：安宜之书。

出土：出土时间、地点不详。

现藏：西安市长安博物馆。

著录：《长安新出墓志》《长安碑刻》。

提要：志文记载王致明之家族世系、生平、婚姻及子嗣情况。

## 汉蕃埋瘗碑

年代：北宋元符三年（1100）刻立。

形制：圆首。高 0.36 米，宽 0.22 米，厚 0.06 米。

行字：碑文楷书 5 行，满行 12 字。

纹饰：碑四周饰云纹。

出土：1982 年出土于安塞县镰刀湾乡塞门城寨。

现藏：安塞县文化文物馆。

著录：《安塞县志》。

提要：碑文记载"塞门寨，准延安府符坐准，朝旨收藏汉蕃遗骸，本寨管下地，分收到二十六副埋瘗口，宋元符三年七月初六日立石"。

## 孙昭谏墓志

**全称:** 宋故皇城使持节惠州诸军事惠州刺史监凤翔府终南上清太平宫护军孙公墓志铭。

**年代:** 北宋建中靖国元年（1101）刻。

**形制:** 盖长 0.87 米，宽 0.82 米，厚 0.17 米。志长 0.84 米，宽 0.82 米，厚 0.17 米。

**行字:** 盖文楷书 4 行，满行 3 字，题"大宋故惠州刺史孙公墓志铭"。志文楷书 37 行，满行 37 字。

**撰书:** 王箴撰，王振书，李公裕题盖，安民、安延年、姚革刻。

**出土:** 1987 年出土于户县南街。

**现藏:** 户县文物管理委员会。

**著录:**《户县碑刻》。

**提要:** 志文记载宋故惠州刺史孙昭谏之家族世系、籍贯、生平、历官、配偶及子嗣情况。

## 孙昭谏妻范氏墓志

**全称:** 宋故长安县君范氏墓志铭。

**年代:** 北宋建中靖国元年（1101）刻。

**形制:** 志、盖均为正方形。盖边长 0.52 米，厚 0.15 米。志边长 0.54 米，厚 0.15 米。

**行字:** 盖文楷书 3 行，满行 3 字，题"宋长安县君范氏墓铭"。志文行书 29 行，满行 29 字。

**撰书:** 王振撰并书，李公裕题盖，安延年、姚革刻。

**出土:** 1987 年出土于户县南街。

**现藏:** 户县文物管理委员会。

**著录:**《户县碑刻》。

**提要:** 志文记载孙昭谏妻范氏之家族世系、籍贯、生平及子嗣情况。

## *孙竦等题名碑

**年代:** 北宋建中靖国元年（1101）刻立。

**形制:** 碑正方形。边长 0.52 米，厚 0.19 米。

**行字:** 碑文楷书 8 行，满行 8 字。

**撰书:** 孙竦撰。

**现藏:** 户县文物管理委员会。

**著录:**《金石续编》《陕西金石志》《户县碑刻》。

**备注:** 碑面有竖向裂痕一条。

**提要:** 碑文记载宋建中靖国元年高邮孙子敬同居易自终南上清太平宫致醮回，与户县宰刘希亮、县尉李革相伴游白云，宿草堂。翌日二公还邑，子敬、居易归长安事。

## 刘宗墓志

**全称:** 宋故刘君墓志铭并序。

**年代:** 北宋崇宁元年（1102）刻。

**形制:** 盖盝形，志正方形。盖边长 0.54 米。志边长 0.53 米，厚 0.10 米。

**行字:** 盖文篆书 3 行，满行 3 字。志文楷书 31 行，满行 30 字。

**撰书:** 王登撰并书，李德诚篆盖。

**出土:** 2003 年出土于富平县华朱乡刘坡砖厂。

**现藏:** 富平县文庙。

**提要:** 志文记载刘宗的籍贯、家族世系、生平及子嗣情况。

## *梅泽说之诗碑

**年代:** 北宋崇宁元年（1102）刻立。

**形制:** 高 0.68 米，宽 0.57 米，厚 0.17 米。

**行字:** 碑文行书 19 行，满行 14 字。

**撰书:** 梅泽说之撰，崔珙书，僧绍利立。

**现藏:** 户县草堂寺碑廊。

**著录:**《墨林快事》《金石萃编》《户县碑刻》。

**提要:** 碑文记载梅泽说之题的《过草堂望终南山》《经樊川怀杜牧之》及《行役

述怀》等4首诗。诗后有跋数语。

## 韩公才墓志

**全称：** 昌黎韩公才墓。

**年代：** 北宋崇宁元年（1102）刻。

**形制：** 志、盖尺寸相同。长0.46米，宽0.47米。

**行字：** 志文楷书5行，满行14字。

**纹饰：** 盖四刹饰云纹。

**出土：** 1955年出土于西安市东郊高楼村。

**现藏：** 西安碑林博物馆。

**著录：**《西安碑林全集》。

**提要：** 志文记载韩公才的生平、家世及配偶情况。

## 宋尚书省牒碑

**年代：** 北宋崇宁二年（1103）刻立。

**形制：** 圆首。通高1.68米，宽0.75米，厚0.23米。

**行字：** 碑文楷书，上段15行，下段35行，满行字数不详。

**现藏：** 蒲城县尧山庙龙王洞口北侧。

**著录：**《尧山圣母庙与神社》。

**备注：** 碑阴刻元至元二十一年（1284）《重修尧山灵虚观记碑》。

**提要：** 碑文上段牒文为宋代皇帝对尧山夫人加封为"灵应夫人"的敕封书，下段刊刻助缘人名35行。

## 游终南山杂咏

**年代：** 北宋崇宁二年（1103）刻立。

**形制：** 高0.72米，宽0.57米，厚0.18米。

**行字：** 碑文行书，两截，每截19行，满行14字。

**撰书：** 李騊撰，崔琪书。

**现藏：** 户县草堂寺碑廊。

**著录：**《石墨镌华》《墨林快事》《金石萃编》。

**提要：** 碑文记载李騊题的诗文九首，分上下两截镌刻。上截刻七言律诗二首、七言绝句二首，下截刻七言绝句四首、七言律诗一首，诗文吟咏户县草堂、紫阁、云陈院、重云山寺、渼陂等名胜古迹。李騊，字唐父，华阳人，司马光高足，博通经史，工于诗文。书者崔琪，宣德郎。

## *薛绍彭书王工部题楼观诗

**年代：** 北宋崇宁二年（1103）刻立。

**形制：** 高0.56米，宽0.76米。

**行字：** 碑文楷书6行，满行3字。

**撰书：** 王工部撰，薛绍彭书。

**现藏：** 周至县楼观台。

**著录：**《楼观台道教碑石》。

**备注：** 石纵向从中部断为二块。

**提要：** 碑文记载王工部题楼观诗二首（五言绝句、七言律诗各一首）。

## 高氏墓志

**年代：** 北宋崇宁三年（1104）刻。

**形制：** 志长0.49米，宽0.47米，厚0.04米。

**行字：** 碑文楷书10行，共105字。

**撰书：** 刘璧书。

**纹饰：** 志四周饰富贵不断头纹。

**出土：** 出土于延川县，时间不详。

**现藏：** 延川县博物馆。

**著录：**（顺治）《延川县志》。

**提要：** 志文记载刘福妻高氏的家族情况和卒、葬时间。

## 耀州五台山静应庙记

**年代：** 北宋崇宁三年（1104）刻立。

**形制：** 方首方座。高1.56米，宽1.06米，厚 0.20 米。

**行字**：碑文行书 18 行，满行 20 字。

**撰书**：王允中撰，束长孺书，于巽立。

**出土**：原存耀县药王山南庵。

**现藏**：药王山博物馆。

**著录**：《金石萃编》《药王山碑刻》。

**提要**：碑文记载崇宁二年（1103）三月，耀州人在孙真人祠祈雨灵应，上奏朝廷得赐号静应庙事。

## 感德军五台山静应庙敕并加号告词

**全称**：感德军五台山静应庙额敕并加号妙应真人告词。

**年代**：北宋崇宁三年（1104）刻立。

**形制**：方首方座。高 1.55 米，宽 0.96 米，厚 0.20 米。

**行字**：碑文楷书，分两栏。上栏 19 行，满行 9 字。下栏 18 行，满行 18 字。

**撰书**：王毖书。

**出土**：原存耀县药王山南庵。

**现藏**：药王山博物馆。

**著录**：《药王山碑刻》《陕西药王山碑刻艺术总集》。

**提要**：碑文记载崇宁二年（1103）赐孙真人祠为静应庙，并加号孙思邈为妙应真人牒文事。

## 严氏墓志

**全称**：严夫人墓志铭。

**年代**：北宋崇宁四年（1105）刻。

**形制**：志长 0.38 米，宽 0.34 米。

**行字**：志文楷书 19 行，满行 19 字。

**撰书**：张元规撰，安仲康刻。

**出土**：出土于华县孝梯乡，时间不详。

**现藏**：西安碑林博物馆。

**著录**：《西安碑林全集》。

**提要**：志文记载严氏之生平。

## 潘龟符墓志

**全称**：宋故右班殿直前监凤翔府周至县清平镇酒税潘府君墓志铭。

**年代**：北宋崇宁四年（1105）刻。

**形制**：志正方形。边长 0.62 米。

**行字**：志文楷书 41 行，满行 41 字。

**撰书**：李浩撰，仇宪书，巩敦书篆盖，安仲康刻。

**出土**：出土于华县孝梯乡，时间不详。

**现藏**：西安碑林博物馆。

**著录**：《西安碑林全集》。

**提要**：志文记载潘龟符之生平。

## 潘君妻阴氏墓志

**全称**：宋故右班殿直潘府君夫人阴氏墓志铭。

**年代**：北宋崇宁四年（1105）刻。

**形制**：志正方形。边长 0.57 米。

**行字**：志文楷书 31 行，满行 31 字。

**撰书**：仇懋撰，仇宪书，巩敦书篆盖，安仲康刻。

**出土**：出土于华县孝梯乡，时间不详。

**现藏**：西安碑林博物馆。

**著录**：《西安碑林全集》。

**提要**：志文记载阴氏之生平简历。

## 漏泽园砖铭

**年代**：北宋崇宁四年（1105）刻立。

**形制**：砖为长方形，尺寸不详。

**行字**：铭文楷书，共 19 字。

**出土**：2004 年出土于彬县城西刘家湾。

**现藏**：彬县文化馆。

**提要**：铭文曰："生字号崇宁四年二月十二日……彭民将亡……留……尸首葬埋。"

## 感德军五台山唱和诗

**年代：** 北宋崇宁四年（1105）刻立。

**形制：** 圆首方座。高 1.50 米，宽 0.89 米，厚 0.18 米。

**行字：** 额楷书 3 行，满行 3 字，题"感德军五台山唱和诗"。碑文楷书，上、中、下三栏。每栏 21 行，满行 10 字。

**撰书：** 李倚立石，刘源刊字。

**出土：** 原存耀县药王山南庵。

**现藏：** 药王山博物馆。

**著录：**《金石萃编》《关中金石记》《药王山碑刻》。

**提要：** 碑文记载于巽拜谒真人祠所作诗一首，王允中、尚佐均、王需、张鲂、张介夫、高钧、何贲所和诗各一首。

## 王氏墓志

**全称：** 宋故夫人清源王氏墓铭。

**年代：** 北宋崇宁五年（1106）刻。

**形制：** 志长 0.47 米，宽 0.31 米。

**行字：** 志文楷书 13 行，满行 16 字。

**出土：** 出土时间、地点不详。

**现藏：** 西安市长安博物馆。

**著录：**《长安新出墓志》《长安碑刻》。

**提要：** 此墓志记载了王氏之家族世系、生平、婚姻及子嗣情况。

## 同州长兴万寿禅院

**年代：** 北宋大观元年（1107）刻立。

**形制：** 高 0.54 米，宽 0.46 米。

**行字：** 碑文楷书 26 行，满行 14 字。

**撰书：** 尔朱权撰，杨时中书，云智刊。

**现藏：** 大荔县文物局。

**提要：** 碑文记述了禅院初时宏壮而彼时弊坏的景象。此对研究北宋晚期佛教文化有一定的参考价值。

## 留题玉华宫

**年代：** 北宋大观元年（1107）刻立。

**形制：** 高 0.48 米，宽 0.70 米，厚 0.08 米。

**行字：** 碑文楷书 9 行，满行 10 字。

**撰书：** 马余庆书，普因立石，曹琮摹，陈玘刻。

**出土：** 2000 年出土于铜川市玉华宫遗址。

**现藏：** 铜川市玉华博物馆。

**提要：** 宋徽宗大观元年初秋，朝奉郎通判军州事马余庆游历玉华之后题诗一首。同年八月初二日，时任玉华寺住持的普因和尚将其诗文镌刻于碑。

## 漏泽园砖铭

**年代：** 北宋大观元年（1107）刻立。

**形制：** 砖为长方形，尺寸不详。

**行字：** 铭文楷书，共 19 字。

**出土：** 2004 年出土于彬县城西刘家湾。

**现藏：** 彬县文化馆。

**提要：** 铭文曰："……祥符三年二月……坊在吉阿爹往乾明院取到大观……初九日埋讫。"

## 漏泽园砖铭

**年代：** 北宋大观元年（1107）刻立。

**形制：** 砖正方形。边长 0.35 米。

**行字：** 铭文楷书，共 19 字。

**出土：** 2004 年出土于彬县城西刘家湾。

**现藏：** 彬县文化馆。

**提要：** 铭文为"感字号无立骨殖大观元年三月初九日乾明院取到"。

## 奉圣旨给地公据碑

**年代：** 北宋大观二年（1108）刻立。

**形制：** 螭首须弥座。高 1.50 米，宽 0.53 米，厚 0.19 米。

**行字：** 额篆书 1 行 8 字，题"奉圣旨给地公据碑"。正文楷书 17 行，满行 46 字。

纹饰：碑四周饰缠枝蔓草纹。

出土：周至县古楼观旧藏。

现藏：周至县楼观台。

著录：《楼观台道教碑石》。

提要：碑文记载上清太平宫侵占顺天兴国观祖业地，导致顺天兴国观道众生活无依。后据圣旨，上清太平宫拨还顺天兴国观祖世地。

## 大观圣作之碑

年代：北宋大观二年（1108）刻立。

形制：螭首龟座。通高 3.78 米，宽 1.40 米，厚 0.30 米。

行字：额楷书 3 行，满行 2 字，题"大观圣作之碑"。碑楷书 28 行，满行 71 字。

撰书：赵佶撰并书，李时雍摹写，蔡京题额。

出土：原在乾县，1962 年移藏西安碑林。

现藏：西安碑林博物馆。

著录：《西安碑林全集》《金石萃编》。

提要：碑文记述北宋设立八行取士科及三舍之制的重德行、轻辞意的科举新法。

## 耀州淳化县御制学校八行八刑之碑

年代：北宋大观二年（1108）刻立。

形制：螭首圭额。高 2.70 米，宽 0.91 米。

行字：额楷书 3 行，满行 5 字，题"耀州淳化县御制学校八行八刑之碑"。碑文楷书 297 行，满行 60 字。

撰书：赵佶撰，郑仲光书，刘云立。

纹饰：碑两侧饰云纹。

出土：原在淳化县淳化中学。

现藏：淳化县博物馆。

著录：《淳化县文物志》《淳化金石文存》。

备注：残为两段。

提要：所谓"八行"，即学生必须遵守的行为准则，为"孝、悌、忠、和、睦、姻、任、恤"。"八刑"为学生违反规定后的处罚。碑文中对"八刑"的每一条都作了明确具体的说明。学生若犯了任何一刑都要受到惩处。

## 智永真草千字文碑

年代：宋大观三年（1109）刻立。

形制：螭首方座。两面刻。通高 3.56 米，宽 1.02 米，厚 0.31 米。

行字：碑文草书。碑阳六栏，碑阴二栏，每栏 27 行，最末栏 13 行，满行 10 字。

撰书：周兴嗣次韵，智永书。

纹饰：碑两侧饰蔓草纹。

出土：原在京兆府漕司南厅，明初移藏西安碑林。

现藏：西安碑林博物馆。

著录：《西安碑林全集》《关中金石记》。

备注：此碑系北宋大观三年摹刻。碑阴有北宋薛嗣昌、张祐余题记，下有清朱集义书"忍、默、勤"三字。

提要：碑文以长安崔氏藏本摹刻上石，俗称《关中本》。

## *双树轮囷五百年诗碑

年代：北宋大观三年（1109）刻立。

形制：高 0.63 米，宽 0.68 米，厚 0.11 米。

行字：碑文行书 11 行，满行 9 字。

撰书：孙鳌撰并书。

现藏：户县草堂寺碑廊。

著录：《金石萃编》《金石续编》《户县碑刻》。

提要：碑文记载孙鳌游紫阁留宿此寺所题诗文，碑左边缘两行文字为政和元年（1111）张智周独游时题记。

## 成法师塔志铭

**年代**：北宋大观三年（1109）刻立。

**形制**：圆首。高 1.26 米，宽 0.54 米。

**行字**：碑额楷书 3 行，满行 2 字，题"成法师塔志铭"。志文楷书 22 行，满行 40 字。

**撰书**：李珪撰，王辅书，张绂题额。

**纹饰**：碑额饰牡丹纹，碑四周饰缠枝卷叶纹。

**现藏**：蒲城县博物馆。

**提要**：碑文记载成法师之生平。

## *师子岩题刻

**年代**：北宋大观四年（1110）刻立。

**形制**：高 0.40 米，宽 0.45 米。

**行字**：碑文楷书 1 行 3 字。

**撰书**：葛衍题。

**出土**：此碑自立未移。

**现藏**：佳县云岩寺山门旁狮子岩。

**备注**：摩崖表面剥蚀。

**提要**：碑文楷书"师子岩"三个大字，上款"大观四年九月十四日"，下款"郡守葛衍题通□堂似与"。

## *大观四年题刻

**年代**：北宋大观四年（1110）刻立。

**形制**：高 1.86 米，宽 0.66 米。

**行字**：碑文楷书 9 行，满行 5 字。

**撰书**：葛衍题。

**出土**：此碑自立未移。

**现藏**：佳县云岩寺山门。

**提要**：正文为"□宗祖德，辛叔献戈哲□似必仲王琪东□高景云泽之大观四年十月六日同游葛衍居士题"。

## *紫平阳墓志盖

**年代**：北宋大观四年（1110）刻。

**形制**：盖正方形，尺寸不详。

**行字**：志文楷书 3 行，满行 4 字。

**现藏**：蒲城县文物保护开发中心。

**提要**：志主紫平阳，字仲明，华州人。其曾任城固县尉，定边军司理参军。

## 左冯太守李水部黄河清词

**年代**：北宋大观四年（1110）刻立。

**形制**：高 0.91 米，宽 0.57 米。

**行字**：碑文行书 22 行，满行 14 字。

**撰书**：李水部撰。

**现藏**：韩城市博物馆。

**提要**：碑文记载宋徽宗大观元年（1106）、二年、三年"同州黄河清"，同州太守作《绿头鸭》《永遇乐》两词记其事。

## 折惟忠妾李氏墓志

**年代**：北宋政和元年（1111）刻。

**形制**：志正方形。边长 0.70 米，厚 0.15 米。

**行字**：志文楷书 32 行，满行 32 字。

**撰书**：杨大荣撰，张天成书。

**纹饰**：志四周饰忍冬花卉纹。

**出土**：1965 年出土于府谷县付家塌村。

**著录**：《榆林碑石》《折氏家族史略》。

**提要**：志文记载李氏为折惟忠之妾，生折继祖，熙宁五年（1072）卒，政和元年葬于府州府谷县将相乡崇勋里小栢塌之原。

## 苗清墓志

**全称**：宋故苗府君墓志铭。

**年代**：北宋政和元年（1111）刻。

**形制**：志长 0.63 米，宽 0.43 米。

**行字**：志上方篆书 4 行，满行 2 字，题"宋故苗府君墓志铭"。志文楷书 21 行，满行 22 字。

撰书：李经撰并书及篆。

出土：出土时间、地点不详。2005 年入藏西安碑林博物馆。

现藏：西安碑林博物馆。

著录：《西安碑林博物馆新藏墓志汇编》下。

备注：碑形墓志。

提要：志文记载苗清的家族世系、生平、配偶及子嗣情况。

## *李氏墓志

全称：仙源县君李夫人墓志。

年代：北宋政和元年（1111）刻。

形制：志长 0.37 米，宽 0.44 米，厚 0.09 米。

行字：志文行楷 10 行，满行 13 字。

出土：出土于凤翔县，2007 年入藏岐山县博物馆。

现藏：岐山县博物馆。

提要：李氏为五代时期秦王李从俨之六世孙女，卒时 21 岁，葬于凤翔府天兴县邵亭乡冰井社。

## *张清迁葬砖志

年代：北宋政和三年（1113）刻。

形制：志正方形。边长 0.33 米，厚 0.05 米。

行字：志文楷书 11 行，满行 8 字。

纹饰：两块为文字砖，一块为人物画像砖，三块背面皆为几何纹。

出土：出土于韩城市昝村镇新潘庄村，时间不详。

现藏：韩城市博物馆。

## *吏隐堂题记

年代：宋政和四年（1114）刻立。

形制：高 0.65 米，宽 0.68 米，厚 0.14 米。

行字：碑文行楷 18 行，满行 6 字。

纹饰：碑四周饰蔓草花纹。

出土：1980 年出土于淳化县政府院内。

现藏：淳化县博物馆。

著录：《关中胜迹图志》（乾隆）《淳化县志》。

备注：碑残为两段。

## *权邦彦为鸠摩罗什舍利塔而作偈言

年代：北宋政和七年（1117）刻立。

形制：高 0.26 米，宽 0.17 米。

行字：碑文楷书 7 行，满行 10 字。

撰书：权邦彦撰。

现藏：户县草堂寺鸠摩罗什舍利塔身八角形宝龛东面。

著录：《重修户县志》《户县碑刻》。

提要：碑文记载权邦彦到鸠摩罗什舍利塔而作的偈言。偈言"大士入东土，姚秦喜服膺。当年罗八俊，尽量诘三乘。翻译明佛旨，圆通并祖灯。如何生别派，南北强分明"共 4 句。权邦彦，字朝美，河间人，崇宁四年（1105）登太学上舍第，调沧州教授，入为太学博士，历官东平知府、兵部尚书等，有遗稿《瀛海残编》十卷。

## 傅铎墓志

全称：宋故傅公墓铭。

年代：北宋政和八年（1118）刻。

形制：志长 0.54 米，宽 0.43 米。

行字：志文楷书 24 行，满行 30 字。

撰书：魏良辅撰，魏良臣书。

现藏：蒲城县博物馆。

备注：盖佚。

提要：志文记载傅铎为人及子嗣情况。

## 御笔手诏

年代：北宋政和八年（1118）刻立。

形制：螭首龟趺。高 3.88 米，宽 1.38 米，厚 0.47 米。

**行字**：碑文上部瘦金体楷书 22 行，满行 16 字。下部行楷 30 行，满行 49 字。

**撰书**：宋徽宗、李邦彦撰并书，蔡翛题额。

**纹饰**：漫漶难辨。

**出土**：耀县文庙旧藏。

**现藏**：铜川市耀州区博物馆。

**著录**：《耀州文庙》。

**备注**：碑座被压于地下。此碑由唐碑磨制复刻而成。

**提要**：碑文分两部分，上半部是宋徽宗的瘦金书，下半部分是李邦彦记述的立碑过程。碑刻是宋徽宗下诏书颁发的兴学令，并亲自书写，派当时任"同修国史"的李邦彦主持刻立，蔡京次子蔡翛题额，先在太学后在辟雍立石，最后可能延及州、县。

## 折继闵神道碑

**全称**：□□□□果州团练使麟府路驻泊兵马钤辖知府州军州事赠太尉折公神道碑。

**年代**：北宋政和八年（1118）刻立。

**形制**：方座。通高 2.92 米，宽 1.07 米，厚 0.27 米。

**行字**：碑文楷书 35 行，满行 92 字。

**撰书**：张叔夜撰，蔡靖书。

**纹饰**：碑四周饰牡丹蔓草纹。

**出土**：1976 年发现于府谷县孤山镇西瑜头折氏墓园。1980 年移藏西安碑林。

**现藏**：西安碑林博物馆。

**著录**：《西安碑林全集》《中国考古学会第一次年会论文集》。

**备注**：碑身断裂为三块，右上角残缺，碑额已缺。

**提要**：碑文记载折继闵及折氏家族为宋室控厄西北、抵御辽夏的功勋及家族世系。

## 折可行神道碑

**全称**：（上阙）州诸军事□□□秦州管内观察使充太原路兵马钤辖知府州军州事兼管内劝农使兼麟府州管界都巡检使兼河东第十二将上柱国高平郡开国公食□□□□□□□□□□□□□□□神道碑。

**年代**：北宋政和八年（1118）刻立。

**形制**：青石质。龟座，两面刻。高 3.26 米，宽 1.40 米，厚 0.45 米。

**行字**：碑文楷书 28 行，满行字数不详。

**撰书**：毛友撰，宇文虚中书。

**纹饰**：碑四周饰缠枝牡丹蔓草纹。碑阴上下两栏四周饰牡丹蔓草纹。

**出土**：1980 年从府谷县杨家沟西瑜头折氏墓园，后移藏西安碑林。

**现藏**：西安碑林博物馆。

**著录**：《金石萃编》《文博》（1987 年第 2 期）。

**备注**：碑额、碑身已残断，碑阴刻奏章及题名。

**提要**：碑文记载宋神宗、哲宗时期宋和西夏在陕北一隅的军事态势、交战情形，反映了宋廷内部变法与守旧两派在对西夏战略上的尖锐斗争。折可行为折继闵之子，其父故去，继续代父为宋控扼西北，抵御辽夏。该碑记叙了折氏家谱，述说了折氏家族之兴衰和事业功绩。碑阴记载政和二年（1112）为折可行议定安武军节度使呈文之内容，与碑阳之记载互补互校。

## 武梦龄墓志

**全称**：宋故太原武公墓志铭。

**年代**：北宋政和八年（1118）刻。

形制：盖盝形，志正方形。志、盖尺寸相同。边长 0.74 米。

行字：盖文篆书 3 行，满行 3 字，题"宋故太原武公墓志铭"。志文楷书 32 行，满行 36 字。

撰书：孟庶文撰，宋与权书并篆盖。

出土：1954 年出土于宝鸡姜城堡。

现藏：西安碑林博物馆。

著录：《西安碑林全集》。

提要：志文记载武梦龄之生平。

## 王延年墓志

全称：宋故承直郎王公墓铭。

年代：北宋宣和元年（1119）刻。

形制：志、盖均为正方形，尺寸相同。边长 0.79 米，厚 0.13 米。

行字：盖文篆书 3 行，满行 3 字，题"宋故承直郎王公墓铭"。志文楷书 34 行，满行 33 字。

撰书：雷次功撰，仇宪书，王直恭篆盖。

现藏：大荔县文物局。

著录：《大荔碑刻》《新中国出土墓志·陕西叁》。

提要：志文记载王延年之生平。

## *题褚慧龙章云篆诗文碑

年代：北宋宣和元年（1119）刻立。

形制：圆首方座。高 1.24 米，宽 0.72 米，厚 0.14 米。

行字：碑文楷书 13 行，满行 18 字。

撰书：赵佶书。

出土：原存耀县药王山南庵。

现藏：药王山博物馆。

著录：《陕西金石志补遗》《药王山碑刻》。

提要：碑文两栏。上栏为褚慧云篆诗"鸾舆彩仗下层霄，绛阙瑶台一见招。三万

七千当圣运，坤宁忠孝助唐尧"。下栏为徽宗御书。此碑所记，乃林灵素入京后第二年以云篆惑弄赵佶事。

## 贾宗成墓志

全称：宋故武威贾公墓志铭。

年代：北宋宣和二年（1120）刻。

形制：志长 0.64 米，宽 0.43 米。

行字：志文楷书 24 行，满行 28 字。

撰书：周经撰。

现藏：商洛市博物馆。

提要：志文记载贾宗成自京兆栎阳迁居商洛的生活简况及家族情况。

## 王熙墓志

全称：宋故安丰王评事墓志。

年代：北宋宣和四年（1122）刻。

形制：平首削肩。高 1.13 米，宽 0.71 米，厚 0.05 米。

行字：额楷书 1 行 4 字，题"王公墓志"。志文楷书 24 行，满行 40 字。

撰书：朱暐撰，王宗望书，张挥题额。

纹饰：碑四周饰花卉纹。

出土：1988 年出土于府谷县大岔乡南川。

现藏：府谷县文物管理所。

著录：《榆林碑石》。

提要：志文记载王熙的籍贯、家族世系、生平等。

## *宋宣和四年题刻

年代：北宋宣和四年（1122）刻立。

形制：高 1.56 米，宽 0.45 米。

行字：碑文楷书 20 行，满行 8 字。

出土：此碑自立未移。

现藏：佳县云岩寺大雄宝殿前室门额镶嵌。

提要：碑文记载"宣和四年"修如来佛、十

六罗汉事。

## 龙洞记

**年代：** 北宋宣和四年（1122）刻立。

**形制：** 高 1.40 米，宽 0.80 米，厚 0.21 米。

**行字：** 碑额左行横题楷书"龙洞记"三字。碑文楷书 21 行，满行 40 字。

**撰书：** 苏元老撰并书。

**出土：** 原竖立于宁强县唐渡乡嘉陵村龙门洞口，1979 年移至宁强县文化馆。

**现藏：** 宁强县文化馆。

**著录：**《石墨镌华》《陕西金石志》《汉中碑石》。

**备注：** 碑漫漶较重。

**提要：** 碑文记载龙门洞的地理位置、价值及其周边环境，作者有感而发饮酒赋诗作记。

## 鲁儒道教造像碑

**年代：** 北宋宣和六年（1124）刻立。

**形制：** 汉白玉质地。四面刻。高 0.70 米，宽 0.42 米，厚 0.18 米。

**行字：** 碑文楷书 13 行，满行 26 字。

**撰书：** 李珍撰。

**出土：** 1994 年出土于麟游县酒房乡梁坡村。

**现藏：** 麟游县博物馆。

**著录：**《慈善寺与麟溪桥》。

**提要：** 碑阳正中一龛，雕一天尊二侍者；龛下一排七龛五天尊二侍者；两侧有庑殿式屋顶、天尊、侍者。碑阴全为供养人姓名。

## 五箴并叙

**年代：** 北宋宣和六年（1124）刻立。

**形制：** 高 0.98 米，宽 0.56 米。

**行字：** 碑文篆书 24 行，满行 32 字。

**撰书：** 韩愈撰，李寂书。

**出土：** 西安碑林旧藏。

**现藏：** 西安碑林博物馆。

**著录：**《西安碑林全集》《金石萃编》。

**提要：** 碑文记载韩愈《游箴》《言箴》《行箴》《好恶箴》《知名箴》等五箴，旨在劝人戒己，知过改过，勇符道德。

## 拱极观记

**年代：** 北宋宣和七年（1125）刻立。

**形制：** 圆首。高 1.09 米，宽 0.65 米，厚 0.23 米。

**行字：** 碑文楷书 19 行，满行 47 字。

**现藏：** 华阴市西岳庙文物管理处。

## *宋靖康元年题记碑

**年代：** 北宋靖康元年（1126）刻立。

**形制：** 高 0.69 米，宽 0.72 米。

**行字：** 碑文隶书 13 行，满行 14 字。

**撰书：** 德基撰。

**出土：** 此碑自立未移。

**现藏：** 岐山县周公庙管理处。

**提要：** 碑文记载扶风人孙术、麟游人李常卿、宝鸡人马登和陈沆等会于岐阳，拜谒周公事。

## 新修太史公庙记

**全称：** 芝川新修太史公庙记。

**年代：** 北宋靖康元年（1126）刻立。

**形制：** 高 1.00 米，宽 0.63 米。

**行字：** 碑文行书 21 行，满行 33 字。

**撰书：** 尹阳撰，韩焦丙书。

**出土：** 此碑自立未移。

**现藏：** 韩城市司马迁祠。

**著录：**《司马迁祠碑石录》。

**提要：** 碑文首先赞扬司马迁是记载历史的

宗师和表率；后记录了作者率芝川民众筹集建筑材料，号召人们为司马迁祠修建"五架四楹之室，又为复屋以崇之"的经过，并作长诗一首以志。

## 罗直温墓志

**全称：** 宋故敦武郎知辰州会溪城公事罗公墓志铭。

**年代：** 北宋靖康元年（1126）刻。

**形制：** 高 1.61 米，宽 0.76 米，厚 0.18 米。

**行字：** 额楷书 3 行，满行 3 字，题"宋故敦武郎罗公墓铭"。志文楷书 35 行，满行 46 字。

**撰书：** 邵伯温撰并书，郭仲纯题盖。

**出土：** 1996 年出土于户县大王镇王守村。

**现藏：** 户县文物管理委员会。

**著录：** 《户县碑刻》。

**提要：** 志文记载罗直温之家族世系、籍贯、生平、配偶及子嗣情况。罗直温，《宋史》有传。

## 创建修孚泽庙昭祐显圣王行宫碑

**全称：** 大宋华州蒲城县创建修孚泽庙昭祐显圣王行宫碑。

**年代：** 北宋靖康元年（1126）刻立。

**形制：** 螭首高 2.16 米，宽 0.78 米。

**行字：** 额篆书 3 行，满行 2 字，题"显圣王行宫碑"。碑文楷书 17，满行 37 字。

**撰书：** 吴劭贤撰。

**纹饰：** 碑四周饰缠枝卷叶花卉纹。

**出土：** 1963 年出土于蒲城县义龙显圣王行宫遗址。

**现藏：** 蒲城县博物馆。

**著录：** 《蒲城县志》。

**提要：** 碑文记载蒲城西北一村子因干旱少雨，后显圣王显灵降雨，村民屈俊筹银建孚泽庙供奉显圣王。

## *宋靖康二年残经幢

**年代：** 北宋靖康二年（1127）刻立。

**形制：** 八棱柱形。高 1.40 米。

**出土：** 出土于延安市宝塔区大砭沟后山，时间不详。

**现藏：** 延安市宝塔区文物管理所。

**备注：** 仅存一节。

**提要：** 有捐资人姓名，落款靖康丁未。

## 北宋乾兴六年舍利石塔

**年代：** 北宋（960—1127）刻立。

**形制：** 塔 7 层。通高 1.56 米。

**行字：** 铭文楷书 88 字。

**纹饰：** 下部云纹，须弥座，八个侧面分别饰壸门、异兽和团花图案。

**出土：** 1996 年出土于白水县白水中学宋妙觉寺地宫。

**现藏：** 白水县文物管理委员会。

**著录：** 《考古与文物》（2005 年第 4 期）。

**提要：** 塔铭文为造塔缘由和造塔人姓名。

## 四吕官衔碑

**年代：** 北宋（960—1127）刻立。

**形制：** 高 0.25 米，宽 0.53 米，厚 0.12 米。

**行字：** 碑文楷书 4 行，满行 16 字。

**出土：** 蓝田县三里镇乡五里头村四献祠出土，时间不详。

**现藏：** 蔡文姬纪念馆。

**著录：** （光绪）《蓝田县志》。

**备注：** 此官衔碑为两块。

**提要：** 碑文记载北宋四吕的生平及官衔。四吕为吕大忠、吕大钧、吕大防、吕大临。吕大忠，字进伯，祖籍河南溪汲县，后迁陕西蓝田，进士，任陕西转运使副使等职。吕大防，字微仲，皇祐进士，官至尚书左仆射。吕大钧，字和叔，嘉祐进士，历知三原、巴西、候官县。吕大临，字与叔，金石学家，历太学博士、秘书省正字。

## 封志安墓志

**全称：**故河南封公墓志铭并序。
**年代：**金天会七年（1129）刻。
**形制：**志高 1.04 米，宽 0.75 米。
**行字：**额篆书 3 行，满行 4 字，题"故河南郡封公墓志铭"。志文楷书 27 行，满行 16 字。
**撰书：**段甡撰，李震书，封舣篆盖。
**现藏：**蒲城县博物馆。
**提要：**志文记载北宋华州蒲城县人封志安之生平及子嗣情况。

## 折彦文妻曹氏墓志

**全称：**宋故谯国曹氏墓志铭并序。
**年代：**金天会八年（1130）刻。
**形制：**志正方形。边长 0.65 米。
**行字：**志文楷书 16 行，满行 16 字。
**撰书：**折彦文撰。
**出土：**1939 年出土于府谷县孤山乡天平山村。
**现藏：**府谷县千佛洞岩壁。
**提要：**志文记载折彦文妻曹氏为慈圣光宪皇后之姪孙，折彦文姑姑之长女，十七岁嫁于折彦文，死时年仅十七岁。

## 折可存墓志

**全称：**宋故武功大夫河东第二将折公墓志铭。
**年代：**南宋建炎四年（1130）刻。
**形制：**志长 0.76 米，宽 0.80 米。

**行字：**志文楷书 27 行，满行 28 字。
**撰书：**范圭书撰。
**出土：**府谷县孤山乡天平山村。
**现藏：**府谷县千佛洞。
**著录：**《榆林碑石》《折氏家族史略》。
**提要：**志文记载折可存率兵讨方腊、宋江两支农民起义军情况。

## 华夷图

**年代：**齐阜昌七年（1136）刻立。
**形制：**碑正方形。边长 1.14 米。
**行字：**碑文楷书共 10 段，每段行字数不等。
**出土：**西安碑林旧藏。
**现藏：**西安碑林博物馆。
**著录：**《金石萃编》《关中金石记》《西安碑林全集》。
**备注：**附刻于《禹迹图碑》碑阴。
**提要：**此碑刻古地图，刻绘有黄河、长江、长城及山脉、州县等地理位置。此图是我国现存最早的石刻地图之一。该图主要表现了中原王朝的疆域，所绘山脉、河流、州县、长城的地理位置，标志清晰准确。有学者根据图右下方的"其四方蕃夷之地，唐贾魏公图所载凡数百余图"之记述，推测此图是宋、辽人根据贾耽《海内华夷图》简缩改绘而成。

## 禹迹图

**年代：**南宋绍兴六年（1136）刻立。
**形制：**碑正方形。边长 1.14 米。
**出土：**西安碑林旧藏。
**现藏：**西安碑林博物馆。
**著录：**《西安碑林全集》《金石萃编》。
**备注：**碑阴刻《华夷图》。
**提要：**该图为我国现存最早的石刻地图之一

一。它根据我国西晋裴秀创立的制图六法，并参照唐代贾耽的《海内华夷图》中的《禹贡》九州部分，采用古代制图学的计里画方的绘法，每方格折地百里，绘制了我国部分地域的山脉、河流、州县等地理位置及名称等。

## 重修石寨记

**年代：**齐阜昌八年（1137）刻立。

**形制：**高 0.80 米，宽 0.60 米。

**行字：**碑文楷书 9 行，共 170 字。

**现藏：**吴堡县古城东城下。

**提要：**碑文为寨主折彦若重修石寨的题记。

## 李潮妻贺氏墓志

**全称：**李公夫人贺氏墓志铭。

**年代：**金天眷元年（1138）刻。

**形制：**长 0.60 米，宽 1.12 米，厚 0.12 米。

**行字：**上部篆书 3 行，满行 3 字，题"李公夫人贺氏墓志铭"。志文楷书 22 行，满行 26 字。

**出土：**出土于绥德县定仙墕乡石马墕村，时间不详。

**著录：**《榆林碑石》。

**提要：**志文记载李潮妻贺氏的生平。

## 大金重修唐太宗庙碑

**年代：**金天眷元年（1138）刻立。

**形制：**螭首。高 2.84 米，宽 1.10 米，厚 0.36 米。

**行字：**碑文楷书 27 行，满行 54 字。

**撰书：**孙九鼎撰，康庆立。

**纹饰：**碑四周饰蔓草花。

**出土：**原立于礼泉县骏马乡旧县村唐太宗庙遗址。

**现藏：**昭陵博物馆。

**著录：**《昭陵碑石》。

**提要：**碑文记载金天眷元年，元帅右监军完颜希尹巡陕，亲谒宋修唐太宗庙后，下令重修之，修成后命孙九鼎撰写碑文叙其事。

## 牧牛图

**年代：**南宋绍兴十九年（1149）刻立。

**形制：**高 0.94 米，宽 0.66 米，厚 0.14 米。

**行字：**碑阳为《牧牛图》。碑阴额篆书 1 行 3 字，题"劝农文"。碑文楷书，分两段，上段刻序文 28 行，满行 28 字。下段 29 行，满行 12 字。

**撰书：**戴嵩、宋莘撰。

**出土：**原竖于洋县衙署二堂北壁，1973 年移藏洋县博物馆。

**现藏：**洋县博物馆。

**著录：**《汉中碑石》。

**备注：**此碑漫漶不清。

**提要：**《牧牛图》有重要的历史艺术价值。"劝农文"首先说明农业的重要，其次指出洋县农民种田的错误，然后提出增加产量和品种的建议，最后明确列出十条可行办法，为专谈农业之碑。

## 重修罗汉洞记摩崖刻石

**年代：**南宋绍兴二十六年（1156）刻立。

**形制：**碑圆首方座。高 0.96 米。

**行字：**正文隶书 25 行，满行字数不等。

**出土：**略阳县灵岩寺旧藏。

**现藏：**略阳县灵岩寺博物馆。

**著录：**《汉中碑石》。

**备注：**"开府仪同三司吴公"乃指南宋抗金名将吴璘。据《宋史·吴璘传》载："（绍兴）二十六年，领兴州驻扎御前诸军都统制职事，改判兴州。……开府仪同三司。"

提要：此碑损伤严重，正文惟存首行"开府
仪同三司吴公伏钺，护……"，其余
各行，亦间存一、二字。

## 京兆府重修府学记

年代：金正隆二年（1157）刻立。

形制：方座。高1.68米，宽0.77米，厚0.24米。

行字：碑文楷书30行，满行70字。

撰书：李桌撰，潘师雄书，钱义方篆额。

出土：西安碑林旧藏。

现藏：西安碑林博物馆。

著录：《金石萃编》《西安碑林全集》《关中
金石记》。

备注：刻于北宋《永兴军中书劄子》碑阴。

提要：碑文记载两次修建府学事。第一次是
北宋崇宁二年（1103）将京兆旧学从
原府城坤维（西南）移建府城东南隅，
后因兵革残毁几尽。第二次是金贞元
乙亥岁（三年1155），京兆亚尹韩希
甫出己俸重修之。

## *罗再昌买地券

年代：南宋绍兴二十七年（1157）刻立。

形制：高0.27米，宽0.16米。

行字：券文楷书9行，满行10—13字不等。

出土：略阳县灵岩寺旧藏。

现藏：略阳县灵岩寺博物馆。

著录：《汉中碑石》。

## 武元正墓志

全称：大金故绥德监酒武公墓志铭。

年代：金正隆三年（1158）刻。

形制：志长0.68米，宽0.56米。

行字：志文楷书18行，满行35字。

撰书：包宗元撰并书。

现藏：西安市长安博物馆。

著录：《长安新出墓志》《长安碑刻》。

提要：志文记载武元正之家族谱系、生平、
历官、婚姻和子嗣情况。其历官熙河
第四队将，知临江寨、熙河第三部将、
京兆第九副将、监绥德酒税。

## *正隆四年界碑

年代：金正隆四年（1159）刻立。

形制：高0.65米，宽0.54米，厚0.06米。

行字：碑文楷书3行，满行10字。

出土：1988年出土于吴起县长官庙白沟岭。

现藏：吴起县文物管理委员会。

提要：此碑系官府所立界碑。

## *正隆四年界碑

年代：金正隆四年（1159）刻立。

形制：高0.68米，宽0.46米，厚0.08米。

行字：碑文楷书3行，满行13字。

出土：1988年出土于吴起县长官庙白沟岭。

现藏：吴起县文物管理委员会。

提要：此碑系官府所立界碑。

## *正隆四年界碑

年代：金正隆四年（1159）刻立。

形制：高0.68米，宽0.46米，厚0.04米。

行字：碑文楷书3行，满行10字。

出土：1988年出土于吴起县长官庙白沟岭。

现藏：吴起县文物管理委员会。

提要：此碑系官府所立界碑。

## 重修碑院七贤堂记

年代：金正隆四年（1159）刻立。

形制：方座。高1.34米，宽0.82米。

行字：额楷书现存2行，满行2字，题"七
贤堂记"。碑文楷书25行，满行35字。

撰书：曹谊撰并立，郭孝忠书。

出土：西安碑林旧藏。

现藏：西安碑林博物馆。

著录：《西安碑林全集》《寰宇访碑录》。

备注：碑身中断，左上残缺达全碑四分之一，额残。

提要：碑文记载当时整修碑林的情况。碑阴附刻金代张若愚书《题名录》。

## *诸公游药水崖

年代：南宋绍兴二十九年（1159）刻立。

形制：高 0.60 米，宽 0.70 米。

行字：碑文楷书 15 行，满行字数不等。

出土：此碑自立未移。

现藏：略阳县灵岩寺博物馆。

提要：碑文残缺严重。

## 古柏行

年代：金正隆五年（1160）刻立。

形制：两面刻。高 1.20 米，宽 0.63 米。

行字：碑文行草。每面 6 行，满行 18 字。

撰书：杜甫撰，龙岩书，南圭刻。

出土：西安碑林旧藏。

现藏：西安碑林博物馆。

著录：《西安碑林全集》《寰宇访碑录》。

提要：此碑为杜甫《古柏行》律诗一首。书者落款龙岩，即任询。询字君谟，生于虔州，为人慷慨大节，书为当时第一，画亦入妙品，《金史》有载。

## 敕赐清凉禅院

年代：金大定四年（1164）刻立。

形制：圆首方座。高 1.13 米，宽 0.71 米。

行字：额篆书 6 字，正文楷书 13 字。

纹饰：碑额饰龙纹，碑身两侧饰缠枝花卉，下为莲花图案。

出土：原立于蒲城县永丰清凉禅院遗址。

现藏：蒲城县博物馆。

著录：《蒲城县志》。

提要：碑文为金大定四年礼部尚书为建清凉禅院所发牒文。

## *宁国院牒

年代：金大定四年（1164）刻立。

形制：高 0.61 米，宽 0.80 米，厚 0.06 米。

行字：碑文楷书 14 行，满行字数不等。

出土：1958 年出土于高陵县董白村。

现藏：高陵县文化馆。

著录：《高陵碑石》。

备注：右上角与左侧有残缺。

提要：碑文内容是官方发给宁国院的官方文牒。

## *广教禅院牒碑

年代：金大定四年（1164）刻立。

形制：圆首座佚。通高 1.63 米，宽 0.77 米，厚 0.13 米。

行字：牒文行书 9 行，共 65 字。碑身楷书 22 行，满行 26 字。

撰书：王靖撰，徐颐书。

出土：原在咸阳市渭城区眭村广教寺内，后移咸阳博物馆。

现藏：咸阳博物馆。

著录：《咸阳碑石》《攈古录》。

提要：碑文记载广教禅院的修建历史及金大定三年（1163）赐额事。

## 檀山安众寺宗派图

年代：金大定四年（1164）刻立。

形制：圆首，两面刻。高 1.10 米，宽 0.23 米，厚 0.22 米。

出土：出土于铜川市耀州区石柱乡生寅村，时间不详。

现藏：药王山博物馆。

著录：《药王山碑刻》《陕西药王山碑刻艺术
总集》。

备注：附刻于《敕赐广严院额记碑》碑之阴。

提要：图记檀山安众寺八代师承沿革。

## 敕赐广严院额记碑

年代：金大定四年（1164）刻立。

形制：圆首，两面刻。高 1.10 米，宽 0.23
米，厚 0.22 米。

出土：出土于铜川市耀州区石柱乡生寅村，
时间不详。

现藏：药王山博物馆。

著录：《药王山碑刻》《陕西药王山碑刻艺
术总集》。

备注：碑右侧及下部残缺。

提要：碑文残缺严重，难识全貌。大意为世
宗军需匮乏，特许各寺观进纳，以赐
宫观名额，广严院额记因此而得。

## *洪福院牒

年代：金大定五年（1165）刻立。

形制：高 0.55 米，宽 1.05 米，厚 0.25 米。

行字：碑文楷书 18 行，满行 32 字。

现藏：户县秦渡镇庞村罗汉寺出土，时间
不详。

著录：《户县碑刻》。

提要：碑文记载唐贞观十九年（646）建立
白马寺，金大定三年（1163）改为洪
福院，明景泰二年（1451）重建改为
罗汉禅寺。洪福院，即今之罗汉寺。
位于户县县城东九公里处秦渡镇庞
村。兴建于东汉明帝时（58—75），
初称白马招觉院，唐时改称庄严院，
金大定三年改为洪福院，明洪武时
（1368—1398）改称罗汉寺。

## *太清观牒

年代：金大定五年（1165）刻立。

形制：碑正方形。边长 0.74 米，厚 0.12 米。

行字：碑文行书、楷书 9 行，共约 60 字。
中间小字楷书 7 行，共约 113 字。

纹饰：牒石四侧饰走兽及缠枝花纹。

出土：原在咸阳太清观，后移凤凰台。

现藏：咸阳博物馆。

著录：《咸阳碑石》。

提要：碑文为金建太清观的官方文牒。

## 延昌寺宗派图

年代：金大定五年（1165）刻立。

形制：圆首，两面刻。高 1.10 米，宽 0.53
米，厚 0.19 米。

行字：额横刻楷书 6 字，题"延昌寺宗派
图"。碑文楷书，满行字数不等。

出土：原存铜川市万佛寺。

现藏：药王山博物馆。

著录：《药王山碑刻》《陕西药王山碑刻艺
术总集》。

提要：宗派图中的寺主当为法海，其师承关
系为法海师道津，道津师修崇，修崇
师助义；法海之下为法海授惠湛，惠
湛授洪□，洪□授智□。

## 敕赐妙觉寺铭

年代：金大定七年（1167）刻立。

形制：圆首。高 2.18 米，宽 0.74 米，厚 0.41 米。

行字：额篆书 2 行，满行 3 字，题"敕赐
妙觉寺铭"。碑文楷书 35 行，满行
35 字。

纹饰：中上部开龛，龛内坐佛一尊，中部有
尚书礼部牒文，下部为楷书铭文。碑
阴原有龛，现剥落不清，右侧面中上
部有龛，龛内有坐佛一尊，左侧面中

上部开龛，龛内坐佛一尊。

出土：1998 年出土于富平县刘集镇吕当小学。

现藏：富平县文庙。

提要：碑文记载金大定年间（1161—1189）耀州、富平县义亭乡刘集镇妙觉寺建庙原因及经过，并有行书尚书礼部牒。

## 耀州华原县五台山孙真人祠记

年代：金大定九年（1169）刻立。

形制：方首龟座。高 1.95 米，宽 0.71 米，厚 0.17 米。

行字：碑文楷书 30 行，满行 80 字。

撰书：王献撰，米孝思书。

出土：原存耀县药王山南庵。

现藏：药王山博物馆。

著录：《金石萃编》《陕西金石志》。

提要：碑上栏为《龙君献方图》，下栏碑文记录五台山的地形地貌、历史沿革、建筑布局及孙思邈生平事迹。

## 补修古佛记

年代：金大定九年（1169）刻。

形制：摩崖题刻。高 0.48 米，宽 0.71 米。

行字：碑文行书 10 行，满行字数不等。

出土：刻于耀县药王山摩崖。

现藏：药王山博物馆。

著录：《药王山碑刻》《陕西药王山碑刻艺术总集》。

提要：碑文记载本州禅院长老东公，特求善工在石壁上刻诸像十二尊事。

## 重修古佛大殿记

年代：金大定九年（1169）刻。

形制：摩崖题刻。高 0.43 米，宽 0.56 米。

行字：碑文行书 4 行，满行 16 字。

出土：刻于耀县药王山摩崖中区右侧。

现藏：药王山博物馆。

著录：《药王山碑刻》《陕西药王山碑刻艺术总集》。

提要：碑文内容为："窃以大悲社众，口上虔诚，重修古佛大殿，并塑观音圣像，兼庄功德满堂，又开药恭恭敬敬，药上，集斯妙善，愿悟无相圆寂之宗，众智承般若之智。"

## 杨从仪墓志碑

全称：宋故和州防御使提举台州崇道观安康郡开国侯食邑一千七百户实封一百户杨公墓志铭。

年代：南宋乾道五年（1169）刻立。

形制：高 2.24 米，宽 1.09 米，厚 0.17 米。

行字：碑文楷书 41 行，满行 118 字。

现藏：城固县五门堰文物管理所。

提要：碑文记载杨从仪归故里后，在杨侯禅院修心养性事。

## *兴国寺牒

年代：金大定十年（1170）刻立。

形制：左端为半圆形。高 0.59 米，宽 0.89 米，厚 0.12 米。

行字：碑文行书 10 行，满行字数不等。

现藏：户县文物管理委员会。

著录：《户县碑刻》。

提要：碑文记载礼部颁给兴国寺的牒文。兴国寺，原位于县城西北角，为紫阁山宝林寺下院，现不存。

## 汉太尉李公神道

年代：南宋乾道六年（1170）刻立。

形制：圆首。高 1.20 米，宽 0.85 米。

行字：碑文楷书 8 行，满行 3 字。

撰书：阎苍舒立。

出土：此碑自立未移。

现藏：城固县李固墓。

备注：碑面字迹模糊。

提要：此碑为汉太尉李固神道碑。

## *惠济院碟

年代：金大定十年（1170）刻立。

形制：青石质，碑残损。残高 1.53 米，宽 0.66 米，厚 0.19 米。

行字：碑文楷书。碑阳上部 13 行，满行 30 字。下部 19 行，满行 31 字。碑阴 20 行，满行 35 字。

出土：洛川县秦关街农机站。

现藏：洛川县博物馆。

提要：碑阳上段刻尚书礼部赐惠济院额牒文，碑阴记载修复、保护惠济院的情况和捐资人姓名。

## 重修山河堰记碑

年代：南宋乾道七年（1171）刻立。

形制：高 0.50 米，宽 1.00 米。

行字：碑文楷书 12 行，满行 14 字。

撰书：阎苍舒撰。

出土：1982 年出土于汉中市河东店小学基建时。

现藏：汉中博物馆。

备注：始立于汉中河东店萧曹祠，后损佚，残存仅为原碑四分之一。

提要：碑文记载乾道六年（1170）十月至七年正月，四川宣抚使王炎命兴元府知府、利州路安抚使吴拱重修山河堰事，是两宋期间规模最为浩大的一次修葺工程。阎苍舒，四川崇庆人，曾任城固县令、兴元知府，诗词文章皆负盛名，书法欧体，极见功力。

## *刘宗道买地券

年代：金大定十四年（1174）刻立。

形制：共 2 石，尺寸相同。高 0.36 米，宽 0.35 米，厚 0.05 米。

行字：碑文行书 20 行，满行 14 字。

撰书：刘宗道撰。

出土：2005 年出土，地点不详。

现藏：子长县文物管理所。

备注：下部风化严重。此墓碑由 2 块方砖组成。

提要：碑文记载延安府延川县乐业乡刘宗道为其亡父刘为迁坟时施资买地事，及坟地的四至和保主吉语等。

## 任天锡墓碑

全称：有宋复武功大夫果州团练使安康郡侯任公之墓。

年代：南宋淳熙五年（1178）刻立。

形制：圆首。高 1.82 米，宽 0.98 米。

行字：额楷书 5 行，满行 4 字，题"宋复武功大夫果州团练使安康郡侯任公之墓碑"。碑文楷书 24 行，满行 36 字。

撰书：田其撰。

出土：原立安康市张滩乡汪家岭，1975 年移藏安康市博物馆。

现藏：安康市历史博物馆。

著录：《安康碑版钩沉》。

提要：碑文记载南宋抗金名将任天锡生平事迹、家族世系等，还记载北宋靖康之变、任天锡英勇抗金事。

## 乾明寺记碑

年代：南宋淳熙八年（1181）刻立。

行字：碑文楷书 18 行，满行 31 字。

撰书：僧修信撰并书。

出土：原立于南郑县中梁山乾明寺前。

现藏：南郑县乾明寺。

著录：《关中金石记》（乾隆）《南郑县志》《汉中碑石》。

提要：碑文记载宋太平兴国三年（978）乾明寺概况，并记载从新罗国来修道有成的僧侣居住其中，使伽蓝日益壮大，直至绍兴三年（1133），金帅撒离喝由饶内关（今属石泉）偷袭汉中，兴元知府刘子羽坚壁清野，烧毁府城；撒离喝入汉中，移兵乾明寺，月余将乾明寺烧毁退走；五十年后伽蓝复使乾明寺兴盛光大，为汉中禅林之冠。

## 仪制令碑

年代：南宋淳熙八年（1181）刻立。

形制：高 0.60 米，宽 0.48 米，厚 0.14 米。

行字：碑中部大字楷书"仪制令"3 字。碑文楷书 6 行，满行字数不等。

出土：20 世纪 70 年代出土于略阳县接官亭公社。

现藏：略阳县灵岩寺博物馆。

著录：《灵岩流光》《陕西金石志》《汉中碑石》。

提要：原文："仪制令：贱避贵，少避长，轻避重，去避来，淳熙辛丑邑令王立石。"

## 耀州吕公先生记

年代：金大定二十三年（1183）刻立。

形制：圆首方座。高 1.98 米，宽 0.83 米，厚 0.17 米。

行字：碑文楷书 31 行，满行 57 字。

撰书：杨杲撰，马昌国书。

出土：原存耀县药王山南庵。

现藏：药王山博物馆。

著录：《陕西金石志》。

提要：碑分上下栏，上栏线刻《吕公应诏图》，下栏碑文记载金代著名道士吕中道隐于华原东山及受诏进京住天长观事。

## 福严禅院之记

年代：金大定二十五年（1185）刻立。

形制：高 1.66 米，宽 0.77 米，厚 0.25 米。

行字：额篆书 2 行，满行 3 字，题"福严禅院之记"。碑文楷书 26 行，满行 27 字。

撰书：刘光谨书并篆。

纹饰：碑额饰二龙图案。碑身两侧饰牡丹纹。

现藏：蒲城县博物馆。

提要：碑文记载李口世（法号法坚）主持修造福严禅院之功，以及福严禅院的历史。碑阴有本村助缘施主名姓。

## *徐氏买地券

年代：南宋淳熙十四年（1187）刻立。

形制：正方形。边长 0.40 米。

行字：碑文楷书，行字数不详。

出土：安康市汉滨区西关出土。

现藏：安康市历史博物馆。

提要：碑文记载徐玘、徐仪各购地一段安葬父母事。

## 莲峰真逸绝句二首

年代：金大定二十八年（1188）刻立。

形制：高 0.37 米，宽 0.66 米。

行字：碑文楷书 9 行，满行 11 字。跋文楷书 11 行，满行 16 字。

撰书：乔宸撰，申天禄书并跋。

出土：西安碑林旧藏。

现藏：西安碑林博物馆。

著录：《西安碑林全集》。

备注：右端有金代马祥题记二行（多漫漶）。

提要：莲峰真逸为乔宸的别号。乔宸在金正隆年间（1156—1160）曾任蒲县县丞，官至大理正，约卒于金大定十八年（1178）。乔宸以文章起家，《中州集》称其诗、乐府俱有名。去世后，其子德容来长安，访得其父诗文，遂请同乡长安县令申天禄书、跋并刻石。

## 李八名地界碑

年代：金明昌二年（1191）刻立。

形制：圆首。高0.50米，宽0.30米，厚0.15米。

行字：碑文行书3行，满行9字。

出土：1990年出土于黄龙县红石崖乡南渠左村。

现藏：黄龙县文物管理所。

提要：碑文为金明昌年间（1190—1195）地主李八名地界四至。

## 御前诸军都统制致仕彭杲事实碑

全称：宋故武功大夫吉州刺史兴元府驻扎御前诸军都统制致仕彭公事实碑。

年代：南宋绍熙三年（1192）刻立。

形制：圆首。高1.56米，宽0.87米，厚0.11米。

行字：碑文楷书49行，满行80字。

出土：1991年出土于洋县纸坊乡石山梁。

现藏：洋县文物博物馆。

提要：碑文记载彭杲辞官归故里后，回忆已故父母，年四十祈祷求子的离奇故事。并记述彭杲从小喜经史、善骑射，后抗击金军的戎马生涯，死后葬于洋州镇孤魂庙村北石山梁南坡。

## 高有邻题九成宫诗碑

年代：金明昌四年（1193）刻立。

形制：砂石质。高0.46米，宽0.40米，厚0.07米。

行字：碑文楷书7行，满行7字。

撰书：高友邻撰。

出土：1984年出土于麟游县九成宫醴泉铭碑房附近。

现藏：麟游县博物馆。

著录：《麟游胜迹》。

提要：碑文记载金章宗明昌四年，安国军节度使高有邻游览九成宫后作咏史诗一首，批判隋广营离宫导致灭亡，唐人又重蹈覆辙。

## 净光院牒文

年代：金明昌四年（1193）刻立。

形制：高0.83米，宽0.53米，厚0.09米。

行字：碑文楷书，行字数不详。

现藏：彬县水口乡上长禄村。

提要：碑文记载明昌四年赐净光院牒。文字漫灭。

## 刘诠修紫台题记

年代：金明昌五年（1194）刻立。

形制：高0.60米，宽0.70米。

行字：碑文楷书17行，满行21字。

撰书：张仲宣书。

现藏：绥德县义合镇紫台山娘娘庙。

著录：《榆林碑石》。

备注：砂岩质，剥蚀严重。

提要：碑文记载刘诠自愿修紫台一座事。

## 京兆府提学所帖

年代：金明昌五年（1194）刻立。

形制：螭首龟座。高 3.22 米，宽 1.05 米，厚 0.31 米。

行字：碑文楷书，文分上下二栏 6 列，每列 66—70 行，满行 50 字。

出土：西安碑林旧藏。

现藏：西安碑林博物馆。

著录：《八琼室金石补正》《西安碑林全集》《陕西金石志》。

备注：碑身中断，文字多漫漶并残缺。碑阳刻为北宋《玄圣文宣王赞并序》。

提要：碑文记载京兆府学所属房舍和瞻学地土清册。

## 山河堰落成记摩崖

年代：南宋绍熙五年（1194）刻。

形制：通高 2.26 米，上沿宽 5.10 米，下沿宽 5.06 米。

行字：碑文隶书 16 行，满行 9 字。

出土：原在汉中山河堰，1971 年前迁入汉中博物馆。

现藏：汉中博物馆。

著录：《褒谷古迹辑略》《金石萃编》《舆地纪胜》。

备注：此摩崖虽未注明书者，但观其笔意，仍为晏袤手笔。

提要：碑文记载南宋绍熙四年（1193）山河堰决堤，南郑县令晏袤等人主持修建此水利工程之经过。

## 晏袤释鄐君开通褒斜道摩崖

年代：南宋绍熙五年（1194）刻。

形制：高 2.70 米，宽 2.20 米。

行字：碑文隶书，剥蚀严重，行字数无法辨识。

撰书：晏袤撰。

出土：原在汉中石门，1971 年迁入汉中博

物馆。

现藏：汉中博物馆。

著录：《金石萃编》《关中金石记》《褒谷古迹辑略》。

备注：此摩崖剥落严重，残存的刻字几不成文。

提要：碑文记载南郑县令晏袤主持山河堰修葺工程时，在苔藓遍布的山崖间发现了这方被湮没的石刻。御史录其全文并为之撰写释文，镌文于摩崖下方。碑文分为二部分，一为抄录原文，二为晏袤的释文。

## 冲和大德雷公寿堂记

年代：金明昌六年（1195）刻立。

形制：圆首方座。通高 2.25 米，宽 0.81 米，厚 0.13 米。

行字：碑文楷书 24 行，满行 44 字。

撰书：王昌期撰，李善治书，彭彦通刊。

现藏：黄帝陵轩辕庙碑廊。

著录：《延安市文物志》《黄陵文典·文物卷》《黄帝陵碑刻》。

提要：碑文记载中部人雷致虚金皇统二年（1142）试经为道士，大定年间（1161—1189）京师闻名，回中部守护黄帝陵庙。王昌期在其八十岁时撰写此寿堂记。

## *释迦如来真身舍利石棺铭

年代：金明昌六年（1195）刻立。

形制：棺盖三棱面，石棺长方形。棺盖高 0.14 米，两斜刹面宽 0.10 米。石棺长 0.36 米，宽 0.26 米，棺身高 0.19 米。

行字：碑文楷书 4 行，满行 10 字。

纹饰：棺盖两刹饰蔓草花纹。

出土：1988 年出土于高陵县毗沙村。

现藏：高陵县文化馆。

著录：《高陵碑石》。

提要：石棺出土地毗沙村，为宋、金两代隆昌寺所在地。该石棺铭的出土对研究这一时期的佛教历史具有一定的参考价值。镌刻铭文"平阳府霍山塔下释迦如来真身舍利，时大金明昌陆年岁次乙卯拾月日分葬入塔□□□"。

## 晏袤释潘宗伯韩仲元造桥阁题记摩崖

年代：南宋庆元元年（1195）刻。

形制：通高1.20米，宽0.95米。

行字：上部楷书4行，满行38字。下部隶书15行，满行22字。

撰书：晏袤撰并书。

现藏：汉中博物馆。

著录：《褒谷古迹辑略》。

备注：字迹漫漶，仍可辨其梗概。

提要：此摩崖南宋南郑县令晏袤撰并书，末署题名。前半部分系潘、韩与李苞题刻录文，后部系晏袤的考释。

## 张君墓志

全称：宋故奉议郎前武兴通守张公墓志铭。

年代：南宋庆元二年（1196）刻。

形制：高0.77米，宽0.51米。

行字：志文楷书26行，满行44字。

撰书：苏德文撰，雷陟书。

现藏：洋县蔡伦墓祠文物管理所。

提要：志文记载宋故奉议郎前武兴通守张君墓地位置情况。

## *闾丘资深等题记

年代：南宋庆元二年（1196）刻。

形制：通高0.47米，宽0.30米。

行字：碑文隶书3行，满行8字。

撰书：闾丘资深书。

现藏：汉中博物馆。

提要：原刻在玉盆故址一巨石上，因流水冲蚀，字迹漫漶。南宋闾丘资深等在原刻二字上方仿刻"玉盆"二字并题名留记。

## *承安三年经幢

年代：金承安三年（1198）刻立。

形制：八棱柱形。高3.25米，面宽0.22米。

行字：幢文楷书，每面6行，满行字数不详。

纹饰：柱身上部线雕多手神像，中部为四菩萨像。

现藏：蒲城县博物馆。

备注：唐大中十二年（858）始建，至宋代字迹漫灭；大金承安三年重建，并存于蒲城县池阳圣寿寺内。

提要：幢文记载唐高宗时西域沙门佛陀波利来中国宣扬佛法，翻译《佛顶尊胜陀罗尼经》事。

## 同州澄城县柏社重修普照禅院碑记

年代：金承安四年（1199）刻立。

形制：高1.37米，宽0.73米。

行字：上部行书，刻金大定四年（1164）尚书礼部牒。下部楷书26行，满行32字。

撰书：牛显祖撰，颜师孟书，义林篆。

纹饰：碑四周饰花卉纹。

现藏：澄城县庄头乡柏东村戏楼台沿上。

著录：《澄城碑石》。

备注：碑身断裂为两截。

## *"云房"题刻

年代：金承安四年（1199）刻立。

形制：高 0.93 米，宽 0.83 米，厚 0.03 米。

行字：碑右半部草书"云房"二字。左半部题跋楷书 9 行，满行 21 字。

撰书：李□题跋。

纹饰：碑四周饰蔓草纹。

出土：原镶于临潼县栎阳古镇东门北壁。

现藏：西安市临潼博物馆。

著录：《陕西金石志》《临潼县志》。

备注：碑石文字漫漶不清。

提要：碑左侧有当时岳阳县主簿李□之题跋，栎阳县令黄庆立石。"云房"先生乃汉钟离之号。

## 金法门寺藏经碑

年代：金承安五年（1200）刻立。

形制：汉白玉石质。高 0.50 米，宽 1.09 米。

行字：碑文楷书，残存 38 行，满行 15 字。

撰书：王邦杰书，张福刊，普晖立。

纹饰：一面磨平，四侧及碑面有凿痕，四边饰菱格纹。

出土：1988 年出土于扶风县法门寺院。

现藏：法门寺博物馆。

著录：《法门寺志》《法门寺文化与法门寺学》《法门寺考古发掘报告》。

备注：碑面残，风蚀严重。

提要：碑文记载金熙宗皇统元年（1141）之前，法门寺不仅珍藏佛骨舍利，还以藏经之宏富冠盖丛林；二十四院僧人经 49 年之搜寻，获经 5000 余卷。

## *泰和四年陀罗尼经幢

年代：金泰和四年（1204）刻立。

形制：八棱柱形。通高 1.40 米。

行字：幢文楷书 40 行，满行 51 字。

撰书：王邦杰撰。

纹饰：柱顶饰一周梵文，底座饰蔓草纹。

出土：出土时间、地点不详。1986 年移至扶风县博物馆。

现藏：扶风县博物馆。

提要：正文刻《佛顶尊胜陀罗尼经》经文。

## 麻邦宁寄题九成宫诗碑

年代：金泰和五年（1205）刻立。

形制：石灰石质。高 0.67 米，宽 0.56 米，厚 0.18 米。

行字：碑文楷书 12 行，满行 10 字。

撰书：麻邦宁撰。

出土：1983 年出土于麟游县九成宫遗址。

现藏：麟游县博物馆。

著录：《麟游胜迹》。

提要：碑文记载金章宗时王官麻邦宁游览九成宫遗址后，批评李世民文过饰非、蹈隋覆辙而作的咏史诗一首。

## 大金故奉信李公碑铭并序

年代：金泰和五年（1205）刻立。

形制：圆首。高 2.42 米，宽 0.96 米。

行字：碑文隶书 29 行，满行 56 字。

撰书：段继昌撰。

纹饰：碑额饰云鹤图案，碑四周饰缠枝卷叶纹。

出土：原立于蒲城县东陈镇南新村。

现藏：蒲城县博物馆。

著录：《蒲城县志》。

提要：碑文记载宋金之时蒲城变迁历史，及李进之生平事迹。

## 京兆府学教授题名记

年代：金泰和六年（1206）刻立。

形制：高 1.30 米，宽 0.83 米，厚 0.13 米。

行字：额篆书 3 行，满行 3 字，题"京兆府学教授题名记"。碑文楷书 26 行，满行 20 字。题名 2 列。

撰书：孙通祥记，王世英书，孙嘉祥篆额，康琢立。

出土：西安碑林旧藏。

现藏：西安碑林博物馆。

著录：《西安碑林全集》。

备注：碑已断为五块。碑阳刻北宋《京兆府府学新移石经记》。

提要：碑文前部记载如何选用人才及教育人才的道理，后部为十八位教授的题名。

## 游圭峰草堂

年代：金大安元年（1209）刻立。

形制：高 0.38 米，宽 1.01 米，厚 0.10 米。

行字：碑文行书 25 行，满行 12 字。

撰书：雪岩老人、史矢、田曦等撰，普定书，樊世忠刊。

现藏：户县草堂寺碑廊。

著录：《金石续编》《陕西金石志》《户县碑刻》。

备注：碑中部有裂纹。

提要：碑文记载雪岩老人、史矢、田曦等游圭峰草堂寺而撰写的四首诗。

## 金烛和尚焚身感应之碑

年代：金大安二年（1210）刻立。

形制：通高 2.20 米，宽 0.87 米，厚 0.35 米。

行字：碑文楷书 35 行，满行 72 字。

撰书：吴海刊，王公□书，郝溥撰额。

纹饰：额边残留莲瓣及卷云纹样。

出土：1988 年出土于扶风县法门寺。

现藏：法门寺博物馆。

著录：《法门寺志》《法门寺文化与法门寺学》《法门寺考古发掘报告》。

备注：碑为汉白玉石质，残损严重。

提要：碑记载岐阳镇重镇寺（法门寺）二十

四院中净土院僧人法爽（金烛和尚乃其焚身时自立名号），于金泰和八年（1208）焚身供养，数万人前来观礼的事件。金大安二年，法门寺僧众立碑以纪念法爽。

## *华州防御完颜奉国二诗

年代：金大安二年（1210）刻立。

形制：高 0.93 米，宽 0.52 米。

行字：碑文楷书 14 行，满行 17 字。

撰书：杨愭题跋。

现藏：蒲城县博物馆。

提要：碑一侧楷书记录了完颜奉国二首诗。另一侧是杨愭行草对该诗所题跋文。

## 何仲钧题字

年代：金兴定二年（1218）刻立。

形制：高 0.50 米，宽 1.02 米，厚 0.12 米。

行字：碑文草书 18 行，满行字数不等。

撰书：何仲钧撰。

出土：原存耀县药王山南庵。

现藏：药王山博物馆。

著录：《陕西金石志》《药王山碑刻》。

提要：碑文记载太守纳兰忠德于兴定二年中春三日敬谒妙应真人祠事。

## 灵崖叙别记摩崖刻石

年代：南宋嘉定十一年（1218）刻立。

形制：高 1.30 米，宽 6.00 米。

行字：碑文楷书 22 行，满行 10 字。

撰书：李耆寿撰并书。

出土：此碑自立未移。

现藏：略阳县灵岩寺博物馆。

著录：《陕西金石志》《关中金石记》《汉中碑石》。

提要：碑文记载四川宣抚使董居谊、杨九鼎抗击金兵之事迹。此碑为李耆寿在灵岩寺摆宴欢送董、杨二位后刻，以纪念之。

## 吴忠嗣墓志

全称：皇宋洋州察推吴君志铭。

年代：南宋嘉定十一年（1218）刻。

形制：高 0.93 米，宽 0.46 米，厚 0.05 米。

行字：盖文篆书 2 行，满行 5 字，题"皇宋洋州察推吴君志铭"。志文楷书 35 行，满行 53 字。

撰书：文祁撰并书，苏樵题盖，姜敏刊。

出土：1973 年出土于南郑县新集公社马鞍山水库。

现藏：南郑县圣水寺文物管理所。

著录：《汉中碑石》。

提要：碑文记载南宋吴忠嗣之生平事迹，文中提及其拒不降金附逆之事。

## *印公开堂疏碑

年代：金元光二年（1223）刻立。

形制：高 0.54 米，宽 0.52 米，厚 0.10 米。

行字：碑文行书 21 行，满行 20 字。

现藏：户县草堂寺碑廊。

著录：《关中金石记》《金石续编》《户县碑刻》。

备注：碑面中右部有一块碎裂。

提要：碑文记载陕西东路京兆府邀请印公堂头任草堂寺住持的公文。

## 草堂辨正大师奥公僧录塔铭

年代：金元光二年（1223）刻立。

形制：高 0.98 米，宽 0.49 米。

行字：额篆书 1 行 12 字，题"草堂辨正大师奥公僧录塔铭"。碑文楷书 20 行，满行 40 字。

撰书：释方亨撰，义金篆额，徐义书。

现藏：户县文物管理委员会。

著录：《户县碑刻》。

提要：碑文记载辨正大师的生平、弟子情况及助缘法孙僧、助缘知事僧名录。辨正大师俗姓王氏，乾州醴泉人，讳道奥，字子深，俗寿七十二，僧腊六十一，元光二年火化后葬于寺南，依圭峰而起浮图。

## 易光夫题诗碑

年代：南宋嘉定（1208—1224）刻立。

形制：高 0.22 米，宽 0.46 米。

行字：碑文楷书 12 行，满行 10 字。

撰书：易光夫撰。

出土：此碑自立未移。

现藏：略阳县灵岩寺博物馆。

提要：碑文记载易光夫出游的原因以及相携好友游览胜地事。

## 大金重修府学教养之碑

年代：金正大二年（1225）刻立。

形制：螭首方座。高 2.35 米，宽 0.36 米，厚 0.23 米。

行字：碑文楷书 28 行，满行 48 字。

撰书：刘渭撰，杨焕书，张邦彦篆额，樊世亨刻，兀颜德正等立石。

纹饰：碑两侧饰花纹。

出土：西安碑林旧藏。

现藏：西安碑林博物馆。

著录：《金石萃编》《寰宇访碑录》《陕西金石志》。

备注：碑阴刻金代娄仪之书"雁塔先征"及东西学百余人题名。

提要：碑文记载行省参政的完颜合达重视教育、开设学校、爱惜人才、教养京兆府学诸生的功德，以及修建府学的经过和修建后府学焕然一新的面貌。书者杨焕（1185—1255），字焕然，又名知章，元乾州奉天人，著有《还山集》《正统书》。

## 草堂寺唐太宗皇帝赞姚秦三藏罗什法师碑

**年代：** 金正大二年（1225）刻立。

**形制：** 高 0.57 米，宽 0.58 米，厚 0.22 米。

**行字：** 碑文楷书 14 行，满行 15 字。

**撰书：** 李世民撰，樊世亨刊。

**纹饰：** 碑四周饰水波纹。

**现藏：** 户县文物管理委员会。

**著录：**《金石续编》《陕西金石志》《户县碑刻》。

**备注：** 此诗是否为唐太宗李世民所撰，待考。

**提要：** 碑文记载唐太宗赞颂鸠摩罗什七律诗一首。鸠摩罗什（344—413），后秦高僧，龟兹（今新疆库车）人。前秦苻坚闻其名，遣将吕光迎之。光闻坚卒，遂于河西自立为王。罗什羁留凉州十六七年，直至后秦姚兴破凉，迎罗什至长安，礼为国师，居于逍遥园与僧肇、慧严等从事译经荼，共译《中论》《百论》《十二门论》等佛教经典二百八十四卷，为三论宗之开祖。

## *赵闲闲诗碑

**年代：** 金正大三年（1226）刻立。

**形制：** 高 0.40 米，宽 0.61 米，厚 0.15 米。

**行字：** 碑文行草 10 行，满行 10 字。

**撰书：** 赵秉文撰并书，方亨题跋。

**现藏：** 户县草堂寺碑廊。

**著录：**《金石萃编》《陕西金石志》《户县碑刻》。

**提要：** 碑文记载金礼部尚书赵秉文七言律诗三首。赵闲闲，名秉文，字周卧，闲闲为其号，磁州滏阳（今河北磁县）人。大定进士，兴定初累拜礼部尚书，后改任翰林学士，工书画诗文。著有《易丛说》《中庸说》《资暇录》《删集论语》等。

## 游灵岩寺

**年代：** 南宋宝庆二年（1226）刻立。

**形制：** 高 0.35 米，宽 0.69 米，厚 0.14 米。

**行字：** 碑文行书 14 行，满行 12 字。

**撰书：** 虞刚简撰并书。

**出土：** 此碑自立未移。

**现藏：** 略阳县灵岩寺博物馆。

**著录：**《灵岩流光》《陕西金石志》《汉中碑石》。

**提要：** 碑文记载宋人虞刚简所写诗文。原文为："八年前识兹山面，今日幽盟许重寻。乱石悬崖僧易少，疎林浅薄寺难深，流泉药得何人病，绝壁灵通古弗心。老我泊然元会得，俯空一关晚风临。摩挲石刻拜方兴，误国从初恨老秦。十六州归仍遗虏，百语年事语谁人。出师表在今如昔，坠泪碑存旧似新。江水江花岂终极，风光一任转青春。"

## 陈氏墓志

**全称：** 宋故太孺人陈氏墓志铭。

**年代：** 南宋宝庆二年（1226）刻立。

**形制：** 圆首。志高 1.05 米，宽 0.55 米，厚 0.13 米。

**行字：** 额篆书 2 行，满行 5 字，题"宋故太孺人陈氏墓志铭"。志文楷书 19 行，满行 40 字。

**撰书：** 周曾撰，吴伦书，郭邴篆额。

出土： 1958 年出土于洋县八龙乡太师村王氏墓地。

现藏： 洋县文物博物馆。

著录： 《汉中碑石》。

提要： 陈氏为陈远猷之孙，故知县陈教之女，嫁与承信郎王仁杰，婚后不到三年即守寡，独自养育儿子。三十余年后，太后寿典封其为太孺人。

## *曹济之等游玉盆题名

年代： 南宋绍定二年（1229）刻立。

形制： 长方形，尺寸不详。

行字： "玉盆"二字为隶书，其余 3 行小字为楷书。

现藏： 汉中博物馆。

提要： 原刻在《间丘资深等题名》左上侧，其上方有摹刻的"玉盆"二隶书，下有三行小字楷书。

## 忠清粹德之碑

年代： 南宋绍定三年（1230）刻立。

形制： 高 1.43 米，宽 0.88 米。

行字： 额隶书 3 行，满行 2 字，题"哲宗皇帝御书"。碑文大字篆书 2 行，满行 3 字，题"忠清粹德之碑"。

撰书： 宋哲宗书，田克仁立。

出土： 原在宋沔州（今略阳县）衙署，后移至灵岩寺。

现藏： 略阳县灵岩寺博物馆。

著录： 《灵岩流光》《陕西金石志》《汉中碑石》。

提要： 此碑系宋哲宗所书司马光神道碑。

## 重刻郙阁颂摩崖刻石

年代： 南宋绍定三年（1230）刻立。

形制： 高 0.83 米，宽 0.68 米。

行字： 碑文隶书 10 行，满行 10 字。

撰书： 田克仁撰。

出土： 此碑自立未移。

现藏： 略阳县灵岩寺博物馆。

著录： 《陕西金石志》《金石萃编》《汉中碑石》。

提要： 碑原文为："汉武都太守李翕修析里郙阁颂碑，在今沔州西二十里之金堂阁，岁久昏蚀，殆不可读。克仁开禧间得旧墨本于京口，勘之欧阳公《集古录》，洪氏《释》及郡志所载，忘缺差少。来守是邦，因勒诸灵岩寺之石壁，以永其传。绍定三年五月既望，临沂田克仁书。"

## 皇太子阔端祝文

年代： 南宋淳祐六年（1246）刻立。

形制： 方首方座。高 1.09 米，宽 0.46 米，厚 0.15 米。

行字： 碑文楷书 14 行，满行 34 字。

撰书： 阔端撰，杨志松刊。

出土： 原存耀县药王山南庵。

现藏： 药王山博物馆。

著录： 《关中金石记》《陕西金石志》。

提要： 碑文记载元太子阔端遣使遍诣各个寺观与名山大川行礼。故贴没钦依恭诣耀州五台山明观妙应真人殿前，熏香致奠，宣告皇太子祝文。

## 大朝皇太子令旨重修草堂寺碑

年代： 约南宋淳祐七年（1247）刻立。

形制： 高 1.50 米，宽 0.66 米，厚 0.16 米。

行字： 额篆书 1 行 11 字，题"皇太子令旨重修草堂寺碑"。碑文第一栏楷书 17 行，满行 13 字。第二栏楷书 27 行，满行 15 字。第三栏楷书 15 行，满行 12 字。第四栏楷书 18 行，满行 17

字。文末有二行回鹘式蒙古文字。

现藏：户县草堂寺碑廊。

著录：《户县碑刻》。

提要：碑文记载阔端重修、扩建草堂寺事。

## 了然子同尊师冠履墓志

全称：羽化了然子同尊师冠履墓志铭并序。

年代：南宋淳祐八年（1248）刻立。

形制：圆首方座。高2.40米，宽0.85米，厚0.24米。

行字：志文楷书25行，满行54字。

撰书：张柔撰，郭道容书。

出土：原存耀县药王山晒药场。

现藏：药王山晒药场。

著录：《药王山碑刻》《陕西药王山碑刻艺术总集》。

提要：志文记载了然道行及衣冠冢事。

## 月山伏鲁子祠堂记

年代：南宋淳祐九年（1249）刻立。

形制：螭首方座。高1.98米，宽0.79米，厚0.25米。

行字：碑文楷书25行，满行42字。

撰书：邳邦用撰，郭道容书。

出土：原存耀县药王山南庵。

现藏：药王山博物馆。

著录：《药王山碑刻》《陕西药王山碑刻艺术总集》。

提要：碑文记载月山伏鲁子学仁厚学医，求真得道，羽化升仙于五台山，葬于升仙台，郡人为之立祠，复为整葺祠堂事。

## 五泉野人题诗

年代：南宋宝祐四年（1256）刻立。

形制：高0.41米，宽0.75米。

行字：碑文行书15行，满行字数不等。

撰书：杨聪撰，张志和刊。

出土：原存耀县药王山南庵。

现藏：药王山博物馆。

著录：《陕西金石志》《关中金石记》。

提要：碑文为："休于相上苦参祥，已得玄殊入梦乡。要识吾师真面目，门前志报自苍苍。"

## 唐太宗赐真人颂

年代：南宋宝祐四年（1256）刻立。

形制：螭首龟座。高2.04米，宽0.70米，厚0.25米。

行字：碑文行书4行，满行字数不等。跋文楷书10行，满行46字。

撰书：李世民撰，杨聪书。

出土：原存耀县药王山南庵。

现藏：药王山博物馆。

著录：《金石萃编》《关中金石记》《金石最》。

备注：碑阴为明正统十三年（1448）刻《龟蛇碑》。

提要：碑文为"凿开径路，名魁大医，羽翼三圣，调合四时，降龙伏虎，拯衰救危，巍巍堂堂，百代之师"。跋文记录了郡人骆志全，双目暴尔失明，因在真人像前诚心祈祷，双眼复明事。

## 孙真人福寿论

年代：南宋宝祐四年（1256）刻立。

形制：圆首方座。高1.70米，宽0.83米，厚0.20米。

行字：碑文楷书4栏，每栏33行，满行12字。

撰书：孙思邈撰，杨聪书。

出土：原存耀县药王山南庵。

现藏：药王山博物馆。

著录：《金石萃编》《陕西金石志》《关中金

石记》。

**提要**：孙思邈在《福寿论》中道："福者造善之积也。祸者，造不善之积也。"进一步强调，行为非分者，必生祸患；安分守己、奉阴德而不欺者，定能福寿双全。

## 丹阳马真人十劝碑

**年代**：约南宋宝祐六年（1258）刻立。

**形制**：圆首方座。通高 1.68 米，宽 0.50 米，厚 0.12 米。

**行字**：额楷书 2 行，满行 3 字，题"丹阳真人十劝"。碑文楷书，上栏 19 行，满行 26 字；下栏 16 行，满行 4 字。

**现藏**：户县祖庵镇成道宫村西门外成道宫。

**著录**：《户县碑刻》。

**提要**：碑文记载丹阳马真人十劝，主要劝导不得犯国法，断酒色财气，不得诈做好人，受人供养，慎言语，节饮食，薄滋味，弃荣华，绝憎爱等。丹阳马真人，即马钰（1123—1183），山东宁海（今山东牟平）人。原名从义，字宜甫。金大定八年（1168）从王喆出家学道，更名钰，字玄宝，号丹阳子，世称丹阳真人。元世祖忽必烈时被追封为"丹阳抱一无为真人"。

## 碑阴序

**年代**：南宋景定元年（1260）刻立。

**形制**：圆首方座。高 1.98 米，宽 0.83 米，厚 0.17 米。

**行字**：碑文楷书 18 行，满行 42 字。

**撰书**：吴天祥撰，王珪书。

**出土**：原存耀县药王山南庵。

**现藏**：药王山博物馆。

**著录**：《药王山碑刻》《陕西药王山碑刻艺术

总集》。

**备注**：碑阳刻《耀州吕公先生之记》碑阴。

**提要**：碑文记载灵应寿要真人李元亨行降御香于五台真人栖真之所，新创吕真人祠堂，塑绘仪像重立之于其前事。

## 龙阳观玉真清妙真人本行记

**年代**：南宋景定二年（1261）刻立。

**形制**：高 0.56 米，宽 0.89 米。

**行字**：碑文楷书 28 行，满行 21 字。

**撰书**：李晋撰，李晖书。

**出土**：西安碑林旧藏。

**现藏**：西安碑林博物馆。

**著录**：《西安碑林全集》。

**备注**：字有残损。

**提要**：碑文记载女道士刘净元、李守真追述先师玉真清妙真人生平，以兴教善俗为务，存诚克敬，始终尽善的德绩。清妙真人，原姓斡勒，名守坚，上京盖州人，后改李姓。大定中，其父任本州节度使。真人享年七十，厚葬金华落。

## 创建了然庵记

**年代**：南宋景定三年（1262）刻立。

**形制**：高 1.26 米，宽 1.13 米，厚 0.29 米。

**行字**：碑文楷书 31 行，满行 34 字。

**撰书**：张志隆撰，傅志通书。

**现藏**：户县草堂镇黄堆村。

**著录**：《户县碑刻》。

**提要**：碑文记载元中统三年在户县草堂镇黄堆南堡创建了然庵的经过。

## 重修古楼观宗圣宫记碑

**全称**：大元重修古楼观宗圣宫记。

**年代**：南宋景定四年（1263）刻立。

**形制**：螭首方座。高 4.50 米，宽 1.45 米，厚 0.34 米。

行字：额篆书 3 行，满行 4 字，题"大元重修古楼观宗圣宫之记"。碑文楷书 32 行，满行 74 字。

撰书：李鼎撰，朱象先书。

出土：周至县古楼观旧藏。

现藏：周至县楼观台。

著录：《楼观台道教碑石》。

备注：碑阴为宗圣宫宗主同尘真人门下各府、州、县之宫观纲首名氏。

提要：碑文记载元中统间重修宗圣宫事。

## *杨奂墓碑

年代：南宋景定五年（1264）刻立。

形制：圆首圭额。通高 2.74 米，宽 1.00 米，厚 0.29 米。

行字：碑文楷书 48 行，满行 64 字。

撰书：元好问撰，姚枢书。

纹饰：碑额饰二龙戏珠图案，碑四周饰蔓草纹。

出土：此碑自立未移。

现藏：乾县长留乡草谷村杨奂墓前。

著录：《新编乾县志》。

备注：碑文字迹大多已漫漶难辨。

提要：碑文记载杨奂幼年丧父，而立之年教授乡里，为官十年后回乡，著《还山集》《概言》《近鉴者》《正统》等，总 200 卷，被元好问誉为"关西第一夫子"。

## 特赐耀州五台山静明宫并加真人号记

年代：南宋景定五年（1264）刻立。

形制：方首龟座。高 1.59 米，宽 0.84 米，厚 0.19 米。

行字：碑文楷书，分上下两栏。每栏 16 行，满行 17 字。

出土：原存耀县药王山南庵。

现藏：药王山博物馆。

著录：《陕西金石志》。

提要：碑文记载旨谕二道。其一为韩其人树立宫观特权，其二为静明宫道士树立特权。

## 重修洪教院记

全称：乾州好畴县美川乡北齐社重修洪教院记。

年代：南宋咸淳元年（1265）刻立。

形制：圆首圭额。高 1.91 米，宽 0.76 米，厚 0.17 米。

行字：碑文楷书 22 行，满行 28 字。

撰书：杨素撰，张养秀书。

纹饰：碑四周饰蔓草纹。

出土：原立于乾县临平镇临平北村洪教院外。

现藏：乾县临平镇临平北村洪教院。

提要：从碑阴文字可知该碑为元至元二年所立。碑阳所刻三道礼部牒文时间分别为金大定三年（1163）、大定十六年（1176）、元至元二年。后边有宗派之图，祖字辈七人，了字辈十二人，众居士、信士共九十余人参与此劳役，并有署名。

## 终南山古楼观宗圣宫之图碑

年代：南宋咸淳元年（1265）刻立。

形制：螭首方座。高 2.40 米，宽 0.76 米，厚 0.25 米。

行字：额隶书 1 行 11 字，题"终南山古楼观宗圣宫之图"。跋文楷书 41 行，满行 10 字。

撰书：石庭玉题跋。

纹饰：碑四周饰花草纹。

现藏：周至县楼观台。

著录：《楼观台道教碑石》。

备注：碑阴为元贞元年（1295）《古楼观系牛柏记》。

提要：刻元重建宗圣宫之图后之建筑及规模布局。

## 段继荣墓志

全称：大朝故京兆总管府奏差提领经历段君墓志铭并序。

年代：南宋咸淳二年（1266）刻。

形制：盖长 0.68 米，宽 0.64 米。志长 0.70 米，宽 0.69 米。

行字：盖文篆书 4 行，满行 4 字，题"京兆总管府奏差提领经历段公墓志铭"。志文楷书 30 行，满行 30 字。

撰书：郭镐撰并书，赵忠立。

纹饰：志四周饰牡丹纹及莲花纹。

出土：1956 年出土于西安市南郊曲江池，后入藏西安碑林。

现藏：西安碑林博物馆。

著录：《西安碑林全集》。

提要：志文记载段继荣家族世系、生平、历官，及夫人刘氏家族世系等。段继荣主要官职有中显校尉、方城尉、同知昌武军节度使。入元后，任京兆总管府奏差提领经历。

## *道教经幢

年代：南宋咸淳三年（1267）刻立。

形制：八棱柱形。高 2.17 米，面宽 0.18 米。

行字：幢文楷书 34 行，满行 81 字。

撰书：杨聪书。

出土：原存耀县药王山南庵。

现藏：药王山博物馆。

著录：《药王山碑刻》《陕西药王山碑刻艺术总集》。

提要：此经幢共刻道义三篇，即《太上洞玄灵宝玉京山经》《洞玄灵宝升仙清灾护命经》《太上老君常清静经》。

## 赡学田记

年代：南宋咸淳五年（1269）刻立。

形制：圆首方座。四面刻。通高 1.14 米，宽 0.61 米。

行字：额隶书 1 行 4 字，题"赡学田记"。碑文楷书 10 行，满行 65 字。有关各县地亩记载为楷书 79 行，满行字数不等。

撰书：贾仁撰，雷孜书。

出土：西安碑林旧藏。

现藏：西安碑林博物馆。

著录：《西安碑林全集》《陕西金石志》《关中金石记》。

备注：碑文稍有漫漶，碑侧面题名。

提要：碑文记载元至元六年，陕西诸道行御史台监察御史李中为确保郡县学校的学田不受侵占，刻立此碑。碑中对兴平、临潼、蒲城、咸宁等县的学田数量、地界四至以及田租数量等均作详细记录。所谓"学田"是为学校所置之田产，以田租的收入作为学校的经费。学田制度始于宋仁宗时，元代仍继承。

## 重兴开福寺常住记

年代：南宋咸淳五年（1269）刻立。

形制：圆首方座。高 1.68 米，宽 0.84 米。

行字：碑文楷书 22 行，满行 31 字。

出土：原立于铜川市耀州区石柱乡。

现藏：药王山博物馆。

著录：《药王山碑刻》《陕西药王山碑刻艺术总集》。

提要：碑文记载华原县安雷社王工官人同

其舍侄等共议，将自己的两窠废旧水碨舍于开福寺，邻润村张氏、王进等人将王寨村山庄一处含于开福寺，同官县僧凤村两河底兴修上下水碨、水碾及渠道诸事。

## 同尘洪妙真人李尊师道行碑

**年代：** 南宋咸淳六年（1270）刻立。

**形制：** 圆首方座。高2.50米，宽0.95米，厚0.20米。

**行字：** 额篆书3行，满行4字，题"同尘洪妙真人李尊师道行碑"。碑文楷书28行，满行60字。

**撰书：** 李道谦撰，庞志和书并篆额。

**出土：** 此碑自立未移。

**现藏：** 周至县楼观台。

**著录：**《楼观台道教碑石》。

**提要：** 碑文记载李志柔从道经历、生平，及李志柔与尹志平率道众重修宗圣宫之事。

## 雷德谊墓志

**全称：** 大元故进义副尉青涧县主簿雷君墓志铭并叙。

**年代：** 南宋咸淳六年（1270）刻。

**形制：** 盖正方形。盖边长0.56米，厚0.12米。志长0.67米，宽0.62米，厚0.24米。

**行字：** 盖文楷书4行，满行5字，题"大元故进义副尉清涧县主簿雷军墓志铭"。志文楷书30行，满行28字。

**撰书：** 尉皋撰并书。

**出土：** 1960年出土于高陵县姬家乡年家村。

**现藏：** 高陵县文化馆。

**著录：**《高陵碑石》。

**提要：** 志文记载雷德谊之家族世系、生平、夫人、历官及子嗣情况。其历官有中部县尉、朝邑镇税使司大使、建义副尉、青涧县主簿。

## *僧任崇鼎塔铭

**年代：** 元至元八年（1271）刻立。

**形制：** 高0.42米，宽0.41米。

**行字：** 碑上部横刻楷书7字，题"故鼎公和尚之塔"。碑文楷书12行，满行15字。

**出土：** 1956年出土于西安市南城门洞。

**现藏：** 西安碑林博物馆。

**著录：**《西安碑林全集》。

**提要：** 塔铭记载僧任崇鼎之生平。

## *敕董若冲起盖后土庙圣旨

**年代：** 元至元十二年（1275）刻立。

**形制：** 高1.26米，宽0.75米。

**行字：** 碑文楷书16行，满行17字。

**出土：** 华阴市西岳庙旧藏。

**现藏：** 华阴市西岳庙文物管理处。

**著录：**《华山碑石》。

**备注：** 石残裂为三段。

**提要：** 碑文记载皇帝着董若冲起盖后土庙之圣旨。

## *吴山寺清凉院残碑

**年代：** 元至元十二年（1275）刻立。

**形制：** 圆首圭额。碑残损。残高1.15米，宽0.85米，厚0.23米。

**行字：** 额楷书"圣旨"2字。碑文楷书，行字数不详。碑阴楷书"吴山寺清凉院"，其余无法辨识。

**出土：** 乾县吴店乡三合村北边吴山寺内。

**现藏：** 乾陵懿德太子墓博物馆。

**著录：**《新编乾县志》。

**备注：** 碑文漫漶严重。

**提要：** 碑文记载皇帝颁发给吴山寺之圣旨。

## 重修长春观记

**年代**：元至元十三年（1276）刻立。

**形制**：圆首。高 2.42 米，宽 1.60 米，厚 0.27 米。

**行字**：碑文楷书 27 行，满行 45 字。

**撰书**：唐堃厚撰。

**纹饰**：碑额饰圆形寿字，碑身两侧饰龙凤纹。

**出土**：原立于富平县长春观，2005 年移藏富平县文庙。

**现藏**：富平县文庙。

**提要**：碑文记载全真教长春观的地理位置、规模、复修等事项。碑阴记载了清代增修戏楼经过及捐资人姓名。

## 重修宣圣庙记

**全称**：大元国京兆府重修宣圣庙记。

**年代**：元至元十三年（1276）刻立。

**形制**：螭首龟座。通高 3.34 米，宽 0.96 米，厚 0.27 米。

**行字**：额篆书 2 行，满行 3 字，题"重修宣圣庙记"。碑文楷书 31 行，满行 62 字。

**撰书**：徐琰撰，刘彬刻。

**纹饰**：碑额饰麒麟、凤凰图案。

**出土**：西安碑林旧藏。

**现藏**：西安碑林博物馆。

**著录**：《陕西金石志》《西安碑林全集》《关中金石记》。

**备注**：碑侧有金代刘仲游题字及刘顽七言计，碑阴为北宋《兴庆池禊宴诗》。

**提要**：碑文记载至元七年（1270）冬到至元八年夏重修京兆府宣圣庙事。

## 府学公据

**年代**：元至元十三年（1276）刻立。

**形制**：高 0.82 米，宽 0.62 米。

**行字**：碑文楷书 21 行，满行字数不等。

**出土**：西安碑林旧藏。

**现藏**：西安碑林博物馆。

**著录**：《关中金石记》《陕西金石志》《西安碑林全集》。

**备注**：碑阴为《故京兆刘处士墓碣铭》。

**提要**：此碑与《重立文庙诸碑记》共一石，此为其上部。"府学公据"即官府下发的关于保护西安府学的凭证，规定宣圣庙为当时祭儒的场所，要洒扫清洁，官员及他人不得入内宴饮、营造、骚扰，违者治罪；东西南北四至以内的土地、房舍，任何人不得侵占使用。文后有府学的房舍数目及印押。

## 重立文庙诸碑记

**年代**：元至元十四年（1277）刻立。

**形制**：高 0.67 米，宽 0.62 米，厚 0.24 米。

**行字**：额隶书 2 行，满行 2 字，题"府学公据"。正文楷书 22 行，满行 24 字。

**撰书**：孟文昌撰，骆天骧书，王仁刻。

**出土**：西安碑林旧藏。

**现藏**：西安碑林博物馆。

**著录**：《西安碑林全集》《陕西金石志》《续修陕西通志稿》。

**备注**：刻于《府学公据碑》下部。

**提要**：碑文记载雷时中、任佐二公出资重新树立文庙断损、仆倒的重要石碑之事迹。碑文中提及李斯、李阳冰小篆，王羲之行书，颜真卿、柳公权、虞世南楷书，郭忠恕、梦英等人书写的名碑"断者重续，废者载立，得还旧观"。

## 创建玉清庵记

**年代**：元至元十四年（1277）刻立。

**形制**：圆首。高 1.63 米，宽 0.76 米，厚

0.12 米。

行字：额篆书 2 行，满行 2 字，题"玉清庵记"。碑文楷书 22 行，满行 39 字。

纹饰：碑四周饰卷云纹。

现藏：延安市宝塔区文物管理所。

提要：碑文记载肤施县达鲁花赤主持修建玉清庵的经过。

## 陕西学校儒生颂德之碑

全称：陕西学校儒生颂德之碑并序。

年代：元至元十四年（1277）刻立。

形制：螭首龟座。通高 3.70 米，宽 1.47 米，厚 0.36 米。

行字：额篆书 3 行，满行 3 字，题"皇子安西王盛德之碑"。碑文楷书 25 行，满行 24 字。

撰书：孟文昌撰，祖英书，骆天骧篆额。

出土：西安碑林旧藏。

现藏：西安碑林博物馆。

著录：《类编长安志》《关中金石记》《陕西金石志》。

备注：碑阴附刻"淡然亭"三个大字和"鹭鸶图"线刻画。

提要：碑文记载陕西学校儒生对安西王镇守秦、蜀、宁夏、陇时的德政业绩的赞扬和歌颂。安西王是元世祖忽必烈第三子忙哥刺，至元九年（1272）封为安西王。篆额者骆天骧，大约生于金宣宗末年（1223）前后，是世代久居长安的旧家子弟，早年即留意长安古迹，入元后曾任京兆路儒学教授。元贞二年（1296）撰成《类编长安志》。

## *安西王献城四皓先生碑

年代：元至元十四年（1277）刻立。

形制：碑正方形。边长 0.60 米。

行字：碑文楷书 20 行，满行 23 字。

撰书：杜震撰。

纹饰：碑四周饰蔓草纹。

出土：原立于商州四皓墓。

现藏：商洛博物馆。

提要：此碑记载皇子安西王时选商州达鲁花赤等人在商州四皓墓祭祀商山四皓事。

## 玉宸宫记

全称：陇州龙门景福山玉宸宫记。

年代：元至元十六年（1279）刻立。

形制：螭首方座，方额。通高 1.69 米，宽 0.68 米，厚 0.13 米。

行字：碑文楷书，行字数不详。

纹饰：碑额饰四螭垂首。

现藏：陇县新集川乡龙门洞道院四公祠过庭内。

提要：碑文赞颂长春祖师在龙门洞修炼七载遂成大业。

## 文庙释奠记

年代：元至元十六年（1279）刻立。

形制：圆首。高 1.22 米，宽 0.62 米，厚 0.20 米。

行字：额篆书 3 行，满行 2 字，题"文庙释奠记"。碑文楷书 18 行，满行 28 字。

撰书：孟文昌记，骆天骧书并篆额。

出土：西安碑林旧藏。

现藏：西安碑林博物馆。

著录：《西安碑林全集》《类编长安志》。

备注：碑中部横斜断裂。

提要：此碑记述安西王派遣王府左常侍刘进善在文庙祭奠孔子的活动。

## *直罗县记事碑

年代：宋代（960—1279）刻立。

形制：圆首无座。高 5.00 米，宽 1.24 米，厚 0.25 米。

行字：碑文楷书 1 行，18 字。

纹饰：碑两侧饰云纹。

现藏：富县直罗镇直罗老街。

备注：风化严重，字迹图案不清。

提要：碑身刻有"大金国延安府鄜州直隶直罗县衙门贤顺里"。

## *仙游观牒文碑

年代：宋代（960—1279）刻立。

形制：汉白玉质。高 0.62 米，宽 0.65 米，厚 0.14 米。

行字：碑文楷书 11 行，满行 14 字。

出土：出土于麟游县九成宫镇城关村，时间不详。

现藏：麟游县博物馆。

备注：残余上半截。

提要：碑文记载麟游县仙游观道士杨思迁纳钱粟事。

## *香雪堂碑

年代：宋代（960—1279）刻立。

形制：汉白玉质。正方形。边长 0.45 米，厚 0.10 米。

行字：碑文先楷后行书。共 15 行，满行 14 字。

撰书：郗文举撰并书，法苑立。

纹饰：碑四周饰菱格纹。

出土：2000 年出土于扶风县法门寺。

现藏：法门寺博物馆。

著录：《法门寺考古发掘报告》。

提要：碑文分前后两部分内容。前部分为碑文主体，记载法门寺天王院住持僧苑戒所居之"香雪堂"得名的来历及赠名者为金代驸马镇国上将军都尉蒲察公。后部分为扶风县令郗文举所赋七

言律诗，赞天王院"香雪堂"。

## *兴国禅院牒

年代：宋代（960—1279）刻立。

形制：高 0.56 米，宽 0.80 米，厚 0.19 米。

行字：牒文行草 9 行，满行字数不等。

现藏：户县文物管理委员会。

著录：《户县碑刻》。

提要：碑文记载尚书礼部赐兴国禅院牒文。

## 广教寺残碑

年代：宋代（960—1279）刻立。

形制：高 0.52 米，宽 0.46 米，厚 0.10 米。

行字：碑文楷书，仅存 87 字。

出土：出土于咸阳市底张湾睦村，时间不详。

现藏：咸阳市顺陵文物管理所。

## 观音洞重修碑

年代：宋代（960—1279）刻立。

形制：圆首。高 1.44 米，宽 0.63 米，厚 0.09 米。

行字：碑文楷书 26 行，满行 32 字。

撰书：张光前撰。

纹饰：碑额饰二龙戏珠图案。

现藏：富县直罗镇安家川南赵家沟观音洞石窟西壁南侧。

提要：碑文记载观音洞的建造时间、原因、布施者、立碑人、撰写者等。

## *中书门下牒凤翔府碑

年代：宋代（960—1279）刻立。

形制：高 2.56 米，宽 0.92 米，厚 0.28 米。

行字：碑文楷书 14 行，满行 49 字。

撰书：彭成撰。

纹饰：碑两侧饰蔓草纹。

出土：此碑自立未移。

现藏：眉县槐芽镇清湫村太白庙。

提要：此碑系中书门下省所下牒文。

## *寒山诗画碑

年代：宋代（960—1279）刻立。

形制：高 0.63 米，宽 0.32 米，厚 0.13 米。

行字：碑文楷书 6 行，满行 5 字。

撰书：杨斐书。

出土：原立于麟游县九成宫镇城关村。

现藏：麟游县博物馆。

提要：此碑上部刻画有人物、大树、奇石，下部刻唐代高僧寒山所作诗一首。

## *吕大器碑

年代：宋代（960—1279）刻立。

形制：高 0.70 米，宽 1.04 米。

行字：碑文草书 15 行，字迹模糊。

撰书：吕大器撰。

出土：此碑自立未移。

现藏：略阳县灵岩寺博物馆。

提要：此碑文字严重残损，仅能认清"乾、雪、飞烟"和"隧中鹿"等。

## *吕大器题记

年代：宋代（960—1279）刻立。

形制：高 1.27 米，宽 0.80 米。

行字：碑文草书 10 行，满行字数不等。

撰书：吕大器撰。

纹饰：碑四周饰卷云纹。

出土：此碑自立未移。

现藏：略阳县灵岩寺博物馆。

备注：碑文漫漶。

## *"冷香"题字残碑

年代：宋代（960—1279）刻立。

形制：高 0.48 米，宽 0.44 米。

行字：中部楷书"冷香"二字。另有行草小字 3 行，模糊无法辨识。

出土：此碑自立未移。

现藏：略阳县灵岩寺博物馆。

备注：此碑破损严重，文字漫漶。

## *康一□携门人题灵岩寺诗

年代：宋代（960—1279）刻立。

形制：高 0.31 米，宽 0.61 米。

行字：碑文隶、行、楷书均有，共 18 行，满行字数不等。

撰书：李芳桂撰。

出土：此碑自立未移。

现藏：略阳县灵岩寺博物馆。

著录：《灵岩流光》。

提要：此碑碑文残缺多处，大抵是康一□以及李芳桂同游灵岩寺时所作的诗文。

## 李□□题诗

年代：宋代（960—1279）刻立。

形制：高 0.39 米，宽 0.45 米。

行字：碑文楷书 15 行，满行 11 字。

出土：此碑自立未移。

现藏：略阳县灵岩寺博物馆。

备注：此碑风化严重，字迹模糊不清。

## 梁舟题诗

年代：宋代（960—1279）刻立。

形制：高 0.34 米，宽 0.45 米。

行字：碑文楷书 12 行，满行 11 字。

撰书：梁舟撰。

出土：此碑自立未移。

现藏：略阳县灵岩寺博物馆。

著录：《灵岩流光》。

提要：此碑为刘羽绳、梁舟题诗，诗中描绘

了灵岩自然景观。

## *东川吕大器石刻

**年代**：宋代（960—1279）刻立。

**形制**：高 1.33 米，宽 0.79 米。

**行字**：碑文草书 15 行。

**撰书**：吕大器撰。

**纹饰**：碑四周饰卷云纹。

**出土**：此碑自立未移。

**现藏**：略阳县灵岩寺博物馆。

**备注**：此碑碑面残损严重。

**提要**：碑文字迹模糊，殆不可读，仅见中间有"幽""留"几个字。

## 灵岩

**年代**：宋代（960—1279）刻立。

**形制**：高 0.91 米，宽 0.70 米。

**行字**：篆书 2 字。

**出土**：此碑自立未移。

**现藏**：略阳县灵岩寺博物馆。

## *刘拱题记

**年代**：宋代（960—1279）刻立。

**形制**：高 0.53 米，宽 0.60 米。

**行字**：碑文楷书 7 行，共 84 字。

**撰书**：刘拱撰。

**出土**：此碑自立未移。

**现藏**：略阳县灵岩寺博物馆。

**提要**：碑文为刘异、蒋德润、侯关知、路授携游灵岩的题名。

## *十八学士进京图

**年代**：宋代（960—1279）刻立。

**形制**：高 1.11 米，宽 0.69 米。

**行字**：碑文行书 7 行，满行 6 字。

**现藏**：洋县蔡伦墓祠文物管理所。

**提要**：此碑为造像碑，从不同角度描绘了十八位进京赶考的学士。

## *常少卿题记

**年代**：宋代（960—1279）刻立。

**形制**：高 0.68 米，宽 0.35 米。

**行字**：碑文行书 11 行，满行 37 字。

**撰书**：常少卿撰。

**出土**：此碑自立未移。

**现藏**：略阳县灵岩寺博物馆。

**提要**：碑文为常少卿等游览灵岩寺题名。

## 牡丹记序

**年代**：宋代（960—1279）刻立。

**形制**：共 5 石，尺寸相同。高 0.51 米，宽 0.37 米。

**行字**：碑文行书，每石 6 行，满行 6—8 字不等。

**撰书**：苏轼撰书，仇志立、星乙刻。

**现藏**：大荔县文物局。

**著录**：《大荔碑刻》。

**备注**：原为 7 石，现存 5 块。

**提要**：碑文记载熙宁五年（1072）三月作者与众文人雅聚于吉祥寺观赏牡丹饮酒抒情事。

## 仓公碑

**年代**：宋代（960—1279）刻立。

**形制**：圆首龟座。通高 1.94 米，宽 0.75 米，厚 0.20 米。

**行字**：碑文楷书 24 行，满行 48 字。

**纹饰**：碑身两侧饰牡丹花纹。

**现藏**：白水县仓颉庙。

**提要**：碑文记载仓颉造字的功劳。碑额有吕大防题记。

## 李芳桂题诗

**年代**：宋代（960—1279）刻。

形制：高 0.46 米，宽 0.37 米。

行字：碑文隶、行、楷均有，共 11 行，满行 12 字。

撰书：李芳桂撰。

出土：略阳县灵岩寺旧藏。

现藏：略阳县灵岩寺博物馆。

提要：碑文为李芳桂等题诗。

## 鲜于侁、孙云锦题诗词

年代：宋代（960—1279）刻。

形制：高 0.47 米，宽 0.40 米。

行字：碑文行书 12 行，满行字数不等。

撰书：鲜于侁、孙云锦撰。

出土：此碑自立未移。

现藏：略阳县灵岩寺博物馆。

提要：碑文记载鲜于侁及孙云锦所题刻的词和诗，描绘了灵岩寺周围优美怡人的自然风光。

## 灵崖胜景

年代：宋代（960—1279）刻。

形制：碑正方形。边长 0.16 米。

行字：碑文 1 行 4 字。

现藏：略阳县灵岩寺博物馆。

提要：碑文为"灵崖胜景"。

## "天下第一福地"碑

年代：宋代（960—1279）刻立。

形制：螭首龟座。高 4.50 米，宽 1.26 米，厚 0.32 实。

行字：碑文行书 1 行，共 6 字。

撰书：吴琚撰。

现藏：周至县楼观台。

著录：《楼观台道教碑石》。

备注：刻于《尹尊师碑》碑阴。

提要：碑文为"天下第一福地"。

## 米芾"第一山"刻石

年代：宋代（960—1279）刻立。

形制：螭首方座。高 3.20 米，宽 1.00 米，厚 0.33 米。

行字：碑文行书 1 行 3 字。

撰书：米芾书。

现藏：周至县楼观台。

著录：《楼观台道教碑石》。

备注：为《楷书道德经》碑之《道经》碑阴。

提要：刻"第一山"三大字及"米芾书"款。

## 东坡集归去来兮辞诗

年代：宋代（960—1279）刻立。

形制：圆首。高 2.65 米，宽 1.02 米。

行字：额篆书"东坡真迹"4 字。正文行书 42 行，满行 8 字。

撰书：苏轼撰并书。

出土：原在西安市三学街小学院内，1964 年移藏西安碑林。

现藏：西安碑林博物馆。

著录：《金石萃编》《西安碑林全集》。

备注：碑文后有清康熙二十二年（1683）题跋。碑阴为清《太上感应篇》。

## *敕建天庆观碑

年代：宋代（960—1279）刻立。

形制：高 0.70 米，宽 0.50 米，厚 0.13 米。

行字：碑文楷书 13 行，满行 19 字。

出土：眉县文化馆旧藏。

现藏：眉县文化馆。

著录：（宣统）《眉县志》。

提要：天庆观为宋元时期眉县境内一处规模较为宏大的道观。碑文记述了天庆观的创建经过。

## *游师雄题赵光辅画碑

**年代:** 宋代（960—1279）刻立。

**形制:** 高 1.28 米，宽 0.65 米。

**行字:** 碑文楷书 9 行，满行 17 字。

**撰书:** 游师雄撰。

**现藏:** 泾阳县太壶寺文物管理所。

**提要:** 碑文为宋游师雄观云阳孟店赵光辅壁画后所写题记。

## *席有儒游云盖寺题诗碑

**年代:** 宋代（960—1279）刻。

**形制:** 高 0.56 米，宽 0.84 米。

**行字:** 碑文楷书，行字数不详。

**撰书:** 席有儒撰。

**出土:** 此碑自立未移。

**现藏:** 镇安县云盖寺镇鸽子洞。

**提要:** 刻席有儒等游洞所题五言诗二首。

## *新建七贤堂记残碑

**年代:** 宋代（960—1279）刻立。

**形制:** 碑残损。残高 1.02 米，宽 0.35 米。

**行字:** 碑文楷书 11 行，满行 35 字。

**出土:** 西安碑林旧藏。

**现藏:** 西安碑林博物馆。

**著录:** 《西安碑林全集》。

**备注:** 碑仅存上半部，下半部佚失。

**提要:** 此碑自上而下断裂，仅存上半部，无立碑年月与撰书者姓名。残存碑文中未提及新建七贤堂的情况。根据碑林现藏金代《重修碑院七贤堂记》残碑可知，七贤堂建于当时京兆府文庙中，其初建年代应不晚于北宋末。

## *讲华严法界观宣碑

**年代:** 宋代（960—1279）刻立。

**形制:** 碑残损。残高 0.67 米，宽 0.68 米。

**行字:** 碑文残存楷书 15 行，137 字。

**出土:** 1929 年出土于西安西门外，1948 年入藏西安碑林。

**现藏:** 西安碑林博物馆。

**著录:** 《西安碑林全集》。

**备注:** 仅存碑身一部分，且已裂为两块。

**提要:** 残存碑文中未见刻立年月及撰书的姓名，因首行有"讲华严法界观宣"七字，故名。碑旁有民国宋哲元撰、杨兆庚书跋文楷书 10 行，满行 28 字。

## *米芾四屏碑

**年代:** 宋代（960—1279）刻立。

**形制:** 共 4 石，尺寸相同。高 1.30 米，宽 0.40 米。

**行字:** 每石行书 2 行，满行字数不等。

**撰书:** 米芾书，郑庆崧立。

**出土:** 西安碑林旧藏。

**现藏:** 西安碑林博物馆。

**著录:** 《西安碑林全集》。

**备注:** 刊刻年代不详，权附宋代。

**提要:** 诗文内容是描写长安城建章宫周围的景色。第四石后面落款"襄阳米芾书"，右下方有"楚国米芾""臣庆崧""郑氏退谷"篆印三方。米芾（1051—1107），字元章，号襄阳漫士、海岳外史、鹿门居士，襄阳人；能诗文，善书画，精于鉴别，为宋代书法四大家之一，其书传世者甚多。但此碑不知据何墨本而刻，因此亦有人疑为后人托伪之作。

## *柏鹤仙人图碑

**年代:** 宋代（960—1279）刻立。

**形制:** 高 1.32 米，宽 0.60 米。

**撰书:** 孙知微绘。

出土：西安碑林旧藏。

现藏：西安碑林博物馆。

著录：《西安碑林全集》。

备注：碑石中断为两截，右下角有残损。

提要：碑上所刻简称"鹤仙图"。图左上角有"孙知微笔"楷书题款。图中一巨柏挺立于右侧，高大雄伟，枝叶繁茂，树干盘曲多姿。树下一仙翁头戴幞巾，有环形背光，身着长袍手持书卷，坐于岩石之上；左右各站一仙姑，一手持如意，一在焚香。仙翁前有一鹤一龟，一派仙境。孙知微，字太古、太宗，宋真宗时眉州彭山人（今四川彭山）；师沙门令宗，隐于画，善道释，名远乡里；性介洁，不为有位者画；所遗画作流传至今者甚多。

## *洋州三十景碑

年代：南宋（1127—1279）刻立。

形制：高 1.34 米，宽 0.72 米。

行字：碑文楷书 96 行，满行 12 字。

现藏：洋县蔡伦墓祠文物管理所。

提要：北宋洋州知州文与可是苏轼的表兄，两人唱和洋州《三十吟》。诗中盛赞古洋州山川秀美，钟灵毓秀，后刻石立碑记之。

## 创建迎祥宫碑

全称：创建大道迎祥宫之碑。

年代：元至元十七年（1280）刻立。

形制：螭首龟座。高 2.42 米，宽 1.07 米。

行字：碑文行楷 31 行，满行 59 字。

撰书：刘庚中撰。

现藏：泾阳县安吴青训班革命旧址。

提要：志文记载了创建迎祥宫的原因及过程。

## 冯时泰墓志

全称：大元故奉议大夫耀州知州冯公墓志铭。

年代：元至元十八年（1281）刻。

形制：志长 0.60 米，宽 0.64 米。

行字：志文楷书 33 行，满行 36 字。

撰书：马绍庭撰并书。

出土：1960 年出土于长安县韦曲镇。

现藏：西安碑林博物馆。

著录：《西安碑林全集》。

提要：志文记录了冯时泰的家族世系、生平、历官、配偶及子嗣情况。其主要官职有京兆路劝农官，三百渠副使，规措军储转运副使，庆阆州等路规措军储课税漕运使，奉直大夫，京兆、凤翔、巩昌、延安等路转运副使，奉议大夫，陕西五路西蜀四川都转运副使，知耀州。墓志中涉及中统二年南宋泸州军民降蒙之事，可补史。

## 周公庙润德泉复涌记

年代：元至元十九年（1282）刻立。

形制：圆首方座。高 1.35 米，宽 0.65 米。

行字：碑文楷书 23 行，满行 42 字。

撰书：冯复撰。

出土：此碑自立未移。

现藏：岐山县周公庙管理处。

提要：碑文记载了元至元十九年周公庙润德泉复涌事。

## 成志远墓志

全称：终南山楼观宗圣宫提点成公先生墓志。

年代：元至元十九年（1282）刻。

形制：志长 0.88 米，宽 0.66 米，厚 0.12 米。

行字：盖文篆书 2 行，满行 3 字。志文楷书 28 行，满行 31 字。

撰书：朱象先撰，何志清书。

出土：出土时间、地点不详。

现藏：周至县楼观台。

著录：《楼观台道教碑石》。

提要：志文记载了成志远从道事迹。

## 石志坚道行记碑

全称：终南山宗圣宫主石公道行记。

年代：元至元十九年（1282）刻立。

形制：高 1.00 米，宽 0.54 米。

行字：碑文楷书 22 行，满行 40 字。

撰书：李道谦撰。

出土：此碑自立未移。

现藏：周至县楼观台。

著录：《楼观台道教碑石》。

备注：碑横向断裂且有损。

提要：碑文记载石志坚生平道行。

## *蒙汉文合刻令旨碑

年代：约元至元十九年（1282）刻立。

形制：圆首方座。通高 2.20 米，宽 0.90 米，厚 0.21 米。

行字：上部蒙古八思巴文 20 行，下部汉文楷书 22 行，满行 2—22 字不等。

出土：原立于户县庞光镇化羊庙正殿前院。

现藏：户县文庙大成殿东侧碑廊。

著录：《元代白话碑集录》《民族语文》（1998 年第 3 期）《户县碑刻》。

备注：碑石风化泐蚀比较严重。

## *重修尧山灵虚观记碑

年代：元至元二十一年（1284）刻立。

形制：圆首。通高 1.68 米，宽 0.75 米，厚 0.23 米。

行字：碑文楷书 24 行，满行 51 字。

现藏：蒲城县尧山庙侧龙王洞外。

著录：《尧山圣母庙与神社》。

备注：碑阴刻宋崇宁二年《宋尚书省牒碑》。

提要：碑文记述了原初尧山庙建筑布局，提到了宋代敕封灵应夫人之事与敕文内容，及当时存有唐碑和元代的庙会盛况。

## 重修东岳庙碑

全称：大元国乾州奉天县赵厚村重修东岳庙记。

年代：元至元二十三年（1286）刻立。

形制：圆首方额。通高 1.49 米，宽 0.64 米，厚 0.25 米。

行字：额篆书 2 行，满行 3 字，题"重修东岳庙记"。碑文楷书 29 行，满行 60 字。

撰书：陈□□撰，吕伯禄书，刘志篆。

出土：原立于乾县东岳庙院内。

现藏：乾县赵后庙村学校南边崖下新建东岳庙院内。

著录：《新编乾县志》。

提要：碑文记载东岳庙重修、四至及信众施地事。

## 澄心墓志

全称：女冠澄心散人墓志。

年代：元至元二十四年（1287）刻。

形制：志长 0.40 米，宽 0.33 米。

行字：志文楷书 19 行，满行 22 字。

撰书：温复成撰，李守定等立。

出土：出土时间、地点不详。1955 年入藏西安碑林。

现藏：西安碑林博物馆。

著录：《西安碑林全集》。

备注：志周边有残缺。

提要：志文记录了女冠澄心的生平及葬地等。

## 重修大普济禅寺记

年代：元至元二十五年（1288）刻立。

形制：圆首方座。通高 2.47 米，宽 0.80 米，厚 0.15 米。

行字：碑阳额篆书"重修大普济禅寺记"，碑阴额隶书"总昭方号之图"。碑文楷书 25 行，满行 46 字。

撰书：善淮撰，善达书并篆额，贺庭玉刊。

纹饰：碑阳饰蔓草纹，碑阴饰富贵纹。

现藏：子长县钟山石窟。

提要：碑文较详细地记载了普济寺龙泉禅师维修寺院前后之情况及龙泉禅师作善德受人敬仰的情况。碑阴为普济寺下院及师承。

## 重阳王祖师仙迹记

年代：元至元二十六年（1289）刻立。

形制：螭首方座。通高 3.32 米，宽 1.27 米，厚 0.34 米。

行字：碑文楷书 27 行，满行 57 字。

撰书：刘祖谦撰，刘汾书并题额。

出土：原立于咸阳市秦都区双照乡大魏村，1963 年移至咸阳博物馆。

现藏：咸阳博物馆。

著录：《咸阳碑石》。

提要：碑文记述了王喆的生平及其创建道教全真教派的情况。

## *篆书道德经碑

年代：元至元二十八年（1291）刻立。

形制：螭首方座。共 2 石，尺寸相同。高 3.30 米，宽 1.01 米，厚 0.33 米。

行字：碑额篆书 1 行 3 字，题"道德经"。碑文篆书 99 行，满行 54 字。

撰书：高翿书。

出土：此碑自立未移。

现藏：周至县楼观台。

著录：《楼观台道教碑石》。

备注：并立两碑，阴阳两面刻字，共四面。

提要：篆书老子《道德经》全文。

## *姜从善墓砖

年代：元至元二十八年（1291）刻。

形制：砖高 0.28 米，宽 0.29 米。

行字：志文楷书 15 行，满行 13 字。

出土：西安碑林旧藏。

现藏：西安碑林博物馆。

著录：《西安碑林全集》。

提要：券文记录了元至元二十八年二月二十八日祭主姜从善去世后选择在"长安县义阳乡栖真观之原，东西阔一十七步，南北长一十七步"安葬。

## 楼观先师传碑

年代：元至元三十年（1293）刻立。

形制：螭首方座。高 2.80 米，宽 1.00 米，厚 0.30 米。

行字：碑额篆书 2 行，满行 3 字，题"楼观先师传碑"。碑文上下分为 7 栏均楷书。第 1 栏 44 行，满行 18 字。其余 6 栏均 54 行，满行 16 字。

撰书：朱象先撰并书。

出土：此碑自立未移。

现藏：周至县楼观台。

著录：《楼观台道教碑石》。

提要：碑文记载自文始真人尹喜起至元代 35 位真人传记。

## 师弼墓志

全称：大元故师君墓志铭。

年代：元至元三十年（1293）刻。

形制：志长 0.60 米，宽 0.63 米。

行字：盖文篆书 1 行 8 字，题"大元故师氏墓志铭"。志文楷书 24 行，满行 19 字。

撰书：赵巘撰。

出土：1997 年出土于西安市乐居厂。

现藏：西安碑林博物馆。

著录：《新中国出土墓志·陕西贰》。

备注：志石左下角有残。

提要：志文记录了师弼的生平及子嗣情况。

## 义公和尚塔铭

全称：圆寂义公和尚之塔。

年代：元至元三十一年（1294）刻立。

形制：高 0.44 米，宽 0.36 米，厚 0.09 米。

行字：铭文楷书 10 行，满行 10 字。

出土：原存户县石井镇弥陀寺。

现藏：户县文物管理委员会。

著录：《户县碑刻》《新中国出土墓志·陕西叁》。

提要：铭文记载圆寂义公和尚俗姓、籍贯、俗寿与坐化时间。

## 尹志平碑

全称：大元清和妙道广化真人尹宗师道行之碑。

年代：元元贞元年（1295）刻立。

形制：螭首龟座。高 3.37 米，宽 1.00 米，厚 0.21 米。

行字：额隶书 2 行，满行 3 字，题"大元尹宗师碑"。碑文楷书 21 字，满行 67 字。

撰书：贾□撰，马□书。

出土：1985 年出土于周至县楼观台宗圣宫。

现藏：周至县楼观台。

著录：《楼观台道教碑石》。

提要：碑文载全真嗣教宗师尹志平的家族世系及生平道行。

## *古楼观系牛柏记

年代：元元贞元年（1295）刻立。

形制：螭首方座。高 2.40 米，宽 0.76 米，厚 0.25 米。

行字：额隶书 2 行，满行 3 字，题"古楼观系牛柏"。碑文楷书 24 行，满行 37 字。

撰书：朱象先撰并书。

出土：此碑自立未移。

现藏：周至县楼观台。

著录：《正统道藏》《楼观台道教碑石》。

备注：此为《终南山古楼观宗圣宫之图碑》碑阴。

提要：碑身上部线刻"系牛柏图"。碑文记安西王命段科玉斫石为牛置于柏下事。

## 刘尚神道碑

全称：大元故京兆路知府刘侯神道碑铭并序。

年代：元元贞二年（1296）刻立。

形制：螭首方座。高 3.40 米，宽 0.98 米。

行字：额篆书 3 行，满行 4 字，题"大元故京兆知府刘侯神道碑"。碑文楷书 27 行，满行 57 字。

撰书：王利用撰，骆天骧书并篆额，段德续镌。

出土：原立于富平县庄里镇，1972 年移至西安碑林收藏。

现藏：西安碑林博物馆。

著录：《西安碑林全集》。

备注：碑文上部保存较好，下部漫漶不清。

提要：刘尚，史籍未载。碑文记述其出身耀州世家，父刘居义为金代耀州儒学教授。刘尚自幼习儒，后弃文从戎，因军功官至京兆路知府，元贞二年十月病卒，享年 66 岁。撰文者王利用，号山木，通州潞县人，《元史》有传。书者骆天骧，长安人，元初曾任京兆路儒学教授，撰有《类编长安志》。

# 重修广福院记

年代：元大德元年（1297）刻立。

形制：高 1.76 米，宽 0.88 米，厚 0.06—0.09 米。

行字：碑文楷书 19 行，满行 37 字。

撰书：圆觉撰并书。

纹饰：碑四周饰花卉纹。

现藏：延安市梁村乡未家沟村（逍遥寺）。

提要：碑文记载了广福院创建年代为北宋皇祐年间，金大定年间僧人庆江在原址重建，元大德元年重修等诸事的沿革。

# *重修周公庙记碑

年代：元大德二年（1298）刻立。

形制：螭首方座。高 3.00 米，宽 1.03 米，厚 0.30 米。

行字：碑文楷书 23 行，满行 53 字。

撰书：王利用撰，窦思永书，陈焕篆额。

出土：此碑自立未移。

现藏：岐山县周公庙管理处。

提要：碑文记述修葺周公庙正殿，圣母、太公二殿，及官厅精舍、坛石泉亭共百余处事。

# 元始玉清宫碑

全称：终南山元始玉清宫记。

年代：元大德二年（1298）刻立。

形制：螭首方座。高 3.00 米，宽 1.00 米，厚 0.23 米。

行字：额篆书 2 行，满行 4 字，题"建元始台玉清宫记"。碑文楷书 13 行，满行 54 字。

撰书：朱象先撰并书。

出土：此碑自立未移。

现藏：周至县古楼观下院元始玉清宫遗址。

著录：《楼观台道教碑石》。

提要：碑文记元大德年间建元始玉清宫之因由及事件。

# 道德经幢

全称：老子道德经幢。

年代：元大德三年（1299）刻立。

形制：八棱柱形。通高 4.40 米，周长 2.20 米。

行字：碑文楷书 85 行，满行 63 字。

撰书：老子撰，刘道洪书。

纹饰：幢顶龛内 4 尊座像，外侧饰云纹。

出土：原立于宝鸡市陈仓区磻溪镇杨家店村。

现藏：宝鸡市陈仓区磻溪镇杨家店村。

著录：《宝鸡县志》。

提要：此经幢为元代磻溪宫道人及当地信徒集资修刻。

# 大元重建会灵观记

年代：元大德四年（1300）刻立。

形制：螭首方座。高 3.05 米，宽 1 米，厚 0.36 米。

行字：额篆书 2 行，满行 3 字，题"重建会灵观记"。碑文楷书 18 行，满行 62 字。

撰书：朱象先撰并书。

出土：此碑自立未移。

现藏：周至县古楼观会灵观遗址。

著录：《正统道藏》《楼观台道教碑石》。

提要：刻记元大德年间建会灵观因由及事件。

# 大元创建修贞庵记

年代：元大德四年（1300）刻立。

形制：圆首方额。通高 1.87 米，宽 0.78 米，厚 0.21 米。

行字：额篆书 2 行，满行 3 字，题"创建修贞庵记"。碑文楷书 25 行，满行 52 字。

撰书：□□道撰，任天惠书并篆。

纹饰：碑额两旁饰团龙图案。

出土：乾县大杨乡药王村。

现藏：乾县大杨乡药王村小学院内。

著录：《新编乾县志》。

提要：碑文主要记载元大德四年创建修贞庵的缘由及经过，以及修贞庵创建时的规模。

## 重建文始殿碑

全称：终南山古楼观大宗圣宫重建文始殿记。

年代：元大德七年（1303）刻立。

形制：螭首龟座。高 4.85 米，宽 1.20 米，厚 0.40 米。

行字：碑额篆书 2 行，满行 4 字，题"大元重建文始殿记"。碑文隶书 26 行，满行 66 字。

撰书：杜道坚撰并书，孙德彧篆额。

纹饰：碑额底浮雕文台真人尹喜坐像。

出土：此碑自立未移。

现藏：周至县楼观台。

著录：《正统道藏》《楼观台道教碑石》。

提要：碑文记元大德年间重建文始殿事。

## *松雪堂法书碑

年代：元大德八年（1304）刻立。

形制：高 0.74 米，宽 0.27 米。

行字：碑文楷书 30 行，满行 18 字。

撰书：赵孟頫书。

现藏：合阳县博物馆。

提要：此碑据赵孟頫所书苏轼《赤壁赋》摹刻。孟頫字子昂，号松雪，元代书法家、画家。

## *重修蒲城县廨宇记碑

年代：元大德八年（1304）刻立。

形制：高 1.24 米，宽 0.78 米。

行字：碑文楷书 36 行，满行 27 字。

撰书：窦邦英撰并书。

纹饰：碑四周饰牡丹、莲花及如意云头纹。

出土：蒲城县衙出土，时间不详。

现藏：蒲城县博物馆。

著录：《蒲城县志》。

提要：碑文记载元代大德八年地震后重建县廨事。

## 李真人成道记碑

全称：清真庵顺兴李真人成道记。

年代：元大德十年（1306）刻立。

形制：高 0.40 米，宽 0.38 米，厚 0.10 米。

行字：碑文楷书 17 行，满行 20 字。

现藏：户县庞光镇东焦将村。

著录：《户县碑刻》。

备注：石中部有纵向裂缝一条。

提要：碑文记载李真人成道经过，及其侄在临潼县为之立祠事。

## 徐宽墓志

全称：故承事郎晋宁路同知解州事徐公墓志铭。

年代：元大德十年（1306）刻。

形制：志长 0.93 米，宽 0.93 米，厚 0.20 米。

行字：志文隶书 27 行，满行 27 字。

撰书：李允升撰，元子寿书并篆额。

出土：1982 年出土于兴平市庄头镇变电站。

现藏：兴平市博物馆。

著录：（乾隆）《兴平县志》《考古与文物》（1989 年第 4 期）。

提要：志文记载了徐宽的生平、历官及子嗣情况。

## *扶风县上鲁马村重修道观幢

年代：元大德十一年（1307）刻立。

形制：八棱柱形。通高 1.56 米。

行字：幢文楷书 32 行，满行 51 字。

撰书：姚壁书。

纹饰：上部饰蔓草纹。

出土：1986 年移至扶风县博物馆。

现藏：扶风县博物馆。

提要：记录因道观倾圮，村民集资重修经过。

## 贺仁杰墓志

全称：大元故光禄大夫平章政事商议陕西
　　　等处行中书省事贺公墓志铭并序。

年代：元大德十一年（1307）刻。

形制：志、盖均为正方形，志、盖尺寸相同。
　　　边长 1.30 米，厚 0.16 米。

行字：盖文篆书 5 行，满行 6 字，题"大元
　　　故光禄大夫平章政事商议陕西等处
　　　行中书省事贺公墓铭"。志文楷书 54
　　　行，满行 54 字。

撰书：吕域撰，萧𣂏书并篆盖。

出土：1953 年出土于户县秦渡镇张良寨村北。

现藏：户县秦渡镇张良寨村戏楼。

著录：《户县碑刻》《新中国出土墓志·陕
　　　西叁》。

备注：盖题左右两侧共刻小字楷书 9 行，由
　　　贺仁杰孙贺惟一书。

提要：志文记载了贺仁杰之家族世系、生
　　　平、历官、配偶及子嗣情况，其人《元
　　　史》有传。

## 张谦墓志

全称：大元故奉直大夫南阳屯田副总管张
　　　公墓志铭。

年代：元大德十一年（1307）刻。

形制：志正方形。边长 0.51 米。

行字：志文楷书 33 行，满行 33 字。

撰书：李允升撰，商庸书，孟瑛题盖。

出土：1996 年出土于长安县郭杜镇香积寺村。

现藏：西安市长安博物馆。

著录：《新中国出土墓志·陕西叁》。

提要：志文记载了张谦之家族世系、生平、
　　　历官、夫人及子嗣等。其历官兴元等
　　　处军储规措副使、成都漕运副使、奉
　　　直大夫、唐邓申预等处副总管。

## 元清宫记碑

全称：终南山元始台元清宫记。

年代：元大德年间（1297—1307）刻立。

形制：螭首方额。通高 2.60 米，宽 0.97 米。

行字：碑文楷书 25 行，满行 54 字。

撰书：朱象先撰。

出土：此碑自立未移。

现藏：周至县集贤镇殿镇村元始台。

提要：碑文主要记载了元始天尊在终南山
　　　凿洞成仙、广收弟子的传说和修建
　　　诸庙宇、元清宫的经过。

## *奕应楼神殿碑记

年代：元至大元年（1308）刻立。

形制：高 0.46 米，宽 0.82 米。

行字：碑文楷书 31 行，满行 19 字。

撰书：段彝撰并书。

出土：此碑自立未移。

现藏：嵌于韩城市九郎庙奕应侯大殿西山墙。

提要：碑文记载了元大德七年（1303）县尹
　　　祈雨于奕应侯庙及至大元年建殿塑
　　　像事。

## 朱象先墓碑

全称：经台住持朱象先墓碑。

年代：约元至大间（1308—1311）刻立。

形制：圆首方座。高 2.00 米，宽 0.80 米，
　　　厚 0.30 米。

行字：碑文楷书 2 行，共 12 字。

出土：此碑自立未移。

现藏：周至县楼观台。

著录：《楼观台道教碑石》。

备注：朱象先曾主持说经台道院，著有《古楼紫云衍庆集》三卷、《终南山说经台历代真仙碑记》等。

提要：碑刻"华阳真逸经台住持朱象先墓" 12 字。

## 楼观大宗圣宫重修说经台记

年代：元皇庆元年（1312）刻立。

形制：螭首龟座。高 2.90 米，宽 0.85 米，厚 0.28 米。

行字：额篆书 2 行，满行 3 字，题"终南山古楼观"。碑文楷书，碑阴上下各分为 5 截，每截 22 行，行 9 字。碑右侧隶书 2 行，满行 18 字。左侧隶书 1 行 20 字。

撰书：李道谦撰，孙德或篆额。

出土：此碑自立未移。

现藏：周至县楼观台。

著录：《正统道藏》《楼观台道教碑石》。

备注：碑石上半部有一横向裂纹。

提要：碑文记载元代元贞二年（1296），掌教清和大宗师起同尘李真人于刑台俾任兴象祖宫之责。同尘辞不获命，乃率领门众大兴工役，重修楼观说经台。楼观台殿，以次而举，首尾十载，渐复旧规事。

## 复祀周公庙记

年代：元皇庆二年（1313）刻立。

形制：圆首龟座。高 2.92 米，宽 1.02 米，厚 0.30 米。

行字：碑文隶书 20 行，满行 29 字。

撰书：畅师文撰。

出土：此碑自立未移。

现藏：岐山县周公庙管理处。

著录：《续修陕西通志稿》《岐山县志》。

提要：碑文记载元代皇庆二年判官刘好古复祀典，重新以诸侯之礼祭祀周公；名儒畅师文撰文记其事，并且对古代典籍中关于"周城""周公采邑"作了进一步考证，对周公的功绩予以赞美，对周公开创儒学之功予以肯定。

## *华藏庄严世界海图

年代：元皇庆二年（1313）刻立。

形制：圆首方座。高 1.63 米，宽 0.60 米，厚 0.18 米。

行字：额篆书 4 行，满行 2 字，题"华藏庄严世界海图"。碑文楷书 12 行，满行 44 字。

撰书：圆觉和尚绘图、篆额并题款。

出土：西安碑林旧藏。

现藏：西安碑林博物馆。

著录：《关中金石记》《陕西金石志》《西安碑林全集》。

提要：此碑为图碑，描绘《华严经》中莲花藏世界的内容。左上方书《华严经·华藏庄严世界海》，右上方书《清凉大疏》及刻石经过。正图将莲花藏世界海的情景全部表现，前因后果一目了然。碑阴为《大开元寺兴致碑》。

## *加圣号诏碑

年代：元皇庆二年（1313）刻立。

形制：螭首龟座。高 4.40 米，宽 1.35 米。

行字：碑文楷书，上部诏文 12 行，满行 16 字。下部跋文 32 行，满行 30 字。

撰书：赵世延书并跋。

出土：西安碑林旧藏。

现藏：西安碑林博物馆。

著录：《西安碑林全集》。

备注：碑阴刻明万历二十一年左思明书四言诗和"南极寿星图"。碑左侧刻"关公长征图"。

提要：元大德十一年七月，元武宗继位，下诏加封孔子至圣文宣王为"大成至圣文宣王"。四年后，又下令各地把诏文刻石立碑，树于孔庙及府学，以示天下。此碑即为当时所刻。据《寰宇访碑录》记载，当时河北、山东、陕西、广东、浙江、安徽等地共刻加圣号诏碑二十二通之多。书者赵世延，元至大四年（1311）任陕西行台侍御史，《元史》有传。

## 重修司马迁祠碑

全称：重修汉太史司马祠记。

年代：元延祐元年（1314）刻立。

形制：圆首方座。高 1.42 米，宽 0.74 米。

行字：碑文楷书 18 行，满行 30 字。

撰书：段彝撰，段循书。

纹饰：碑身四周饰卷云纹。

出土：此碑自立未移。

现藏：韩城市司马迁祠。

著录：《司马迁祠碑石录》。

提要：碑文记载韩城县令段彝重修司马祠事。

## *加封文昌帝君碑

年代：元延祐三年（1316）刻立。

形制：高 1.37 米，宽 0.63 米。

行字：额篆书 2 行，满行 2 字，题"皇元加封"。碑文楷书 11 行，满行 19 字。

出土：1980 年移置于汉中市古汉台。

现藏：汉中博物馆。

提要：晋时，四川梓潼县有张恶子为朝廷战死，被当地人供奉为神，主文运。元代统治者加封其为"辅仁开仕文昌司禄宏仁帝君"。

## 辅昌墓志

全称：元故辅君墓志铭并叙。

年代：元延祐三年（1316）刻。

形制：志长 0.83 米，宽 0.43 米。

行字：志上部横刻隶书 6 字，题"元故辅君墓志"。志文楷书 17 行，满行 29 字。

撰书：同恕撰，李则书。

出土：1956 年出土于西安市南郊。

现藏：西安碑林博物馆。

著录：《西安碑林全集》。

备注：另有辅昌砖志出土。

提要：志文记载了辅昌的生平、配偶及子嗣等内容。

## 郭宗敏墓志

全称：有元故茶局提举郭君志铭。

年代：元延祐五年（1318）刻。

形制：志长 0.44 米，宽 0.41 米。

行字：志文楷书 23 行，满行 23 字。

撰书：郭松年撰并篆盖，张好修书。

出土：1949 年前出土于西安南郊瑞乐村。

现藏：西安碑林博物馆。

著录：《西安碑林全集》。

提要：志文记载了郭宗敏的生平、配偶及子嗣的情况，并提及其父亲郭旭的生平。宗敏曾任茶局提举。

## *创建崇真观碑

年代：元延祐六年（1319）刻立。

形制：螭首方座。通高 2.75 米，宽 1.00 米，厚 0.18 米，高 2.32 米。

行字：碑文行书 24 行，满行 44 字。

撰书：廉维方撰，李道澄书，袁德郁篆额。

现藏：户县蒋村镇曹村。

著录：《户县碑刻》。

提要：碑文记载了创建崇真观的经过。

## *光国寺蒙汉合文圣旨碑

全称：合阳县光国寺蒙汉合文圣旨碑。

年代：元延祐六年（1319）刻立。

形制：高 1.47 米，宽 0.93 米。

撰书：速海秃立。

现藏：合阳县博物馆。

提要：碑文分上下两截，上部刻蒙文，下部刻汉文，内容相同。

## *大开元寺兴致碑

年代：元延祐六年（1319）刻立。

形制：圆首方座。通高 1.63 米，宽 0.60 米。

行字：额篆书 3 行，满行 2 字，题"大开元寺兴致"。碑文楷书 20 行，满行 27 字。

撰书：僧澄润书，僧圆觉、金成等刻立。

纹饰：碑额四周饰番莲纹、金翅鸟力士图案。

出土：原在西安开元寺内，后移藏西安碑林。

现藏：西安碑林博物馆。

著录：《陕西金石志》《西安碑林全集》《续修陕西通志稿》。

备注：碑阳刻《华藏庄严世界海图》

提要：碑阳上截刻窦恭绘《玄宗问法图》，刻画了唐代胜光法师和唐玄宗李隆基于开元二十八年（741）在延庆殿辩释佛法的场面。

## *张道夷书阴符经碑

年代：元延祐七年（1320）刻立。

形制：八棱柱形。高 1.46 米，直径 0.27—

0.29 米。

行字：碑文楷书 24 行，满行 45 字。

撰书：朱熹撰，张道夷书。

出土：原立于周至县九峰乡通仙万寿宫内。

现藏：周至县文物管理所。

备注：此碑原为九峰乡通仙万寿宫之物。通仙万寿宫在元代为重阳宫下院。

提要：朱熹《序》后为《阴符经注解》，分为上、中、下三篇，不标篇名。

## 耀州新修尊圣庙门庑记

年代：元延祐七年（1320）刻立。

形制：螭首龟座。高 3.42 米，宽 1.19 米，厚 0.39 米。

行字：碑文隶书 17 行，满行 42 字。

撰书：廉悰记，韩有邻书并篆额。

出土：此碑自立未移。

现藏：铜川市耀州区博物馆。

著录：（嘉靖）《耀州志》《耀州文庙》。

备注：此碑由旧碑磨制复刻而成。碑侧有题记"明昌癸丑九月二日龙山高有邻游"两行。背面小楷漫漶难辨。

提要：记载了元代维修耀州文庙事。

## *圣旨加封师真碑

年代：元延祐七年（1320）刻立。

形制：螭首方座。高 2.32 米，宽 0.84 米，厚 0.25 米。

行字：碑文楷书 4 栏，每栏 24 行，满行 16 字。

撰书：陈德定书并篆额。

出土：原存耀县药王山南庵。

现藏：药王山博物馆。

著录：《关中金石记》《陕西金石志补遗》。

提要：碑文记载元至大二年圣旨四道。前二道为加封王重阳等五人为道教"五祖"。后二道为加封丘处机等七人为道教"七真"。

## *静明宫土地四至执照碑

年代：元至治二年（1322）刻立。

形制：螭首方座。高 2.32 米，宽 0.84 米，厚 0.25 米。

行字：碑文楷书两栏，每栏 33 行，满行 40 字。

出土：原存耀县药王山南庵。

现藏：药王山博物馆。

著录：《药王山碑刻》《陕西药王山碑刻艺术总集》。

提要：碑文记载"张百户"等与静明宫道院的土地纠纷案的缘由始末，及太皇太后懿旨、颁发静明宫土地四至执照事。

## *泰定二年禁伐黄陵圣旨碑

年代：元泰定二年（1325）刻立。

形制：圆首方座。通高 2.50 米，宽 0.82 米，厚 0.17 米。

行字：碑文楷书 17 行，满行存 27 字。

撰书：成善章书。

现藏：黄帝陵轩辕庙碑廊。

著录：《延安市文物志》《黄帝陵碑刻》。

提要：碑文记载元泰定帝于泰定二年下旨，命保护轩辕庙建筑，禁伐桥陵树木，并免除宫观、寺院所属地税、商税，对破坏桥陵者官府加重处罚。

## *忠宣李公请状碑

年代：元泰定二年（1325）刻立。

形制：圆首方座。高 1.20 米，宽 0.67 米。

出土：此碑自立未移。

现藏：岐山县周公庙管理处。

提要：碑文记载周公庙住持和甫真人仙逝，李公奏请朝廷主持该庙，凤翔府予以答复。

## *吴氏纠宗碑

年代：元泰定三年（1326）刻立。

形制：圆首方座。通高 3.26 米，宽 0.91 米，厚 0.33 米。

行字：碑文楷书 19 行，满行 45 字。

现藏：蒲城县孙镇西潘庄村。

提要：碑文主要记载了吴氏生平及吴氏一脉的谱系。

## 耶律世昌墓志

全称：大元故安西路耀州尹耶律君墓志铭。

年代：元泰定三年（1326）刻。

形制：志、盖均为正方形，尺寸相同。边长 0.51 米。

行字：盖文楷书 4 行，满行 3 字，题"元故安西路耀州尹耶律君墓"。志文楷书 28 行，满行 28 字。

撰书：卢惟善撰，刘斎书。

出土：1950 年出土于长安县韦曲镇。

现藏：西安碑林博物馆。

著录：《西安碑林全集》《新中国出土墓志·陕西叁》。

提要：志文记载了耶律世昌之家族世系、生平、职官及子嗣情况等。耶律世昌，官至安西路耀州尹。

## 贺胜墓志

全称：大元故中书左丞相开府仪同三司上柱国赠推忠宣力保德功臣太傅谥惠悯贺秦国公墓志铭。

年代：元泰定四年（1327）刻。

形制：盖长 1.67 米，宽 0.94 米，厚 0.12 米。

志长 1.72 米，宽 1.03 米，厚 0.22 米。

**行字**：盖文隶书 9 行，满行 4 字，题"大元故左丞相开府仪同三司上柱国赠推忠宣力保德功臣太傅谥惠悯贺秦国公墓志铭"。志文楷书 85 行，行 43 字。

**撰书**：虞集撰，同恕题盖，高山献书。

**出土**：1953 年出土于户县秦渡镇张良寨村。

**现藏**：户县文物管理委员会。

**著录**：《户县碑刻》《新中国出土墓志·陕西叁》。

**提要**：志文记载了贺胜（贺仁杰长子）之家族谱系、生平、历官及配偶、子嗣情况。其主要历官有上都留守，兼本路都总秘、开平府尹、虎贲亲都指挥使，光禄大夫、左丞相、行上都留守、上柱国等。泰定初年，诏雪其冤，赠推忠宣力保德功臣，太傅，开府仪同三司、上柱国，谥曰"惠悯"，《元史》有传。

## 赵公瑾墓志

**全称**：元故赵君墓志铭并序。

**年代**：元天历二年（1329）刻。

**形制**：盖盝形，志正方形。志、盖尺寸相同。边长 0.42 米，厚 0.10 米。

**行字**：盖文篆书 2 行，满行 3 字，题"元故赵君墓志"。志文楷书 17 行，满行 16 字。

**撰书**：张冲撰，李毅书。

**出土**：2005 年出土于西安市阎良区。

**现藏**：西安市临潼博物馆。

**提要**：志文记载赵公瑾丧葬事。

## 宋思昕墓志

**全称**：元宋思昕墓志题记。

**年代**：元至顺二年（1331）刻。

**形制**：志长 0.83 米，宽 0.50 米，厚 0.04 米。

**行字**：志文楷书 7 行，满行 10 字。

**纹饰**：志四周饰变形回纹。

**出土**：1995 年出土于延安市宝塔区麻洞川乡西村。

**现藏**：延安市文物研究所。

**提要**：志文为墓主生平事迹。

## *西行记碑

**年代**：元至顺三年（1332）刻立。

**形制**：高 0.65 米，宽 0.61 米。

**行字**：碑文楷书 18 行，满行 14 字。

**现藏**：兴平市博物馆。

**著录**：《咸阳碑刻》。

**提要**：碑文记载了元至顺二年九月十九日，西台御史谦斋朵文、忽都鲁别和正卿宋绍明等人偕行书吏皇甫通、张英、李木公年、吴密等同居槐里，分襟之际，相约明年春清明后二日相会之事。

## *周夔题诗碑

**年代**：元元统三年（1335）刻立。

**形制**：正方形。边长 0.50 米。

**行字**：碑文行书 6 行，满行 11 字。

**撰书**：周夔撰。

**出土**：原存耀县药王山。

**现藏**：药王山博物馆。

**著录**：《药王山碑刻》《陕西药王山碑刻艺术总集》。

**提要**：碑刻诗文"探求岩穴高来卧，不管人间是与非。济世处方通要妙，引年得法达玄微。存无守有难循迹，御患康屯忽露机。千古真凡徒仰慕，恨无羽翼一同飞"。

## 丘处机内传碑

**全称：** 全真第五代宗师长春道主教真人内传碑。

**年代：** 元后至元元年（1335）刻立。

**形制：** 螭首。通高 3.90 米，宽 1.20 米，厚 2.50 米。

**行字：** 碑文楷书 88 行，满行 40 字。

**撰书：** 李道谦撰，袁志安书。

**纹饰：** 碑额两侧各饰三龙图案。

**出土：** 此碑自立未移。

**现藏：** 宝鸡市陈仓区磻溪镇杨家店村。

**著录：**《宝鸡县志》。

**备注：** 碑阴风化严重，字已不清晰。

**提要：** 碑文记载了长春真人丘处机在磻溪宫等地修道养性、弘扬道教的事迹。

## *祀太玄妙应真人记碑

**年代：** 元后至元二年（1336）刻立。

**形制：** 圆首方座。高 1.24 米，宽 0.72 米，厚 0.14 米。

**行字：** 碑文楷书 22 行，满行 29 字。

**撰书：** 周德洽撰。

**出土：** 原存耀县药王山南庵。

**现藏：** 药王山博物馆。

**著录：**《陕西金石志补遗》《关中金石记》。

**提要：** 碑文记井公特奉完者台皇后懿旨，于五台静明宫孙真人道场御番祝文。

## *宋天师诗碑

**年代：** 元后至元五年（1339）刻立。

**形制：** 高 0.53 米，宽 0.40 米。

**行字：** 碑文楷书 8 行，满行 14 字。

**撰书：** 宋天师撰。

**现藏：** 西安市长安博物馆。

**提要：** 碑录七言诗一首，旨在颂扬道教。

## *韩山奕应侯祈雨感应碑

**年代：** 元后至元六年（1340）刻立。

**形制：** 圆首。高 1.68 米，宽 0.78 米，厚 0.32 米。

**行字：** 碑文篆书 20 行，满行 35 字。

**撰书：** 党彝撰。

**纹饰：** 四周饰缠枝蔓草纹。

**出土：** 1985 年自合阳县秦城村九郎庙运回。

**现藏：** 合阳县博物馆。

**提要：** 碑文记述了秦城村村民祈雨灵验一事。

## 韩瑞墓志

**全称：** 故宣武大将军韩公墓志并铭。

**年代：** 元后至元六年（1340）刻。

**形制：** 志正方形，边长 0.51 米。

**行字：** 志文楷书 28 行，满行 28 字。

**撰书：** 孟文昌撰，骆天骧书。

**现藏：** 西安市长安博物馆。

**提要：** 志文记载了韩瑞的家族世系、生平、子嗣等情况。

## *悟真澄静灵妙大师碑

**年代：** 元至正元年（1341）刻立。

**形制：** 螭首龟座。通高 1.70 米，宽 0.58 米，厚 0.15 米，高 0.88 米。

**行字：** 额楷书"制授"二字。碑文楷书 4 行，共 25 字。

**撰书：** 朱丽书。

**现藏：** 户县蒋村镇孙真坊。

**著录：**《户县碑刻》。

**提要：** 碑阳镌刻大字"悟真澄静灵妙，大师奉元路大，重阳万寿宫住，持担点任递瞻墓" 4 行。右侧小字为"道享子朱□书"，左侧小字为"大元至正元年岁辛巳重阳日□□□□并门徒等立石"。

## *义勇武安□风伯雨师碑

年代：元至正二年（1342）刻立。

形制：螭首龟座。高 1.35 米，宽 0.91 米，厚 0.20 米。

撰书：李克赞撰。

纹饰：碑身两侧饰云纹。

现藏：延安市宝塔区万花乡肖渠村。

提要：碑文记述鄜延路经略安抚使司公事刘昌祚等修建风伯雨师庙事。

## *至正三年圣旨碑

年代：元至正三年（1343）刻立。

形制：高 1.20 米，宽 0.56 米。

行字：碑文分上下两部分，上部为蒙文 26 行，下部为汉文楷书 26 行，满行 21—28 字不等。

纹饰：碑身两侧饰缠枝蔓草纹，蒙文与汉文之间饰花纹。

现藏：西安市长安博物馆。

备注：碑身上下有残阙。

提要：刻成吉思汗、窝阔台等大汗圣旨。

## 五台山静明宫瑞槐记

年代：元至正四年（1344）刻立。

形制：圆首方座。高 1.48 米，宽 0.68 米，厚 0.13 米。

行字：碑文楷书 23 行，满行 36 字。

撰书：廉维方撰，李拱书。

出土：原存耀县药王山南庵。

现藏：药王山博物馆。

著录：《关中金石记》《陕西金石志》《药王山碑刻》。

提要：碑文记洞阳显疲乏忠贞真人井公祠像前见一槐如凤如龙，须进士廉维方为之作记事。

## *李拱题诗碑

年代：元至正五年（1345）刻立。

形制：圆首。高 0.80 米，宽 0.50 米。

撰书：李拱撰并书。

出土：原存耀县药王山。

现藏：药王山博物馆。

著录：《药王山碑刻》。

提要：碑文残损严重，仅留"……火荣仙居，石盆贻与乡邦（邻）水，百病疮痍得扫除，西蜀安州李拱"。

## *洪范偕诗碣

年代：元至正六年（1346）刻立。

形制：高 0.36 米，宽 0.46 米，厚 0.08 米。

行字：碑文楷书 14 行，满行 14 字。

撰书：洪范偕撰，张洵书，忤渊刻。

出土：兴平县马嵬镇杨贵妃墓。

现藏：兴平市杨贵妃墓博物馆。

提要：此碑刻录西台御史吉台洪范偕过马嵬所作诗。

## *罗怀玉道号记碑

年代：元至正七年（1347）刻立。

形制：圆首方座。通高 2.35 米，宽 0.81 米，厚 0.13 米。

行字：额篆书"怀玉"二字。碑文楷书 16 行，满行 30 字。

撰书：王士弘撰，戚善璋书。

现藏：黄帝陵轩辕庙碑廊。

著录：《延安市文物志》《黄帝陵碑刻》。

提要：碑文记载了中部儒士王士弘撰写赞颂罗怀玉的诗词。

## 井德用道行碑

全称：皇元制授诸路道教都提点洞阳显道

忠贞真人井公道行之碑。

**年代：** 元至正八年（1348）刻立。

**形制：** 方首方座。高 1.92 米，宽 0.98 米，厚 0.17 米。

**行字：** 碑文楷书 37 行，满行 67 字。

**撰书：** 何约撰，真圣奴书。

**出土：** 原存耀县药王山南庵。

**现藏：** 药王山博物馆。

**著录：**《陕西金石志》《药王山碑刻》。

**提要：** 碑文详述洞阳公井德用生平传奇。云井公先学道五台，后授洞阳显道忠贞大师，制授诸路道教都提点，仍署嵩山中岳庙住持，再归五台而化。

## *重建丹阳观记碑

**年代：** 元至正十一年（1351）刻立。

**形制：** 高 1.58 米，宽 0.70 米，厚 0.13 米。

**行字：** 碑阳楷书 22 行，满行 36 字。碑阴楷书 16 行，满行 30 字。

**撰书：** 王志清撰。

**现藏：** 周至县竹峪乡丹阳观。

**备注：** 此碑立于丹阳观院内。

**提要：** 碑文记载重建丹阳观事。

## *奉元路圆通观音寺记碑

**年代：** 元至正十一年（1351）刻立。

**形制：** 螭首方座。高 2.10 米，宽 0.90 米，厚 0.24 米。

**行字：** 碑文楷书 20 行，满行 38 字。

**撰书：** 斡勒海寿撰，石宝金书。

**纹饰：** 碑四周饰水云纹。

**出土：** 原在西安东关圆通观音寺内，后移入咸宁县高楼村北极宫，1953 年移藏西安碑林。

**现藏：** 西安碑林博物馆。

**著录：**《西安碑林全集》。

**备注：** 碑额为北魏造像，其下部横刻篆书"佛日增辉，法轮常转"八字，碑阴亦为北魏造像。此碑似将此造像一面磨平而刻就。

**提要：** 碑文记述元至正二年（1342）壬午日之夜，奉元路东郊之北有何禄氏，忽见东南隅有祥光五色，如云聚集，至次日，遂率善众掘得石菩萨一尊。时安西王寻亦感梦，果如所闻，乃命比丘如海同发善心，费资九百万工，历时七年，修筑寺院，并塑二佛六菩萨十八大士之像，遂为一方具瞻。撰文者斡勒海寿，字允常，沔池人，徙家山阴。后至元五年，任秘书监典簿，累迁监察御史。至正九年出为陕西廉访副使，寻罢官归，后起为浙东廉访使。《元史》有传。

## *大草堂栖禅寺宗派图

**年代：** 元至正十二年（1352）刻立。

**形制：** 圆首方座。通高 1.60 米，宽 0.60 米。

**行字：** 额篆书 2 行，满行 6 字，题"逍遥园大草堂栖禅寺宗派图"。碑文楷书，为宗派图，共 21 排。

**撰书：** 志通等刻立。

**现藏：** 户县草堂寺。

**著录：**《户县碑刻》。

**提要：** 宗派图自上而下为 21 排共 434 人。

## *雪庵浦光诗碑（甲）

**年代：** 元至正十二年（1352）刻立。

**形制：** 高 0.47 米，宽 0.66 米，厚 0.14 米。

**行字：** 碑文行书 15 行，满行 9 字。

**撰书：** 浦光撰并书，志通刻。

**现藏：** 户县草堂寺碑廊。

**著录：**《重修户县志》《户县碑刻》。

提要：碑刻录元代诗人浦光游草堂寺时所作
　　　七绝二首。

## *雪庵溥光诗碑（乙）

年代：元至正十二年（1352）刻立。
形制：高 0.42 米，宽 0.59 米，厚 0.13 米。
行字：碑文行书 11 行，满行 7 字。
撰书：浦光撰并书，志通刻。
现藏：户县草堂寺碑廊。
著录：《重修户县志》《户县碑刻》。
提要：碑刻录元代诗人溥光七绝"春云飞雨
　　　静幽林，梵刹留人古意深。应是二师
　　　怜我过，故将法水洒尘心"。

## *历代名医图碑

年代：元至正十四年（1354）刻立。
形制：圆首，首身一体。碑身高 1.14 米，宽
　　　0.68 米，厚 0.14 米。座长 0.85 米，
　　　宽 0.70 米，厚 0.28 米。
行字：额横刻楷书 6 字，题"历代名医之图"。
　　　正文楷书，行字数不等。
现藏：韩城市古城北营庙内。
提要：碑额线刻 11 个人物画像，并配有题
　　　刻诗句。碑身分上下两部分，各横刻
　　　一行大字，为朝代名称，分别是"三
　　　皇五帝周秦西汉东汉魏吴蜀西晋东
　　　晋南宋""南齐北齐梁后周隋大唐五
　　　代大宋大金"。朝代名称下刻有名医
　　　姓名。

## *重修牛山土主忠惠王庙碑

年代：元至正十四年（1354）刻立。
形制：圆首方座。高 3.60 米、宽 1.50 米。
行字：额篆书 4 行，满行 2 字，题"牛山土
　　　主忠惠王碑"。碑文楷书 24 行，满行
　　　67 字。

撰书：黄理仙撰，高忙奇撒儿书，张宗□
　　　篆额。
出土：原在安康富强乡牛山庙，1972 年移藏
　　　西安碑林。
现藏：西安碑林博物馆。
著录：《陕西金石志》《关中金石记》《寰宇
　　　访碑录》《安康碑石》。
备注：碑阴泐蚀严重，下部略残。
提要：碑文记载了元末陕西安康地区农民
　　　起义活动情况。文后题名中罗列了
　　　大量各级地方官员的官职，为研究
　　　元末农民起义和元代官制提供了珍
　　　贵史料。碑阴皆为题名。

## *蒲城王氏祠堂碑

年代：元至正十五年（1355）刻立。
形制：螭首龟座。通高 3.83 米，宽 1.08 米，
　　　厚 0.39 米。
行字：碑文隶书 24 行，满行 48 字。
撰书：赵斯□篆额。
现藏：蒲城县博物馆。
备注：碑座残损。
提要：碑文记载王氏家族自唐末已居五世，
　　　至大宋至正十五年七世同堂，曾三次
　　　受到朝廷旌表。

## *霖大师功德碑

全称：（上阙）园光重云山狄寨灵泉等寺住
　　　持（下阙）霖大师功德之碑。
年代：元至正十六年（1356）刻立。
形制：高 1.19 米，宽 0.58 米。
行字：碑文楷书 24 行，满行 50 字。
撰书：阿鲁威撰并篆额，张鼒书。
纹饰：碑文两边饰缠枝蔓草纹。
现藏：西安市长安博物馆。
备注：碑右上角断裂黏接，左边有残缺，碑

面磨损。

提要：霖大师俗姓冯，京兆咸宁县人，童真入道持戒，多历寺院，并修破旧寺院，开讲经书，被誉为真功德。

## *帅正堂漫成诗碑

年代：元至正十七年（1357）刻立。

形制：高0.55米，宽0.90米。

行字：碑文行书21行，满行字数不等。

撰书：脱脱木儿松轩撰并书，何信刻。

出土：西安碑林旧藏。

现藏：西安碑林博物馆。

著录：《陕西金石志》《续修陕西通志稿》《西安碑林全集》。

提要：碑文分两段，前段为脱脱木儿松轩所作七言诗10首，后段为记文。脱脱木儿松轩，其人生平不详。据记文可知，其为高昌人，官至户部侍郎、奉元路守。

## 石溪和尚道行碑

全称：大元故□□□□□□□□□□□和尚琼公道行碑。

年代：元至正二十二年（1362）刻立。

形制：螭首龟座。通高3.62米，宽1.07米，厚0.28米。

行字：碑文楷书32行，满行76字。

撰书：源宗洪撰，朵罗台书并篆额，蔡正镌，智如等立。

出土：西安碑林旧藏。

现藏：西安碑林博物馆。

著录：《西安碑林全集》。

备注：碑身中断，表面剥泐严重，碑阳为宋建隆四年《重修开元寺行廊功德碑》。

提要：碑文记述石溪和尚一生之道行修养。石溪和尚，关中栎阳人，马姓，名义

琼，字粹英，号石溪，世寿十七，僧腊四十五，出家于长安兴国寺；仁宗、英宗屡召往京师任住持不就，英宗赐以金袈裟，加号寂照真空大师。后住报恩寺，明宗天历元年圆寂。书者朵罗台，时任中奉大夫、陕西汉中道肃政廉访使。

## *重修宣圣庙记

年代：元至正二十四年（1364）刻立。

形制：高0.98米，宽0.56米。

行字：碑文楷书26行，满行20字。

撰书：李祺撰，马懿书并立。

出土：西安碑林旧藏。

现藏：西安碑林博物馆。

著录：《西安碑林全集》。

备注：碑略有残损。

提要：碑文记载了元至正二十四年西安府监府笃仲渊、李淳、马懿等官员修缮西安府文庙的经过。

## 重修宣圣庙记

年代：元至正二十六年（1366）刻立。

形制：圆首方座。通高1.94米，宽0.90米。

行字：额隶书2行，满行3字，题"重修宣圣庙记"。正文隶书30行，满行56字。

撰书：董立撰，张冲书，王武题额，何惟刻。

出土：西安碑林旧藏。

现藏：西安碑林博物馆。

著录：《关中金石记》《寰宇访碑录》《西安碑林全集》。

提要：碑文记载了元至正二十五年（1365），在儒士李扩、王及等人倡议下，地方政府集资修缮文庙的经过，修缮范围包括文庙后的《孝经》碑亭和《开成

石经》碑廊。碑阴刻参加修缮人员题名，并附刻《东坡梅花图》。

## 广严院常住地土之记

**年代**：元至正二十七年（1367）刻立。

**形制**：高 1.64 米，宽 0.60 米、厚 0.32 米。

**行字**：碑文楷书 9 行，满行 38 字。

**撰书**：赵元义撰，宋金书。

**出土**：1981 年出土于耀县石柱乡生寅村古庙遗址，同年迁往耀县药王山。

**现藏**：药王山博物馆。

**备注**：刻于《夫蒙氏造像碑》正面龛下。

**提要**：碑文记同官县□□村，耀州□家庄黑答答官人舍施利广严院地土、寺窠、宝塔、□院等四至范围。

## *开元寺碑

**年代**：元世祖至元间（1271—1368）刻立。

**形制**：首部残。地面以上高 1.35 米，宽 0.82 米，厚 0.23 米。

**出土**：此碑自立未移。

**现藏**：陇县尹家坡村东南开元寺遗址。

**提要**：字迹不清，隐见年代为大元至□一年仲春十一日。

## *上善化王公神道碑

**年代**：元代（1271—1368）刻立。

**形制**：高 2.15 米，宽 0.82 米，厚 0.20 米。

**纹饰**：碑四周饰蔓草纹。

**现藏**：富县羊泉镇上善化村西边 5 米处。

**提要**：碑阳行楷"忠翊侍卫亲军武德将军王公神道"。

## *寿圣寺住持碑

**年代**：元代（1271—1368）刻立。

**形制**：圆首连体。高 2.30 米，宽 1.00 米，厚 0.25 米。

**行字**：碑文楷书 19 行，满行 49 字。

**出土**：此碑自立未移。

**现藏**：眉县汤峪镇屈刘堡村。

**提要**：碑文记载眉县寿圣寺历史及寺院住持情况。

## *创修玉清观碑

**年代**：元代（1271—1368）刻立。

**形制**：圆首方座。通高 1.87 米，宽 0.74 米，厚 0.18 米。

**行字**：碑文楷书 23 行，满行 48 字。

**撰书**：杨太初撰，梁弼书。

**出土**：此碑自立未移。

**现藏**：扶风县绛帐镇东西湾村玉清观前。

**备注**：字迹漫漶，不能通读。

## *扶风元陀罗尼经幢

**年代**：元代（1271—1368）刻立。

**形制**：八棱柱形。通高 0.90 米。

**行字**：幢文楷书 32 行，满行 16 字。

**纹饰**：柱体上部饰莲花纹，底座饰仰莲纹。

**出土**：1986 年移至扶风县博物馆。

**现藏**：扶风县博物馆。

**提要**：正文刻《佛顶尊胜陀罗尼经》经文。

## *三清殿记碑

**年代**：元代（1271—1368）刻立。

**形制**：高 0.85 米，宽 0.39 米。

**出土**：此碑自立未移。

**现藏**：韩城市普照寺内。

**备注**：碑文漫漶。

**提要**：碑文记载韩城普照寺三清殿历史及修缮情况。

## *二仙图碑

年代：元代（1271—1368）刻立。

形制：高 1.70 米，宽 0.53 米。

行字：碑文楷书，共 25 字。

撰书：刘志顺刻。

出土：此碑自立未移。

现藏：周至县楼观台。

著录：《楼观台道教碑石》。

备注：中上部横斜向断裂。据刻石者刘志顺、立石者王守真所在年代推断，此石乃元代刻石。

提要：残刻"钟离处士，吕先生"图像。

## *文始殿碑

年代：元代（1271—1368）刻立。

形制：螭首龟座。高 4.85 米，宽 1.20 米，厚 0.40 米。

撰书：雪庵溥光书。

出土：此碑自立未移。

现藏：周至县楼观台。

著录：《楼观台道教碑石》。

备注：碑阳为《大元重建文始殿记》。

提要：碑文为"文始之殿"四大字，碑右侧为信志舍地契约。

## *上善池

年代：元代（1271—1368）刻立。

形制：圆首方座。高 2.35 米，宽 0.94 米，厚 0.22 米。

行字：碑文隶书 3 字。

撰书：赵孟頫题。

出土：此碑自立未移。

现藏：周至县楼观台。

著录：《楼观台道教碑石》。

备注：下部小字题诗磨灭，碑身上部有一横向裂断纹。碑阴为康海题诗一首，另

该立碑者董道弘为元代楼观住持，故此碑定为元代。

提要：为古楼观"上善池"而题。

## *重修通仙万寿宫碑

年代：元代（1271—1368）刻立。

形制：碑上半部分残损。残高 1.39 米，宽 0.98 米，厚 0.31 米。

行字：碑文楷书 17 行，满行 35 字。

撰书：德懿知当真人撰，东德定复撰，长安戴仲禄刻。

出土：此碑自立未移。

现藏：周至县九峰乡千户小学。

提要：碑文记载了重修通仙万寿宫之经过。

## *万寿宫建筑图碑

年代：元代（1271—1368）刻立。

形制：碑残损。残高 0.82 米，宽 0.41 米。

出土：西安碑林旧藏。

现藏：西安碑林博物馆。

著录：《中国美术全集·石刻线画》《西安碑林全集》。

备注：碑石各部残缺。

提要：南宋陇州万寿宫建筑平面图。万寿宫，道观名，位于陕西陇县朱家寨，创建于南宋绍兴间，道士马丹阳曾居于此。一说在陇县东观川。

## *管道升书修竹赋碑

年代：元代（1271—1368）刻立。

形制：共两石，尺寸相同。高 0.70 米，宽 0.35 米。

行字：碑文行书 24 行，满行 9—12 字不等。

撰书：赵孟頫撰，管道升书。

出土：1952 年张伯英捐藏西安碑林。

现藏：西安碑林博物馆。

著录：《西安碑林全集》。

提要：《修竹赋》是赵孟頫所撰赋体文名篇，见《松雪斋集》。赵孟頫（1254—1322），字子昂，号松雪道人，宋宗室后裔；入元，官至翰林学士承旨，卒谥文敏，《元史》有传。孟頫诗文书画俱精，为元代著名书画家。书者管仲姬即管道升（1262—1319），吴兴人，孟頫之妻，世称管夫人，工书法，擅绘画，其书法与赵孟頫相类，几不能辨。

## *郭儒村遗爱记碑

年代：元代（1271—1368）刻立。

形制：碑残损。残高 0.85 米，宽 0.30 米，厚 0.15 米。

行字：碑文楷书 9 行，满行字数不等。

纹饰：碑首残存丹凤朝阳纹。

出土：1995 年出土于眉县。

现藏：眉县文化馆。

备注：碑于清代被重刻为墓碣石。

## *重修玉清万寿宫碑

年代：元代（1271—1368）刻立。

形制：螭首圭额。通高 2.80 米，宽 1.21 米，厚 0.27 米。

行字：碑文楷书 28 行，满行 60 字。

纹饰：碑额饰四螭下垂纹。

现藏：千阳县城关镇新民一组。

备注：字迹经风雨侵蚀，现已模糊。

提要：碑文记述玉清万寿宫的兴衰事由。

## *惠林和尚碑

年代：元代（1271—1368）刻立。

形制：高 0.43 米，宽 0.36 米，厚 0.10 米。

行字：碑文楷书 9 字。

出土：出土于咸阳市底张湾睦村，时间不详。

现藏：咸阳市顺陵文物管理所。

提要：碑阳正文"祖师玑和尚之塔"，侧面写有"惠林"两字。

## *段典书杜甫咏怀古迹诗碑

年代：元代（1271—1368）刻立。

形制：高 0.64 米，宽 0.32 米。

行字：碑文楷书 19 行，满行 12 字。

撰书：段典书。

出土：清光绪四年重修诸葛献殿时嵌于其墙上。

现藏：岐山县五丈原诸葛亮庙博物馆。

提要：此碑刻录杜甫诗一首。

## 通微真人传碑

全称：通微真人蒲察尊师传碑。

年代：元代（1271—1368）刻立。

形制：圆首。通高 2.20 米，宽 0.96 米，厚 0.34 米。

行字：碑文楷书 20 行，满行 50 字。

出土：1988 年出土，地点不详。

现藏：千阳县城关镇县面粉厂。

提要：碑文主要记叙通微真人生平。

## *元汉建信侯庙碑

年代：元代（1271—1368）刻立。

形制：圆首方座。高 1.70 米，宽 0.64 米，厚 0.15 米。

纹饰：碑饰双螭纹，碑身两侧饰花卉纹。

现藏：永寿县店头镇明月山。

著录：《新编永寿县志》。

提要：碑文记载了娄敬进劝刘邦都汉中、出使匈奴及受封建信侯事。

## 王会岁寒三咏诗序碑

全称：故郑州入学正王君岁寒三咏序。

年代：元至正二十八年（1368）刻立。

形制：圆首方座。高 1.61 米，宽 0.77 米，厚 0.21 米。

行字：碑文楷书 20 行，满行 40 字。

撰书：董立撰，康尚文书。

出土：原存耀县药王山。

现藏：药王山博物馆。

著录：《陕西金石志》。

提要：碑文记富平县守御、资政大夫王会所作序文一篇。

## *进仪校尉韦公墓碑

年代：元至正年间（1341—1368）刻立。

形制：圆首，身首一体，碑残损。残高 1.60 米，宽 0.73 米，厚 0.17 米。

行字：碑文楷书 21 行，共 40 字。

撰书：张彧撰并书。

纹饰：碑额、碑身均饰缠枝花纹。

出土：原存蒲城县洛滨镇永平村韦家祠堂中。

现藏：蒲城县洛滨镇永平村韦家祠堂。

备注：碑身断裂为三段，有残缺，现用水泥拼合，立于韦氏祠堂东壁旁，碑座置于附近。碑面上有磨损痕迹，其上文字多有不清。

提要：碑文记载了长安韦氏家族东迁至永平及其在此地繁衍生息的家族史。

## *洪武学校条规碑

年代：明洪武二年（1369）刻立。

形制：高 0.77 米，宽 2.45 米。

行字：碑文楷书 66 行，满行 25 字。

纹饰：碑身四周饰卷草纹。

出土：出土时间、地点不详。

现藏：铜川市耀州区博物馆。

著录：《陕西教育史志资料志》《耀州文庙》。

备注：中部断残裂。

提要：此碑所记为学生所遵守的条令，以规劝学生都能"志在熏陶德性，以成贤人"。

## *诏示岳镇河渎碑

年代：明洪武三年（1370）刻立。

形制：螭首龟座。高 8.28 米，宽 1.90 米。

行字：碑文楷书 19 行，满行 40 字。

出土：此碑自立未移。

现藏：华阴市西岳庙文物管理处。

著录：《华山碑石》。

备注：碑座赑头已毁。

提要：此碑为明太祖朱元璋诏定祭祀山川神庙之制。五岳、五镇、四渎、各州府县城隍庙等之神以礼祀神，法定神号，不得淫祀。碑阴及侧棱有明代题记。

## *洪武四年祭周陵碑

年代：明洪武四年（1371）刻立。

形制：圆首方座。通高 1.24 米，宽 0.66 米。

行字：额篆书 2 字，题"御制"。碑文楷书 14 行，满行 18 字。

纹饰：碑额饰花卉纹。

出土：此碑自立未移。

现藏：咸阳市周陵文物管理所。

著录：《咸阳碑刻》《咸阳市渭城区志》《渭城文物志》。

提要：碑文记载了明洪武四年正月二十二日，太祖遣侍仪舍人闵毅祭周文王陵事。

## *重修文宣庙学碑

年代：明洪武六年（1373）刻立。

形制：高 3.16 米，宽 1.00 米，厚 0.23 米。

行字：碑文楷书 17 行，满行 42 字。

撰书：张三同撰。

出土：原立于白水县文庙内，后移至白水县
文化馆院内。

现藏：白水县文物管理委员会。

备注：腰部残断。

提要：此碑为明洪武六年白水县知县张三同重修文庙所刻，记载了重修缘由、经过及捐资情况。

## *敕旨榜文碑

年代：明洪武十五年（1382）刻立。

形制：高2.35米，宽1.02米，厚0.37米。

行字：碑文楷书64行，满行23字。

出土：1996年从户县文庙明伦堂檐墙内取出面世。

现藏：户县文庙院内。

著录：《户县碑刻》。

提要：碑文记载了有关教育郡邑学校生员的规训，如"为师长者，当体先贤之道，竭忠教训，以导愚蒙，勤考其课，抚善惩恶，毋致懈惰"等十四条。

## *梁守一买地券

年代：明洪武十五年（1382）刻立。

形制：正方形。边长0.38米。

行字：券文楷书16行，满行25字。

出土：1994年出土于户县祢庵镇成道宫村。

现藏：户县文物管理委员会。

著录：《户县碑刻》。

备注：青砖质地，部分字迹不清。

提要：券文记载了梁守一为其父母购买墓地事。

## *洪武榜谕碑

年代：明洪武十五年（1382）刻立。

形制：高0.75米，宽2.16米。

行字：碑文楷书64行，满行32字。

纹饰：碑四周饰卷云纹。

现藏：华阴市西岳庙文物管理处。

著录：《华山碑石》。

备注：石断裂。原在文庙，1983年移入西岳庙。

提要：碑文记载礼部晓示郡邑学校生员，为建言事，须遵守规制，如有不遵，以违制论。

## *明西安赡学田颂碑

年代：明洪武十五年（1382）刻立。

形制：螭首方座。通高2.47米，宽0.61米，厚0.16米。

行字：额篆书2行，满行4字，题"大明西安赡学田颂"。正文隶书10行，满行24字。

撰书：王廉撰并书。

出土：原在西安府学，后移藏西安碑林。

现藏：西安碑林博物馆。

著录：《西安碑林全集》。

备注：碑阴上部有高陵周凤翼、周翔模刻《瑞莲诗图》，明永寿庄僖王朱诚琳题诗。下部刻清代康乃心撰并书《青门帖》。

提要：碑文赞扬了明太祖即位十五年"将光圣庙祀归赡学田"的功绩。撰书者王廉，字希阳，明代浙江丽水人，洪武初入翰林院修史书，官至陕西左布政使。明《括苍志》云："希阳，字宗韩择木，兼精篆隶。"

## 安定县重修大普济禅寺碑

全称：延安府安定县重修大普济禅寺记。

年代：明洪武十九年（1386）刻立。

形制：圆首方座。通高2.43米，宽0.80米，厚0.14米。

行字：碑阳额篆书，题"重修大普济禅寺

记"。碑阴额隶书，题"总昭方号"。碑文楷书 24 行，满行 48 字。

撰书：霍均实撰，郭经书，廉秉直篆额，赵思名镌。

纹饰：碑四周饰蔓草纹。

现藏：子长县钟山石窟。

提要：碑文记载了宋治平四年（1067）学佛人张行者组织工匠凿谷建道场，金泰和四年（1204）至元至元二十五年（1288）曾经多次维修成为陕西名刹，五十年后再度颓废，云游归来的龙泉禅师会资施财再次进行了维修等事。

## *普通塔碑

年代：明洪武二十五年（1392）刻立。

形制：六边五级石塔。高 9.00 米，底周长 12.2 米。

行字：碑文楷书 22 行，满行 27 字。

撰书：周绶书，普连镌。

纹饰：刻自在观音、一佛二弟子和小和尚等图景。碑四周饰蔓草纹。

现藏：子长县安定镇普通塔。

著录：《新编子长县志》《延安市文物志》。

备注：此碑镶嵌于五级石塔上。部分石刻已损坏。普通塔为省级文物保护单位。

提要：碑文记载了明代建此塔时此处已有惠善法师墓，连年战火使坟墓荒芜，洪武二十五年当地官吏和众僧建造舍利塔以"掩骸灭相"。

## *武氏记碑

年代：明建文元年（1399）刻立。

形制：高 1.29 米，宽 0.55 米。

行字：碑文楷书 52 行，满行 40 行。

撰书：马巨江撰，杨通、屈璿书。

纹饰：碑身四周饰缠枝卷叶纹及回纹。

出土：原存蒲城县三合乡武家祠堂内。

现藏：蒲城县博物馆。

著录：《蒲城县志》。

提要：碑文记载了武姓之由来，着重记载了蒲城三合武家村的由来及其子嗣绵延情况。

## *敕谕王志碑

全称：皇帝敕谕进士王志。

年代：明永乐四年（1406）刻立。

形制：高 0.46 米，宽 0.56 米。

行字：碑文行书 11 行，满行 10 字。

撰书：朱棣撰。

出土：西安碑林旧藏。

现藏：西安碑林博物馆。

著录：《西安碑林全集》。

提要：此碑是明成祖朱棣给进士王志的圣谕。

## *永乐十二年祭黄帝陵碑

年代：明永乐十二年（1414）刻立。

形制：圆首方座。碑身高 1.08 米，宽 0.54 米，厚 0.12 米；座长 0.35 米，宽 0.74 米，厚 0.48 米。

行字：碑文楷书 11 行，满行 19 字。

纹饰：碑阳饰卷云纹，碑阴饰云团纹。

现藏：黄帝陵轩辕庙碑廊。

著录：《延安市文物志》《黄帝陵碑刻》。

提要：碑文记载明成祖朱棣派遣延安府通判刘骥于永乐十二年八月十八日祭祀轩辕黄帝。

## *旌表孝子李得成碑

年代：明永乐十五年（1417）刻立。

形制：圆首方座。通高 1.76 米，宽 0.65 米，厚 0.15 米。

行字：碑文楷书 21 行，满行 31 字。

撰书：刘三吾撰，周质书并篆额。

纹饰：碑两侧饰水云纹。

出土：西安碑林旧藏。

现藏：西安碑林博物馆。

著录：《西安碑林全集》。

备注：据《西京碑林》载，此碑撰文在洪武二十九年（1396），永乐十五年立石。

提要：碑文记述孝子李得成孝敬母亲之事。李得成洪武十五年举孝廉，二十七年旌为孝子，永乐初官至陕西布政使，《明史》有传。撰文者刘三吾，茶陵人，洪武十八年时七十三岁得荐召，累迁翰林学士，《明史》有传。

## 唐玉真墓志

全称：唐氏墓志。

年代：明永乐十八年（1420）刻。

形制：志正方形。边长 0.64 米。

行字：志文楷书 14 行，满行 14 字。

出土：出土时间、地点不详。

现藏：西安市长安博物馆。

著录：《长安新出墓志》《新中国出土墓志·陕西叁》。

提要：志文记载了唐玉真之家族世系、生平、婚姻及子嗣情况。

## *宣德元年祭黄帝陵碑

年代：明宣德元年（1426）刻立。

形制：圆首方座。通高 1.56 米，宽 0.62 米，厚 0.14 米。

行字：碑文楷书 13 行，残存 110 字。

撰书：王能书。

纹饰：碑四周饰卷云纹。

现藏：黄帝陵。

著录：《延安市文物志》《黄陵文典·文物卷》。

提要：碑文记载了明宣宗朱瞻基继位，派遣应城伯孙杰于宣德元年二月十一日祭祀轩辕黄帝。

## *重修城隍庙记碑

年代：明宣德四年（1429）刻立。

形制：圆首方形。高 1.75 米，宽 0.77 米，厚 0.18 米。

行字：碑文楷书，行字数不译。

撰书：石匠宁五刻。

现藏：彬县文化馆。

备注：下半部漫漶不清。

提要：碑文记载宣德四年重修邠州城隍庙的六房典吏、司吏、老人、耆老的名单。

## *重修昭庆寺记碑

年代：明宣德九年（1434）刻立。

形制：圆首。高 1.66 米，宽 0.66 米。

行字：碑文楷书 17 行，满行 34 字。

撰书：吴余庆撰，张恕书，李逞篆额。

纹饰：碑四周饰卷云纹。

出土：1994 年出土于华阴市南寺村。

现藏：华阴市西岳庙文物管理处。

著录：《华山碑石》。

备注：侵蚀严重，字迹模糊不清。

提要：碑文记载了昭庆寺的由来、重修的原因以及买田以充香火事。

## *三教问答会名碑

年代：明宣德年间（1426—1435）刻立。

形制：高 0.56 米，宽 0.40 米，厚 0.20 米。

行字：碑文楷书 25 行，满行 25—32 字不等。

撰书：无尽刻。

现藏：户县秦渡镇庞村罗汉寺。

著录：《户县碑刻》。

提要：碑文记载了明宣德年间太子少保资政大夫礼部尚书周论三教异同论。

## *渊明诗记碑

年代：明正统元年（1436）刻立。

形制：正方形。边长 0.58 米。

行字：碑文楷书 20 行，满行 19 字。

出土：此碑自立未移。

现藏：周至县尚村镇西岩坊村五柳祠（陶家祠堂）。

备注：此碑现镶于陶家祠堂东侧墙内。

提要：碑文记载了陶秀和他的朋友在一起谈论东晋隐士陶渊明诗句事。

## *重修司马迁庙记碑

全称：重修太史司马庙记。

年代：明正统三年（1438）刻立。

形制：圆首方座。通高 1.06 米，宽 0.77 米，厚 0.14 米。

行字：碑文楷书 22 行，满行 27 字。

撰书：李简撰，何澄书。

出土：此碑自立未移。

现藏：韩城市司马迁祠。

著录：《司马迁祠碑石录》。

提要：碑文记载了明英宗年间，李简任韩城知县时修葺司马祠事。

## 李氏墓志

全称：故夫人李氏墓志。

年代：明正统四年（1439）刻。

形制：盖、志均正方形。尺寸相同。边长 0.62 米。

行字：盖文篆书 2 行，满行 4 字，题"故夫人李氏之墓志"。志文楷书 15 行，满行 16 字。

纹饰：志、盖四角均饰宝相花纹。

出土：出土时间、地点不详。1950 年入藏西安碑林。

现藏：西安碑林博物馆。

著录：《西安碑林全集》。

提要：志文记载了李氏之家世、生平、夫婿及子嗣情况。李氏之夫为秦永寿怀简王第二子镇国将军。李氏被赐诰命封为夫人。

## *祈祷有感助缘新寺记碑

年代：明正统十二年（1447）刻立。

形制：圆首座佚。高 2.80 米，宽 0.90 米，厚 0.18 米。

行字：碑文楷书 18 行，满行字数不等。

撰书：李同文撰，畅茂书。

纹饰：碑额饰四龙交绕，碑身两侧饰蔓草花纹。

出土：麟游县九成宫镇城关村兴国寺。

现藏：麟游县博物馆。

备注：首、身断离。

提要：碑文记载了明英宗正统年间发生在麟游县境内的旱灾和疫情以及祈雨感应而兴修佛寺的全过程。李同文，礼部乙榜进士。畅茂，麟游县儒学训导。

## *太玄妙应真人叹世吟碑

年代：明正统十二年（1447）刻立。

形制：方首。高 1.46 米，宽 0.93 米，厚 0.16 米。

行字：碑文楷书 14 行，满行 20 字。

撰书：康拯书。

出土：原存耀县公安局。

现藏：药王山博物馆。

提要：碑文为孙思邈感叹人世之语。

## *戒石铭碑

年代：明正统十三年（1448）刻立。

形制：通高1.55米，宽0.78米，厚0.24米。

行字：碑阳楷书4行，满行4字。碑阴楷书13行，字迹不清。

撰书：郑达撰。

纹饰：碑额饰蟠螭龙纹。

出土：此碑自立未移。

现藏：周至县县政府院。

著录：《党风与廉政》（2007年12月）。

备注：此碑面因被风雨残蚀等自然因素，脱落严重。

提要：碑文"尔俸尔禄，民脂民膏。下民易虐，上天难欺"。此碑为明正统十三年周至知县郑达所立，以此来警戒为官者要秉公办事，从政为民，温厚亲民，远罪迁善。

## *龟蛇碑

年代：明正统十三年（1448）刻立。

形制：螭首龟座。高2.04米，宽0.70米，厚0.25米。

撰书：谭处端书。

出土：原存耀县药王山南庵。

现藏：药王山博物馆。

著录：《药王山碑刻》《陕西药王山碑刻艺术总集》。

备注：附刻于《唐太宗赐真人颂》碑之阴。

提要：此碑中部刻"龟蛇"二字；左上角刻"谭真君书"，左下角刻"志心崇奉，镇宅辟恶"。右上角刻"崇正除邪"方印，并刻"耀州知州李芳，同知丘纯"。前款"耀州五台山静明宫立石"。

## *阮林墓志

全称：故门副阮公墓志。

年代：明正统十四年（1449）刻。

形制：志、盖尺寸相同，长0.33米，宽0.32米。

行字：盖文楷书3行，满行3字，题"大明故门副阮公之墓"。志文楷书15行，满行21字。

出土：1972年前出土于西安交通大学。

现藏：西安碑林博物馆。

著录：《西安碑林全集》。

备注：志周边有残缺。

提要：志文记载了阮林的生平和官职等。阮林于永乐初入选内府，以备宫使，后官至秦府门副。

## *景泰元年祭黄帝陵碑

年代：明景泰元年（1450）刻立。

形制：圆首方座。通高1.68米，宽0.62米，厚0.15米。

行字：碑文楷书10行，满行16字。

现藏：黄帝陵轩辕庙碑廊。

著录：《延安市文物志》《黄帝陵碑刻》。

提要：碑文记载了明代宗派遣工科给事中霍荣于景泰元年正月十五祭祀轩辕黄帝事。

## *鱼篮观音图碑

年代：明景泰二年（1451）刻立。

形制：高0.58米，宽0.35米。

撰书：傅兴画，秦旺刻，正觉立。

出土：西安碑林旧藏。

现藏：西安碑林博物馆。

著录：《西安碑林全集》。

备注：又名"提篮观音像"。

提要：线刻鱼篮观音像。画像上方楷书七言绝句"蓬松两鬓懒梳头，提个鱼儿市上游。不是裙中璎珞现，谁知菩萨下阎浮"。

## *重修古迹东岳庙记碑

年代：明景泰三年（1452）刻立。

形制：圆首座佚。通高 2.55 米，宽 0.84 米，厚 0.16 米。

行字：碑文楷书 26 行，满行 35 字。

撰书：董德昭撰。

现藏：户县庞光镇化羊庙。

著录：《户县碑刻》。

提要：碑上半部刻重修东岳庙的经过，下半部书刻道士与助缘人、募缘人姓名以及东岳庙的四至。化羊谷东岳庙在今户县庞光乡化羊庙。

## *重修开元寺碑

年代：明景泰六年（1455）刻立。

形制：龟座。通高 2.13 米，宽 0.87 米，厚 0.30 米。

行字：碑文楷书 13 行，满行 54 字。

撰书：迟恭撰，张贤书，吴能篆额。

纹饰：碑身饰蔓草纹。

现藏：陇县城关镇尹家坡村东南 200 米处耕地内（开元寺遗址）。

备注：碑额残。

提要：碑阳、碑阴、碑右侧均有文字。正文记述开元寺的创建年代、位置、形胜及重修等事宜。碑阴、碑侧均为捐赠人姓名。

## 重修兴信寺碑

全称：千阳县草碧谷里住持临洪重修兴信寺记。

年代：明景泰六年（1455）刻立。

形制：碑残损。残高 1.37 米，宽 0.78 米，厚 0.22 米。

行字：额篆书 2 行，满行 3 字，题“重修兴信寺记”。碑文楷书 20 行，满行 24 字。

纹饰：碑额饰二龙戏珠图案，碑身饰波浪纹。

出土：此碑自立未移。

现藏：千阳县草碧镇白村寺小学。

提要：碑文叙述兴信寺之建置、沿革、形胜及重修之事由等。

## 朱公鑛圹志

全称：大明镇国将军圹志。

年代：明景泰六年（1455）刻。

形制：志正方形。边长 0.69 米。

行字：志文楷书 26 行，满行 28 字。

纹饰：志四周饰蔓草纹。

现藏：西安市长安博物馆。

著录：《长安新出墓志》《新中国出土墓志·陕西叁》。

提要：志文记载了朱公鑛的家族谱系、生平、婚姻、子嗣、历官情况。

## *牧爱堂

年代：明天顺四年（1460）刻立。

形制：高 0.64 米，宽 1.57 米。

行字：跋文楷书 3 行，满行 25 字。

撰书：朱熹书，余子俊摹刻并跋。

出土：西安碑林旧藏。

现藏：西安碑林博物馆。

著录：《西安碑林全集》。

提要：碑文摹刻朱熹楷书“牧爱堂”三个大字，左上角题“晦翁书”三字。摹刻者余子俊，字士英，四川青神人；明天顺年间曾任西安知府，成化年间升任陕西巡抚，后官至兵部尚书、户部尚书；《明史》有传。

## *重修弥陀禅寺记

年代：明天顺五年（1461）刻立。

形制：圆首方座。高 2.53 米，宽 0.90 米，厚 0.21 米。

行字：额篆书 2 行，满行 4 字，题“重修弥陀禅寺之记”。正文楷书 20 行，满行 54 字。

撰书：邢简撰并书，梁明篆额，秦旺镌。

出土：西安碑林旧藏。

现藏：西安碑林博物馆。

著录：《西安碑林全集》。

备注：碑阴刻明天顺六年《西方极乐世界之图》。

提要：弥陀禅寺位于西安城东长乐门三里许，即古之大安国寺。其地乃唐睿宗旧宅，景云元年创为寺，以本封安国为名，历代屡有兴复，天顺五年重修。

## *庙学重修记碑

年代：明天顺五年（1461）刻立。

形制：圆首方额。高 1.56 米，宽 0.71 米，厚 0.19 米。

行字：碑文楷书 24 行，满行 45 字。

撰书：刘定之撰并书。

纹饰：漫漶难辨。

出土：原在乾县文庙戟门东侧。

现藏：乾陵懿德太子墓博物馆。

著录：《新编乾县志》。

提要：碑文记载明天顺四年至五年重修乾州庙学事。

## *天顺六年祭黄帝陵碑

年代：明天顺六年（1462）刻立。

形制：圆首方座。通高 1.76 米，宽 0.58 米，厚 0.14 米。

行字：碑文楷书 10 行，满行 84 字。

撰书：冯祯书。

纹饰：碑四周饰卷云纹。

现藏：黄帝陵轩辕庙碑廊。

著录：《延安市文物志》《黄帝陵碑刻》。

提要：碑文记载了明英宗朱祁镇派遣延安府知府王谨于天顺六年八月十一日祭祀轩辕黄帝事。

## *张三丰遗迹记碑

年代：明天顺六年（1462）刻立。

形制：圆首。通高 3.42 米，宽 0.85 米，厚 0.30 米。

行字：碑阳楷书 23 行，满行 42 字。碑阴楷书 14 行，满行 26 字。

撰书：张用瀚撰，张谦书，刘俊篆额。

纹饰：碑额饰云海仙鹤图案，碑身饰蔓草纹。

现藏：宝鸡市金台观文物管理所。

提要：碑文记载了时为陕西参知政事、前奏议大夫、吏部右侍郎张用瀚，青壮年时代曾面见张三丰，为官时替明代皇帝访张三丰未遇事。

## 田母张氏墓志

全称：故田母敕封太儒人张氏墓志铭。

年代：明天顺六年（1462）刻。

形制：志、盖均为正方形。尺寸相同。边长 0.50 米。

撰书：章纶撰，孙□书，郝篆盖。

出土：出土时间、地点不详。

现藏：西安博物院。

备注：该墓志志面磨损严重。

提要：志文记载了田母敕封太儒人张氏之生平等。

## *西方极乐世界图碑

年代：明天顺六年（1462）刻立。

形制：圆首方座。高 2.53 米，宽 0.90 米，厚 0.21 米。

撰书：傅兴绘。

出土：原在咸宁县弥陀寺，1951 年入藏西安碑林。

现藏：西安碑林博物馆。

著录：《中国美术全集·石刻线画》《西安碑林全集》。

备注：碑身中断后黏合。

提要：碑上线刻图表现"阿弥陀经"中的佛国景观，类似敦煌壁画中的"西方净土变"。绘者傅兴，《明史》有传。

## *韩城县重修庙学碑

年代：明天顺七年（1463）刻立。

形制：圆首龟座。通高 2.63 米，宽 0.95 米，厚 0.40 米；首高 1.03 米；座长 0.43 米。

行字：碑文楷书 17 行，满行 67 字。

撰书：薛瑄撰，张绅书，李俊篆额。

纹饰：碑额饰云纹，碑身四周饰蔓草纹。

现藏：韩城市博物馆。

提要：碑文记述了知县王鼎自天顺五年正月至八月重修文庙事。碑阴列修建人员名单，并刻庙学四至图。

## 张宗惠妻杨氏圹志

全称：故处士张公孺人杨氏圹志铭。

年代：明天顺八年（1464）刻。

形制：盖、志均为正方形，尺寸相同。边长 0.43 米。

行字：盖文楷书 3 行，满行 3 字，题"故孺人杨氏墓志之石"。志文楷书 20 行，满行 20 字。

撰书：张敬撰。

纹饰：志、盖四周均饰蔓草纹。

出土：1986 年出土于华阴县五方村。2003年入藏西安碑林博物馆。

现藏：西安碑林博物馆。

著录：《华山碑石》。

备注：盖裂为三块。

提要：志文记录了杨氏家世、生平、夫婿及子嗣情况。

## *重修僧正祠记碑

年代：明成化元年（1465）刻立。

形制：高 2.00 米，宽 0.73 米，厚 0.25 米。

行字：碑文楷书 7 行，满行 47 字。

撰书：张翃撰。

纹饰：碑身饰菊花蔓草纹。

出土：原在陇县县委大院档案局门前。

现藏：陇县博物馆。

备注：首座皆佚，上下有榫。

提要：碑文记述兴国寺创建于明初，成化元年重修及增修僧正祠之原因与经过。

## *梅花堂碑

年代：明成化元年（1465）刻立。

形制：圆首方座。通高 2.22 米，宽 0.74 米，厚 0.17 米。

行字：碑文楷书 3 字。

撰书：余子俊书。

出土：西安碑林旧藏。

现藏：西安碑林博物馆。

著录：《西安碑林全集》。

备注：又称"梅花堂三字碑"。

提要：碑阴刻"源头活水"四字，左思明行书；又刻"岁寒"二字，钱浩行书。明万历二十一年左佩瑾刊。

## 郭登纪行诗碑

全称：定襄伯郭公纪行诗。

年代：明成化元年（1465）刻立。

形制：高 0.72 米，宽 1.64 米。

行字：碑文行书 53 行，满行 19—20 字不等。

撰书：郭登撰，余子俊书并跋，秦旺刻。

出土：西安碑林旧藏。

现藏：西安碑林博物馆。

著录：《西安碑林全集》。

提要：此碑刻录郭登纪行诗八首。

## *新开通济渠记

年代：明成化元年（1465）刻立。

形制：圆首方座。高 2.28 米，宽 0.81 米，厚 0.16 米。

行字：额篆书 2 行，满行 3 字，题"新开通济渠记"。正文楷书 27 行，行 52 字。碑阴楷书 35 行，满行 85 字。

撰书：项忠撰，张銮书，李璨书（碑阴），李俊篆额。

纹饰：碑额饰祥云纹。

出土：西安碑林旧藏。

现藏：西安碑林博物馆。

著录：《西安碑林全集》。

提要：碑文记述了明成化年间"西安水卤不可饮"，时任西安知府余子俊、副部御使项忠等组织军民"为开龙首渠及皂河，引水入城"之事。碑阴记述了渠道起迄经过、区段管理的划分和为便利军民所发布的告示，同时也记载了参与开渠的各界人士姓名、功绩、用料情况。

## *伍福过汉太史司马迁墓题诗碑

年代：明成化三年（1467）刻立。

形制：圆首方座。通高 2.95 米，宽 0.73 米，厚 0.22 米。

行字：碑文楷书 7 行，满行 14 字。

撰书：伍福撰并书。

纹饰：碑身四周饰花卉纹。

出土：此碑自立未移。

现藏：韩城市司马迁祠。

著录：《司马迁祠碑石录》。

提要：伍福，明朝人，曾任陕西提刑按

察司检事，于明成化三年六月作诗纪事。

## *庞胜过司马迁墓题诗碑

年代：明成化五年（1469）刻立。

形制：高 1.20 米，宽 0.56 米。

行字：碑文楷书 9 行，满行 16 字。

撰书：庞胜撰并书。

出土：此碑自立未移。

现藏：韩城市司马迁祠。

著录：《司马迁祠碑石录》。

提要：此诗为明成化年间陕西布政司右参政庞胜参拜司马迁墓所作。

## *于璠题司马迁墓诗碑

年代：明成化五年（1469）刻立。

形制：高 0.80 米，宽 0.50 米。

行字：碑文楷书 8 行，满行 14 字。

撰书：于璠撰并书。

纹饰：碑身四周饰花卉纹。

出土：此碑自立未移。

现藏：韩城市司马迁祠。

著录：《司马迁祠碑石录》。

提要：此诗为明成化年间陕西布政司左参政于璠参拜司马迁墓所作。

## 孙忞暨妻马氏合葬墓志

全称：赠监察御史孙公合葬墓志铭。

年代：明成化五年（1469）刻。

形制：盖长 0.48 米，宽 0.46 米。志长 0.48 米，宽 0.47 米。

行字：盖文篆书 3 行，满行 4 字，题"赠监察御史孙公合葬墓志铭"。志文楷书 32，满行 36 字。

撰书：胡谧撰，朱瑄书，周骙篆盖。

纹饰：盖四周饰缠枝花纹。

出土：1957 年出土于绥德县义和镇。

现藏：西安碑林博物馆。

著录：《西安碑林全集》。

提要：志文记载了孙恣及其妻马氏之家世、生平、夫婿及子嗣情况。

## *开广惠渠碑

年代：明成化五年（1469）刻立。

形制：圆首方座。通高 2.45 米，宽 0.74 米，厚 0.15 米。

行字：碑文行楷 19 行，满行 44 字。

撰书：项忠撰，严宽书。

纹饰：碑身四周饰卷云纹。

出土：1963 年出土于泾阳县王桥镇衙背后村南。

现藏：泾惠渠管理局张家山水库管理处。

提要：碑文记载了开凿广惠渠事。碑阴附明成化四年诰文，历代修渠界牌。

## *新开广惠渠记

年代：明成化五年（1469）刻立。

形制：圆首方座。通高 4.35 米，宽 1.11 米，厚 0.38 米。

行字：碑文行书 31 行，满行 76 字。

撰书：项忠撰，张銮书。

纹饰：碑身四周饰卷云纹。

出土：1963 年出土于泾阳县王桥镇衙背后村南。

现藏：泾惠渠管理局张家山水库管理处。

提要：碑文记载了开凿广惠渠事。碑阴附工程纪要，字迹模糊。

## 朱公镗妃刘淑贞圹志

全称：大明鄘阳王妃刘氏圹志。

年代：明成化五年（1469）刻。

形制：志、盖均为正方形，尺寸相同。边长

均 0.87 米，志厚 0.11 米。

行字：盖文篆书 4 行，满行 3 字。志文楷书 27 行，满行 27 字。

纹饰：志、盖四周均饰云凤纹。

出土：1994 年出土于西安市南郊瓦胡同村。

现藏：陕西省考古研究院。

著录：《考古与文物》（汉唐考古专号，2007 年）。

提要：志文记述了志主鄘阳王妃刘淑贞之家族世系、婚姻、生平及子嗣情况。刘淑贞，明正统十一年（1446）册封为鄘阳王妃。

## 姜妙明圹志

全称：大明永寿王府镇国将军夫人姜氏圹志。

年代：明成化六年（1470）刻。

形制：志、盖尺寸相同。长 0.59 米，宽 0.58 米。

行字：盖文篆书 4 行，满行 4 字，题"大明永寿王府镇国将军夫人姜氏圹志"。志文楷书 22 行，满行 24 字。

纹饰：志、盖均饰凤鸟云纹，四角均饰宝相花纹。

出土：1956 年出土于西安市南郊曲江池。

现藏：西安碑林博物馆。

著录：《西安碑林全集》。

提要：志文记载了姜妙明的家族世系、生平、夫婿及子嗣情况。姜妙明之夫为永寿安惠王次子、镇国将军朱铰。姜氏天顺五年赐诰封为夫人。

## *重修灵岩禅寺记碑

年代：明成化六年（1470）刻立。

形制：圆首方座。高 1.05 米，宽 0.66 米，厚 0.16 米。

行字：碑文行书 19 行，满行 28 字。

撰书：王环撰，郭旭照篆额。

纹饰：碑身四周饰蔓草纹。

出土：此碑自立未移。

现藏：略阳县灵岩寺博物馆。

著录：（道光）《略阳县志》。

提要：碑文记因元末明初的战争，灵岩禅寺毁坏严重，住持诲庸努力重修灵岩禅寺事。

## *天宁寺功德碑

年代：明成化七年（1471）刻立。

形制：圆首方座。高 1.56 米，宽 0.71 米，厚 0.13 米。

行字：碑文楷书 14 行，满行 41 字。

纹饰：碑额饰莲花纹，碑身饰云纹。

现藏：富县茶坊镇大申号村。

提要：碑文记载了天宁寺募捐者名单。

## *重建惠岩寺石碑

年代：明成化七年（1471）刻立。

形制：平首方座。通高 1.89 米，宽 0.90 米，厚 0.14 米。

行字：额篆书"惠岩寺记"4 字。碑文漫漶，行字数不详。

撰书：王普福撰。

纹饰：碑额饰云龙纹。

出土：此碑自立未移。

现藏：佳县朱家圪乡武家峁村惠岩寺。

备注：剥蚀较重，碑下部字迹漫漶不清。

提要：碑文记述了佛教之来源及惠岩寺首建于元大德年间（1297—1307），明天顺五年（1461）建正殿，成化四年建十王殿，成化六年建观音殿。碑阴为施钱人姓名录。

## *重建龙泉寺记碑

年代：明成化七年（1471）刻立。

形制：正方形。边长 0.56 米。

行字：碑文楷书 30 行，满行 28 字。

纹饰：碑身四周饰卷云纹。

出土：此碑自立未移。

现藏：周至县司竹乡龙泉寺村龙泉寺，现镶于龙泉寺大殿西墙壁之上。

提要：碑文记载了重修龙泉寺事。

## *重修周至县龙泉禅寺图碑

年代：明成化七年（1471）刻立。

形制：正方形。边长 0.47 米。

撰书：樊普通、樊普安刻。

出土：此碑自立未移。

现藏：周至县司竹乡龙泉寺村龙泉寺，镶于龙泉寺大殿西墙壁之上。

提要：此碑所刻为龙泉寺全貌图。

## 上洛县主朱氏圹志

全称：大明上洛县主圹志铭

年代：明成化七年（1471）刻。

形制：志、盖均为正方形，尺寸相同。边长 0.75 米，厚 0.15 米。

行字：盖文篆书 3 行，满行 3 字，题"大明上洛县主圹志石"。志文楷书 29 行，满行 31 字。

纹饰：志、盖四周饰云凤纹及宝相花纹。

出土：2007 年出土于西安市长安区南里王村。

现藏：陕西省考古研究院。

提要：志文记述了上洛县主朱氏之家族世系、生平和婚配情况。

## *严宪题汉太史司马迁祠碑

年代：明成化八年（1472）刻立。

形制：圆首方座。高 1.33 米，宽 0.59 米。

行字：碑文楷书 9 行，满行 13 字。

撰书：严宪撰并书。

纹饰：碑身四周饰花卉纹。

出土：此碑自立未移。

现藏：韩城市司马迁祠。

著录：《司马迁祠碑石录》。

提要：明成化八年，陕西布政司右参议扶亭严宪作七言律诗一首赞扬司马迁，立碑于司马迁祠。诗文"古庙巍巍依碧空，白云黄壤拥高封。胸中博古通今学，笔底尊王贱伯公。辅汉制番心有在，援陵累己恨无穷。可怜苏武还朝日，不向人前说始终"。

## *李炯然题汉太史司马迁祠碑诗

年代：明成化八年（1472）刻立。

形制：圆首方座。高1.45米，宽0.57米。

行字：碑文楷书9行，满行13字。

撰书：李炯然撰并书。

纹饰：碑身四周饰卷云纹。

出土：此碑自立未移。

现藏：韩城市司马迁祠。

著录：《司马迁祠碑石录》。

提要：明宪宗成化八年，李炯然作七律诗一首赞扬司马迁，并立碑以记。诗文"天马行空羡隽才，荒祠今过首频回。龙颜冒犯徒为东，蚕室行刑亦堪哀。九泉若使英魂在，莫怪沙鸥苦见情"。

## 朱公镗圹志

全称：大明秦府鄌阳惠恭王圹志铭。

年代：明成化八年（1472）刻。

形制：志、盖均为正方形，尺寸相同。边长0.81米，厚0.12米。

行字：盖文篆书4行，满行3字，题"大明宗室鄌阳惠恭王圹志铭"。志文楷书28行，满行28字。

纹饰：志、盖四周均饰云龙纹。

出土：1994年出土于西安市南郊瓦胡同村。

现藏：陕西省考古研究院。

著录：《考古与文物》（2003年第5期）。

提要：志文记述了朱公镗之家族世系、生平、婚姻及子嗣情况。朱公镗，太祖高皇帝之玄孙，秦愍王之曾孙，隐王之孙，康王之第二子，明正统七年（1442）被册封为鄌阳王。

## 朱公铤圹志

全称：大明永寿康定王圹志。

年代：明成化九年（1473）刻。

形制：志正方形。边长0.74米。

行字：志文楷书16行，满行19字。

纹饰：志四周饰云龙纹。

现藏：西安市长安博物馆。

著录：《长安新出墓志》《新中国出土墓志·陕西叁》。

提要：志文记载了朱公铤之家族世系、生平、婚姻、子嗣之情况。

## 狄普墓志

全称：明故迪功郎镇江府知事狄公墓志铭。

年代：明成化十年（1474）刻。

形制：盖边长0.49米，厚0.11米。志边长0.50米，厚0.10米。

行字：盖文篆书4行，满行4字，题"明故迪功郎镇江府知事狄公墓志铭"。志文楷书29行，满行30字。

撰书：杨鼎撰，张鼎书，杨毿篆盖。

纹饰：志、盖四周均饰牡丹纹。

出土：2005年出土于西安市翠竹园二期工地。

现藏：陕西省考古研究院。

提要：志文记载了狄普的家族世系、生平、历官及子嗣情况。

## 汉中府儒学地基图碑

**年代**：明成化十年（1474）刻立。

**形制**：碑分两段：前段高 0.65 米，宽 1.25 米，厚 0.12 米。后段高 0.56 米，宽 0.66 米。

**行字**：碑文楷书 14 行，满行 12 字。

**出土**：原嵌于汉中府文庙偏厦墙上，今文庙改为汉中市政府机关。

**现藏**：汉中市人民政府机关后院。

**著录**：《汉中碑石》。

**提要**：碑文载汉中府儒学地基四至周围丈尺亩数。

## *重修金峰寺记碑

**年代**：明成化十年（1474）刻立。

**形制**：圆首座佚。碑上截高 1.36 米，宽 0.81 米，厚 0.17 米，碑下截残高 0.63 米。

**行字**：碑文行书 21 行，满行约 41 字。

**撰书**：朱英书，赵溥中镌石。

**现藏**：户县文物管理委员会。

**著录**：《户县碑刻》。

**提要**：碑文记载了明成化十年重修金峰寺的经过。金峰寺位于户县县城东南十五公里处庞光镇牛首山下。此寺曾为唐代著名天文学家、高僧一行驻锡之地。

## *梁璟题诗碑

**年代**：明成化十年（1474）刻立。

**形制**：高 0.63 米，宽 0.51 米，厚 0.15 米。

**行字**：碑文楷书 9 行，满行 8 字。

**撰书**：梁璟撰并书。

**出土**：原存耀县药王山。

**现藏**：药王山博物馆。

**著录**：《药王山碑刻》《陕西药王山碑刻艺术总集》。

**提要**：碑文刻录了陕西左参政梁璟成化十年冬所作之诗。

## *汉中府新建庙学记

**年代**：明成化十一年（1475）刻立。

**形制**：圆首龟座，高 2.20 米，宽 1.23 米，厚 0.22 米。

**行字**：碑额竖篆书"汉中府新建庙学记"。碑文楷书 26 行，满行 37 字。

**撰书**：伍福撰，罗昭书并题额。

**纹饰**：碑额饰双龙图案。

**出土**：此碑自立未移。

**现藏**：汉中市人民政府机关后院（原汉中府文庙所在地）。

**著录**：《汉中碑石》。

**提要**：碑文载洪武年间修建汉中文庙事。

## *重修西安府学文庙记

**年代**：明成化十一年（1475）刻立。

**形制**：螭首龟座。高 4.07 米，宽 1.44 米，厚 0.38 米。

**行字**：额篆书 2 行，满行 5 字，题"重修西安府儒学文庙记"。正文楷书 20 行，满行 51—52 字不等。

**撰书**：商辂撰，项忠书，马文升篆额。

**出土**：西安碑林旧藏。

**现藏**：西安碑林博物馆。

**著录**：《陕西金石志》《西安碑林全集》《续修陕西通志稿》。

**备注**：碑阴文字漫漶，不可辨。

**提要**：碑文记述了明成化九年（1473）正月至八月，时任西安知府孙仁等奉旨在西安碑林首建大成殿、庑房及泮池之事。

## *重建桥道碑记

**年代**：明成化十一年（1475）刻立。

形制：圆首方额。高 1.62 米，宽 0.77 米，厚 0.21 米。

行字：额楷书 3 行，满行 2 字，题"重建桥道碑记"。碑文楷书 18 行，满行 33 字。

撰书：唐锺撰并书。

出土：此碑自立未移。

现藏：乾县吴店乡新桥村村西土桥西边桥头。

著录：《新编乾县志》。

提要：碑文记叙明成化年间重修桥道事宜。并记该桥从唐宋以来就有，东通咸、礼，西接麟游，北达永寿，南接乾州，为唐以后"丝绸之路"上的重要通道。而成化十一年五月二十六日新落成的桥道东西砖甓四十余丈长，上有廊房，规模弘敞，为境内第一大桥。

## *余子俊奏文碑

年代：明成化十三年（1477）刻立。

形制：平首方座。高 2.49 米，宽 0.96 米。

行字：碑文行书 50 行，满行 160 字。

撰书：余子俊撰并书。

出土：原在咸宁县文庙，今移藏西安碑林。

现藏：西安碑林博物馆。

著录：《咸宁长安两县续志》《西安碑林全集》。

备注：碑石上部文字已斑剥，《咸长续志》称此碑为"地方事碑记"。

提要：碑文记述了余子俊出任巡抚陕西都察院右都御史期间，对牵连河南、山西等省有关边界防务与因种田引起的军饷、粮草纠纷，以及盗寇、水患等事的处理过程。

## *处置流民碑

年代：明成化十三年（1477）刻立。

形制：圆首，高 2.49 米，宽 1.00 米，厚 0.19 米。

行字：碑文楷书 52 行，满行字数不等。

撰书：余子俊撰并书。

出土：原在咸宁县文庙，后掩埋。2003 年出土于西安碑林原文庙东官厅门外。

现藏：西安碑林博物馆。

著录：《咸宁长安两县续志》。

备注：石面有剥损。

提要：未见题额及首行题，碑阴亦有文字。《咸长续志》称此碑为"流民户口碑"。

## 朱公铄圹志

全称：大明兴平安僖王圹志。

年代：明成化十三年（1477）刻。

形制：志、盖均正方形，尺寸相同。边长均 0.62 米。

行字：盖文楷书 3 行，满行 3 字，题"大明兴平安僖王圹志"。志文楷书 17 行，满行 17 字。

纹饰：志、盖均饰云龙纹，四角均饰宝相花纹。

出土：1956 年出土于长安县四府井村。

现藏：西安碑林博物馆。

著录：《考古》（1956 年第 5 期）《西安碑林全集》。

备注：志断为四块。

提要：志文记载了朱公铄的家族世系及生平。朱公铄为兴平庄惠王第二子，于天顺二年（1458）袭封兴平王爵，谥"安僖"。

## 耀州重建庙学之记

年代：明成化十三年（1477）刻立。

形制：圆首龟座。碑残损。残高 2.40 米，宽 1.10 米，厚 0.33 米。

行字：碑文楷书 20 行，满行 58 字。

撰书：伍福撰。

出土：原立于耀县文庙内。

现藏：铜川市耀州区博物馆。

著录：（嘉靖）《耀州志》《耀州文庙》。

备注：碑身残破较严重，下半部缺失。

提要：此碑是明成化十二年知州邓真维修庙
学的记事碑。

## 童妙真圹志

全称：大明宗室故镇国将军夫人童氏圹志。

年代：明成化十三年（1477）刻。

形制：长 0.66 米，宽 0.65 米。

行字：志文楷书 20 行，满行 20 字。

纹饰：志四周饰蔓草纹。

出土：出土时间、地点不详。1957 年段绍嘉
捐藏西安碑林。

现藏：西安碑林博物馆。

著录：《西安碑林全集》。

备注：志断为两块。

提要：志文记载了童妙真的家族世系、生平
及夫婿情况。

## 重建佛堂寺碑序

年代：明成化十四年（1478）刻立。

形制：圆首长方座。高 2.14 米，宽 0.73 米，
厚 0.20 米。

行字：碑文楷书 20 行，满行 44 字。

撰书：原聪撰。

纹饰：碑四周饰莲花纹。

出土：此碑自立未移。

现藏：佳县朱家圪乡崖畔村佛堂寺三世佛
殿内。

备注：保存较好。

提要：碑文记载僧永智重建佛堂及塑像事。

## 重建旬阳庙学记

年代：明成化十四年（1478）刻立。

形制：圆首方座。碑残损。残高 1.62 米，宽
0.83 米，厚 0.21 米。

行字：碑文楷书 17 行，满行 39 字。

出土：1997 年出土于旬阳县邮电局家属楼
基建。

现藏：旬阳县文庙。

著录：《旬阳文博》。

备注：碑身断为三截。

提要：碑文记载旬阳文庙于明成化八年
（1472）被洪水冲毁后，时任知县杜
琳迁建事。

## 刘聚墓志

全称：大明故明威将军指挥佥事刘公墓志铭。

年代：明成化十四年（1478）刻。

形制：志、盖尺寸相同。长 0.53 米，宽 0.54 米。

行字：盖文楷书 4 行，满行 4 字，题"故明
威将军西安后卫指挥佥事刘公墓"。志
文楷书 27 行，满行 30 字。

撰书：董汝砺撰，刘灏立石。

纹饰：志、盖均饰蔓草纹。

出土：1956 年出土于西安市北郊红庙坡。

现藏：西安碑林博物馆。

著录：《西安碑林全集》。

提要：志文记载了刘聚的生平、职官、夫人
及子嗣情况。

## 陇州儒学科第题名记

年代：明成化十五年（1479）刻立。

形制：高 2.30 米，宽 0.90 米，厚 0.31 米。

行字：碑文楷书 25 行，满行字数不详。

纹饰：碑身饰花卉纹。

现藏：陇县博物馆。

提要：碑文前段记述陇州概况，后段为历代
中举人员姓名。

## *重建化度寺碑

**年代**：明成化十五年（1479）刻立。

**形制**：圆首方座。通高 2.35 米，宽 0.78 米，厚 0.26 米。

**行字**：碑文楷书 19 行，满行 33 字。

**纹饰**：碑额饰双龙纹，碑身两边纹饰不清。

**出土**：此碑自立未移。

**现藏**：乾县阳洪镇好畤村西北角化度寺内。

**著录**：《新编乾县志》。

**提要**：碑文主要记叙化度寺建修的历史及成化年间重修事。

## *重建大成观碑

**年代**：明成化十五年（1479）刻立。

**形制**：高 2.08 米，宽 0.86 米，厚 0.26 米。

**行字**：正文楷书 5 栏，每栏 25 行，满行字数不等。

**出土**：2007 年出土于凤翔县剧团院内。

**现藏**：凤翔县博物馆。

**提要**：碑石正面记述重修大成观碑文，碑阴记助缘人及大成观四至。

## 周旺夫妇合葬墓志

**全称**：大明故周公夫妇合葬墓志铭。

**年代**：明成化十六年（1480）刻。

**形制**：志、盖均为正方形，尺寸相同。边长 0.41 米。

**行字**：盖文楷书 12 字。志文楷书 24 行，满行 25 字。

**撰书**：李秉伦撰并书。

**纹饰**：志、盖均饰蔓草纹。

**出土**：1955 年出土于西安市西郊小土门。

**现藏**：西安碑林博物馆。

**著录**：《西安碑林全集》。

**备注**：志断为两块。

**提要**：志文记录了周旺的家族世系、夫人及子嗣情况。

## *祭阎本碑

**年代**：明成化十六年（1480）刻立。

**形制**：螭首。碑身高 3.75 米，宽 1.08 米，厚 0.29 米。

**行字**：额篆书 2 行，满行 3 字，题"大明御制祭文"。碑文楷书，行字数不详。

**纹饰**：碑额饰二螭垂首纹。

**出土**：2003 年由阎本墓地运回彬县文化馆。

**现藏**：彬县文化馆。

**提要**：碑文记载皇帝御制祭阎本之祭文。

## 杨母刘氏墓志

**全称**：明故宜人杨母刘氏墓志铭。

**年代**：明成化十七年（1481）刻。

**形制**：长 0.41 米，宽 0.41 米。

**行字**：志文楷书 26 行，满行 30 字。

**撰书**：张升撰，费阎书，张习篆盖。

**现藏**：西安碑林博物馆。

**著录**：《西安碑林全集》。

**提要**：志文记载了刘氏的家族世系、生平、夫婿及子嗣情况。

## 重修宝泉院记

**年代**：明成化十七年（1481）刻立。

**形制**：高 1.58 米，宽 0.68 米，厚 0.18 米。

**行字**：碑文楷书 20 行，满行 30 字。

**撰书**：张寿撰，铭本篆，沙门一恩、一广刻。

**纹饰**：碑四周饰卷草纹。

**出土**：2007 年从铜川市耀州区坡头镇豹村水库征集。

**现藏**：铜川市耀州区博物馆。

**提要**：此碑记成化十三年（1477）僧一恩、一广重修宝泉院事。

## 阎本墓志

**全称：** 大明嘉议大夫户部右侍郎阎公墓志铭。

**年代：** 明成化十七年（1481）刻。

**形制：** 长 0.58 米，宽 0.50 米，厚 0.14 米。

**行字：** 盖文篆书 4 行，满行 4 字，题"大明嘉议大夫户部右侍郎阎公墓志铭"。志文楷书 45 行，满行 39 字。

**撰书：** 黎淳撰，赵昂书，殷谦篆盖。

**出土：** 1969 年出土于彬县车家庄乡阎家堡村阎本墓，2001 年征集入彬县文化馆。

**现藏：** 彬县文化馆。

**著录：**《咸阳碑刻》。

**提要：** 志文记载了阎本的家族世系、生平及子嗣之情况。其历官户部山东司主事、奉政大夫、户部广西司郎中、中宽大夫、都察院右佥都御史、户部右侍郎。

## *创建商南县记碑

**年代：** 明成化十七年（1481）刻立。

**形制：** 高 2.22 米，宽 1.10 米。

**行字：** 碑文楷书 20 行，满行 40 字。

**出土：** 原在商南县城关小学。

**现藏：** 商南县博物馆。

**提要：** 碑文记载了商南县于明成化十三年（1477）设立县治后，修建县城、县衙、钟楼、街市等事。

## *重修大佛禅寺记碑

**年代：** 明成化十七年（1481）刻立。

**形制：** 圆首方额。高 1.03 米，宽 0.57 米，厚 0.18 米。

**行字：** 碑文楷书 19 行，满行 27 字。

**纹饰：** 碑额饰双龙纹，碑身两侧饰蔓草纹。

**出土：** 大佛禅寺出土，时间不详。

**现藏：** 乾县梁山乡坊里村村南沟边大佛禅寺窑内。

**著录：**《新编乾县志》。

**提要：** 碑阳载佛教在华夏流传史。碑阴记僧众名、相关寺院住持及宗派图。

## 重修广惠渠记

**年代：** 明成化十八年（1482）刻立。

**形制：** 圆首方座。高 3.47 米，宽 1.06 米，厚 0.33 米。

**行字：** 碑文楷书 23 行，满行 48 字。

**撰书：** 彭华撰，□珊书。

**纹饰：** 碑身四周饰卷云纹。

**出土：** 1963 年出土于泾阳县王桥镇衙背后村南。

**现藏：** 泾惠渠管理局张家山水库管理处。

**备注：** 石碑断裂为四块。碑刻上部分风化严重。

**提要：** 碑文记载了重修广惠渠的事件经过。

## *山阳钟铭

**年代：** 明成化十八年（1482）刻立。

**行字：** 碑文楷书 53 行，满行 7 字。

**撰书：** 杨隆撰。

**现藏：** 山阳县苍龙山。

**提要：** 铭文记述山阳县于明成化十二年（1476）由丰阳镇升置山阳县的缘由以及行政建置状况。

## *成化十九年碑

**年代：** 明成化十九年（1483）刻立。

**形制：** 圆首方座。高 1.02 米，宽 0.68 米。

**行字：** 碑文楷书 30 行，满行 38 字。

**撰书：** 范吉撰并书。

**出土：** 此碑自立未移。

**现藏：** 岐山县周公庙管理处。

提要：碑文记载了明成化十九年都察院兼
　　　右佥都御史长子阮公勤巡抚将当时
　　　"祀典所未备"的"西安府咸阳县周
　　　太师旦墓、凤翔府岐山县周公庙、汉
　　　中府沔县汉武侯祠、庆阳宋资政殿学
　　　士范仲淹祠"等上奏朝廷，对其地予
　　　以整修，列入祀典。

## *灵感观音殿碑

年代：明成化十九年（1483）刻立。

形制：平首方座。高1.36米，宽0.69米。

行字：额楷书2行，满行2字，题"观音正
　　　殿"。碑文楷书15行，满行29字。

出土：此碑自立未移。

现藏：横山县波罗镇波罗村波罗堡观音殿。

备注：剥蚀较重。

提要：碑文记观音菩萨之来历，及修造圣像
　　　于观音殿之事。其后为陕西都司绥德
　　　卫施主及其他信士人名。

## 澄城郡主圹志

全称：明故秦藩澄城郡主圹志文。

年代：明成化十九年（1483）刻。

形制：志正方形。边长0.65米。

行字：志文楷书27行，满行27字。

撰书：董汝砺撰。

纹饰：碑身四周饰蔓草纹。

出土：出土时间、地点不详。

现藏：西安市长安博物馆。

著录：《长安新出墓志》《长安碑刻》。

提要：志文记载了澄城郡主之家族世系、生
　　　平、婚姻及子嗣情况。

## *渊静解先生传赞碑

年代：明成化十九年（1483）刻立。

形制：高0.48米，宽0.66米。

行字：碑文草书19行，行字数不等。

撰书：余洵书。

出土：西安碑林旧藏。

现藏：西安碑林博物馆。

著录：《西安碑林全集》。

提要：碑文描述解先生威仪俊伟，颇有才
　　　干，无愧圣人之徒。渊静解先生，其
　　　人不详。书者余洵，生平不详。文尾
　　　刻有名章二枚，分别为"余洵允清"
　　　和"方伯之章"。碑阴《千字文》系
　　　清顺治十五年刻。

## *奉和巡扶余公题□凿广惠渠诗碑

年代：明成化十九年（1483）刻立。

形制：圆首方座。通高2.23米，宽0.73米，
　　　厚0.17米。座长0.92米，宽0.55米，
　　　厚0.39米。

行字：碑文楷书16行，满行38字。

撰书：鲁能撰，李澄书。

纹饰：碑身四周饰云纹。

出土：1963年出土于泾阳县王桥镇衙背后
　　　村南。

现藏：泾惠渠管理局张家山水库管理处。

备注：碑石断裂为两部分，残留文字。

提要：碑文歌颂了修渠的业绩。

## 阳洪店村重修兴国禅院记碑

全称：大明国乾州阳洪店村重修兴国禅院记。

年代：明成化十九年（1483）刻立。

形制：高0.65米，宽0.56米。

行字：碑文楷书13行，满行24字。

纹饰：碑身四周饰蔓草纹。

出土：原在乾县阳洪镇兴国禅院。

现藏：乾县阳洪镇阳洪西村西北角观音寺内。

提要：碑文载乾州阳洪店村重修兴国禅院
　　　事，后附宗派图。

## *过杜工部祠题咏碑

年代：明成化十九年（1483）刻立。

形制：高 0.72 米，宽 1.71 米。

行字：碑文楷书 50 行，满行 19—21 字不等。

撰书：徐禚等撰，余子俊书并跋。

出土：西安碑林旧藏。

现藏：西安碑林博物馆。

著录：《西安碑林全集》。

备注：碑上部已损，残缺部分呈钝三角形。

提要：碑文记述了景泰三年（1451），余子俊初中进士，与学友徐禚、刘忠、吴度寅等七人游览四川杜甫草堂，瞻仰之余感慨赋诗；32 年后，余子俊将旧诗书丹刻石，以感怀故旧之情。

## *韩城重修儒学记碑

年代：明成化二十年（1484）刻立。

形制：圆首龟座。通高 4.05 米，宽 0.95 米，厚 0.40 米。

行字：碑文楷书 20 行，满行 70 字。

撰书：王盛撰，韩清篆额，王时教书。

纹饰：碑额饰云纹，碑身四周饰花卉纹。

现藏：韩城市博物馆。

提要：碑文记述了知县吴雄成化十八年重修文庙事。碑阴列修建人员名单，并刻庙学四至图，外有碑亭。碑首中心篆刻标题。

## 孙淑墓志

全称：大明诰封都指挥同知廖公夫人孙氏墓志铭。

年代：明成化二十年（1484）刻。

形制：志、盖尺寸相同。长 0.59 米，宽 0.69 米。

行字：盖文篆书 5 行，满行 4 字，题"大明诰封都指挥同知廖公夫人孙氏墓志铭"。志文楷书 37 行，满行 30 字。

撰书：鲁能撰，梁璟书，张玮篆盖。

纹饰：志、盖均饰蔓草纹。

出土：1960 年出土于西安市古迹岭。

现藏：西安碑林博物馆。

著录：《西安碑林全集》。

备注：志断为两块。

提要：志文记录了孙淑的家族世系、生平、夫婿及子嗣情况。

## 重修忠武侯庙记

全称：重修汉丞相诸葛忠武侯庙记。

年代：明成化二十一年（1485）刻立。

形制：圆首龟座。通高 1.89 米；宽 1.03 米，厚 0.24 米。

行字：额篆书 4 行，满行 3 字，题"重修汉丞相诸葛忠武侯庙记"。碑文楷书 23 行，满行 45 字。

撰书：范寇撰，侯永修书，刘举篆额。

纹饰：碑两侧饰升龙纹。

出土：此碑自立未移。

现藏：勉县武侯祠博物馆。

著录：（光绪）《沔县志》《汉中碑石》《忠武祠墓志》。

提要：碑文记载了谢绶、刘瓒命汉中府同知晏廷宣督修武侯庙事。

## 蒋惠春墓志

全称：西城兵马指挥税君配安人蒋氏墓志铭。

年代：明成化二十一年（1485）刻。

形制：志、盖均为正方形，尺寸相同。边长 0.51 米。

行字：盖文楷书 4 行，满行 4 字，题"明故西城兵马指挥税君安人蒋氏墓志"。志文楷书 28 行，满行 27 字。

撰书：郑循初撰。

纹饰：志、盖均饰缠枝莲纹，四角饰宝相花纹。

出土：1998 年出土于西安市北郊大明宫遗址。

现藏：西安碑林博物馆。

著录：《西安碑林全集》。

提要：志文记录了嵇璿原配夫人蒋惠春的家族世系、生平、夫婿及子嗣情况。

## 赵让墓志

全称：处士赵公墓志铭。

年代：明成化二十二年（1486）刻。

形制：志正方形，边长 0.53 米。

行字：志文楷书 31 行，满行 31 字。

撰书：吕琰书。

出土：出土时间、地点不详。

现藏：西安市长安博物馆。

著录：《长安新出墓志》《长安碑刻》。

提要：记载了赵让之家族世系、生平、历官、婚姻及子嗣情况。

## 大兴国寺新建钟楼记

年代：明成化间（1465—1487）刻立。

形制：高 1.68 米，宽 1.24 米，厚 0.73 米。

行字：碑文楷书 11 行，满行 47 行。

撰书：陈俊撰，吴祯书，庞瑞篆额。

纹饰：碑身四周饰蔓草纹。

出土：原在陇县县委大院档案局门前。

现藏：陇县博物馆。

提要：碑文记载了大兴国寺住持僧修建钟楼的原因、经过及规模等。

## 王勋暨妻孟氏合葬墓志

全称：诰封户部员外郎王先生勋赠宜人孟氏合葬墓志铭。

年代：明成化间（1465—1487）刻。

行字：志文楷书 28 行，满行 30 字。

撰书：范吉撰书。

出土：出土时间、地点不详。

现藏：商洛博物馆。

提要：志文记述了王勋入学应试、为官政绩、家族世系、子嗣等情况。

## 慈仁殿记

年代：明成化二十三年（1487）刻立。

形制：圆首。高 1.38 米，宽 0.65 米。

行字：碑文楷书 17 行，满行 24 字。

撰书：韩子皋撰并书。

纹饰：碑额饰双凤朝阳图案，碑身饰卷草纹。

现藏：榆林市红石峡东壁窟内。

提要：碑文记载了陕西都司绥德卫前所在榆林城居住义官李俊备资修建慈仁殿，命工匠妆塑圣像及殿宇四至之事宜。

## 创修圆觉堂记

年代：明成化二十三年（1487）刻立。

形制：圆首须弥座。高 1.84 米，宽 0.63 米。

行字：碑文楷书 22 行，满行 38 字。

纹饰：碑两侧饰卷云纹，座饰牡丹、海棠、荷花纹。

现藏：榆林市红石峡东壁窟内。

备注：剥蚀严重。

## 创建观音堂记

年代：明成化二十三年（1487）刻立。

形制：圆首方座。高 1.65 米，长 0.76 米。

行字：碑额篆书 2 行，满行 3 字，题"创建观音堂记"。碑文楷书 22 行，满行 38 字。

撰书：山岳撰，蒋贤书，李容篆额。

纹饰：碑额饰几何纹，碑身饰卷草纹。

提要：碑文记载了成化二十三年七月吉旦，创建观音堂，内塑观音、龙女、善才、左右护法之事。

## 创建石佛殿记

**年代：** 明成化二十三年（1487）刻立。

**形制：** 圆首方座。通高 2.10 米，宽 0.96 米，
厚 0.19 米。

**行字：** 碑文楷书 25 行，满行 41 字。

**撰书：** 郝杰撰，贺胜书。

**纹饰：** 碑四周饰几何纹、卷云纹。

**现藏：** 榆林市红石峡文物管理所。

**提要：** 碑文记载镇守延绥、庆阳等地方太
监简辅等在红石峡开凿大石佛殿及
塑像事。

## *九九消寒图碑

**年代：** 明弘治元年（1488）刻立。

**形制：** 高 1.02 米，宽 0.43 米。

**行字：** 碑文行书 16 行，满行 14 字。

**撰书：** 清阳子题跋。

**出土：** 西安碑林旧藏。

**现藏：** 西安碑林博物馆。

**著录：**《西安碑林全集》。

**提要：** 该图分为十一个独立的画面，中间一
帧瓶中腊梅，以示全图所在季节。周
边九帧图中均有七言短诗一首，分别
绘从一九至九九的自然景象。图中有
行书题跋 16 行，题跋者清阳子为秦
藩宗室。

## *弘治元年祭周陵碑

**年代：** 明弘治元年（1488）刻立。

**形制：** 圆首方座。通高 1.20 米，宽 0.48 米。

**行字：** 碑文行楷 9 行，满行 17 字。

**纹饰：** 碑额饰龙纹。

**出土：** 此碑自立未移。

**现藏：** 咸阳市周陵文物管理所。

**著录：**《咸阳市渭城区志》《渭城文物志》。

**提要：** 碑文记载弘治元年，孝宗朱祐樘遣官
致祭周陵事。

## *红石峡重修观音碑

**年代：** 明弘治二年（1489）刻立。

**形制：** 高 1.00 米，宽 0.53 米。

**纹饰：** 边饰卷草纹、几何纹。

**现藏：** 榆林市红石峡东壁窟内。

**提要：** 碑文记载了义官简智等人同事边陲，
捐资创凿大石佛殿及塑像事。

## 廖珷墓志

**全称：** 明骠骑将军刺西都指挥使廖公墓志铭。

**年代：** 明弘治二年（1489）刻。

**形制：** 志、盖均为正方形，尺寸相同。边长
0.78 米。

**行字：** 盖文篆书 4 行，满行 4 字，题"明骠
骑将军陕西都指挥使廖公墓志铭"。志
文楷书 29 行，满行 33 字。

**撰书：** 韩文撰，郑铭书，娄谦篆盖。

**纹饰：** 志、盖四周均饰蔓草纹。

**出土：** 1960 年出土于西安市古迹岭。

**现藏：** 西安碑林博物馆。

**著录：**《西安碑林全集》。

**备注：** 志、盖均有残损。

**提要：** 志文记载了廖珷的家族世系、生平及
历官。

## *终南道阙行缘记碑

**年代：** 明弘治三年（1490）刻立。

**形制：** 高 0.70 米，宽 0.50 米。

**行字：** 正文楷书 14 行，满行 21 字。

**撰书：** 僧月堂撰。

**现藏：** 旬阳县赤岩镇千佛洞石窟。

**著录：**《安康碑石》。

备注：碑文多漫漶之处。

提要：碑文记载了彻空禅师为林济宗第二十四代传人事。

## 傅瑛墓志

全称：明故骠骑将军傅公墓志铭。

年代：明弘治四年（1491）刻。

形制：盖长 0.50 米，宽 0.64 米。志长 0.50 米，宽 0.65 米，厚 0.04 米。

行字：盖文篆书 3 行，满行 3 字，题"故骠骑将军傅公之墓"。志文楷书 46 行，满行 32 字。

撰书：朱本善撰，钟澄书，刘讯篆盖。

纹饰：志、盖四周饰几何纹及卷云纹，四角饰宝相花纹。

出土：1958 年出土于子洲县三眼泉乡巡检司乡。

现藏：子洲县文物管理所。

著录：《榆林碑石》。

提要：志文记载了傅瑛的籍贯、家族世系、生平、妻室、子嗣及其葬地等情况。

## *李善墓碑

年代：明弘治四年（1491）刻立。

形制：螭首。高 3.20 米，宽 0.95 米，厚 0.35 米。

行字：碑文楷书 4 行，满行 34 字。

现藏：陇县博物馆。

备注：碑阴文字不清。

提要：此系李善后人所立墓碑。

## *兴教百塔禅寺碑

年代：明弘治四年（1491）刻立。

形制：正方形，边长 0.27 米。

行字：碑文楷书 9 行。

现藏：西安市长安博物馆。

备注：塔铭仅存上半截。

提要：从残存塔铭之文字推测，其仅记兴教百塔禅寺之庄严亲教及孝徒、孝孙之名讳。

## *灵芝亭记

年代：明弘治四年（1491）刻立。

形制：圆首。高 1.41 米，宽 0.76 米，厚 0.23 米。

行字：额楷书 2 行，满行 2 字，题"灵芝亭记"。碑文楷书 20 行，满行 39 字。

撰书：蒋昺撰，李善才书，周道篆额。

现藏：旬阳县临崖寺门前。

著录：《安康碑石》。

备注：字迹部分漫漶。

提要：碑文记载贵州道监察御史蒋昺贬官旬阳知县事。

## 朱公锁圹志

全称：大明永寿王府镇国将军公锁圹志。

年代：明弘治五年（1492）刻。

形制：志、盖尺寸相同。长 0.51 米，宽 0.52 米。

行字：盖文楷书 4 行，满行 4 字，题"大明永寿安惠王子镇国将军公锁之圹"。志文楷书 22 行，满行 22 字。

纹饰：志、盖均饰云龙纹。

出土：1956 年出土于西安市南郊曲江池。

现藏：西安碑林博物馆。

著录：《西安碑林全集》。

提要：志文记录了朱公锁的家族世系、生平、夫人及子嗣情况。朱公锁为永寿王府镇国将军。

## 朱诚流暨妻杨氏合葬圹志

全称：大明奉国将军淑人合葬圹志铭。

年代：明弘治五年（1492）刻。

形制：志、盖尺寸相同。长 0.62 米，宽 0.61 米。

行字：盖文楷书 4 行，满行 4 字。志文楷书

32 行，满行 37 字。

纹饰：志、盖四周均饰蔓草纹，四角均饰宝相花纹。

出土：1956 年出土于西安市南郊曲江池。

现藏：西安碑林博物馆。

著录：《西安碑林全集》。

提要：志文记录了朱诚流之家族世系、生平及夫人情况。朱诚流为永寿王府奉国将军。

## *祝允明书乐志论碑

年代：明弘治五年（1492）刻立。

形制：双面刻。高 1.19 米，宽 2.81 米，厚 0.35 米。

行字：碑文草书 81 行，满行 3—4 字不等。

撰书：仲长统撰，祝允明书。

出土：原在西安三学街小学院内，1964 年移藏西安碑林。

现藏：西安碑林博物馆。

著录：《西安碑林全集》。

备注：石中部断裂，残损正文 9 字、题跋 7 字。末尾部分题跋已錾毁。

提要：碑文为后汉仲长统所撰《乐志论》。仲长统，《后汉书》有传。祝允明，南京长洲人，号枝山，明代著名书法家。

## 秦惠王继妃嵇兰圹志

年代：明弘治六年（1493）刻。

形制：志正方形。边长 0.78 米。

行字：志文楷书 24 行，满行 25 行。

纹饰：志四周饰凤凰、祥云纹。

出土：出土时间、地点不详。

现藏：西安市长安博物馆。

著录：《长安新出墓志》《新中国出土墓志·陕西叁》。

提要：志文记载了嵇兰之家族世系、生平、婚姻及子嗣情况。

## 夏阳县主志

全称：明故夏阳县主志铭。

年代：明弘治六年（1493）刻。

形制：志正方形，边长 0.67 米。

行字：志文楷书 25 行，满行 28 字。

纹饰：志四周饰云凤纹。

出土：1988 年出土于西安市标准化研究所基建工地。

现藏：陕西省考古研究院。

著录：《考古与文物》（2009 年第 1 期）。

提要：志文记述了夏阳县主之家族世系和生平情况。夏阳县主，明太祖五世孙，秦康王之孙，临潼惠简王之女，母妃刘氏。

## 王玺墓表

全称：明故中宪大夫湖广襄阳府知府封通政使司右通政王公墓表。

年代：明弘治七年（1494）刻立。

形制：螭首龟座。通高 3.39 米，宽 1.02 米，厚 0.23 米。

行字：额篆书 2 行，满行 4 字，题"封右通政王公墓表"。碑文楷书 22 行，满行 45 字。

撰书：李东阳撰，姜立纲书，谢宇篆额，秦麟刻。

现藏：户县文物管理委员会。

著录：《户县碑刻》《新中国出土墓志·陕西叁》。

提要：此墓表前半部分记载了王玺历官四十年的显赫功绩。后半部分记载了王玺之家族世系、生平及配偶、子嗣情况。

## *瑞莲诗图碑

年代：明弘治七年（1494）刻立。

形制：长方形，尺寸不详。

撰书：朱秉欓绘，周凤翼、周凤翔模刻。

出土：西安碑林旧藏。

现藏：西安碑林博物馆。

著录：《西安碑林全集》。

备注：碑阳刻《大明西安赡学田颂碑》。

提要：图为一茎并蒂盛开的双莲，左右侧各有一花蕾，中有荷叶及杂花草皆植于水中。全图结构对称，花叶有装饰意趣。绘者朱秉欓，明弘治十年以镇国将军袭封为永寿恭和王，《明史》有传。

## 刘鉴墓志

全称：封承德郎户部主事刘翁墓志铭。

年代：明弘治七年（1494）刻。

形制：志、盖尺寸相同，长0.58米，宽0.57米。

行字：盖文篆书4行，满行4字，题"大明封承德郎户部主事刘先生墓志铭"。志文楷书39行，满行41字。

撰书：杨一清撰，陶琰书，雍泰篆盖。

出土：1955年出土于西安市南郊路家村。

现藏：西安碑林博物馆。

著录：《西安碑林全集》。

提要：志文记录了刘鉴生平、官职及子嗣情况。刘鉴，官至承德郎户部主事。

## 朱公鎐圹志

全称：大明永寿王府辅国将军公鎐圹志铭。

年代：明弘治八年（1495）刻。

形制：志、盖均为正方形。盖边长0.67米，志边长0.66米。

行字：盖文楷书4行，满行4字，题"大明永寿王府故辅国将军公鎐圹志铭"。

志文楷书25行，满行25字。

纹饰：志、盖均饰云龙纹，四角均饰宝相花纹。

出土：出土时间、地点不详。1953年入藏西安碑林。

现藏：西安碑林博物馆。

著录：《西安碑林全集》。

提要：志文记录了朱公鎐家族世系、生平、夫人及子嗣情况。朱公鎐于景泰六年封为永寿王府辅国将军。

## 同憼暨妻杨氏合葬墓志

全称：大明故处士同君孺人杨氏合葬墓志铭。

年代：明弘治八年（1495）刻。

形制：志、盖尺寸相同。长0.53米，宽0.54米。

行字：盖文篆书，共16字；志文楷书40行，满行39字。

撰书：姚鼎撰，刘玑书并篆盖。

出土：出土时间、地点不详。1962年入藏西安碑林。

现藏：西安碑林博物馆。

著录：《新中国出土墓志·陕西贰》。

备注：志周边有残。

提要：志文记录了同憼的家族世系、生平、夫人及子嗣情况等。

## 高隆暨妻王氏合葬墓志

全称：明故儒林郎合州同知致仕高公合葬墓志铭。

年代：明弘治八年（1495）刻。

形制：志、盖均为正方形，尺寸相同。边长0.71米。

行字：盖文篆书4行，满行4字，题"明故儒林郎合州同知高公合葬墓志铭"。志文楷书38行，满行38字。

撰书：杨一清撰，严永瀋书，仰昇篆盖。

出土：出土时间、地点不详。1963 年入藏西
安碑林。

现藏：西安碑林博物馆。

著录：《西安碑林全集》。

提要：志文记录了高隆的家族世系、生平、
历官、夫人及子嗣情况等。其历官陕
西蒲城县令、扬州宾应县令、云南罗
雄州同知、四川合州同知。

## *四贤人画像碑

年代：明弘治九年（1496）刻立。

形制：高 1.25 米，宽 0.35 米，厚 0.35 米。

现藏：陇县博物馆。

提要：碑身正、背、左、右四面的上半部分
为文字，分别是诸葛亮的《前出师
表》、李密的《陈情表》、陶渊明的《归
去来兮辞》、范仲淹的《义田记》。四
个面的下半部分分别为诸葛亮、李
密、陶渊明、范仲淹的线刻画像。在
范仲淹像的左下角刻有"明弘治丙辰
年立石"。

## *弘治九年诗碑

年代：明弘治九年（1496）刻立。

形制：高 0.30 米，宽 0.42 米。

现藏：镇安县云盖寺镇鸽子洞。

提要：记旬邑尹经鸽子洞去长安时所留歌颂
吕洞宾、白居易等人五言诗一首。

## *孝经堂记碑

年代：明弘治九年（1496）刻立。

形制：高 0.99 米，宽 0.71 米。

行字：碑文楷书 38 行，满行 26 字。

撰书：石渠老人撰。

现藏：三原县博物馆。

提要：记述了孝经堂和石渠老人对四书五经

的研究。

## 马景魁墓志

全称：明处士咸宁马景魁墓志铭。

年代：明弘治九年（1496）刻。

形制：长 0.56 米，宽 0.55 米。

行字：志文楷书 26 行，满行 29 字。

撰书：刘玑撰，杨仪书，高胤先篆盖。

出土：出土时间、地点不详。

现藏：陕西省考古研究院。

提要：志文记述了马景魁之家族世系、生平、
婚姻及子嗣情况。

## *鄠县明道先生庙碑

年代：明弘治十年（1497）刻立。

形制：圆首。通高 1.76 米，宽 0.75 米，厚
0.14 米。

行字：碑文楷书 20 行，满行 40 字。

撰书：王鏊撰，王九思书，刘玑篆额。

纹饰：碑身四周饰回纹。

出土：原在户县之程明道先生洞内，1986
年移存户县文庙。

现藏：户县文庙碑廊。

著录：《重修户县志》《户县碑刻》。

提要：碑文记述了明道先生程颢的理学思
想，及任鄠县主簿时的一切德政。其
碑文书法俊秀。

## *孟姜女哭泉祠碑

年代：明弘治十年（1497）刻立。

形制：圆首方座。通高 1.63 米，宽 0.72 米，
厚 0.18 米。

行字：碑文楷书 18 行，满行 24 字。

纹饰：碑额及碑身四周饰波浪纹，四角饰圆
钱与孔纹。

出土：2001 年出土于宜君县哭泉乡孟姜女

祠遗址。

**现藏：** 宜君县文物管理所。

**著录：**《新编宜君县志》。

## *县界碑

**年代：** 明弘治十一年（1498）刻立。

**形制：** 圆首。高 1.37 米，宽 0.63 米，厚 0.19 米。

**行字：** 碑文楷书，行字数无法辨识。

**出土：** 2006 年临潼区斜口乡岳沟地窑村二组征集。

**现藏：** 西安市临潼博物馆。

**备注：** 碑面漫漶甚为严重。碑身横向断残，下部二角残缺。

## *重修重兴寺记碑

**年代：** 明弘治十二年（1499）刻立。

**形制：** 螭首。高1.58米，宽0.70米，厚0.16米。

**行字：** 碑文楷书 14 行，300 余字。

**纹饰：** 碑额饰双龙戏珠图案，碑身两侧饰云纹。

**现藏：** 富县北道德乡上湫塬村东北张明全家东墙外。

**提要：** 碑文记载了修复重兴寺事。

## 华妙能祔葬墓志

**全称：** 明故镇国将军同知陕西都指挥使司事杨公太淑人华氏祔葬墓志铭。

**年代：** 明弘治十二年（1499）刻。

**形制：** 志、盖尺寸相同。长0.63米，宽0.66米。

**行字：** 志文楷书 33 行，满行 32 字。

**撰书：** 吉人撰，萧谦书，周凤篆盖。

**出土：** 西安碑林旧藏。

**现藏：** 西安碑林博物馆。

**著录：**《西安碑林全集》。

**提要：** 志文记载了华妙能的生平、夫婿及子嗣情况。华妙能之夫杨公先后佐陕西都司、守延绥路、任甘肃行都司、陕西都指挥使司。

## 嵇瑢墓志

**全称：** 明故承德郎西城兵马指挥嵇公墓志铭。

**年代：** 明弘治十二年（1499）刻。

**形制：** 志、盖尺寸相同。长0.56米，宽0.55米。

**行字：** 盖文篆书 4 行，满行 4 字，题"明故承德郎西城兵马指挥嵇公墓志铭"。志文楷书 28 行，满行 28 字。

**撰书：** 强晟撰，樊永昌书，原宗礼篆盖。

**纹饰：** 志、盖均饰龙纹，四角均饰宝相花纹。

**出土：** 1998 年出土于西安市北郊大明宫遗址。

**现藏：** 西安碑林博物馆。

**著录：**《碑林集刊》（第 11 辑）《西安碑林全集》。

**备注：** 志、盖均断为两块。

**提要：** 志文记载了嵇瑢的职官、夫人及子嗣等情况。嵇瑢官至承德郎、西城兵马指挥。

## *月桂赋碑

**年代：** 明弘治十二年（1499）刻立。

**形制：** 高 0.92 米，宽 0.46 米。

**行字：** 正文楷书 26 行，满行 22 字。题记楷书 24 行，满行 12 字。

**撰书：** 严永濬作赋，强晟题记。

**纹饰：** 碑中段饰中秋圆月及桂树。

**出土：** 西安碑林旧藏。

**现藏：** 西安碑林博物馆。

**著录：**《西安碑林全集》。

**提要：** 碑中段线刻画为中秋圆月，月中有桂树及琼楼玉宇，右下方有一玉兔在捣药。作赋者严永濬，字宗哲，号柳东，华容人，成化戊戌进士，历官户部郎中，出守西安府，善文辞。题记者强晟，字景明，汝南人，曾任奉藩王府纪古一职。

## 侯介墓志

**全称：**大明秦府承奉正侯公墓志铭。
**年代：**明弘治十四年（1501）刻。
**形制：**志、盖尺寸相同。长0.75米，宽0.76米。
**行字：**志文楷书26行，满行32字。
**撰书：**强晟撰，原宗善书，吴文篆盖。
**纹饰：**志、盖均饰蔓草纹，四角均饰宝相花纹。
**出土：**1956年出土于西安市西郊西稍门。
**现藏：**西安碑林博物馆。
**著录：**《西安碑林全集》。
**提要：**志文记录了侯介生平及历官情况。其主要历官有秦府内使、内典膳、承奉副、承奉正。

## 朱诚淦圹志

**全称：**钦赐郿阳悼安王圹志文。
**年代：**明弘治十四年（1501）刻。
**形制：**志、盖尺寸相同，长0.65米，宽0.63米。
**行字：**盖文篆书3行，满行3字，题"钦赐郿阳悼安王圹志"。志文楷书18行，满行18字。
**纹饰：**志、盖均饰云龙纹，四角均饰宝相花纹。
**出土：**1956年出土于西安市南郊曲江池。
**现藏：**西安碑林博物馆。
**著录：**《西安碑林全集》。
**提要：**志文记录了朱诚淦的家族世系和历官情况。朱诚淦为郿阳惠恭王之子，封镇国将军，又袭封为郿阳王方将，去逝之次年册封为郿阳王，谥号悼安。

## 郿阳悼安王妃冯氏圹志

**全称：**钦赐郿阳悼安王妃圹志文。
**年代：**明弘治十四年（1501）刻。
**形制：**志、盖均为正方形，尺寸相同。边长0.58米。
**行字：**盖文篆书4行，满行3字，题"钦赐郿阳悼安王妃冯氏圹志"。志文楷书17行，满行17字。
**纹饰：**志、盖均饰云龙纹，四角均饰宝相花纹。
**出土：**1956年出土于西安市南郊曲江池。
**现藏：**西安碑林博物馆。
**著录：**《西安碑林全集》。
**提要：**志文记录了冯氏家族世系、生平及子嗣情况。冯氏之夫为镇国将军朱诚淦。冯氏进封为郿阳王妃。

## *建像记碑

**年代：**明弘治十四年（1501）刻立。
**形制：**圆首。高1.34米，宽0.62米。
**行字：**碑文楷书17行，满行27字。
**现藏：**榆林市红石峡东壁22号窟内。
**备注：**剥蚀严重。
**提要：**记载重塑石窟内观音、普贤、文殊等菩萨塑像事。

## *建红山寺殿并铸铜佛像记碑

**年代：**明弘治十五年（1502）刻立。
**形制：**圆首方座。通高1.10米，宽0.64米。
**行字：**碑文楷书15行，满行31字。
**纹饰：**碑身四周饰卷草纹。
**现藏：**榆林市红石峡东壁三教殿之上5号窟内北壁。
**提要：**碑文记载了红山寺初建新殿并铸铜佛像二尊事。

## *益门雄镇石匾

**年代：** 明弘治十五年（1502）刻立。

**形制：** 高 0.35 米，宽 0.20 米，厚 0.19 米。

**行字：** 碑文楷书 1 行 4 字。

**撰书：** 许庄主撰并书。

**现藏：** 宝鸡市渭滨区神农镇益门村。

**提要：** 此为弘治十五年宝鸡县知县许庄主所题之益门镇门匾。

## 汉中府新编洵阳县双獭里名记

**年代：** 明弘治十六年（1503）刻立。

**形制：** 通高 2.61 米，宽 1.17 米。

**行字：** 碑文楷书 43 行，满行 1—11 字不等。

**撰书：** 周东撰。

**出土：** 明弘治十六年立石于古汉台。

**现藏：** 汉中博物馆中院镜吾池西侧。

**备注：** 碑石基本完好，碑座系 1998 年所加。

**提要：** 碑文记述弘治十四年十月，周东奉命编查"里"这一级行政建置，唯洵阳县有里无名。一日见两水獭盘旋舟头竟得其所捕之肥美黄鱼。周知府颇感神奇，遂以双獭命为里名。

## *汉中府新建城西枕流亭记

**年代：** 明弘治十六年（1503）刻立。

**形制：** 高 2.61 米，宽 1.17 米。

**行字：** 碑文楷书 41 行，满行 1—11 字不等。

**撰书：** 周东撰。

**出土：** 明弘治十六年立石于古汉台。

**现藏：** 汉中博物馆中院镜吾池西侧。

**备注：** 明弘治十四年，周知府在汉中城西八里建一亭，名曰"枕流"。

**提要：** 碑文在于教诲人们要"悠然而超乎于富贵、轩冕、荣誉、欣戚"之外。

## 汉中府修城记

**年代：** 明弘治十六年（1503）刻立。

**形制：** 通高 2.61 米，宽 1.17 米。

**行字：** 碑文楷书 43 行，满行 1—11 字不等。

**撰书：** 周东撰。

**现藏：** 汉中博物馆中院镜吾池西侧。

**备注：** 碑石基本完好，碑座系 1998 年所加。

**提要：** 碑文记载明弘治十五年十一月至次年二月，汉中府城军民捐资捐物修葺城墙，由周知府监督完成；共修葺城墙 9.3 里，翻修建筑 56 座，官府耗银 675 两。

## 汉中府修学庙记

**年代：** 明弘治十六年（1503）刻立。

**形制：** 通高 2.61 米，宽 1.17 米。

**行字：** 碑文楷书 43 行，满行 1—11 字不等。

**撰书：** 周东撰。

**现藏：** 汉中博物馆中院镜吾池西侧。

**备注：** 碑石基本完好，碑座系 1998 年所加。

**提要：** 碑文记载弘治十五年汉中知府周东重修汉中府府学事。

## 朱诚潂暨妻任氏合葬圹志

**全称：** 皇明永寿王府奉国将军诚潂合葬圹志铭。

**年代：** 明弘治十六年（1503）刻。

**形制：** 志、盖尺寸相同，长 0.57 米，宽 0.55 米。

**行字：** 盖文楷书 4 行，满行 4 字，题"皇明永寿府奉国将军诚潂合葬圹志铭"。志文楷书 27 行，满行 28 字。

**撰书：** 朱秉榦撰。

**纹饰：** 志、盖均饰云龙纹，四角均饰宝相花纹。

**出土：** 出土时间、地点不详。1953 年入藏西安碑林。

现藏：西安碑林博物馆。

著录：《西安碑林全集》。

备注：志断为两块。

提要：志文记录了朱诚澈的家族世系、生平及夫人情况。诚澈封为永寿王府奉国将军，其妻任氏封淑人。

## 刘鉴妻李氏墓志

全称：大明故太安人李氏墓志铭。

年代：明弘治十六年（1503）刻。

形制：志、盖均为正方形，尺寸相同。边长0.61 米。

行字：盖文篆书 4 行，满行 3 字，题"大明故太安人李氏墓志铭"。志文楷书 31 行，满行 32 字。

撰书：邵宝撰，高胤先书，马炳然篆盖。

出土：1955 年出土于西安市南郊鲁家村。

现藏：西安碑林博物馆。

著录：《西安碑林全集》。

提要：志文记录了户部主事刘鉴之妻李氏的生平、夫婿及子嗣情况。

## *祭文宣王文碑

年代：明弘治十六年（1503）刻立。

形制：高 0.54 米、宽 0.51 米。

行字：碑文楷书 17 行，满行 15—17 字不等。

撰书：刘云撰。

出土：西安碑林旧藏。

现藏：西安碑林博物馆。

著录：《西安碑林全集》。

提要：碑文记述镇守陕西等处地方御用监太监刘云褒扬弘治十五年殿试第一名，授翰林院修撰者康海，以祭文宣王。康海（1475—1540），字德涵，别号对山，陕西武功人。弘治十五年殿试第一，与李梦阳、何景明等称七才子，

传世著作有《对山集》等。《明史》有传。

## *麟游县改建庙学记碑

年代：明弘治十六年（1503）刻立。

形制：高 2.20 米，宽 0.96 米，厚 0.24 米。

行字：碑文楷书 22 行，满行 60 字。

撰书：王恕撰，曹锦书。

纹饰：碑身四周饰蔓草纹。

出土：原立于麟游县九成宫镇城关村，1986年移存麟游县博物馆。

现藏：麟游县博物馆。

提要：碑文记载了明代弘治年间改建庙学的过程及规模，兼论教育之重要性。

## 康景世墓志

全称：秦府承奉正康公墓志铭。

年代：明弘治十七年（1504）刻。

形制：志、盖尺寸相同。长 0.63 米，宽 0.64 米。

行字：盖文篆书 3 行，满行 3 字，题"秦府承奉正康公墓志"。志文楷书 28 行，满行 32 字。

撰书：强晟撰，吴文书，原宗善篆盖。

纹饰：志、盖均饰蔓草纹，四角均饰宝相花纹。

出土：1956 年 3 月出土于西安市西门外。

现藏：西安碑林博物馆。

著录：《西安碑林全集》。

提要：志文记录了康景世的生平经历等。

## 周妙真墓志

全称：明故狄母周氏墓志铭。

年代：明弘治十七年（1504）刻。

形制：盖、志均为正方形，尺寸相同。边长0.60 米，厚 0.11 米。

行字：盖文篆书 3 行，满行 3 字，题"明故狄母周氏墓志铭"。志楷书 24 行，满行 26 字。

撰书：萧谦撰，康永书并篆盖，刘世真刻石。

出土：2006 年出土于西安市翠竹园二期工地。

现藏：陕西省考古研究院。

备注：志石右下方有一裂痕。

提要：墓志记述了周妙真之家族世系、生平、子嗣情况。

## 重修法门寺大乘殿记

年代：明弘治十八年（1505）刻立。

形制：碑残损。残高 2.66 米，宽 0.97 米、厚 0.27 米。

行字：碑额篆书 3 行，满行 3 字，题"重修法门寺大乘殿记"。碑文楷书 35 行，满行 52 字。

撰书：张杰撰，阎忠书。

纹饰：碑额饰二龙戏珠图案，碑身四周饰忍冬花草、莲瓣纹。

出土：1992 年出土于扶风县法门寺院。

现藏：法门寺博物馆。

著录：《法门寺考古发掘报告》《法门寺志》《法门寺文化与法门寺学》。

备注：碑为汉白玉石质，原残损较严重，已修复。碑阴刻多残缺，漫漶不清。

提要：碑文记载弘治元年至五年（1488—1492）重修法门寺大乘殿、庄严寺宇之盛事。

## 周堂暨妻王氏合葬墓志

全称：将仕郎父周公合葬母孺人王氏墓志。

年代：明弘治十八年（1505）刻。

形制：志、盖尺寸相同，长 0.48 米，宽 0.49 米。

行字：盖文楷书 4 行，满行 4 字，题"将仕郎父周公合葬孺人母王氏墓志"。志

文楷书 28 行，满行 30 字。

撰书：周锐撰，肖滋刻。

纹饰：志、盖均饰花纹。

出土：1955 年出土于西安市西郊土门。

现藏：西安碑林博物馆。

著录：《西安碑林全集》。

提要：志文记录了周堂的家族世系、生平、职官、夫人及子嗣情况。

## 重修固迹清凉禅寺碑记

年代：明弘治十八年（1505）刻立。

形制：通高 2.13 米，宽 0.94 米。

撰书：纪子文撰并书。

现藏：旬阳县何家乡王家庄罗汉洞前。

著录：《安康碑版钩沉》。

备注：碑文有部份残缺、漫漶。

提要：碑文记载田农清等请僧人道宽为住持，重修清凉禅寺事。

## 修建兴龙寺碑洞记

年代：明正德元年（1506）刻立。

形制：高 2.15 米，宽 1.10 米。

行字：碑文楷书 24 行，满行 33 字。

撰书：童宽撰，屈子盛书。

纹饰：碑额饰双龙图案，碑身饰水波纹。

出土：此碑自立未移。

现藏：佳县上高寨乡郑家前沟兴隆寺。

提要：碑文记明成化年间（1465—1487）修造兴龙寺；弘治十六年（1503）又建佛像正殿、观音罗汉伽蓝殿；明正德元年又凿石窟一，内塑地藏十五。

## *正德元年祭黄帝陵碑

年代：明正德元年（1506）刻立。

形制：碑高 1.80 米，宽 0.70 米，厚 0.15 米。座长 0.55 米，宽 0.82 米，厚 0.40。

行字：碑文楷书 9 行，满行 21 字。

纹饰：碑身饰龙纹及卷云纹。

现藏：黄帝陵轩辕庙碑廊。

著录：《延安市文物志》《黄陵文典·文物卷》。

提要：碑文记载了明武宗朱厚照派遣鸿胪寺寺丞张煜于正德元年四月十九日祭祀轩辕黄帝事。

## *孝宗皇帝挽词碑

年代：明正德元年（1506）刻立。

形制：高 0.69 米，宽 0.80 米。

行字：碑文楷书 19 行，满行 20 字。

撰书：王云凤撰并书。

出土：西安碑林旧藏。

现藏：西安碑林博物馆。

著录：《西安碑林全集》。

备注：碑左上角残缺。碑阴刻《开成石经补字》。

提要：此碑为弘治十八年（1505）王云凤为明孝宗朱祐樘撰写的挽词五首。王云凤，曾任谏官、郎中，孝宗时为通政司通政、陕西等处提刑按察司提学副使，《明史》有传。

## *正德元年祭周陵碑

年代：明正德元年（1506）刻立。

形制：高 1.30 米，宽 0.64 米。

行字：碑额篆书 2 行，满行 2 字，题"御制祝文"。碑文楷书 10 行，满行 15 字。

纹饰：碑额饰龙纹，碑身饰卷云纹。

出土：此碑自立未移。

现藏：咸阳市周陵文物管理所。

著录：《咸阳碑刻》《咸阳市渭城区志》《渭城文物志》。

提要：碑文记载了明武宗朱厚照正德元年四月六日遣中书舍人庞璁祭周武王之事。

## 杨礼合葬墓志

全称：敕赠文林郎监察御史散庵杨公合葬墓志铭。

年代：明正德二年（1507）刻。

形制：志、盖均为正方形，尺寸相同。边长 0.57 米。

行字：盖文篆书 4 行，满行 3 字。志文楷书 32 行，满行 27 字。

撰书：李孟畅撰，杨武书。

出土：1962 年出土于岐山县凤鸣镇帖家河东村。

现藏：岐山县博物馆。

提要：志文记载了杨礼的家庭世系、生平、婚配以及子嗣等情况。杨武为杨礼之子，官都察院左佥都御史。

## *孝义里醮盆记碑

年代：明正德二年（1507）刻立。

形制：高 0.55 米，宽 0.16 米。

行字：楷书每面 2—3 行不等，满行 23 字。

撰书：陈果晓书。

纹饰：碑身饰卷云纹。

出土：原在高陵县药惠乡北仁村。

现藏：高陵县文化馆。

著录：《高陵碑石》。

备注：第五面磨泐严重。

提要：醮盆是中国古代祭祀祈祷时的用具。首面楷书题"大明国西安府高陵县孝义里西廓乔……，正德二年冬季十二月十七日吉时玄石醮盆一座"。其余六面皆为立石人姓名。末面文字"重修功德主杜威……富平县怀得里刊字匠庵威……临潼县怀得里灵感寺陈果晓书"。

## 韩淑贤墓志

**全称：** 诰封樊宜人韩氏墓志铭。

**年代：** 明正德二年（1507）刻。

**形制：** 长 0.56 米，宽 0.57 米。

**行字：** 志文楷书 22 行，满行 22 字。

**撰书：** 樊殷撰并书。

**出土：** 时间、地点不详。

**现藏：** 西安市长安博物馆。

**著录：**《长安新出墓志》。

**提要：** 志文记载韩淑贤之生平、婚姻及子嗣情况。

## 汤敬叔墓志

**全称：** 明故郡庠生汤敬叔墓志铭。

**年代：** 明正德二年（1507）刻。

**形制：** 志、盖尺寸相同。长 0.44 米，宽 0.44 米。

**行字：** 盖文楷书 3 行，满行 3 字，题"明故郡庠生汤敬叔墓"。志文楷书 26 行，满行 26 字。

**撰书：** 何天衢撰并书。

**纹饰：** 志、盖均饰莲花纹。

**出土：** 1957 年出土于西安市南郊小寨。

**现藏：** 西安碑林博物馆。

**著录：**《西安碑林全集》。

**提要：** 志文记录了汤敬叔的家族世系、生平、夫人和子嗣情况等。

## 张昶暨妻朱氏合葬墓志

**全称：** 明故诰封宗人府亚中大夫仪宾张公合葬墓志铭。

**年代：** 明正德二年（1507）刻。

**形制：** 志长 0.53 米，宽 0.54 米。

**行字：** 志文楷书 32 行，满行 32 字。

**撰书：** 孔琦撰，刘玑书，柴铭篆盖，萧滋镌。

**纹饰：** 志四周饰云雀图案。

**出土：** 1988 年出土于陕西省标准化研究所基建工地。

**现藏：** 陕西省考古研究院。

**提要：** 志文记载了张昶之家族世系、生平、配偶及子嗣情况。张昶妻为秦藩王临潼惠简王之女夏阳县主。

## 重修寿圣寺前殿记

**年代：** 明正德三年（1508）刻立。

**形制：** 高 1.20 米，宽 0.66 米。

**行字：** 碑文楷书 15 行，满行 31 字。

**撰书：** 梁辂书。

**现藏：** 合阳县博物馆。

**提要：** 碑文记载了合阳县和家庄秦城村正德年间重修寿圣寺事。

## 重塑接引佛像记

**年代：** 明正德三年（1508）刻立。

**形制：** 高 0.77 米，宽 0.62 米，厚 0.16 米。

**行字：** 碑文楷书 24 行，满行 28 字。

**撰书：** 杨奎撰，□绶书。

**出土：** 此碑自立未移。

**现藏：** 略阳县灵岩寺博物馆。

**著录：**《汉中碑石》。

**备注：** 碑刻右下角风化剥落严重。

**提要：** 碑文记王氏重塑灵岩寺及接引佛事。

## 重修关王祠记

**年代：** 明正德四年（1509）刻立。

**形制：** 通高 1.66 米，宽 0.64 米，厚 0.30 米。

**行字：** 碑阳额篆书 2 行，满行 3 字，题"重修关王祠记"。碑阴额篆书"碑阴"2 字。碑阳楷书 25 行，满行 49 字。碑阴楷书 27 行，满行 59 字。

**撰书：** 完□撰。

**纹饰：** 碑阳两侧饰二龙戏珠纹。碑阴两侧饰牡丹及蔓草纹。

现藏：韩城市古城北营庙内。

备注：碑身已断为两截。碑面风化严重，下半截文字已无法辨认。

提要：碑文记载正德四年重修关王祠事，从碑铭"建于治北，至正点葺，到今二百，世历既久"推断当始建于元至正年间（1335—1340）。

## 王贵暨妻孙氏合葬墓志

全称：明处士王公孺人孙氏合葬墓志铭。

年代：明正德四年（1509）刻。

形制：长 0.52 米，宽 0.54 米。

行字：志文楷书 29 行，满行 29 字。

撰书：萧谦书，王翔篆盖，萧□刻。

出土：西安碑林旧藏。

现藏：西安碑林博物馆。

著录：《新中国出土墓志·陕西贰》。

备注：剥蚀严重。

提要：志文记录了王贵的家族世系、生平、夫人及子嗣情况。

## *琴鹤主人摩崖题记

年代：明正德五年（1510）刻。

形制：高 0.67 米，宽 0.99 米。

行字：正文楷书 17 行，满行 11 字。

纹饰：四周饰水波纹。

现藏：刻于绥德县张家砭乡清水沟村晋西洞外左壁。

著录：《榆林碑石》。

提要：题记告诫人们"人生出处行止，固自于象定，而神能知前，斯亦不可诬已"。

## *洪钟乾明寺题诗碑

年代：明正德六年（1511）刻立。

形制：圆首方座。高 1.48 米，宽 0.70 米，厚 0.22 米。

行字：额篆书 2 行，满行 2 字，题"览胜留题"。碑阳楷书 10 行，满行 13 字。碑阴楷书 9 行，满行 13 字。

撰书：洪钟撰并书。

出土：原立于南郑县中梁山乾明寺山门外。

现藏：南郑县圣水寺文物管理所。

著录：（嘉庆）《汉中府志》（乾隆）《南郑县志》《汉中碑石》。

提要：碑文为洪钟书七言诗。

## 李英墓志

全称：明故秦府典服正李公墓志铭。

年代：明正德六年（1511）刻。

形制：志、盖尺寸相同，长 0.62 米，宽 0.61 米。

行字：盖文篆书 4 行，满行 3 字，题"明故秦府典服正李公之墓"。志文楷书 24 行，满行 26 字。

撰书：强晟撰，杜谨书并篆盖。

纹饰：志、盖均饰忍冬纹，四角均饰宝相花纹。

出土：1958 年出土于西安市西郊西稍门。

现藏：西安碑林博物馆。

著录：《西安碑林全集》。

提要：志文记录了李英的生平和历官。其主要历官有典服副、典服正。

## *正德六年诰命碑

年代：明正德六年（1511）刻立。

形制：碑首高 0.97 米；碑身高 1.96 米。座长 0.40 米，宽 0.96 米，厚 0.32 米。

行字：碑文楷书 14 行，满行 34 字。

纹饰：碑四周饰缠枝花草纹。

现藏：三原县博物馆。

提要：碑文刊载明正德六年诰命文一篇。

## 狄唐墓志

全称：大明故山西平阳府蒙城驿驿丞狄公

墓志铭。

**年代**：明正德六年（1511）刻。

**形制**：志、盖均为正方形，尺寸相同。边长
0.56 米，厚 0.10 米。

**行字**：盖文篆书 4 行，满行 3 字，题"大明
山西蒙城驿丞狄公之墓"。志文楷书
27 行，满行 30 字。

**撰书**：屈琮撰，何衢书并篆盖，周凤翔勒。

**出土**：2005 年出土于西安市翠竹园二期工地。

**现藏**：陕西省考古研究院。

**提要**：志文记载了志主狄唐之家族世系、历
官、配偶及子嗣情况。狄唐，弘治十
二年部甘州行都司缺，先后历官河南
府彰德府宜沟驿驿丞、山西平阳府蒙
城驿驿丞。

## 杨武妻郭氏葛氏墓志

**全称**：敕赠孺人郭氏继室葛氏墓志铭。

**年代**：明正德七年（1512）刻。

**形制**：志、盖均为正方形。尺寸相同。边长
0.56 米。

**行字**：盖文篆书 4 行，满行 3 字，题"赠孺
人郭氏继室葛氏墓志铭"。志文楷书
24 行，满行 25 字。

**撰书**：杨武撰。

**出土**：1962 年岐山县凤鸣镇帖家河东村。

**现藏**：岐山县博物馆。

**著录**：《新中国出土墓志·陕西叁》。

**提要**：志文为明代御使杨武为其原配郭氏和
继配葛氏合葬所书。

## 重修仓公庙碑记

**年代**：明正德七年（1512）刻立。

**形制**：圆首。通高 2.84 米，宽 0.87 米，厚
0.19 米。

**行字**：碑文楷书 20 行，满行 12 字。

**纹饰**：碑额饰二龙戏珠图案。

**撰书**：高恕撰。

**现藏**：白水县仓颉庙。

**提要**：记重修仓颉庙事。

## 闫仲宇墓志

**全称**：明故太子太保兵部尚书闫公墓志铭。

**年代**：明正德七年（1512）刻。

**形制**：志正方形。边长 0.87 米，厚 0.17 米。

**撰书**：李逊学撰，李昆书，刘显篆盖。

**现藏**：陇县博物馆。

**著录**：《新中国出土墓志·陕西叁》。

**提要**：志文记述闫仲宇的生平、历官及家世等。

## *镇安县重修学庙记碑

**年代**：明正德七年（1512）刻立。

**形制**：高 1.90 米，宽 0.83 米。

**行字**：碑文楷书 19 行，满行 45 字。

**撰书**：刘机□撰，阎经书。

**现藏**：镇安县教场沟。

**提要**：记载复修镇安县文庙经过及经办人。

## *蓝田县重修庙记碑

**年代**：明正德八年（1513）刻立。

**形制**：圆首。高 1.96 米，宽 0.80 米。

**行字**：碑文楷书 19 行，满行 40 字。

**撰书**：董懋撰，杨志学书，兀一庶篆额。

**纹饰**：碑额饰二龙戏珠图案及云龙纹，碑身
饰龙纹及花卉纹。

**现藏**：蔡文姬纪念馆。

**提要**：碑文记述了重修庙学碑的原因和经过。

## 杨凤墓志

**全称**：明故驿宰杨公墓志铭。

**年代**：明正德八年（1513）刻。

**形制**：长 0.75 米，宽 0.45 米。

行字：志文楷书 21 行，满行 36 字。

撰书：杨廷和撰，雍泰书，刘玑篆额。

出土：1970 年出土于华阴县红星村。2003年入藏西安碑林。

现藏：西安碑林博物馆。

著录：《华山碑石》。

提要：志文记录了杨凤生平、官职及子嗣情况等。

## *义勇武安王神像记碑

年代：明正德八年（1513）刻立。

形制：高 0.64 米，宽 0.29 米。

行字：碑文楷书 18 行，满行 17 字。

撰书：韩愈撰，李寂书。

出土：西安碑林旧藏。

现藏：西安碑林博物馆。

著录：《西安碑林全集》。

提要："义勇武安王"即关羽。碑中线刻关羽手提大刀骑马像一幅。

## *重建殿宇记碑

年代：明正德八年（1513）刻立。

形制：高 1.32 米，宽 0.73 米。

行字：碑文楷书 18 行，满行 27 字。

出土：原存耀县药王山摩崖。

现藏：药王山博物馆。

提要：碑文记洞下南村处士焦聪乞子灵应，后与子侄及乡人重建殿堂四楹二檐事。

## 纪溁墓志

全称：明故封征仕郎中书舍人纪翁墓志铭。

年代：明正德九年（1514）刻。

形制：志、盖均为正方形，尺寸相同。边长0.54 米，厚 0.08 米。

行字：盖文篆书 4 行，满行 4 字，题"大明故封征仕郎中书舍人纪翁墓志铭"。

志文楷书 29 行，满行 34 字。

撰书：杨一清撰，靳贵书，毛纪篆盖。

出土：出土于榆林市南郊三岔湾，时间不详。

现藏：榆林市红石峡文物管理所。

著录：《榆林碑石》。

提要：志文记载了墓主纪溁的籍贯、家族世系、生平、子嗣情况及卒时与葬地。并记载纪溁精通医术，曾任七品散官，又任武略将军，锦衣千户。

## 修武侯祠墓碑

全称：大明敕修汉丞相诸葛武乡忠武侯祠墓碑铭。

年代：明正德九年（1514）刻立。

形制：龟座。通高 2.75 米，宽 1.17 米，厚0.25 米。

行字：碑文楷书 29 行，满行 55 字。

撰书：彭泽撰，陈寿书，王宪篆额。

出土：此碑自立未移。

现藏：勉县武侯祠博物馆。

著录：（光绪）《沔县志》（嘉庆）《汉中府志》《忠武祠墓志》。

备注：碑首佚。

提要：碑文记载明正德八年五月，都御史蓝章两次上疏请求重修武侯祠，及次年重修事。碑阴左上有嘉靖三十年（1551）晚春川南学者甘为霖题赞扬诸葛亮诗一首。

## *孙玺遗烈碑

年代：明正德九年（1514）刻立。

形制：高 1.92 米，宽 1.24 米。

行字：碑文楷书 6 行，共 122 字。

纹饰：碑身两侧饰水波纹。

出土：此碑于 1994 年从略阳县武装部迁移至灵岩寺。

现藏：略阳县灵岩寺博物馆。

提要：碑文记述了明正德年间孙玺在修理略阳城池时遇贼拒敌阵亡，及由此而被赠光禄寺少卿事。

## 时雨亭

年代：明正德九年（1514）刻立。

形制：通高 2.61 米，宽 1.17 米。

行字：满行 76 字。

撰书：彭泽书，杨一钧撰。

备注：碑阴刻《汉中府新建城东洗心亭》。

现藏：汉中博物馆中院镜吾池西侧。

提要：明正德九年春，汉中知府杨一钧将驻军汉中的右都御史太子少保彭泽所书之"时雨亭"三大字。跋文记述了彭泽于正德七年至九年镇压直隶刘六、刘七起义及四川农民军残部廖麻子的经过。

## *孙玺遇害记事碑

年代：明正德九年（1514）刻立。

形制：高 1.92 米，宽 1.24 米。

行字：碑文楷书 35 行，共 317 字。

出土：1994 年从略阳县武装部迁移至灵岩寺。

现藏：略阳县灵岩寺博物馆。

提要：碑文记载了明正德六年，孙玺被举荐至略阳修理城池遇敌阵亡及被追封为光禄少卿事。

## *重修东林寺记碑

年代：明正德九年（1514）刻立。

形制：高 2.28 米，宽 0.81 米，厚 0.22 米。

行字：碑文楷书 21 行，满行 45 字。

纹饰：碑阳额饰六螭云纹。

出土：此碑自立未移。

现藏：周至县终南镇杨家大墙村东林寺。

备注：碑阴刻《东林禅寺之图》。

提要：碑文记载了东林寺禅院修建经过及禅院全貌情况。

## 黄润墓志

全称：秦府承奉正黄公墓志铭。

年代：明正德九年（1514）刻。

形制：志、盖尺寸相同，长 0.57 米，宽 0.54 米。

行字：盖文楷书 3 行，满行 3 字，题"秦府承奉正黄公墓志"。志文楷书 26 行，满行 32 字。

撰书：强晟撰，梁溥书并篆盖。

纹饰：志、盖均饰蔓草纹，四角均饰宝相花纹。

出土：1956 年出土于西安市西郊西稍门外。

现藏：西安碑林博物馆。

著录：《西安碑林全集》。

提要：志文记录了黄润生平与历官。黄润，成化初选入秦藩。其主要历官有御马监左监丞、秦府承奉正。

## 朱诚澝圹志

全称：大明宗室辅国将军圹志铭。

年代：明正德九年（1514）刻。

形制：盖长 0.64 米，宽 0.62 米。志长 0.81 米，宽 0.62 米。

行字：盖文篆书 4 行，满行 3 字，题"大明宗室秦藩辅国将军之墓"。志文楷书 27 行，满行 27 字。

撰书：李东阳撰，胡瓒书。

纹饰：志、盖四周均饰云龙纹。

出土：1988 年出土于西安市南郊。

现藏：陕西省考古研究院。

备注：志石中部有两处裂缝。

提要：志文记载了志主朱诚澝之家族世系、生平、配偶及子嗣情况。

## 王玺妻巩氏墓志

**全称：** 明故中宪大夫襄阳知府封右通政王公配恭人巩氏墓志铭。

**年代：** 明正德十年（1515）刻。

**形制：** 盖长 0.66 米，宽 0.63 米，厚 0.16 米。志长 0.66 米，宽 0.66 米，厚 0.14 米。

**行字：** 盖文篆书 4 行，满行 3 字，题"明故贞斋公妻恭人巩氏墓志"。志文楷书 32 行，满行 32 字。

**撰书：** 王九思撰，苏民书并篆盖，周凤仪、周凤翔刻。

**出土：** 1992 年出土于户县蒋村镇白庙村王家坟。

**现藏：** 户县文物管理委员会。

**著录：**《户县碑刻》《新中国出土墓志·陕西叁》。

**提要：** 志文记载了巩氏的家族谱系、生平、其夫王玺及子嗣情况。

## *重修石佛寺记碑

**年代：** 明正德十年（1515）刻立。

**形制：** 圆首座佚。通高 1.21 米。宽 0.60 米，厚 0.12 米。

**行字：** 碑文楷书 20 行，满行 36 字。

**现藏：** 户县五竹镇北索村。

**著录：**《户县碑刻》。

**备注：** 部分文字漫漶难辨。

**提要：** 碑文记载了明正德年间重修石佛寺的简单经过。

## 王氏父子圹志

**全称：** 大明故昭信校尉护卫王氏父子圹志铭。

**年代：** 明正德十年（1515）刻。

**形制：** 志长 0.65 米，宽 0.66 米。

**行字：** 志文楷书 30 行，满行 38 字。

**撰书：** 镏玉芝撰并书兼篆盖。

**纹饰：** 志四周饰卷草纹。

**出土：** 出土时间、地点不详。

**现藏：** 西安市长安博物馆。

**著录：**《长安新出墓志》《长安碑刻》。

**提要：** 志文记载了王和、王选父子之家族世系、生平、婚姻和子嗣情况。

## 张沄暨妻朱氏合葬圹志

**全称：** 大明宗室华源郡君合葬圹志。

**年代：** 明正德十年（1515）刻。

**形制：** 志、盖尺寸相同，长 0.60 米，宽 0.59 米。

**行字：** 盖文篆书 4 行，满行 3 字。志文楷书 35 行，满行 32 字。

**撰书：** 张显撰，姚钺书，孙良弼篆盖。

**纹饰：** 志、盖四周均饰蔓草纹。

**出土：** 1956 年出土于西安市南郊朱家桥。

**现藏：** 西安碑林博物馆。

**著录：**《西安碑林全集》。

**提要：** 志文记录了朱氏的家族世系、生平、夫婿及子嗣情况。

## 重修善觉寺碑记

**年代：** 明正德十年（1515）刻立。

**形制：** 通高 2.60 米，宽 0.82 米，厚 0.27 米。

**行字：** 碑文楷书 24 行，满行 63 字。

**撰书：** 宋廷佐撰，裴卿书，吴廷璧篆额。

**纹饰：** 碑额饰双龙纹，碑身两侧饰蔓草纹。

**出土：** 原在乾县新阳乡善觉寺内竖立。

**现藏：** 乾县新阳乡善化寺村新建善觉寺庙前。

**著录：**《新编乾县志》。

**备注：** 现善化寺村小学即原善觉寺旧址。

**提要：** 碑文记叙明永乐至成化、弘治年间的历次重修及铸钟事。碑阴题名为宗派之图。

## *正德十一年祭黄帝陵碑

**年代**：明正德十一年（1516）刻立。

**形制**：圆首方座。通高 2.27 米，宽 0.80 米，厚 0.15 米。座长 0.39 米，宽 0.86 米，厚 0.45 米。

**行字**：碑文楷书 10 行，满行 21 字。

**纹饰**：碑身饰卷云纹。

**现藏**：黄帝陵。

**著录**：《延安市文物志》。

**提要**：碑文记载了明武宗朱厚照派遣延安府同知刘贡于正德十一年八月十八日祭祀轩辕黄帝事。

## 嵇棠合葬墓志

**全称**：明故西安右护卫指挥佥事嵇君公合葬墓志铭。

**年代**：明正德十一年（1516）刻。

**形制**：志、盖边长 0.62 米。

**行字**：盖文楷书 4 行，满行 4 字，题"明西安右护卫指挥佥事嵇君合葬之墓"。志文楷书 21 行，满行 30 字。

**撰书**：强晟撰，梁溥书。

**出土**：1998 年出土于西安市北郊大明宫遗址。

**现藏**：西安碑林博物馆。

**著录**：《碑林集刊》（第 11 辑）《西安碑林全集》。

**提要**：志文记载了嵇棠的家族世系、生平、职官及夫人情况。嵇棠，任西安右护卫纳级指挥。

## *刘母韩氏墓志

**年代**：明正德十一年（1516）刻。

**形制**：志长 0.51 米，宽 0.52 米。

**行字**：志文楷书 23 行，满行 26 字。

**撰书**：刘秉正撰。

**出土**：1955 年出土于西安市南郊鲁家村。

**现藏**：西安碑林博物馆。

**著录**：《西安碑林全集》。

**提要**：志文记载了韩氏的家族世系、生平及子嗣情况。

## *寿萱碑

**年代**：明正德十一年（1516）刻立。

**形制**：高 0.73 米，宽 1.54 米。

**行字**：碑文行书 2 字。

**撰书**：朱诚淋书，朱秉櫶刊。

**出土**：西安碑林旧藏。

**现藏**：西安碑林博物馆。

**著录**：《西安碑林全集》。

**备注**：石已断裂，下部残损。

**提要**：此碑又称"寿萱二字碑"。行书"寿萱"两个大字，正中上部刻有"永寿王书"篆字印章一方，印下方刻"东轩"二字，行书。书者永寿王朱诚淋（？—1495），成化十二年（1476）以镇国将军袭封，弘治八年薨。

## 纪滐暨妻阎氏合葬墓志

**全称**：诰赠锦衣卫副千户纪君配太宜人阎氏合葬墓志铭。

**年代**：明正德十二年（1517）刻。

**形制**：盖、志均为正方形，尺寸相同。边长 0.58 米，厚 0.08 米。

**行字**：盖文篆书 5 行，满行 4 字，题"诰赠锦衣卫副千户纪君配太宜人阎氏合葬之墓"。志文楷书 28 行，满行 33 字。

**撰书**：王琼撰，谭祐书，崔元篆盖。

**出土**：出土于榆林市南郊三岔湾，时间不详。

**现藏**：榆林市红石峡文物管理所。

**著录**：《榆林碑石》。

**提要**：志文记载了纪滐与其妻子的籍贯、家族世系、卒年与合葬地，并详细记载了妻子闫氏的家族世系与生平、子嗣情况。

## 王氏墓志

**全称:** 明故继室王氏墓志铭。

**年代:** 明正德十二年（1517）刻。

**形制:** 志正方形。边长 0.56 米。

**行字:** 志文行书 20 行，满行 24 字。

**撰书:** 杨武撰。

**出土:** 1962 年出土于岐山县凤鸣镇帖家河东村。

**现藏:** 岐山县博物馆。

**提要:** 志文记载了王氏之父兄历官情况以及为其呕心沥血、抚育诸子的事迹。

## *寇准像碑

**年代:** 明正德十二年（1517）刻立。

**形制:** 圆首。高 1.56 米，宽 0.63 米，厚 0.15 米。

**行字:** 碑文楷书，上下共 31 行。

**撰书:** 刘玑跋，萧一庵立。

**出土:** 西安碑林旧藏。

**现藏:** 西安碑林博物馆。

**著录:**《西安碑林全集》。

**提要:** 原碑宋天禧二年（1018）存放在省城西北隅一小寺。明正德十二年，"大中丞一庵萧公遇而见之"，"令匠氏勒旧为新"，保存至今。寇准（961—1023），字平仲，下邽人（今陕西渭南），北宋政治家，曾任宰相等职。碑上部为向敏中与寇准的唱和诗，下部为刘玑跋文。碑中部为寇准半身像。

## *积善碑

**年代:** 明正德十二年（1517）刻立。

**形制:** 高 0.47 米，宽 0.86 米。

**撰书:** 朱诚淋书，朱秉欐题跋并刊石。

**出土:** 西安碑林旧藏。

**现藏:** 西安碑林博物馆。

**著录:**《西安碑林全集》。

**提要:** 又称"积善二字碑"。行书"积善"两个大字，下右上部刻有"永寿王书"篆书印章一方。首尾各有隶书题跋一行。

## 杨母郭氏墓志

**全称:** 故驿宰杨公太孺人郭氏墓志铭。

**年代:** 明正德十二年（1517）刻。

**形制:** 志长 0.57 米，宽 0.43 米。

**行字:** 志文楷书 20 行，满行 27 字。

**撰书:** 刘淳、刘春撰，毛澄书。

**出土:** 1970 年出土于华阴县红星村。

**现藏:** 西安碑林博物馆。

**著录:**《华山碑石》。

**提要:** 志文记录了郭氏家族世系、生平、夫婿及子嗣情况。

## *鱼龙变化碑

**年代:** 明正德十二年（1517）刻立。

**形制:** 高 0.46 米，宽 1.44 米。

**行字:** 碑文行书 4 字。

**撰书:** 朱秉欐书。

**出土:** 西安碑林旧藏。

**现藏:** 西安碑林博物馆。

**著录:**《西安碑林全集》。

**提要:** 又称"鱼龙变化四字碑"。行书"鱼龙变化"四个大字，正中上方刻有"永寿王章"篆字印章一方。首尾有题款各一行。

## *泾阳县通济渠记碑

**年代:** 明正德十二年（1517）刻立。

形制：螭首方座。高 3.82 米，宽 1.13 米，厚 0.36 米。

行字：碑文楷书 25 行，满行 66 字。

撰书：刘玑撰，张銮书。

纹饰：碑身四周饰缠枝纹。

出土：1963 年出土于泾阳县王桥镇衙背后村南。

现藏：泾惠渠管理局张家山水库管理处。

提要：碑文记载了修建通济渠事。

## *新凿通济渠记碑

年代：明正德十二年（1517）刻立。

形制：平首方座。高 2.46 米，宽 1.00 米，厚 0.20 米。

行字：碑文行楷 20 行，满行 45 字。

撰书：易谟撰，祝寿书。

纹饰：碑身四周饰卷云纹。

出土：1963 年出土于泾阳县王桥镇衙背后村南。

现藏：泾惠渠管理局张家山水库管理处。

提要：碑文记述了修通济渠的事件。

## *游石宫寺题记碑

年代：明正德十三年（1518）刻立。

形制：高 0.80 米，宽 0.93 米。

行字：碑文行书 6 行，满行 5 字。

撰书：李元撰。

现藏：子长县钟山石窟岩壁。

著录：《新编子长县志》。

提要：此文刻于钟山石窟洞壁之上，是李元游石宫寺而作的诗，描述了所见风光。

## 杨全墓志

全称：明故长兄义官杨公墓志铭。

年代：明正德十三年（1518）刻。

形制：志正方形。边长 0.62 米。

行字：盖文篆书 3 行，满行 3 字，题"明故义官杨公墓志铭"。志文楷书 20 行，满行 26 字。

撰书：杨武撰。

出土：1962 年出土于岐山县凤鸣镇帖家河东村。

现藏：岐山县博物馆。

著录：《新中国出土墓志·陕西叁》。

提要：此志为明代岐山进士前督察院左金都御史杨武为其长兄杨全所书，叙述了杨氏兄弟患难与共，杨家祖辈自元末以来历世情况。

## *乡贡进士碑

年代：明正德十三年（1518）刻立。

形制：高 0.63 米，宽 2.17 米。

行字：碑文行书共 4 字。

撰书：朱诚淋书，朱秉欓题款并刊石。

出土：西安碑林旧藏。

现藏：西安碑林博物馆。

著录：《西安碑林全集》。

备注：中部残断，损二字。

提要：又称"乡贡进士四字碑"。行书"乡贡进士"四个大字，正中上方刻有"永寿王书"篆字印章一方，下方刻"东轩"二字。首尾有题款各一行，隶书。

## 重修孙真人庙洞记

年代：明正德十三年（1518）刻立。

形制：高 2.05 米，宽 0.78 米，厚 0.24 米。

行字：碑文楷书 18 行，满行 42 字。

撰书：杨表正撰，魏昭书。

出土：原存耀县药王山。

现藏：药王山博物馆。

备注：碑阴附刻口岱中人书五言诗一首。

提要：碑文记钦差镇守陕西太监廖鸾侄廖恺，梦见孙真人为其医愈疾病，廖鸾捐资葺修庙洞并作碑楼于庙前事。

## *左思忠题诗碑

年代：明正德十三年（1518）刻立。

形制：高 0.42 米，宽 0.60 米。

行字：碑文草书，行字数不等。

撰书：左思忠撰并书。

出土：原存耀县药王山。

现藏：药王山博物馆。

提要：碑文"太玄洞西汉石盒，灵根深蟠压厚坤。天晴淡浮琉璃色，日久惨裂苔藓痕。野老相传仙翁凿，斩茅结屋煮丹药。不知鹤飞今几春，可怜手泽宛如昨。岩前漠漠万壑风，古柏参天掩映月，雷震时有蛰龙起，云来气与沧溟通。我来登此山，每小盘石憩。飘然疑坐广寒旁，饮之如漱神濩味。未论绿发寿千龄，已觉金华溉五纬。愿言不匮沛斯泽，常使苍生已痾痹"。

## 孙文胜暨妻罗氏合葬墓志

全称：将仕郎孙公文胜罗氏合葬墓志铭。

年代：明正德十四年（1519）刻。

形制：盖、志尺寸相同。长 0.62 米，宽 0.59 米，厚 0.06 米。

行字：盖文篆书 3 行，满行 3 字，题"将仕郎孙公罗氏之墓"。志文楷书 32 行，满行 35 字。

撰书：郝本撰，刘琦书，刘介篆盖。

纹饰：志、盖四周均饰卷云纹，四角饰四瓣花纹。

出土：出土于绥德县卜家湾，时间不详。

现藏：绥德县博物馆。

著录：《榆林碑石》。

备注：盖斜断为两截。

提要：志文记载了孙文胜与妻罗氏的籍贯、家族世系、生平、子嗣情况及卒年与葬地。

## *重建学堂碑

年代：明正德十四年（1519）刻立。

形制：高 1.28 米，宽 2.52 米。

行字：碑文楷书 24 行，满行字数不详。

出土：此碑自立未移。

现藏：略阳县灵岩寺博物馆。

提要：碑文记载明正德年间，嘉陵江发大水，导致略阳县城遭遇水灾，陕西布政司右、陕西按察副使、中顺大夫汉中府知府来略阳察看灾情后拨款以维修城池及重建学堂的经过。

## 汉中府西乡县重修庙学记

年代：明正德十四年（1519）刻立。

形制：高 2.34 米，宽 1.16 米。

行字：碑文楷书 28 行，满行 62 字。

撰书：彭泽撰，范绅书。

纹饰：碑身四周饰卷云纹。

出土：原存于西乡县县委院内（原文庙旧址）。

现藏：西乡县文化馆。

著录：《西乡县志》。

提要：碑文记述了正德十四年重修西乡文庙的经过。

## *永寿王诗翰刻石

年代：明正德十四年（1519）刻立。

形制：高 0.46 米，宽 0.83 米。

行字：碑文篆书 11 行，满行 7—8 字不等。

撰书：朱秉欓撰并篆书及跋。

纹饰：碑身四周饰祥云纹。

出土：西安碑林旧藏。

现藏：西安碑林博物馆。

著录：《西安碑林全集》。

提要：碑文篆书是永寿王七律："泰岳行祠建此山，群峰耸汉势难攀。飞云舒卷迷遥岭，过雁高低下远峦。溪流雨添生碧浪，林风霜醉染丹颜。温泉浴罢临仙境，忘却尘寰半日闲。"篆书落款"明正德乙卯菊月一日永寿王题并书"。

## 朱秉橘暨妻王氏圹志

全称：皇明宗室辅国将军暨夫人王氏圹志。

年代：明正德十四年（1519）刻。

形制：盖边长0.55米，厚0.11米。志边长0.54米，厚0.10米。

行字：盖文篆书4行，满行4字，题"皇明宗室辅国将军夫人王氏合葬之圹"。志文楷书24行，满行24字。

纹饰：志、盖四周均饰龙纹。

出土：2004年出土于西安市广电中心工地。

现藏：陕西省考古研究院。

著录：《文物》（2007年第2期）。

提要：志文记述了志主朱秉橘之家族世系、生平、婚姻、子嗣及夫人王氏之家世情况。

## *武成墓志

年代：明正德十五年（1520）刻。

形制：正方形。边长0.58米，厚0.07米。

行字：志文楷书25行，满行31字。

撰书：纪肱撰，阎瑞书，孙寿镌。

纹饰：志四周饰西番莲、宝相花、缠枝莲花纹。

出土：出土时间、地点不详。

现藏：蔡文姬纪念馆。

提要：志文记载武成的生平事迹、家族世系、籍贯及官职。

## 重修咸阳县城隍庙记

年代：明正德十五年（1520）刻立。

形制：圆首方额。通高1.68米，宽0.69米，厚0.16米。

行字：碑额篆书2行，满行3字，题"重修城隍庙记"。碑文楷书22行，满行48字。

撰书：王九思撰，魏维书并篆额。

纹饰：碑额饰腾龙及卷云纹图案，碑身四周饰蔓草花卉纹。

出土：1986年出土于咸阳市东明街城隍庙旧址。

现藏：咸阳市渭城区文物管理委员会。

著录：《咸阳碑刻》。

提要：碑文记载明洪武至成化间咸阳县城隍庙历次修建及正德年间知县底蕴再次重修事。

## 登五丈原谒诸葛亮庙

年代：明正德十五年（1520）刻立。

形制：高0.60米，宽0.36米。

行字：碑文草书11行，满行6字。

撰书：何景明撰。

出土：清光绪四年重修诸葛献殿时嵌于其墙上。

现藏：岐山县五丈原诸葛亮庙博物馆。

著录：《岐山县志》。

提要：此碑文为明代"前七子"之一何景明瞻仰诸葛亮庙时，有感而发的一篇诗作。

## 杨企暨妻张氏合葬墓志

全称：明故仲兄义官杨公室人张氏合葬墓志铭。

年代：明正德十六年（1521）刻。

形制：盖、志均为正方形，尺寸相同。边长 0.51 米，厚 0.15 米。

行字：盖文篆书 3 行，满行 5 字，题"明故义官杨公室人张氏合葬墓志铭"。志文楷书 24 行，满行 25 字。

撰书：杨武撰并书。

出土：1962 年出土于岐山县凤鸣镇帖家河东村。

现藏：岐山县博物馆。

著录：《新中国出土墓志·陕西叁》。

提要：志文记载了杨企之家族世系、生平、历官及子嗣、墓地等情况。撰书者杨武其人即岐山历史名人。

## *吉静中马嵬怀古诗碑

年代：明正德十六年（1521）刻立。

形制：高 0.50 米，宽 0.55 米，厚 0.08 米。

行字：碑文楷书 15 行，满行 11 字。

撰书：吉静中撰，康海书。

纹饰：碑身两侧饰蔓枝纹。

出土：此碑自立未移。

现藏：兴平市黄山宫。

提要：碑刻录了黄山宫道人吉静中记述黄山宫的历史渊源（西汉至唐）和太上槐的名称来由之诗。

## 阎君妻仲氏墓志

全称：明太子太傅兵部尚书阎公先室赠淑人仲氏之墓。

年代：明正德间（1506—1521）刻。

形制：志正方形。边长 0.72 米，厚 0.13 米。

行字：志文楷书 38 行，满行 33 字。

撰书：李善撰，李昆书，刘显篆盖。

出土：出土时间、地点不详。

现藏：陇县博物馆。

提要：志文主要记述阎君、仲氏夫妇的生平。

## 阎卓墓志

全称：明故承德郎户部主事山泉阎子之墓。

年代：明正德间（1506—1521）刻。

形制：志正方形。边长 0.64 米，厚 0.08 米。

行字：志文楷书 33 行，满行 37 字。

撰书：康海撰，康浩书，杨秉忠篆盖。

出土：出土时间、地点不详。

现藏：陇县博物馆。

提要：志文记述了阎卓的生平事迹。

## *嘉靖元年祭汉阳陵碑

年代：明嘉靖元年（1522）刻立。

形制：通高 1.30 米，宽 0.64 米，厚 0.33 米。

行字：碑额篆书 2 行，满行 2 字。碑文楷书 8 行，满行 17 字。

撰书：朱厚熜撰。

纹饰：碑额饰二龙戏珠和云纹，碑身四周饰卷云纹。

出土：此碑自立未移。

现藏：汉阳陵博物馆。

提要：碑文记嘉靖元年明世宗遣张玮祭汉景帝事。碑额篆书"御制祝文"四字。

## *吏部札付碑

年代：明嘉靖元年（1522）刻立。

形制：通高 1.24 米，宽 0.56 米，厚 0.14 米。

行字：碑文楷书 19 行，满行 32 字。

撰书：张仕隆书，赵应祥刻。

纹饰：碑身四周饰卷云纹。

现藏：户县秦渡镇庞村罗汉寺。

著录：《户县碑刻》。

提要：碑文记载文书二。一为弘治十六年（1503）八月初一，批准被联名推举的僧人湛文为罗汉寺住持，兼任僧会司掌印理事一职；一为正德三年

（1508）户县僧会司为湛文所开的僧会官身份证明书，有清康熙元年（1662）第五桥善土土地舍粮差题记一段。

## *鄠县罗汉寺重修记碑

年代：明嘉靖元年（1522）刻立。

形制：通高 3.12 米，宽 0.88 米，厚 0.15 米。

行字：碑文楷书 21 行，满行 46 字。

撰书：王九思撰，王瀛书，王九峰篆额，赵应祥刻。

现藏：户县秦渡镇庞村罗汉寺。

著录：《户县碑刻》。

提要：碑文记载了重修罗汉寺的原因及修建经过。罗汉寺位于今户县东 9 公里处秦渡镇庞村，始创自东汉明帝（58—75）时，有摩腾竺法兰于此建白马招觉院传教；唐时改称庄严院，楹满 4 所，蒙古至元时改行香院，泰定时救建洪福院，明洪武朝始改称罗汉寺。

## 重修延生观记碑

全称：重修古楼观宗圣宫下院延生观记。

年代：明嘉靖元年（1522）刻立。

形制：螭首。高 1.20 米，宽 0.80 米，厚 0.25 米。

行字：碑文楷书 19 行，满行存 30 字。

撰书：尹文振撰，高宗辅书，王旸篆额。

出土：原立于周至县楼观台。

现藏：周至县古楼观延生观遗址。

著录：《楼观台道教碑石》。

备注：残损，400 余字可见。

提要：碑文记述明代重修延生观之事。

## *竹兰图碑

年代：明嘉靖元年（1522）刻立。

形制：双面刻。高 0.64 米，宽 0.32 米。

撰书：朱秉欓画图并题诗。

出土：西安碑林旧藏。

现藏：西安碑林博物馆。

著录：《西安碑林全集》。

备注：碑身中断。

提要：碑阳为竹兰图，碑阴为梅竹图。画面简洁宁静，以竹、兰、梅、石寓意高洁的品质。

## 张文中合葬墓志

全称：大明迪功郎张先生合葬墓志铭。

年代：明嘉靖元年（1522）刻。

形制：志长 0.62 米，宽 0.59 米，厚 0.10 米。

行字：志文楷书 30 行，满行 31 字。

撰书：李纪撰，田良书。

出土：出土时间、地点不详。

现藏：兴平市博物馆。

提要：志文记载了张文中的生平、历官及子嗣情况，其曾任山西榆次县丞。

## *嘉靖元年祭周武王碑

年代：明嘉靖元年（1522）刻立。

形制：通高 1.42 米，宽 0.62 米。

行字：额楷书 2 行，满行 2 字，题"御制祝文"。碑文楷书 10 行，满行 17 字。

出土：此碑自立未移。

现藏：咸阳市周陵文物管理所。

著录：《咸阳市渭城区志》《渭城文物志》。

提要：碑文记载了明世宗朱厚熜嘉靖元年六月二日遣隆平侯张玮祭周武王之事。

## *嘉靖元年祭周陵碑

年代：明嘉靖元年（1522）刻立。

形制：通高 1.18 米，宽 0.60 米。

行字：碑文行楷 9 行，满行 16 字。

纹饰：碑身饰云纹。

出土：此碑自立未移。

现藏：咸阳市周陵文物管理所。

著录：《咸阳市渭城区志》《渭城文物志》。

提要：碑文为明嘉靖元年世宗朱厚熜遣官致祭周陵事。

## 傅瑛妻宗氏墓志

全称：明故绥德卫都指挥使傅公瑛夫人宗氏墓志铭。

年代：明嘉靖二年（1523）刻。

形制：盖、志尺寸相同。长 0.52 米，宽 0.53 米，厚 0.07 米。

行字：盖文篆书 4 行，满行 4 字，题"大明诰封太夫人傅母宗氏合葬之墓"。志文楷书 34 行，满行 33 字。

撰书：王琼撰，熊伟书并篆盖。

纹饰：碑身四周饰卷云纹。

出土：1988 年出土于子洲县三眼泉乡巡检司村。

现藏：子洲县文物管理所。

著录：《榆林碑石》。

备注：盖断为二截。

提要：志文记载了傅瑛妻宗氏的籍贯、家族世系、生平、子嗣情况及其卒年与葬地。

## *康海草书题诗碑

年代：明嘉靖二年（1523）刻立。

形制：高 2.35 米，宽 0.94 米，厚 0.22 米。

行字：碑文草书 7 行，满行 14—16 字不等。

撰书：康海撰并书。

出土：周至县楼观台。

现藏：周至县楼观台。

著录：《楼观台道教碑石》。

备注：碑阳为《上善池碑》。

提要：此碑文为明代武功康海所题五言诗一首。康海（别号"浒西山人"）为明"前七子"之一。

## 狄珍暨妻陈氏合葬墓志

全称：大明山西乐平教谕狄公孺人陈氏合葬墓志铭。

年代：明嘉靖二年（1523）刻。

形制：盖长 0.67 米，宽 0.66 米，厚 0.10 米。志长 0.65 米，宽 0.66 米，厚 0.09 米。

行字：盖文篆书 4 行，满行 4 字，题"明山西乐平教谕狄公孺人陈氏合葬墓"。志文楷书 29 行，满行 32 字。

撰书：刘玺撰，狄晋书并篆盖，马周同刻。

出土：2006 年出土于西安市翠竹园二期工地。

现藏：陕西省考古研究院。

提要：志文记述了志主狄珍之家族世系、生平、婚姻及子嗣情况。

## *"永保封疆"题字碑

年代：明嘉靖二年（1523）刻立。

形制：高 1.23 米，宽 0.66 米，厚 0.22 米。

行字：碑文楷书 4 字。

撰书：李朝聘撰，葛桂书。

出土：原存耀县药王山。

现藏：药王山博物馆。

提要：碑文"永保封疆"。附于《创修道院穴居记碑》之阴。

## *游尧山诗碑

年代：明嘉靖三年（1524）刻立。

形制：通高 1.58 米，宽 0.69 米，厚 0.20 米。

行字：碑文楷书 20，满行字数不详。

纹饰：碑额饰缠枝花卉及凤凰纹。碑身四周饰缠枝花卉纹。

现藏：蒲城县尧山庙大殿。

著录：《尧山圣母庙与神社》。

提要：此碑刻录嘉靖三年蒲城县令杨仲琼与县儒学先生等五人唱和诗作，共七律七首，内容均为咏尧山风光。

## 窦健暨妻原氏合葬墓志

全称：明金粟先生窦公配原氏合葬墓志铭。

年代：明嘉靖三年（1524）刻。

撰书：刘梦麟撰，窦汪涵书。

出土：出土时间、地点不详。

现藏：蒲城县文物保护开发中心。

提要：记载窦健及妻子原氏家世、生平等。

## 颜茂暨妻倪氏合葬墓志

全称：明处士颜公倪氏合葬墓志铭。

年代：明嘉靖三年（1524）刻。

形制：志、盖均为正方形，尺寸相同。边长 0.65 米。

行字：志文楷书26行，满行26字。

撰书：柏崖惠儒撰，刘汝麒书，师皋篆盖。

出土：出土时间、地点不详。1958 年入藏西安碑林。

现藏：西安碑林博物馆。

著录：《西安碑林全集》。

提要：志文记录了颜茂的家族世系、生平、夫人及子嗣情况。

## 重修三官殿记

年代：明嘉靖三年（1524）刻立。

形制：碑残损，残高 0.68 米，宽 0.52 米，厚 0.14 米。

行字：碑文楷书17行，残留行19字。

撰书：李应庚撰。

纹饰：碑身饰牡丹及蔓草纹。

出土：2007 年出土于乾县阳峪乡新桥村。

现藏：乾县阳峪乡新桥村。

提要：碑文记述明嘉靖年间重修三官殿事。

## 增建万佛岩佛塔记

年代：明嘉靖四年（1525）刻立。

形制：圆额方座。通高 1.8 米；碑身高 1.47 米，宽 0.63 米，厚 0.12 米，。

行字：额篆书 3 行，满行 2 字，题"建万佛岩塔记"。碑文楷书 18 行，满行 34 字。

撰书：刘养心撰，景应奎书。

纹饰：碑身四周饰蔓草纹。

现藏：子长县钟山石窟。

提要：碑文记载了钟山石窟增建万佛塔事。

## 重修万佛岩楼记

全称：重修大普济禅寺万佛岩楼记。

年代：明嘉靖四年（1525）刻立。

形制：圆额方座。通高 2.3 米，宽 0.88 米，厚 0.14 米。

行字：额篆书 3 行，满行 3 字，题"重修大普济禅寺楼记"。碑文楷书 28 行，满行 46 字。

撰书：强绶撰，南喜白书，刘养性篆额。

纹饰：碑身四周饰蔓草纹。

现藏：子长县钟山石窟。

提要：碑文记载了明嘉靖四年李氏重修万佛岩楼事。

## *憩龙泉摩崖题刻

年代：明嘉靖四年（1525）刻。

形制：高 0.32 米，宽 0.51 米。

行字：碑文楷书 11 行，满行 7 字。

撰书：贤甫书。

现藏：绥德县辛店乡龙湾村龙王庙北崖。

著录：《榆林碑石》。

备注：剥蚀严重，字迹漫漶不清。

提要：该题刻为诗人游赏龙泉所作诗文，书体遒劲秀丽。

## 同州重修州廨记

**年代：** 明嘉靖四年（1525）刻立。

**形制：** 高 2.20 米，宽 0.75 米，厚 0.29 米。

**行字：** 碑文楷书 18 行，满行 41 字。

**撰书：** 韩拜奇撰，王崇□书。

**纹饰：** 碑身四周饰云纹、曲回纹等。

**现藏：** 大荔县文物局。

**著录：**《大荔碑刻》。

**提要：** 碑文记述重修同州州廨事。

## *韩城修学记碑

**年代：** 明嘉靖四年（1525）刻立。

**形制：** 圆首龟座。通高 2.55 米，宽 0.74 米，厚 0.23 米。

**行字：** 碑文楷书 13 行。

**撰书：** 唐龙撰，张宏书，宋冕篆。

**纹饰：** 碑额饰云纹，碑身四周饰缠枝纹。

**现藏：** 韩城市博物馆。

**著录：**（乾隆）《韩城县志》。

**备注：** 砂石质，下部碑文漫漶。

**提要：** 碑文记述了知县郑钺嘉靖二年重修大成殿及围墙事。

## 重修土地堂记

**年代：** 明嘉靖四年（1525）刻立。

**形制：** 高 1.37 米，宽 0.65 米，高 0.93 米。

**行字：** 额篆书 2 行，满行 3 字，题"重修土地堂记"。碑文隶书 16 行，满行 29 字。

**撰书：** 王子钊撰。

**纹饰：** 碑身四周饰蔓草纹。

**现藏：** 户县牛东乡阁花园村。

**著录：**《户县碑刻》。

**备注：** 碑文漫漶。

**提要：** 碑文记载了重修土地堂之事。

## 重修重阳天圣宫碑记

**年代：** 明嘉靖四年（1525）刻立。

**形制：** 螭首。通高 2.80 米，宽 1.00 米，厚 0.25 米。

**行字：** 碑文楷书 26 行，满行 56 字。

**撰书：** 王九思撰，王献书，张纬篆额，赵应祥刻。

**纹饰：** 碑身饰道童持花及花卉纹。

**出土：** 原在咸阳县西北 15 公里大魏村。1963 年移至咸阳博物馆。

**现藏：** 咸阳博物馆。

**著录：**《咸阳碑石》。

**提要：** 碑文记载了重修天圣宫的原因及经过。

## *敬一箴有序碑

**年代：** 明嘉靖五年（1526）刻立。

**形制：** 高 2.06 米，宽 1.17 米，厚 0.17 米。

**行字：** 额篆书"御制" 2 字。碑文楷书 25 行，满行 49 字。

**撰书：** 朱厚熜撰并书。

**纹饰：** 碑身四周饰龙云纹。

**出土：** 西安碑林旧藏。

**现藏：** 西安碑林博物馆。

**著录：**《西安碑林全集》。

**提要：** 嘉靖皇帝即位第四年，为了治国安民，对"敬"字的内涵作了精深理解和发挥，并编撰成箴言告示天下作为准绳。

## 张德墓志

**全称：** 明故秦府门副张公墓志铭。

**年代：** 明嘉靖五年（1526）刻。

**形制：** 志、盖均为正方形，尺寸相同。边长 0.62 米。

**行字：** 盖文篆书 4 行，满行 3 字，题"明故秦府门副张公墓志铭"。志文楷书 22 行，满行 23 字。

撰书：阎瑞撰并书，韩钺篆盖。

纹饰：志、盖均饰蔓草纹。

出土：1956 年出土于西安市西郊西稍门。

现藏：西安碑林博物馆。

著录：《西安碑林全集》。

提要：志文记录了张德的生平和官职。张德，任秦府承运门副。

## 嵇润墓志

全称：明威将军嵇公墓志铭。

年代：明嘉靖五年（1526）刻。

形制：志、盖均为正方形，尺寸相同。边长 0.69 米。

行字：盖文篆书 3 行，满行 3 字，题"明明威将军嵇公之墓"。志文楷书 25 行，满行 28 字。

撰书：朱秉榛撰并书，朱秉檴篆盖。

纹饰：志、盖均饰云龙纹，四角均饰蔓草纹。

出土：1998 年出土于西安市北郊大明宫遗址。

现藏：西安碑林博物馆。

著录：《西安碑林全集》。

提要：志文记载了嵇润的家族世系、生平、职官、夫人及子嗣情况。嵇润，官至西安右护卫指挥佥事。

## 张弦暨妻呼氏合葬墓志

全称：明故处士张君配呼氏合葬墓志铭。

年代：明嘉靖六年（1527）刻。

形制：志、盖均为正方形，尺寸相同。边长 0.59 米，厚 0.05 米。

行字：盖文篆书 4 行，满行 4 字。志文楷书 28 行，满行 29 字。

撰书：马汝骥撰，张文奎书，孙锦篆盖。

出土：1988 年出土于绥德县城西郊黄家塔。

现藏：绥德县博物馆。

著录：《榆林碑石》。

提要：志文记载了张弦及其妻呼氏的籍贯、家族世系、生平、子嗣情况及其卒年与葬地。

## 朱公鋊暨妻雷氏合葬圹志

全称：大明宗室辅国将军朱公鋊夫人雷氏合葬圹志。

年代：明嘉靖六年（1527）刻。

形制：志、盖尺寸相同。长 0.70 米，宽 0.72 米。

行字：盖文篆书 4 行，满行 4 字，题"大明辅国将军公鋊夫人雷氏合葬圹志"。志文楷书 23 行，满行 24 字。

纹饰：志、盖均饰云龙纹，四角均饰宝相花纹。

出土：1953 年由西北师范学院征集。

现藏：西安碑林博物馆。

著录：《西安碑林全集》。

提要：志文记录了雷氏生平、夫婿及子嗣情况。

## *宋儒范氏心箴碑

年代：明嘉靖六年（1527）刻立。

形制：高 0.98 米，宽 51.42 米，厚 0.14 米。

行字：额篆书"宸翰"2 字。碑文楷书 13 行，满行 8 字。

撰书：范浚撰，朱厚熜注并书。

纹饰：碑身四周饰云龙纹。

出土：明嘉靖六年立于临潼县学，后移藏西安碑林。

现藏：西安碑林博物馆。

著录：《西安碑林全集》。

提要：范氏心箴提出人心为身之主，心正则言行无邪；强调心正的重要性和如何才能心正，即"君子存诚，克念

克敬。天君泰然，百体从命"。范浚
（1102—1151），宋绍兴间举贤良方
正，后闭门讲学，笃志求道，成为大
儒，学者称其香溪先生。

## *程子四箴碑

**年代：** 明嘉靖六年（1527）刻立。

**形制：** 共 4 石，尺寸相同。高 0.97 米，宽 1.44 米，厚 0.17 米。

**行字：** 碑文楷书 13 行不等，满行 8 字。

**撰书：** 程颐撰，朱厚熜注并书。

**纹饰：** 碑额饰双龙纹。

**出土：** 明嘉靖六年立于临潼县学，后移藏西安碑林。

**现藏：** 西安碑林博物馆。

**著录：** 《西安碑林全集》。

**备注：** 四石顶端中部，均篆书"宸翰"二字。

**提要：** 此四方刻石为嘉靖皇帝书写的程子四箴并注释。"四箴"即视箴、听箴、言箴、动箴，简要说即"非礼勿视、非礼勿听、非礼勿言，非礼勿动"，是程子为世人提出的行为道德标准。程子，即程颢（1033—1107），字正叔，宋时洛阳人，北宋理学创始人之一。

## * "晋溪杂咏"摩崖刻石

**年代：** 明嘉靖元年至六年（1522—1527）刻。

**形制：** 高 1.16 米，宽 0.88 米。

**行字：** 碑文楷书 19 行，满行 19 字。

**撰书：** 王琼撰。

**现藏：** 绥德县张家砭乡清水沟村晋溪祠。

**著录：** 《榆林碑石》。

**提要：** 该题刻共题诗 10 首，分上下两部分。每部分刻诗 5 首，9 首七言，1 首五言，分别为《感兴》《悲秋》《思乡》《榆林镇三堂每差过绥，辄令赴馆问

候》《仲冬上旬夜月上弦》《张佥宪寄喜雨诗次韵一首》《又次张佥宪韵一首》《马内翰过访烛底漫兴》《再和前韵》《次马内翰韵》。王琼，号晋溪，嘉靖间任三边总制，著有《晋溪奏议》《北边事迹》。

## *澄城县李氏族谱记碑

**年代：** 明嘉靖七年（1528）刻立。

**形制：** 圆首方座。高 1.12 米，宽 0.59 米。

**行字：** 碑文楷书 21 行 满行 41 字。

**撰书：** 田□民撰，杨遇春书。

**纹饰：** 碑身四周饰云纹。

**现藏：** 澄城县庄头乡李家河村戏台西侧墙壁上。

**著录：** 《澄城碑石》。

**备注：** 碑身下部断裂，多处漫漶不清。

## *宸翰碑（甲）

**年代：** 明嘉靖七年（1528）刻立。

**形制：** 螭首无座，首身一体。高 0.95 米，宽 1.39 米，厚 0.19 米。

**行字：** 额篆书"宸翰"2 字。碑文楷书 34 行，满行 35 字。

**撰书：** 程颐撰，朱厚熜书。

**纹饰：** 碑额饰二龙戏珠图案，碑身四周饰云龙纹。

**现藏：** 韩城市博物馆。

## *宸翰碑（乙）

**年代：** 明嘉靖七年（1528）刻立。

**形制：** 螭首，首身一体。高 1.09 米，宽 1.33 米，厚 0.30 米。

**行字：** 额篆书"宸翰"2 字。碑文楷书 23 行，满行 15 字。

**撰书：** 程颐撰，朱厚熜书。

纹饰：碑额饰二龙戏珠图案，碑身四周饰
云龙纹。

现藏：韩城市博物馆。

## *圣谕碑

年代：明嘉靖七年（1528）刻立。

形制：高1.02米，宽1.43米，厚0.25米。

行字：额篆书"圣谕"2字。碑文楷书72
行，满行30字。

纹饰：碑额饰二龙戏珠图案，碑身饰花卉纹。

现藏：韩城市博物馆。

提要：此碑为明嘉靖帝的敕令，记述其命礼
工二部在国子监设敬一亭、刻范浚心
箴（嘉靖帝注）、程颐视听言动四箴，
推行至全国各府州县学。

## *张聪等奏刻五箴碑

年代：明嘉靖七年（1528）刻立。

形制：高0.98米，宽1.44米，厚0.17米。

行字：额篆书"圣谕"2字。碑文楷书76
行，满行28字。

撰书：张聪撰。

纹饰：碑额及碑身四周饰云龙纹。

出土：西安碑林旧藏。

现藏：西安碑林博物馆。

著录：《西安碑林全集》。

提要：碑文是嘉靖皇帝对《范氏心箴》和
《程子四箴》的注释以及内阁辅臣
杨一清、张聪等人对御注颂扬的启
奏。后会工刻石，连同箴言碑立于翰林
院后堂空地，修亭以护之，旨在教化。
杨一清，字应宁，时以夺童荐为翰林秀
才，成化八年进士，曾任陕西巡抚，《明
史》有传。张聪，字秉用，正德十六年
（1521）登第，官至少师兼太子太师，
华盖殿大学士，《明史》有传。

## 马聪墓志

全称：明故山西万泉县儒学教谕致仕封文林
郎翰林院编修烟山马公墓志铭。

年代：明嘉靖八年（1529）刻。

形制：长0.38米，宽1.07米，厚0.12米。

行字：盖文篆书4行，满行8字，题"明故
山西万泉县儒学教谕致仕封文林郎
翰林院编修烟山马公墓志铭"。志文
楷书54行，满行28字。

撰书：崔槐撰，许崇鲁书，孙锦篆盖。

出土：出土于绥德县城关，时间不详。

现藏：绥德县博物馆。

著录：《榆林碑石》。

提要：志文记载了马聪的籍贯、家族世系、生
平、子嗣情况及其卒年与葬地。

## 侯季父墓表

全称：明故义官侯季父墓表。

年代：明嘉靖八年（1529）刻。

形制：高1.40米，宽0.60米。

行字：碑文楷书14行，满行39字。

撰书：马理撰，赵瓘书。

现藏：合阳县博物馆。

提要：志文记载了侯季父的生平、子嗣情况。

## 罗阳郡君朱氏墓志

全称：诰封宗室罗阳郡君墓志铭。

年代：明嘉靖八年（1529）刻。

形制：志、盖尺寸相同，长0.60米，宽
0.61米。

行字：盖文楷书3行，满行4字，题"诰封
皇明宗室罗阳郡君之墓"。志文楷书
22行，满行22字。

撰书：燕希稷撰并书。

纹饰：志、盖四周均饰云龙纹，四角饰宝相
花纹。

出土：1956 年出土于西安市南郊大雁塔附近。

现藏：西安碑林博物馆。

著录：《西安碑林全集》。

提要：志文记录了罗阳郡君的家族世系及生平等。

## 王质庵墓志

全称：（上阙）封文林郎南京江西道监察御史质庵王公墓志铭。

年代：明嘉靖八年（1529）刻。

形制：志长 0.84 米，宽 0.11 米；盖边长 0.84 米，厚 0.13 米。

行字：盖文篆书 5 行，满行 4 字，题"明敕封文林郎南京江西道监察御史质庵王公墓"。志文楷书 32 行，满行 40 字。

撰书：刘玑撰，杜鸾书，王九思篆盖，马武刻。

纹饰：志四周饰星云和阴阳五行图案。

出土：1983 年出土于咸阳市渭城区东耳村附近。

现藏：咸阳博物馆。

著录：《咸阳碑石》。

提要：碑文记载王质庵的祖籍、生平事迹、子嗣、卒年；嘉靖八年，以子贵，受封文林郎、南京江西道监察御史。

## *□王孔子祀典碑

年代：明嘉靖九年（1530）刻立。

形制：通高 1.29 米，宽 0.57 米。

行字：碑文楷书 8 行，满行 8 字。

现藏：汉中市博物馆。

提要：碑文载嘉靖九年汉中府奉旨镌立的明世宗有关诏改孔子之封号"大成至圣文宣王"为"至圣先师"的经过，以及将祭祀之"号典服章"之规定谕示天下的内容。

## *阳明先生文明书院教条碑

年代：明嘉靖九年（1530）刻立。

形制：高 0.41 米，宽 0.91 米。

行字：碑文楷书 47 行，满行 27 字。

撰书：陈文学书。

现藏：铜川市耀州区博物馆。

著录：《耀州文庙》。

提要：《书院教条》是王守仁在贬谪到贵州作龙场驿丞时教授学生使用过的文章，《王守仁全集》未见收录此文。

## *周克新墓志

年代：明嘉靖九年（1530）刻立。

形制：高 0.95 米，宽 0.64 米，厚 0.12 米。

行字：碑文隶、草两体。隶书 8 行，满行 20 字。大字草书 4 行，满行 7 字。小字草书 10 行，满行 20 字。

撰书：马理撰。

出土：1965 年在三原县鲁桥镇征集。

现藏：三原县博物馆。

提要：此碑系明代马理为周克新所书之墓志铭。

## 新建回复滩祖师殿显灵碑记

年代：明嘉靖九年（1530）刻立。

形制：高 1.73 米，宽 0.89 米，厚 0.20。

行字：碑文楷书 22 行，满行 46 字。

撰书：季统斋撰，党景隆刻。

出土：原在旬阳县关口镇关子沟口汉江北岸石崖上。

现藏：旬阳县关口镇政府附近汉江北岸。

著录：《安康碑石》。

提要：碑文记载回复滩波涛汹涌、行舟艰难，邑人建祖师庙以求神灵佑护之事。

## *五栗山人题诗碑

年代：明嘉靖九年（1530）刻立。

形制：高 0.43 米，宽 0.66 米。

行字：碑文草书 14 行，满行 12 字。

撰书：五栗山人撰并书。

现藏：药王山博物馆。

著录：《陕西金石志》。

提要：碑文"正月二日登太玄洞一首。绝顶云横石洞深，缘岗古柏正森森。回廊泉活春长在，断碣苔封字漫灭。垂世几言归正论，活人千载著仁心。肩舆偶为宜民发，瞻拜遗容仰德钦。再游太玄洞，入望千峰矮，凌虚两阁飞。洞深云气湿，春暖药栋肥。方技病唐史，清风为布衣。绵绵香火地，不独耀人依。嘉靖庚寅仲春五栗山人识"。

## *嘉靖十年祭黄帝陵碑

年代：明嘉靖十年（1531）刻立。

形制：高 1.43 米，宽 0.70 米，厚 0.14 米。

行字：碑文楷书 10 行，满行 19 字。

纹饰：碑身四周饰卷云纹。

现藏：黄帝陵轩辕庙碑廊。

著录：《延安市文物志》《黄帝陵碑刻》。

提要：碑文记载了明世宗朱厚熜派遣延安府通判梁郅让于嘉靖十年八月二十四日祭祀轩辕黄帝事。

## *摩诘辋川图春景碑

年代：明嘉靖十年（1531）刻立。

形制：高 0.76 米，宽 0.68 米，厚 0.18 米。

行字：碑文楷书 19 行，满行 20 字。

撰书：韩瓒书，张锦刊。

现藏：蔡文姬纪念馆。

备注：边角已残，图案漫漶不清。

提要：此碑分两部分。上部为浅浮雕及线刻辋川图春天的景色。下部为裴迪和王维诗句，有赞美孟城坳、辛夷坞、竹晨馆、柳浪、北垞的诗句。

## *摩诘辋川图夏景碑

年代：明嘉靖十年（1531）刻立。

形制：高 0.74 米，宽 0.83 米。

行字：碑文楷书 24 行，满行 20 字。

撰书：韩瓒书，张锦刊。

现藏：蔡文姬纪念馆。

提要：此碑分两部分。上部为浅浮雕及线刻山水图案。下部为裴迪和王维诗句，有赞美斤竹岭、鹿柴、白石滩、漆园、金屑泉、欹湖的美景及作者身临其境的感受。

## *摩诘辋川图秋景碑

年代：明嘉靖十年（1531）刻立。

形制：高 0.65 米，宽 0.83 米，厚 0.13 米。

行字：碑文楷书 24 行，满行 21 字。

撰书：韩瓒书，张锦刊。

现藏：蔡文姬纪念馆。

备注：已缺一角，断为三块，粘接。

提要：此碑分为两部分。上部为浅浮雕及线刻辋川图秋天的景色。下部为斐迪和王维诗句，有赞美椒园、栾家濑、木兰柴、茱萸沜、宫槐陌、临湖亭的景色诗句。

## *摩诘辋川图冬景碑

年代：明嘉靖十年（1531）刻立。

形制：高 0.77 米，宽 0.55 米，厚 0.16 米。

行字：碑文楷书 24 行，满行 20 字。

撰书：李东识撰，韩瓒书，张锦刊。

现藏：蔡文姬纪念馆。

提要：此碑分为上下两部分。上部为浅浮雕

及线刻山水图,山水层次清晰,立体感很强。下部是裴迪和王维诗句,有赞美南垞、华子冈、文杏馆的诗句,还有两侧李东识撰写的得此图的经过。

## *谭原墓志

年代:明嘉靖十年(1531)刻。

形制:长 1.80 米,宽 0.90 米。

行字:志文楷书 29 行,满行 32 字。

撰书:寇玑撰,叶熏书。

出土:出土时间、地点不详。

现藏:商洛博物馆。

提要:简述谭原的生平业绩及家庭成员。

## *周文武成康庙碑

年代:明嘉靖十年(1531)刻立。

形制:通高 2.20 米,宽 0.83 米,厚 0.18 米。

行字:碑文楷书 20 行,满行 39 字。

撰书:唐龙撰,王献书,刘玑篆额。

纹饰:碑额饰二龙戏珠图案,碑四周饰缠枝花纹。

出土:原存咸阳县城内四王庙,1963 年移咸阳博物馆。

现藏:咸阳博物馆。

著录:《咸阳碑石》《咸阳县新志》。

备注:断为两截,已黏接完整。

提要:此碑主要记录了文武成康庙修建的时间、原因、经过,并附载了其祖先的发祥、迁徙等过程。

## *陈文学题字碑

年代:明嘉靖十年(1531)刻立。

形制:高 0.60 米,宽 1.14 米。

行字:碑文楷书 4 字。

撰书:陈文学书。

出土:原存耀县药王山北洞。

现藏:药王山博物馆。

提要:碑中部书"白云深处",上款"嘉靖辛卯六月望日",下款"洪都陈文学敬题,杨教龄上石"。

## 游金台观追次前徐中丞韵

年代:明嘉靖十一年(1532)刻立。

形制:高 0.51 米,宽 0.46 米。

行字:碑文楷书 9 行,满行 15 字。

撰书:范玹书。

现藏:宝鸡市金台观文物管理所。

提要:碣名"游金台观追次前徐中丞韵",后记为"右二诗部嘉川户部之党旧题"。明嘉靖十一年六月六日,宝鸡县知事蒲州范玹书。

## 补修东岳庙碑

全称:西安府户县化羊峪补修东岳庙记。

年代:明嘉靖十一年(1532)刻立。

形制:螭首座佚。通高 2.30 米,宽 0.84 米,厚 0.23 米。

行字:额楷书 1 行 4 字,题"皇帝万岁"。碑文楷书 16 行,满行 40 字。

撰书:王九思撰,王九叙书,孙孝等刻。

现藏:户县庞光镇化羊庙。

著录:《户县碑刻》。

备注:碑身断裂为三块。

提要:碑文记载了补修化羊峪东岳庙的原因、经过。

## 屈直墓志

全称:明故嘉议大夫都察院左副都御史屈公墓志铭。

年代:明嘉靖十一年(1532)刻。

形制:志、盖均方形。志、盖尺寸相同,长 0.90 米,宽 0.97 米。

行字：盖文楷书 5 行，满行 4 字，题"大明故嘉议大夫督察院左副都御史屈公墓志铭"。志文楷书 46 行，满行 48 字。

撰书：许诰撰，许论书，许赞篆盖。

出土：1974 年出土于华阴县南营村。

现藏：西安碑林博物馆。

著录：《华山碑石》。

备注：盖左下角残断。

提要：志文记录了屈直的家族世系、生平、历官及子嗣情况。其历官刑部浙江司主事、广西司署员外郎、山西司郎中、重庆知府、河南左参政、浙江按察使、右副都御史、总都南京粮储、南京大理卿、左副都御史。

## *修理天池山之真观圣殿落成记碑

年代：明嘉靖十一年（1532）刻立。

形制：方首。高 2.50 米，宽 0.90 米。

撰书：华宗元撰，乔岳爱书并篆额。

现藏：安康市汉滨区关家乡无梁殿。

著录：《安康碑版钩沉》。

备注：碑文部分漫漶。

提要：碑文记载道人吴道真自嘉靖六年至嘉靖十一年造天池山之真宫圣殿事竣事。

## *马理游洪堰诗碑

年代：明嘉靖十一年（1532）刻立。

形制：螭首方座。高 1.10 米，宽 1.75 米，厚 0.36 米。

行字：碑文行草 26 行，满行 10 字。

撰书：马理撰，霍鹏书。

纹饰：碑额饰二龙戏珠图案。

出土：1963 年出土于泾阳县王桥镇衙背后村南。

现藏：泾惠渠管理局张家山水库管理处。

提要：碑文记载了马理游渠首的诗作。

## 游贤山寺记

年代：明嘉靖十二年（1533）刻立。

形制：螭首方座。通高 1.54 米，宽 0.75 米。

行字：碑阳楷书 19 行，满行 34 字。碑阴楷书 29 行，满行 41 字。

撰书：碑阳杨博撰，碑阴王九思撰。

纹饰：碑首为佛造像。

出土：此碑自立未移。

现藏：扶风县午井镇贤山寺内。

提要：记录了杨博等七人游览贤山寺，因胜景有感，应住持之邀而记之。此碑似用魏晋造像碑刻成。

## *灵岩寺江钱宪副会饮碑

年代：明嘉靖十二年（1533）刻立。

形制：高 1.12 米，宽 0.64 米。

行字：碑文楷书 20 行，满行字数不详。

撰书：李遇春撰。

出土：此碑自立未移。

现藏：略阳县灵岩寺博物馆。

提要：碑文记述了明嘉靖十二年间在灵岩寺旁会饮的情景。

## *李进打石香炉碑

年代：明嘉靖十二年（1533）刻立。

形制：高 0.48 米，宽 0.22 米。

行字：四面刻字，行字数不等。

现藏：岚皋县芳流乡朝阳庙。

著录：《安康碑版钩沉》。

备注：碑文有漫漶。

提要：碑文记载信士李进、陈氏夫妇二人因子孙缺少，发心舍财打造石香炉事。

## *敕封杨本源圣旨碑

**年代：** 明嘉靖十三年（1534）刻立。

**形制：** 高 2.20 米，宽 0.78 米，厚 0.19 米。

**行字：** 碑文楷书 10 行，满行 25 字。

**纹饰：** 碑身四周饰蔓草纹。

**出土：** 2003 年出土于延安市宝塔区物资局院内。

**现藏：** 延安市宝塔区文物管理所。

**提要：** 此碑为明世宗敕封杨本源奉政大夫，其妻封安人、宜人之敕文。

## 杨君墓志

**全称：** 明故迪功郎杨公墓志铭。

**年代：** 明嘉靖十四年（1535）刻。

**形制：** 长 0.58 米，宽 0.58 米，厚 0.15 米。

**行字：** 盖文篆书 3 行，满行 4 字。志文楷书 24 行，满行 31 字。

**撰书：** 丁让撰，韩竹书。

**现藏：** 宝鸡青铜器博物馆。

**提要：** 志文记录了杨君的生平、历官情况。

## *小黄河图碑

**年代：** 明嘉靖十四年（1535）刻立。

**形制：** 碑残损。残高 0.48 米，宽 0.63 米。

**现藏：** 西安碑林博物馆。

**著录：** 《西安碑林全集》。

**备注：** 此碑残存一不规则长方形，为原石右下角。

**提要：** 此碑为一残石，是《黄河图说碑》二分之一缩小版的右下角。根据图上所标注的黄河决口及新修河堤，可判断该图与《黄河图说碑》应为同期所刻。

## *黄河图说碑

**年代：** 明嘉靖十四年（1535）刻立。

**形制：** 高 2.26 米、宽 0.98 米、厚 0.20 米。

**行字：** 额篆书"黄河图说"4 字。碑文楷书，题跋 3 段，行字数不等。

**撰书：** 刘天和撰。

**现藏：** 西安碑林博物馆。

**著录：** 《陕西金石志》《续修陕西通志稿》《西安碑林全集》。

**提要：** 图中绘有黄河泛滥最严重的河南、山东一带的山川、城池及河堤的平面地形图。右上角记述明嘉靖十四年前五次治理黄河的经过。左上角是刘天和累辑明代以前各代治理黄河的经验。右下角为刘天和的治河意见。刘天和，麻城人，字养和。正德进士，嘉靖间任陕西巡抚。嘉靖十三年黄河决口，河道南迁，刘天和奉旨治理，发民夫十四万人，历时三个多月竣工。

## *文正书院残碑

**年代：** 明嘉靖十四年（1535）刻立。

**形制：** 碑残损。残高 0.42 米，宽 0.27 米，厚 0.11 米。

**行字：** 碑文草书，行字数不等。

**现藏：** 药王山博物馆。

**著录：** 《药王山碑刻》。

**提要：** 此碑仅存一小部分。据残存文字判断，当为创建文正书院时碑记。

## 康雪松墓志

**全称：** 先修职郎通政司知事雪松府君墓志铭。

**年代：** 明嘉靖十四年（1535）刻。

**形制：** 长 0.79 米，宽 0.78 米。

**撰书：** 康镛撰，康浩书，康海题盖。

**出土：** 1988 年出土于武功县武功镇浒西庄村。

**现藏：** 武功县城隍庙。

提要：志文记载了康雪松及其先祖生平事。康雪松为康海祖父。

## *桥山龙驭碑

年代：明嘉靖十五年（1536）刻立。

形制：圆首。高 2.34 米，宽 0.78 米。

撰书：唐锜书。

现藏：黄帝陵。

## 赵弘济墓志

全称：明故山东沂州泾府典簿赵公墓志铭。

年代：明嘉靖十五年（1536）刻。

形制：长 0.63 米，宽 0.59 米，厚 0.12 米。

行字：盖文楷书 3 行，满行 3 字，题"泾府典簿赵公墓志铭"。志文楷书 24 行，满行 27 字。

撰书：石道立撰，张凤仪书并篆盖，冯思学刊。

纹饰：志四周饰花卉纹。

出土：1993 年出土于澄城县交道镇中社村。

现藏：澄城县乐楼文物管理所。

著录：《澄城碑石》。

备注：盖面大部分凿蚀不清。

提要：志文叙述了赵弘济的生平。

## *敕命马书林妻王氏为安人碑

年代：明嘉靖十五年（1536）刻立。

形制：高 1.96 米，宽 0.68 米，厚 0.28 米。

行字：碑文楷书 10 行，满行 36 字。

出土：高陵县姬家乡康桥马村。

现藏：高陵县文化馆。

著录：《高陵碑石》。

提要：此碑依圣旨而刻，内容是嘉靖皇帝特封马书林之妻王氏为安人。《高陵县志》载"马书林家子约，嘉靖乙丑进士，初知河南辉县，升南京刊部云南

司主事，历升本部广西司郎中，未几升四川按察司副使，未往而卒"。

## 刘儒墓志

全称：耀西溪翁墓志铭。

年代：明嘉靖十五年（1536）刻。

形制：志正方形。边长 0.51 米。

行字：志文楷书 22 行，满行 25 字。

撰书：张琏撰。

出土：2004 年出土于铜川市耀州区寺沟镇。

现藏：铜川市耀州区博物馆。

提要：志文记载了刘儒的家族世系、子嗣情况。其父刘瑭，曾任山西河曲县司训（训导）；其长子刘瀚，正德五年（1510）科中式，任文安县县令。撰文者张琏，为耀州人，明弘治二年（1489）经魁、弘治十五年（1502）进士，曾任户部左令侍郎，撰有（嘉靖）《耀州志》。

## 刘瀚墓志

全称：明故文林郎文安县令双溪刘君墓志铭。

年代：明嘉靖十五年（1536）刻。

形制：长 0.51 米，宽 0.59 米。

行字：志文楷书 33 行，满行 29 字。

撰书：辛珍撰，张爵书。

出土：2004 年出土于铜川市耀州区寺沟镇方巷口村。

现藏：铜川市耀州区博物馆。

提要：志文记载刘瀚的家族世系及历官情况。志文载，其祖父刘瑭"司训山西河曲"，父刘儒"司训四川合州"，世居耀州石人里沮水之西、锦川之方巷口。志主于嘉靖元年（1522）选知县文安，嘉靖七年卒，年四十五岁，嘉靖十五年葬于方巷口。撰文者辛珍，为正德十一年（1516）乡举，历任山西按察司金事；

书丹者张爵，为嘉靖十三年乡举，曾任沁水知县。

## 奉安考亭先生于洞霄宫文

**年代**：明嘉靖十五年（1536）刻立。

**形制**：高 0.57 米，宽 1.08 米。

**行字**：碑文行书 32 行，满行 15 字。

**撰书**：陈儒撰。

**现藏**：西安碑林博物馆。

**著录**：《西安碑林全集》。

**备注**：碑第 5、6 行正文之间断裂，残 12 字。

**提要**：此碑为陈儒在洞霄宫给朱熹写的一篇祭文。洞霄宫，在今浙江省余杭县大滌、天柱两山之间。汉代始为祈福之地。唐高宗时在此建大柱观，宋改名为洞霄宫，元未毁，明初重建。陈儒，《明史》有传。

## 张氏墓志

**全称**：有明诰封一品夫人张氏墓志铭。

**年代**：明嘉靖十五年（1536）刻。

**形制**：志、盖尺寸相同。长 0.73 米，宽 0.69 米。

**行字**：盖文楷书 4 行，满行 3 字，题"有明诰封一品夫人张氏之墓"。志文楷书 40 行，满行 39 字。

**撰书**：谢朝宣撰，苏民书，管楫篆盖。

**出土**：1955 年出土于西安市南郊沙坡村。

**现藏**：西安碑林博物馆。

**著录**：《西安碑林全集》。

**提要**：志文记载张氏之家族世系、生平、夫婿及子嗣情况。

## 泾川五渠之记

**年代**：明嘉靖十五年（1536）刻立。

**形制**：螭首方座。通高 4.35 米，宽 1.10 米，厚 0.34 米。

**行字**：碑文行草 27 行，满行 75 字。

**撰书**：马理撰。

**纹饰**：碑身四周饰卷云纹。

**出土**：1963 年出土于泾阳县王桥镇衙背后村南。

**现藏**：泾惠渠管理局张家山水库管理处。

**提要**：碑文记载对历代各渠的议论。

## *张珩题诗碑

**年代**：明嘉靖十六年（1537）刻立。

**形制**：高 0.89 米，长 1.67 米。

**行字**：碑文楷书 23 行，满行 16 字。

**撰书**：张珩书。

**现藏**：榆林市红石峡东壁窟内。

**提要**：记载张珩、刘文为等武将会师红石峡时所作诗文。

## 重建观音宝殿记

**年代**：明嘉靖十六年（1537）刻立。

**形制**：高 1.14 米，宽 0.62 米，厚 0.18 米。

**行字**：额首中刻"皇帝万岁"，两边书"佛堂寺记"。碑文楷书 20 行，满行 29 字。

**纹饰**：碑身四周饰水波纹。

**出土**：此碑自立未移。

**现藏**：佳县朱家坬乡崖畔村佛堂寺观音佛殿内。

**提要**：记述武钰捐资为佛堂寺塑观音菩萨、十二感应罗汉之事。

## 奉陪月宫寺次四山韵

**年代**：明嘉靖十六年（1537）刻立。

**形制**：高 0.38 米，宽 0.67 米。

**行字**：碑文楷书 11 行，满行 7 字。

**撰书**：复庵子撰。

**现藏**：绥德县张家砭乡清水沟村晋溪洞外

右壁。

著录：《榆林碑石》。

提要：该诗为复庵子游玩月宫寺所作。

## *易系辞碑

年代：明嘉靖十六年（1537）刻立。

形制：共 4 石，尺寸相同，高 1.56 米，宽 0.58 米。

行字：碑文行书 14 行，满行 8 字。

出土：蒲城县博物馆旧藏。

现藏：蒲城县博物馆。

备注：原碑刻于宋代，为朱熹所书。至明嘉靖时原刻石因年久漫漶，由徐孝贤重刻。

## 阎让暨妻张氏合葬墓志

全称：大明中顺大夫凤山阎公宜人张氏合葬墓志铭。

年代：明嘉靖十六年（1537）刻。

形制：志、盖均为正方形，尺寸相同。边长 0.62 米，厚 0.12 米。

行字：盖文篆书 4 行，满行 5 字，题"皇明中顺大夫凤山阎公宜人张氏合葬之墓"。志文楷书 44 行，满行 46 字。

撰书：阎让撰。

出土：1988 年出土于彬县建材厂。

现藏：彬县文化馆。

著录：《咸阳碑刻》。

备注：志、盖均横断为二。

提要：志文记载阎让之家族世系、生平及子嗣之情况。其历官有南京礼部司务、广西清吏司员外郎、云南清吏司郎中、山西太原知府。

## 修太玄洞碑文

年代：明嘉靖十六年（1537）刻立。

形制：圆首方座，高 1.60 米，宽 0.76 米，厚 0.20 米。

行字：两面刻。碑文楷书 17 行，满行 30 字。

撰书：张蒙训撰，左熙书，王邦宪篆额。

出土：原存耀县药王山。

现藏：药王山博物馆。

著录：《陕西金石志》《药王山碑刻》。

提要：碑文记嘉靖十六年春，郡守王子率、致政雷献修太玄洞事。

## 朱诚泐圹志

全称：大明宗室辅国将军桧参圹志。

年代：明嘉靖十六年（1537）刻。

形制：盖方形，志正方形，尺寸不详。

行字：盖文篆书 3 行，满行 4 字，题"大明宗室辅国将军桧参圹志"。志文楷书 19 行，满行 20 字。

撰书：雷堂撰。

纹饰：志、盖四周均饰云龙纹。

现藏：陕西省考古研究院。

提要：志文记载志主朱诚泐之家族世系、生平、配偶及子嗣情况。

## 王朝壅墓志

全称：大明奉政大夫山西按察司金事友山先生王公墓志铭。

年代：明嘉靖十六年（1537）刻。

形制：志正方形。边长 0.63 米，厚 0.14 米。

行字：志文楷书 27 行，满行 34 字。

撰书：崔铣撰，王用宾书，王准题盖，杨守仁镌。

现藏：大荔县文物局。

著录：《大荔碑刻》《新中国出土墓志·陕西叁》。

提要：志文记述大明奉政大夫山西按察司金事王朝壅的家世与生平。

## 王效墓志

**全称：** 明故光禄大夫柱国左军都督府右都督
王公墓志铭。

**年代：** 明嘉靖十七年（1538）刻。

**形制：** 志、盖均为正方形，尺寸相同。边长
0.75 米，盖厚 0.10 米，志厚 0.11 米。

**行字：** 盖文篆书 5 行，满行 5 字，题"皇明故
光禄大夫柱国左军都督府右都督王公
墓志铭"。志文楷书 38 行，满行 45 字。

**撰书：** 谢承芳撰。

**出土：** 1994 年出土于榆林城西黑山大墩梁。

**现藏：** 榆林市榆阳区文物管理所。

**著录：**《榆林碑石》《新中国出土墓志·陕
西叁》。

**提要：** 志文记载了王效的籍贯、家族世系、
生平、子嗣情况及其死时与葬地。王
效官至柱国左军都督府右都督。

## 谒横渠先生有作

**年代：** 明嘉靖十八年（1539）刻立。

**形制：** 高 0.68 米，宽 0.76 米。

**行字：** 碑文楷书 6 行，满行字数不等。

**纹饰：** 碑身四周饰花草纹。

**现藏：** 眉县张载祠文物管理所山门西墙。

**提要：** 刻白镒于谒横渠祠所作七言律诗，
其中 2 字模糊不清。落款为"嘉靖乙
亥孟冬"。

## *明科第题名碑

**年代：** 明嘉靖十八年（1539）刻立。

**形制：** 高 1.50 米，宽 0.60 米。

**行字：** 碑文楷书 31 行，满行 20 字。

**撰书：** 温秀题。

**纹饰：** 碑身四周饰卷云纹。

**现藏：** 镶嵌于铜川市耀州区神德寺塔南面。

**提要：** 碑文记载了明永乐九年（1411）至嘉
靖十六年（1537）间耀州各科举人名
录，共 38 人，其中进士 7 人，是模
仿唐代雁塔题名而为之。此外，碑文
还记载了耀州宋塔的历史沿革概况。

## 史华严暨妻张氏宁氏合葬墓志

**全称：** 明文林郎浙江道监察御史华严东公配
赠孺人张氏封孺人宁氏合葬墓志铭。

**年代：** 明嘉靖十九年（1540）刻。

**形制：** 志正方形。边长 0.94 米，厚 0.17 米。

**行字：** 志文楷书 37 行，满行 40 字。

**撰书：** 王用、曹澜书，潘爵刊。

**出土：** 1986 年出土于华县城关铁炉巷。

**现藏：** 华县文庙大殿东侧。

**提要：** 志文记载文林郎浙江道监察御史华
严的生平、官职、配偶及子嗣情况。

## 周景夫妇合葬墓志

**全称：** 明故处士周公配孺人合葬志铭。

**年代：** 明嘉靖十九年（1540）刻。

**形制：** 长 0.69 米，宽 0.62 米。

**行字：** 盖文篆书 3 行，满行 3 字，题"明故
处士周公景之墓"。志文楷书 30 行，
满行 28 字。

**撰书：** 姜延珪书，杨斛山篆盖。

**现藏：** 蒲城县博物馆。

**备注：** 盖右下角、志左上角均残。

**提要：** 志文载周景的生平及家族世系。

## 修西协记

**年代：** 明嘉靖十九年（1540）刻立。

**形制：** 高 0.57 米，宽 0.67 米。

**行字：** 碑文楷书 18 行，满行 18 字。

**撰书：** 尹嗣忠书。

**纹饰：** 碑身四周饰忍冬纹。

现藏：西安碑林博物馆。

著录：《西安碑林全集》。

提要：碑文记述了明嘉靖年间修西协的原因和修西协的用途。西协，即官署之西院。书者尹嗣忠，明世宗时官员外郎，《明史》有传。

## *药方碑

年代：明嘉靖十九年（1540）刻立。

形制：圆首方座。高 1.65 米，宽 0.69 米，厚 0.13 米。

行字：碑文楷书 11 栏，每栏 5—7 字不等。跋文 10 行，行字不清。

撰书：温秀书。

现藏：药王山博物馆。

著录：《药王山碑刻》《陕西药王山碑刻艺术总集》。

备注：原为两面，正面被后人磨刻《东山辑修殿宇碑记》，但漫漶严重。

提要：由跋文可知，此方为《海上方碑》之原刻。现存医方 65 个。

## 浣溪沙·渡泾

年代：明嘉靖二十年（1541）刻立。

形制：高 0.63 米，宽 0.61 米。

行字：碑文篆书 17 行，满行 14 字。

撰书：赵廷瑞撰，萧璋刻。

现藏：西安碑林博物馆。

著录：《西安碑林全集》。

提要：碑文刻《浣溪沙》和《水调歌头》词二首。正文篆字，每字下均有楷书释文。撰者赵廷瑞，明嘉靖进陕西巡抚，曾任兵部右侍郎兼都察院右佥都御史，官至兵部尚书加太子少保，《明史》有传。

## 沁园春·渡渭

年代：明嘉靖二十年（1541）刻立。

形制：高 0.63 米，宽 0.61 米。

行字：碑文篆书 17 行，满行 14 字。

撰书：赵廷瑞撰并书，萧璋刻。

现藏：西安碑林博物馆。

著录：《西安碑林全集》。

提要：此碑刻《沁园春》和《长相思》词各一首。正文均为小篆，每字下有楷书释文。

## 刘瑀暨妻韩氏孙氏合葬墓志

全称：明恩荣官松山刘公配孺人韩氏孙氏合葬墓志铭。

年代：明嘉靖二十年（1541）刻。

形制：志、盖均为正方形，尺寸相同。边长 0.65 米。

行字：盖文楷书 5 行，满行 4 字，题"明恩荣官松山镏公配孺人韩氏孙氏合葬墓志铭"。志文楷书 32 行，满行 32 字。

撰书：王用宾撰，许宗鲁书，陈嘉言篆盖。

出土：1955 年出土于西安市南郊鲁家村。

现藏：西安碑林博物馆。

著录：《西安碑林全集》。

提要：志文记录了刘瑀的家族世系、生平、夫人及子嗣情况。

## *旬阳县东界碑

年代：明嘉靖二十年（1541）刻立。

形制：圆首方座。高 1.46 米，宽 0.61 米，厚 0.71 米。

现藏：旬阳仙河乡白家坡汉江岸边。

著录：《安康碑石》。

提要：从碑文残存文字判断，此为陕西省洵阳县与湖北省郧西县之界碑。

## *重云山图碑

年代：明嘉靖二十一年（1542）刻立。

形制：高 1.38 米，宽 0.75 米。

行字：额篆书 1 行 4 字，题"重云山图"。

撰书：洪晏立，邓锦、柳口华镌。

现藏：户县草堂寺草堂营学校。

著录：《户县碑刻》。

提要：此图碑自上而下标有尚家山、龙窝、崇仁寺等寺庙与地名。山图之下，有楷书文字"大明秦府山场一段，崇仁寺西寺沟内，有狡沟山场重山，茂岭班口裕，每年出小麦粮五升。山有四止：南止尚家山，西止修禅口，东至河心，北止浦潼关"。山图之左刻年月、立碑人。

## 王泾墓志

全称：明秦府承奉副鹤林王公墓志铭。

年代：明嘉靖二十一年（1542）刻。

形制：志、盖均为正方形，尺寸相同。边长 0.71 米。

行字：盖文楷书 4 行，满行 3 字，题"大明故秦府承奉副王公之墓"。志文楷书 27 行，满行 28 字。

撰书：马理撰，王准书并篆盖。

纹饰：志、盖均饰团花纹。

出土：1952 年出土于长安县查家寨。

现藏：西安碑林博物馆。

著录：《西安碑林全集》。

提要：志文记录了王泾的家族世系、生平及历官。其主要历官有秦府门正、典膳副正及承奉副。

## *徐万壁题诗碑

年代：明嘉靖二十一年（1542）刻立。

形制：高 0.57 米，宽 1.20 米。

行字：碑文草书 22 行，满行字数不等。

撰书：徐万壁撰并书。

现藏：药王山博物馆。

著录：《药王山碑刻》《陕西药王山碑刻艺术总集》。

提要：此石录《游五台山》《和畹溪子韵四首》。

## *孙真人三方碑

年代：明嘉靖二十一年（1542）刻立。

形制：圆首龟座。高 1.65 米，宽 0.74 米，厚 0.17 米。

行字：碑文楷书 27 行，满行 50 字。

撰书：王垂坤书。

现藏：药王山博物馆。

著录：《陕西金石志》《药王山碑刻》。

提要：碑首刻《献方图》。图下三栏，每栏各刻一方。上栏为《孙真人进上唐太宗风药论》；中栏为《示直人九转灵丹》；下栏为《神仙鸡鸣丸》。

## *历代名医神碑

年代：明嘉靖二十一年（1542）刻立。

形制：圆首龟座。高 1.65 米，宽 0.74 米，厚 0.17 米。

行字：碑文楷书 20 行，满行 38 字。

撰书：王垂坤书。

现藏：药王山博物馆。

著录：《药王山碑刻》。

备注：碑阳为《孙真人三方碑》。

提要：碑分十三栏，依次记载从三皇到元代名医 198 人。

## 次韵游万佛岩二首

年代：明嘉靖二十二年（1543）刻立。

形制：高 0.35 米，宽 0.74 米。

行字：碑文行书 15 行，满行 9 字。

撰书：刘养心撰并书。

现藏：子长县钟山石窟。

提要：此文刻于万佛岩洞壁之上，系邑人刘养心所书七言诗两首，描述了游览万佛岩时所见风光。

## *李鼎墓碑

年代：明嘉靖二十二年（1543）刻立。

形制：碑残损。残高 1.12 米，宽 0.59 米，厚 0.17 米。

撰书：林馥撰。

纹饰：碑两侧及底部饰缠枝蔓草纹。

出土：2004 年自零口镇李村征集。

现藏：西安市临潼博物馆。

备注：碑面漫漶严重。

提要：此碑乃李鼎子孙为其所立墓碑，碑文记载了李鼎生平。

## 杨宏墓志

全称：明故荣禄大夫南京中军都督府都督同知致仕容堂杨公墓志铭。

年代：明嘉靖二十二年（1543）刻。

形制：志、盖尺寸相同。长 1.12 米，宽 1.10 米。

行字：盖文篆书 7 行，满行 5 字，题"明故荣禄大夫中军都督同知致仕容堂杨公配诰封一品夫人张氏合葬之墓"。志文楷书 57 行，满行 72 字。

撰书：王九思撰，杨余庆书，曹兰篆盖。

出土：1954 年出土于西安市南郊沙坡村。

现藏：西安碑林博物馆。

著录：《西安碑林全集》。

提要：志文记录了杨宏的家族世系、生平、历官及子嗣情况等。

## 梁禄墓志

全称：明秦府典服正西溪梁公墓志铭。

年代：明嘉靖二十二年（1543）刻。

形制：志、盖尺寸相同。长 0.66 米，宽 0.65 米。

行字：盖文篆书 3 行，满行 4 字，题"明秦府典服正西溪梁公之墓"。志文楷书 26 行，满行 26 字。

撰书：王九思撰，王准书，杜鸾篆盖。

纹饰：志、盖均饰蔓草纹。

出土：1956 年出土于西安市西郊西稍门。

现藏：西安碑林博物馆。

著录：《西安碑林全集》。

提要：志文记录了梁禄的生平及历官等。其曾任秦藩中侍官、门正、典服正。

## 嵇润暨妻张氏李氏合葬墓志

全称：明明威将军指挥佥事蒲岛嵇公配淑人张氏暨李氏合葬墓志铭。

年代：明嘉靖二十二年（1543）刻。

形制：共 2 石，均为正方形，尺寸相同。边长 0.65 米。

行字：正文楷书，每石均分上下两栏，满栏 20 行，满行 12 字。

撰书：王懋斋撰，种云汉书。

出土：1998 年出土于西安市北郊大明宫遗址。

现藏：西安碑林博物馆。

著录：《西安碑林全集》。

提要：志文记载了嵇润的家族世系、生平，以及其原配张氏、继配李氏的生平和子嗣情况。

## *灵岩寺药水洞摩崖

年代：明嘉靖二十三年（1544）刻。

形制：高 0.58 米，宽 0.36 米。

行字：碑文行楷 8 行，满行 7 字。

撰书：白桂撰。

出土：此碑自立未移。

现藏：略阳县灵岩寺博物馆。

备注：此碑风化严重。

## 创建太平河石桥记

年代：明嘉靖二十三年（1544）刻立。

形制：通高 1.46 米，宽 0.70 米。

行字：碑文楷书 26 行，满行 40 字。

撰书：杨汝清撰，萧尚义书。

现藏：户县牛东乡西谷子碉村。

著录：《户县碑刻》。

提要：碑文记载了一乡耆萧宰倡议成功创建太平河石桥事。

## *宗氏源流碑

年代：明嘉靖二十三年（1544）刻立。

形制：圆首座佚。高 1.55 米，宽 0.77 米。

行字：额楷书 1 行 4 字，题"宗氏先茔"。碑文楷书 15 行，满行 30 字。

现藏：户县玉蝉乡元王村。

著录：《户县碑刻》。

备注：碑身右上部有残，碑面多处划痕。

提要：碑文详细记载了宗真宝之生平及世系子嗣。

## 樊殷墓志

全称：樊将军墓铭并序。

年代：明嘉靖二十三年（1544）刻。

形制：志正方形。边长 0.65 米。

行字：志文楷书 27 行，满行 34 字。

撰书：胡侍撰，阎瑞书，王准篆，柳自华刻。

现藏：西安市长安博物馆。

著录：《长安新出墓志》。

提要：志文记载了樊殷之家族世系、生平、历官、婚姻及子嗣情况。其历官武略将军、仪卫正。

## 孟氏圹志

全称：明淑人孟氏圹志。

年代：明嘉靖二十三年（1544）刻。

形制：志、盖均为正方形，尺寸相同。边长 0.64 米。

行字：盖文楷书 3 行，满行 3 字，题"明秦藩淑人孟氏圹志"。志文楷书 19 行，满行 26 字。

纹饰：志、盖均饰云凤纹，四角均饰宝相花纹。

出土：出土时间、地点不详。1953 年入藏西安碑林。

现藏：西安碑林博物馆。

著录：《新中国出土墓志·陕西贰》。

提要：志文记录了淑人孟氏生卒年月、其夫朱诚潵家族世系及子嗣情况。孟氏为奉国将军诚潵之继配。

## 重修孙真人祈嗣神岩记

年代：明嘉靖二十三年（1544）刻立。

形制：圆首方座。高 1.24 米，宽 0.61 米，厚 0.21 米。

行字：碑文楷书 12 行，满行 23 字。

撰书：辛珍撰，左思恭书。

出土：原存耀县药王山后山。

现藏：药王山博物馆。

著录：《药王山碑刻》《陕西药王山碑刻艺术总集》。

提要：碑文记嘉靖二十三年秦王命内相张沂重修孙真人祈嗣神岩事。

## 李公修治成绩碑

全称：太守檀山李公修治成绩碑。

年代：明嘉靖二十四年（1545）刻立。

形制：通高 1.60 米，宽 1.72 米，厚 0.13 米。

行字：碑文楷书 35 行，满行 65 字。

撰书：王益民撰，闫钏书。

现藏：陇县中学后院教室宿舍院内。

提要：记述李太守清正爱民之功德。

## 游灵岩寺记

**年代：** 明嘉靖二十四年（1545）刻立。

**形制：** 高 1.08 米，宽 0.80 米，厚 0.15 米。

**行字：** 碑文楷书 22 行，满行 30 字。

**撰书：** 张良知撰。

**纹饰：** 碑身四周饰云纹。

**出土：** 此碑自立未移。

**现藏：** 略阳县灵岩寺博物馆。

**著录：**（道光）《略阳县志》《汉中碑石》。

**提要：** 碑文记载了张良知与县尹白子桂、州倅张子镐游览灵岩寺的经过。张良知，山西安邑县人，明嘉靖中任汉中府同知；曾纂修《汉中府志》十卷，于嘉靖二十三年（1544）刊刻。

## 纪洪暨妻李氏合葬墓志

**全称：** 明故文林郎宁阳县尹纪君孺人李氏合葬墓志铭。

**年代：** 明嘉靖二十六年（1547）刻。

**形制：** 志、盖均为正方形，尺寸相同。边长 0.50 米，厚 0.05 米。

**行字：** 盖文楷书 3 行，满行 5 字，题"明故文林郎纪公李孺人合葬墓志铭"。志文楷书 24 行，满行 29 字。

**撰书：** 王琼撰，朱公鉥书，窦镐篆盖。

**出土：** 1991 年出土于绥德县张家砭乡。

**现藏：** 绥德县博物馆。

**著录：**《榆林碑石》《新中国出土墓志·陕西叁》。

**提要：** 志文记载了纪洪的籍贯、家族世系、生平及其妻室、子嗣情况。

## 王升暨妻陈氏合葬墓志

**全称：** 大明诰封明威将军王公配恭人陈氏合葬墓志铭。

**年代：** 明嘉靖二十六年（1547）刻。

**形制：** 盖长 0.61 米，宽 0.65 米，厚 0.11 米；志长 0.61 米，宽 0.64 米，厚 0.09 米。

**行字：** 盖文篆书 4 行，满行 5 字，题"大明诰封明威将军王公配恭人陈氏合葬墓志铭"。志文楷书 24 行，满行 40 字。

**撰书：** 鲍道明撰，彭儒书，陈凤篆盖。

**出土：** 2006 年出土于榆林市榆阳区牛家梁乡古城滩村。

**现藏：** 榆林市文物研究所。

**备注：** 左上角略残，几字残损。

**提要：** 志文记载了王升之家族世系、生平及子嗣情况。

## *傅铎墓志

**年代：** 明嘉靖二十六年（1547）刻。

**形制：** 志残损。残长 0.53 米，残宽 0.36 米，厚 0.06 米。

**行字：** 志文楷书，残存 33 行，满行 25 字。

**撰书：** 谢承芳撰，朱崑书，张汝立篆盖。

**出土：** 1958 年出土于子洲县三眼泉乡巡检司村。

**现藏：** 子洲县博物馆。

**著录：**《榆林碑石》。

**备注：** 缺盖，志残损较多。

**提要：** 志文记傅铎的家族世系及生平。

## 张母任氏墓志

**全称：** 明诰封太宜人张母任氏墓志铭。

**年代：** 明嘉靖二十六年（1547）刻。

**形制：** 长 0.58 米，宽 0.74 米，厚 0.10 米。

**行字：** 志文楷书 37 行，满行 32 字。

**撰书：** 马理撰，许宗鲁书，刘储秀篆盖。

**出土：** 1992 年出土于黄龙县三岔乡贝坡村。

**现藏：** 黄龙县文物管理所。

**提要：** 志文记载了张母任氏的家族世系、生平及子嗣等。

## *中和碑

**年代：** 明嘉靖二十六年（1547）刻立。

**形制：** 高 3.33 米，宽 0.98 米，厚 0.16 米。

**行字：** 碑文行书。碑阳、碑阴各 2 字。

**撰书：** 陶珪书。

**现藏：** 西安碑林博物馆。

**著录：**《西安碑林全集》。

**提要：** 碑阳刻"中和"二字，碑阴刻"福寿"二字。书者陶珪，字廷献，嘉靖进士，事继母以孝闻，累迁山西按察使。

## 杨立墓志

**全称：** 大明昭毅将军陕西都司都指挥佥事杨伯子墓志铭。

**年代：** 明嘉靖二十六年（1547）刻。

**形制：** 志、盖均为正方形。尺寸相同。边长 0.76 米。

**行字：** 盖文篆书 5 行，满行 4 字，题"大明昭毅将军陕西都司都指挥佥事杨伯子之墓"。志文楷书 32 行，满行 37 字。

**撰书：** 张才撰，杨余庆书，曹韩篆盖。

**出土：** 1954 年出土于西安市南郊沙坡村。

**现藏：** 西安碑林博物馆。

**著录：**《西安碑林全集》。

**备注：** 志断为两块。

**提要：** 志文主要记载了杨立的家族世系、生平、官职及子嗣情况。杨立，曾任陕西都司都指挥佥事。

## 城隍庙重修砖壁记

**年代：** 明嘉靖二十七年（1548）刻立。

**形制：** 圆首方座。高 1.45 米，宽 0.65 米，厚 0.23 米。

**行字：** 碑文隶书 13 行，满行 32 字。

**现藏：** 三原县博物馆。

**提要：** 记载明嘉靖年间重修三原城隍庙砖壁的经过。

## *王南沣墓志

**年代：** 明嘉靖二十七年（1548）刻立。

**形制：** 志、盖尺寸相同。长 1.18 米，宽 0.65 米，厚 0.14 米。

**行字：** 盖文篆书 8 行，满行 3 字，题"明太中大夫山西等处承宣布政使司左参政南沣王公之墓"。志文楷书 60 行，满行 35 字。

**撰书：** 许宗鲁撰，王准书，杜鸾篆盖。

**出土：** 1983 年出土于咸阳市渭城区东耳村。

**现藏：** 咸阳博物馆。

**著录：**《咸阳碑石》。

**提要：** 志文记载了王南沣勘修马濠至麻湾海道的设计和施工情况。

## *阎诏墓志

**年代：** 明嘉靖二十七年（1548）刻。

**形制：** 志正方形边长 0.68 米，厚 0.10 米。

**行字：** 志文楷书 35 行，满行 35 字。

**撰书：** 刘材书并篆盖。

**出土：** 1988 年出土于彬县东郊建材厂。

**现藏：** 彬县文化馆。

**提要：** 志文记阎诏的生平及妻室情况。

## 东元暨妻石氏合葬墓志

**全称：** 明故国子监生东公配石氏孺人合葬墓志铭。

**年代：** 明嘉靖二十七年（1548）刻。

**形制：** 志长 0.56 米，宽 0.57 米，厚 0.08 米。

**行字：** 志文楷书 37 行，满行 38 字。

**撰书：** 张光孝撰并书，张羽题盖，潘爵镌。

**出土：** 1986 年出土于华县城关镇铁炉巷。

**现藏：** 华县文庙内。

**提要：** 志文记载了东元与石氏的生平、子嗣及葬地、官职等。

## *冯毅淹妻□氏墓志

**年代：** 明嘉靖二十八年（1549）刻。

**形制：** 志长 0.63 米，宽 0.62 米。

**行字：** 志文楷书 27 行，满行 25 字。

**出土：** 1956 年出土于西安市经二路。

**现藏：** 西安碑林博物馆。

**著录：** 《新中国出土墓志·陕西贰》。

**备注：** 志石上角及周边残。

**提要：** 志文记录了冯毅庵公妻□氏的生平及子嗣情况。

## *公刘墓诗碑

**年代：** 明嘉靖二十八年（1549）刻立。

**形制：** 圆首方形。高 2.18 米，宽 0.97 米。

**行字：** 碑文楷书 10 行，满行 21 字。

**撰书：** 姚本书。

**纹饰：** 碑额饰云纹。

**现藏：** 彬县龙高镇土陵村公刘墓前。

**提要：** 碑刻诗二首。前一首为蜀浦江鹤洲作。后一首为知州姚本祭公刘墓时读鹤洲诗有感而作。

## *龙兴寺记碑

**年代：** 明嘉靖二十八年（1549）刻立。

**形制：** 圆首方座。高 1.26 米，宽 0.63 米，厚 1.05 米。

**行字：** 碑文楷书 15 行，满行 24 字。

**纹饰：** 碑身四周饰卷草纹。

**出土：** 此碑自立未移。

**现藏：** 神木县神木镇刘家畔村龙兴寺西配殿前廊下。

**备注：** 剥蚀较重，部分字迹难以辨认。

**提要：** 碑文记载嘉靖十四年（1535）、二十八年修建龙兴寺事。

## 张文奎墓志

**全称：** 明正奉大夫山西等处承宣布政使司左布政使蒲山张公墓志铭。

**年代：** 明嘉靖二十九年（1550）刻立。

**形制：** 志、盖均为正方形，尺寸相同。边长 0.72 米，厚 0.21 米。

**行字：** 盖文篆书 5 行，满行 5 字，题"明正奉大夫山西等处承宣布政使司左布政使蒲山张公志铭"。志文楷书 40 行，满行 40 字。

**撰书：** 许宗鲁撰，王邦瑞书，王用宾篆盖。

**出土：** 1997 年出土于黄龙县三岔乡贝坡村。

**现藏：** 黄龙县文物管理所。

**著录：** 《中国文物地图集·陕西分册》《延安市文物志》《新编黄龙县志》。

**提要：** 志文记载了张文奎的家族世系、生平、历史及子嗣情况等。其主要历官有刑部主事、四川参议、江西清军驿傅、山西左布政使。

## 张贤墓碑

**全称：** 明故通奉大夫山西布政司右布政使致仕张公墓碑。

**年代：** 明嘉靖二十九年（1550）刻立。

**形制：** 圆首方座。通高 2.30 米，宽 0.85 米，厚 0.24 米。

**行字：** 碑额篆书 3 行，满行 7 字，题"明故通奉大夫山西布政司右布政使致仕张公墓碑"。碑文楷书 24 行，满行 65 字。

**撰书：** 王九思撰，陆海书并篆额，赵仁、赵应奎等刻。

**现藏：** 户县王竹镇西牙道村张贤墓前。

**著录：** 《重修户县志》《户县碑刻》。

**提要：** 碑文记述张贤历任官职廉洁奉公的事迹。张贤，明代户县人，明永乐三年（1405）举人，谒选授吏部司务，荐升为验封司郎中，超升为山西右布政使；遗嘱二子，不许随葬器物，不许树碑。后户县知县宋廷琦等人为其立碑。

## 张附翱暨妻田氏合葬墓志

**全称：** 明故文林郎青州推府暖泉张公配田氏合葬墓志铭。

**年代：** 明嘉靖二十九年（1550）刻。

**形制：** 志正方形。边长 0.61 米，厚 0.10 米。

**行字：** 志文楷书 30 行，满行 30 字。

**撰书：** 康诰撰，焦霖书，王三聘题，赵忻篆盖。

**出土：** 1996 年出土于周至县面粉厂。

**现藏：** 周至县文物管理所。

**提要：** 志文记载了张附翱之家族世系、生平、历官及子嗣情况。

## 周仲仁暨妻张氏丘氏合葬墓志

**全称：** 明工部都水清吏司郎中午谷周君配宜人张氏丘氏合葬墓志铭。

**年代：** 明嘉靖二十九年（1550）刻。

**形制：** 志、盖尺寸相同。长 0.69 米，宽 0.68 米。

**行字：** 盖文篆书 5 行，满行 4 字，题"明工部郎中午谷周君配宜人张氏丘氏之墓"。志文楷书 34 行，满行 31 字。

**撰书：** 张治道撰，王椿书并篆盖。

**出土：** 1955 年出土于西安市西郊赵家村。

**现藏：** 西安碑林博物馆。

**著录：** 《西安碑林全集》。

**提要：** 志文记录了周仲仁的家族世系、生平、历官及夫人等情况。周仲仁举进士而入仕，历官镇江府推官、真定府推官、苏州府同知、工部都水司员外郎、工部都水司郎中。

## 李安坡妻萧氏墓志

**全称：** 明故迪功郎直隶内黄县丞安坡李公配儒人萧氏之墓。

**年代：** 明嘉靖三十年（1551）刻。

**形制：** 志正方形。边长 0.67 米，厚 0.13 米。

**行字：** 志文楷书 32 行，满行 40 字。

**撰书：** 杨向春撰，韩印岳书，宋天恩题盖。

**现藏：** 陇县博物馆。

**提要：** 志文主要记述李安坡夫妇的生平。

## 王纶墓志

**全称：** 明进阶亚中大夫嘉兴府知府岐东王先生墓志铭。

**年代：** 明嘉靖三十年（1551）刻。

**形制：** 志、盖均为正方形，尺寸相同。边长 0.74 米。

**行字：** 盖文篆书 4 行，满行 5 字，题"明进阶亚中大夫嘉兴府知府岐东王先生墓志铭"。志文楷书 41 行，满行 50 字。

**撰书：** 康诰撰，尚薰书，张炼题盖。

**出土：** 1973 年出土于扶风县城关镇北奄村。

**现藏：** 扶风县博物馆。

**提要：** 志文记录了王纶的家族世系、生平、历官等情况。王纶为人耿直，赋性刚方，有"铁胆御史"之称。

## *哑柏镇玄帝祠碑

**年代：** 明嘉靖三十年（1551）刻立。

**形制：** 通高 3.62 米，宽 1.20 米，厚 0.15 米。

**行字：** 碑文楷书 23 行，满行 46 字。

**撰书：** 王三聘撰。

**现藏：** 周至县哑柏镇玄帝祠玉皇楼前。

**提要：** 碑文记叙明嘉靖三十年，当地群众及道人康常会、张守真倡议重修玄帝祠及好义之人捐钱捐地重修之事。

## *建造醮盆石柱

**年代**：明嘉靖三十年（1551）刻立。

**形制**：高 0.60 米，每面宽 0.18 米。

**行字**：碑文楷书，行字数无法辨识。

**现藏**：镇安县龙洞里冷水沟。

**备注**：碑面风化，仅两面存有部分文字。

**提要**：柱文记述张汉臣等欲子孙发达，特建造醮盆以便邻人化财施恩事。

## 重修静明宫殿门记

**年代**：明嘉靖三十年（1551）刻立。

**形制**：高 1.64 米，宽 0.68 米，厚 0.14 米。

**行字**：碑文楷书 17 行，满行 30 字。

**撰书**：刘邦佐书。

**出土**：原存耀县药王山南庵。

**现藏**：药王山博物馆。

**著录**：《药王山碑刻》《陕西药王山碑刻艺术总集》。

**提要**：碑文记"韩府国主妃韩氏刘氏"引礼来山祈嗣而"果得弄璋之喜"，故施白金以增辉殿宇门庭事。

## *耀州听选官致仕官表碑

**年代**：明嘉靖三十年（1551）刻立。

**形制**：圆首方座。高 1.64 米，宽 0.68 米，厚 0.14 米。

**行字**：碑文楷书 19 行，满行字数不等。

**出土**：原存耀县药王山。

**现藏**：药王山博物馆。

**著录**：《药王山碑刻》《陕西药王山碑刻艺术总集》。

**备注**：附刻于《重修孙真人祈嗣神岩记》碑之阴。

**提要**：碑文记耀州的致事官，听选官以及耆老、官舍、阴阳等各类人众。

## *嘉靖三十一年祭黄帝陵碑

**年代**：明嘉靖三十一年（1552）刻立。

**形制**：圆首方座。通高 1.73 米，宽 0.66 米，厚 0.13 米。

**行字**：碑文楷书 14 行，满行 16 字。

**纹饰**：碑额饰蔓草纹。

**现藏**：黄帝陵轩辕庙碑廊。

**著录**：《延安市文物志》《黄帝陵碑刻》。

**提要**：碑文记载了明世宗朱厚熜派遣延安府知周建邦于嘉靖三十一年（1552）八月二十七日祭祀轩辕黄帝事。

## 重建周邸桥记

**年代**：明嘉靖三十一年（1552）刻立。

**形制**：圆首方座。高 0.98 米，宽 0.68 米。

**行字**：碑文楷书 23 行，满行 20 字。

**撰书**：刘翰撰，祝宪书。

**出土**：此碑自立未移。

**现藏**：岐山县周公庙管理处。

**提要**：碑文记载了明嘉靖三十一年在周公庙门前河渠修桥一座，以方便谒庙焚香者与樵夫。

## 侯氏世德碑

**全称**：明部侯氏世德之碑。

**年代**：明嘉靖三十一年（1552）刻立。

**形制**：高 1.73 米，宽 0.68 米。

**行字**：碑文楷书 9 行，满行 40 字。

**撰书**：杨博撰，王崇古书。

**现藏**：合阳县博物馆。

**提要**：碑文记载了蒲州平阳人侯钊，迁徙到合阳路井镇后与其子俱有明德，为朋友以道义友善启迪，对后学谆谆不倦，与赵氏生子娶妻，并生有遵、逊、适三孙，于明嘉靖二十三年（1544）十二月寿终。

## *混元□天传法教主像碑

**年代：** 明嘉靖三十一年（1552）刻立。

**形制：** 高 0.63 米，宽 0.31 米。

**行字：** 题跋楷书 12 行，满行 10 字。

**出土：** 西安碑林旧藏。

**现藏：** 西安碑林博物馆。

**著录：** 《西安碑林全集》。

**备注：** 碑断裂。

**提要：** 混元教为明代后期民间宗教之一。图中画一教主，左手提篮，右手执佛尘，著长袍，背宝剑，赤足站立。碑上部刻十二行题款。

## 沈麟妻郑氏墓志

**全称：** 明沈孺人郑氏墓志铭。

**年代：** 明嘉靖三十一年（1552）刻。

**形制：** 边长 0.64 米。

**行字：** 盖文篆书 3 行，满行 3 字，题"明沈孺人郑氏墓志铭"。志文楷书 28 行，满行 33 字。

**撰书：** 沈麟撰，谢沽书。

**出土：** 1955 年出土于西安市白庙村。

**现藏：** 西安碑林博物馆。

**著录：** 《新中国出土墓志·陕西贰》。

**提要：** 志文记录了郑氏家族世系、生平及夫婿情况。

## 崔廷玺墓志

**全称：** 明秦藩典宝正崔公墓志铭。

**年代：** 明嘉靖三十一年（1552）刻。

**形制：** 志、盖均为正方形，尺寸相同。边长 0.63 米。

**行字：** 盖文篆书 3 行，满行 3 字，题"秦藩典宝正崔公之墓"。志文楷书 21 行，满行 27 字。

**撰书：** 王九思撰，王准书，黄云篆盖。

**纹饰：** 志、盖均饰缠枝莲花纹。

**出土：** 1956 年出土于西安市西郊土门。

**现藏：** 西安碑林博物馆。

**著录：** 《西安碑林全集》。

**提要：** 志文记录了崔廷玺的家族世系、生平及历官。其主要历官有长随守西长安门、左监丞、秦辅、秦藩典宝正。

## 创建明禋亭碑

**全称：** 重修城隍庙寝殿创建无梁门明禋亭记。

**年代：** 明嘉靖三十一年（1552）刻立。

**形制：** 圆首龟座。高 1.75 米，宽 0.70 米。

**行字：** 碑文行书 17 行，满行 40 字。

**撰书：** 张元相撰，潘采书。

**现藏：** 三原县博物馆。

**提要：** 记载明嘉靖年间城隍庙内各建筑物之事。

## *白水怀古碑

**年代：** 明嘉靖三十二年（1553）刻立。

**形制：** 高 0.90 米，宽 1.80 米，厚 0.24 米。

**行字：** 碑文行书 11 行，每行 73 字。

**撰书：** 虎林山人书。

**现藏：** 白水县文物管理委员会。

**提要：** 此碑刻录嘉靖三十二年虎林山人（张翰）书写的白水怀古诗一首。

## 重修观井村碑记

**年代：** 明嘉靖三十二年（1553）刻立。

**形制：** 高 1.57 米，宽 0.75 米，厚 0.13 米。

**行字：** 碑文楷书 14 行，满行 31 字。

撰书：艾纯仁撰。

纹饰：碑身四周饰卷草纹。

出土：此碑自立未移。

现藏：佳县朱家圪乡观井村。

备注：碑下端剥蚀较重。

提要：记重修观井村之事宜。

## 嵇棨墓志

全称：有明三溪嵇子墓志铭。

年代：明嘉靖三十二年（1553）刻。

形制：志、盖尺寸相同，长0.58米，宽0.55米。

行字：盖文篆书3行，满行3字，题"有明三溪嵇子墓志铭"。志文楷书20行，满行30字。

撰书：种云汉撰，王尧惠书，张宥刻。

出土：1998年出土于西安市北郊大明宫遗址北。

现藏：西安碑林博物馆。

著录：《新中国出土墓志·陕西贰》。

提要：志文记录嵇棨的生平、配偶及子嗣情况。

## 高秉元墓志

全称：明骠骑将军右军都督府署都督佥事高公墓志铭。

年代：明嘉靖三十二年（1553）刻。

形制：志长0.89米，宽0.54米，厚0.13米。

行字：盖文篆书2行，满行10字，题"明骠骑将军右军都督府署都监佥事高公墓志铭"。志文楷书34行，满行32字。

撰书：崔天叙撰，李黄华书，李世良篆盖。

纹饰：志四周饰水波纹。

出土：1984年出土于榆阳区古塔乡高家坟峁。

现藏：榆林市榆阳区文物管理所。

著录：《榆林碑石》。

备注：志左上角缺。

提要：志文记载了高秉元的籍贯、家族世系、生平、妻室、子嗣情况及其死时与葬地。高秉元历官都指挥佥事、把总、西官厅都督等。

## 重建五祖七真殿宇记碑

年代：明嘉靖三十二年（1553）刻立。

形制：螭首。高2.15米，宽0.71米，厚0.20米。

行字：碑文楷书17行，满行46字。

撰书：夏言撰，蔡来聘书。

现藏：周至县古楼观说经台。

著录：《楼观台道教碑石》。

提要：碑文记明嘉靖年间楼观台住持重建五祖七真殿事。碑阴上部刻"五祖七真"名号。

## 重修崇皇寺记

年代：明嘉靖三十二年（1553）刻立。

形制：首佚方座。高1.85米，宽0.84米，厚0.22米。

行字：碑文楷书28行，满行28字。

撰书：吕楠撰，王业篆额。

出土：原在高陵县崇皇乡供销社院内，1983年移入高陵县文化馆。

现藏：高陵县文化馆。

著录：《高陵碑石》。

提要：记载崇皇寺所处地理位置、创建、历代修葺及明代嘉靖年重修之历史史实。

## *临济宗派碑

年代：明嘉靖三十二年（1553）刻立。

形制：高1.91米，宽0.74米，碑上端厚0.18米，下端厚0.20米。

行字：额隶书1行4字，题"临济宗派"。碑文分三栏，上中栏为草书，下栏为楷书，共16行，满行11字。

撰书：郭书胜书。

出土：原在高陵县崇皇乡供销社院内，1983年移至高陵县文化馆。

现藏：高陵县文化馆。

著录：《高陵碑石》。

备注：文字多泐蚀不清。

提要：刻宋、明两代地方官与名人咏赋寺院盛景的诗作。

## 王琮暨妻璩氏合葬墓志

全称：秦府引礼舍人王公配璩氏合葬墓志铭。

年代：明嘉靖三十二年（1553）刻。

形制：志、盖均为正方形，尺寸相同。边长0.56米。

行字：盖文篆书4行，满行4字，题"秦府引礼舍人王公配璩氏合葬墓志铭"。志文楷书25行，满行29字。

撰书：许宗鲁撰，王朝进书并篆盖。

纹饰：志、盖均饰回纹。

出土：出土时间、地点不详。1952年入藏西安碑林。

现藏：西安碑林博物馆。

著录：《西安碑林全集》。

提要：志文记录了王琮的家族世系、生平、配偶及子嗣情况。其曾任秦府引礼舍人。

## 张沂墓志

全称：皇明秦府承奉正凤冈张公墓志铭。

年代：明嘉靖三十二年（1553）刻。

形制：志、盖均为正方形，尺寸相同。边长0.71米。

行字：盖文篆书4行，满行4字，题"皇明秦府承奉正凤冈张公之墓"。志文楷书38行，满行41字。

撰书：王准撰，许宗鲁书并篆盖。

纹饰：志、盖均饰云龙纹。

出土：1956年出土于西安西稍门。

现藏：西安碑林博物馆。

著录：《西安碑林全集》。

提要：志文记录了张沂的生平和历官。其曾任秦府典宝正、承奉副、承副正。

## 创建三官庙记

年代：明嘉靖三十二年（1553）刻立。

形制：高1.10米，宽0.58米。

行字：碑文楷书15行，满行37字。

撰书：任世华撰，王汝宁书。

现藏：洛南县灵口镇黄平村。

提要：碑文记载了王从礼的家族世系及修建三官庙事。

## 沈麒暨妻郑氏胡氏合葬墓志

全称：明奉政大夫河南汝宁府同知龙山沈公配郑氏继胡氏合葬墓志。

年代：明嘉靖三十三年（1554）刻。

形制：志、盖均为正方形，尺寸相同。边长0.77米。

行字：志文楷书32行，满行38字。

撰书：沈桥撰。

出土：1955年出土于西安市白庙村。

现藏：西安碑林博物馆。

著录：《西安碑林全集》。

提要：志文记录了沈麒的家族世系、生平、历官、配偶及子嗣情况。其曾任邯郸令、汝宁府同知。

## 三原城隍庙新铸神像铭

全称：明三原城隍庙新铸金身神像铭。

年代：明嘉靖三十三年（1554）刻立。

形制：螭首龟座。高2.05米，宽0.87米。

行字：碑文篆书11行，满行25字。

撰书：马理撰。

纹饰：碑身四周饰缠枝花草纹。

现藏：三原县博物馆。

提要：碑文记载明嘉靖三十三年邑人为三原
城隍庙新铸神像之事。

## 朱诚汘妻丁氏圹志

全称：皇明宗室镇国将军夫人丁氏圹志。

年代：明嘉靖三十三年（1554）刻。

形制：志正方形。边长0.63米，厚0.09米。

行字：志文楷书22行，满行27字。

撰书：唐其昭书并篆盖。

现藏：陕西省考古研究院。

提要：志文记述了朱诚汘妻丁氏之家族世
系、生平、婚姻、子嗣情况。

## 冯恩墓志

全称：明赠光禄大夫上柱国右军都督府奉敕
分守大同平虏城右参将都指挥佥事
高峰冯公墓志铭。

年代：明嘉靖三十四年（1555）刻。

形制：志长0.78米，宽0.76米。

行字：志文楷书41行，满行38字。

撰书：孙锦撰，李正门书，张翰篆盖。

纹饰：志两侧饰水波纹。

出土：1985年出土于横山县波罗镇。

现藏：横山县文物管理所。

著录：《榆林碑石》。

备注：缺盖。志文后部分缺字较多。

提要：志文记载了冯恩的籍贯、家族世系、
生平、妻室子嗣情况。

## 张绮墓志

全称：明奉直大夫云南昆阳州知州青峰张公
墓志铭。

年代：明嘉靖三十四年（1555）刻。

形制：志、盖尺寸相同。长0.45米，宽0.51

米，厚0.11米。

行字：盖文篆书4行，满行5字，题"明奉
直大夫云南昆阳州知州青峰张公墓
志铭"。志文楷书33行，满行31字。

撰书：张珩撰，张德化书，高金篆盖。

出土：1976年出土于吴堡县张家墕乡张家墕
村南。

现藏：吴堡县文物管理所。

著录：《榆林碑石》。

提要：志文记载了张绮的生平、历官情况。

## *许宗鲁书千字文碑

年代：明嘉靖三十四年（1555）刻立。

形制：高0.39米，宽1.27米。

行字：碑文草书104行，满行10字。

撰书：周兴嗣撰，许宗鲁书，□甲百跋。

现藏：西安碑林博物馆。

著录：《西安碑林全集》。

提要：书者许宗鲁，字伯诚，明咸宁人，《咸
宁县志》称"其以善书名海内"，《书
林藻鉴》有传。

## 杨朝宗暨妻戴氏骆氏合葬墓志

全称：明威将军指挥杨公合葬墓志铭。

年代：明嘉靖三十四年（1555）刻。

形制：志、盖尺寸相同。长0.64米，宽
0.85米。

行字：盖文篆书5行，满行3字，题"明威
将军指挥杨公合葬墓志铭"。志文楷
书35行，满行30字。

撰书：王准撰，杨余庆书，蒋存礼篆盖。

出土：1955年出土于西安市东郊砖瓦厂。

现藏：西安碑林博物馆。

著录：《西安碑林全集》。

提要：志文记载了杨朝宗的家族世系、历官
及子嗣情况。其历官长阴百户、副千

户、正千户、指挥金事。

## 朱怀压妻彭氏杨氏圹志

**全称:** 皇明秦藩临潼王府镇国中尉恭人彭氏杨氏志。

**年代:** 明嘉靖三十四年（1555）刻。

**形制:** 志、盖均为正方形，尺寸相同。边长0.63 米。

**行字:** 盖文篆书 5 行，满行 4 字，题"皇明秦藩临潼王府镇国中尉恭人彭氏杨氏圹志"。志文楷书 16 行，满行 19 字。

**纹饰:** 志、盖四周均饰凤纹，四角均饰牡丹纹。

**出土:** 1956 年出土于西安市南郊李家村。

**现藏:** 西安碑林博物馆。

**著录:** 《西安碑林全集》。

**提要:** 志文记录了秦藩王府镇国中尉朱怀压原配恭人彭氏、继配恭人杨氏之家世、生平等。

## 阎母费氏杨氏墓志

**全称:** 明乡进士之配阎母费氏杨氏墓志铭。

**年代:** 明嘉靖三十四年（1555）刻。

**形制:** 志、盖均为正方形，尺寸相同。边长0.49 米，厚 0.10 米。

**行字:** 盖文篆书 4 行，满行 4 字，题"明乡进士之配阎母费氏杨氏墓志铭"。志文楷书 26 行，满行 28 字。

**撰书:** 刘儒道撰，杨舜夫书，赵若唐篆盖。

**出土:** 1982 年出土于彬县东郊建材厂。

**现藏:** 彬县文化馆。

**著录:** 《咸阳碑刻》。

**备注:** 青石质。

**提要:** 志文记载了阎承恩之家族世系，记述了其配室费氏、杨氏之简要生平。

## 叶孟南暨妻崔氏合葬墓志

**全称:** 明明威将军指挥金事孟南叶君配恭人崔氏合葬墓志铭。

**年代:** 明嘉靖三十五年（1556）刻。

**形制:** 盖长 0.62 米，宽 0.66 米，厚 0.07 米。志长 0.63 米，宽 0.66 米，厚 0.07 米。

**行字:** 盖文篆书 4 行，满行 4 字，题"明明威将军叶君配恭人崔氏合葬志铭"，志文楷书 32 行，满行 37 字。

**撰书:** 孙锦撰，麻济邦书，何城篆盖。

**纹饰:** 志、盖四周饰水波纹。

**现藏:** 绥德县博物馆。

**著录:** 《榆林碑石》。

**提要:** 志文记载了墓主人叶孟南与其妻的籍贯、家族世系、生平、子嗣情况。

## *嘉靖三十五年祭黄帝陵碑

**年代:** 明嘉靖三十五年（1556）刻立。

**形制:** 圆首方座。通高 1.91 米，宽 0.69 米，厚 0.13 米。

**行字:** 碑文楷书 16 行，满行 32 字。

**纹饰:** 碑额饰蔓草纹。

**现藏:** 黄帝陵轩辕庙碑廊。

**著录:** 《延安市文物志》《黄帝陵碑刻》。

**提要:** 碑文记载了明嘉靖三十五年四月六日，户部左侍郎邹守愚，陕西布政司右参政朱用、谢淮，左参议栗永禄，按察使副使徐贡元，都司都指挥申绍祖祭祀轩辕黄帝事。

## 重修庙学记并诗

**年代:** 明嘉靖三十六年（1557）刻立。

**形制:** 高 0.60 米，宽 0.13 米。

**行字:** 碑文楷书 38 行，满行 16 字。

**撰书:** 李廷宝撰并书。

出土：1997 年维修耀州文庙戟门时发现，镶嵌于东山墙内侧。

现藏：铜川市耀州区博物馆。

著录：《碑林集刊》（第 11 辑）《耀州文庙》。

提要：碑文记载了明嘉靖三十六年维修文庙的情况，同时特别记述了明嘉靖三十四年十二月十二日（1556 年 1 月 23 日）地震对耀州的破坏情况。

## 凤翔府重修文庙学官记

年代：明嘉靖三十六年（1557）刻立。

形制：高 2.35 米，宽 0.81 米，厚 0.20 米。

行字：碑文楷书 22 行，满行 45 字。

撰书：何栋撰，许宗鲁书，李守仁篆额。

纹饰：碑额饰卷云纹。

出土：1983 年出土于凤翔师范学校。

现藏：凤翔县博物馆。

著录：（乾隆）《凤翔县志》。

提要：记述明代嘉靖三十四年始重修凤翔学宫缘起，涉及关中大地震史实。

## 张治道暨妻田氏陈氏卜氏合葬墓志

全称：明故承直郎刑部四川清吏司主事太微张公合葬墓志铭。

年代：明嘉靖三十六年（1557）刻。

形制：志、盖尺寸相同。长 0.58 米，宽 0.98 米。

行字：盖文篆书 8 行，满行 3 字，题"明故承直郎刑部四川清吏司主事太微张公合葬墓志铭"。志文楷书 55 行，满行 32 字。

撰书：刘储秀撰，许宗鲁书，何栋篆盖。

出土：1954 年出土于西安市南郊瑞乐村。

现藏：西安碑林博物馆。

著录：《西安碑林全集》。

备注：盖断为两块。

提要：志文记录了张治道的家族世系、生平、历官、配偶及子嗣情况。其历官长垣令、刑部四川清吏司主事。

## 建真武朝阳观记

年代：明嘉靖三十六年（1557）刻立。

形制：高 1.82 米，宽 0.77 米。

行字：碑文楷书 21 行，满行 40 字。

撰书：卢绅撰，李枝书，刘储秀篆额。

现藏：镇安县木王镇龙头山朝阳观。

提要：碑文记载了朝阳观筹建经过。

## 孝感神应记

年代：明嘉靖三十六年（1557）刻立。

形制：方首龟座。高 0.58 米，宽 0.58 米，厚 0.13 米。

行字：碑文楷书 19 行，满行 23 字。

撰书：刘岱撰，焦应时书。

现藏：药王山博物馆。

提要：碑文记嘉靖三十四年地震后，郡守聘高沮川主持修理被地震损坏之城池期间高沮川得病，其长子高山祷于真人。高沮川病愈后，其家人在五台山真人洞立石。

## 狄彭氏墓志

全称：先祖母狄彭氏墓志。

年代：明嘉靖三十六年（1557）刻。

形制：盖边长 0.60 米，厚 0.09 米。志长 0.57 米，宽 0.80 米，厚 0.09 米。

行字：盖文篆书 3 行，满行 3 字，题"狄祖母彭氏墓志"。志文楷书，两栏共 70 行，满行 14 字。

撰书：狄从化撰，卜占刻。

纹饰：志四周饰回纹。

出土：2005 年出土于西安市翠竹园二期工地。

现藏：陕西省考古研究院。

提要：志文记述了志主狄彭氏的家世、生卒年、婚姻、生平及子嗣情况。

## 重修涌泉禅寺记

年代：明嘉靖三十六年（1557）刻立。

形制：螭首圭额。高 2.62 米，宽 0.73 米，厚 0.21 米。

行字：碑文楷书 19 行，满行 48 字。

撰书：王三聘撰。

纹饰：碑身四周饰缠枝牡丹纹。

出土：此碑自立未移。

现藏：周至县马召镇涌泉寺。

备注：此碑中部断裂，部分文字缺失，现用水泥黏接树立于涌泉寺大殿西侧。

提要：记载了涌泉寺被毁和修建的经过。

## *汉武仙台碑

年代：明嘉靖三十七年（1558）刻立。

形制：高 1.40 米，宽 0.73 米。

行字：碑文楷书 4 字。

现藏：黄帝陵。

著录：《黄帝陵碑刻》。

## *朔望自警誓词碑

年代：明嘉靖三十七年（1558）刻立。

形制：高 0.71 米，宽 0.45 米。

行字：志文楷书 15 行，满行 13 字。

撰书：孙科撰，赵从周刻。

纹饰：碑身四周饰莲花纹。

现藏：扶风县博物馆。

提要：记录了赵从周等人刻自警之誓词的原因及自警誓词内容。

## 重修洵阳县庙学记碑

年代：明嘉靖三十七年（1558）刻立。

形制：圆首方座。高 1.93 米，宽 0.93 米，厚 0.16 米。

行字：碑文楷书 16 行，满行 44 字。

出土：1997 年出土于旬阳县邮电局家属楼基建工地。

现藏：旬阳县文庙。

著录：《旬阳文博》。

备注：字迹部分漫漶。

提要：记载明嘉靖年间重修洵阳文庙事宜。

## *张绍芳妻阎氏墓志

年代：明嘉靖三十七年（1558）刻。

形制：盖长 0.51 米，宽 0.49 米，厚 0.14 米；志长 0.49 米，宽 0.47 米，厚 0.08 米。

行字：盖文楷书 3 行，满行 3 字，题"明故张室人阎氏之墓"。志文楷书 32 行，满行 44 字。

撰书：张绍芳撰，王涣书并题盖。

出土：1967 年出土于户县甘亭镇六老庵村。

现藏：户县文物管理委员会。

著录：《户县碑刻》《新中国出土墓志·陕西叁》。

提要：志文记载阎氏沉静晓书意，对待父母十分孝敬，可谓名副其实的贤妻良母。张绍芳，字孝先，户县人，嘉靖十六年（1537）乡试中举，历官沁水知县、五台知县、顺天府砷、河间与杭州府同知。

## *□廷宝墓志

年代：明嘉靖三十七年（1558）刻。

现藏：蒲城县文物保护开发中心。

提要：□廷宝（1477—1558），字廷宝，号栖山，居金粟山之左。

## 阎让暨妻刘氏合葬墓志

全称：大明中顺大夫山西太原府知府凤山阎

公恭人刘氏合葬墓志铭。

**年代:** 明嘉靖三十七年（1558）刻。

**形制:** 盖长 0.58 米，宽 0.57 米。志长 0.57 米，宽 0.56 米，厚 0.14 米。

**行字:** 盖文篆书 8 行，满行 3 字，题"皇明中顺大夫知山西太原府凤山阎公恭人刘氏合葬之墓"。志文楷书，分上下两栏，每栏 28 行，满行 22 字。

**撰书:** 阎奉思撰并书及篆盖。

**出土:** 1988 年出土于彬县凤凰山下。

**现藏:** 彬县文化馆。

**著录:** 《咸阳碑刻》。

**提要:** 志文记载了墓主阎让之家族世系，记述了其生平及子嗣之情况。刘氏为大司徒刘昭第六女。刘昭，字克明，任户部尚书，与阎让父阎本同朝为官。刘氏为阎让之继配，生子奉思，一女适刘孟速。刘氏生于成化十六年，殁于嘉靖三十七年，寿七十九岁。

## 孙真人祀殿记

**年代:** 明嘉靖三十七年（1558）刻立。

**形制:** 螭首方座。高 3.14 米，宽 1.24 米，厚 0.22 米。

**行字:** 碑文楷书 18 行，满行 60 字。

**撰书:** 左思敬撰，辛珊书，成印篆额。

**出土:** 原存耀县药王山北洞。

**现藏:** 药王山博物馆。

**著录:** 《药王山碑刻》《陕西药王山碑刻艺术总集》。

**提要:** 碑文记本洞道士赵演斌、董演济募缘募集资金建祀殿一大楹，并评价了孙思邈的不朽功绩。

## 游孙真人太玄洞

**年代:** 明嘉靖三十七年（1558）刻立。

**形制:** 高 0.60 米，宽 1.14 米。

**行字:** 碑文隶书 14 行，满行 8 字。

**撰书:** 梁梦龙撰。

**出土:** 原存耀县药王山。

**现藏:** 药王山博物馆。

**著录:** 《药王山碑刻》《陕西药王山碑刻艺术总集》。

**提要:** 碑文记载《游孙真人太玄洞》诗文"天门石洞五云垂，仗节登临恨已迟。丹鼎未遑询秘诀，灵方愿乞救疮痍"。《过范文正公读书塔院》诗文"仰止高山岁月多，当年堂堂此经过。折腰欲访平胡策，荡地荒凉武薜萝"。款"嘉靖戊午孟冬，钦差工科左给事中恒山梁梦龙"。

## 魏功墓志

**全称:** 明故明威将军中山魏公墓志铭。

**年代:** 明嘉靖三十八年（1559）刻。

**形制:** 长 0.59 米，宽 0.70 米，厚 0.09 米。

**行字:** 志文楷书 36 行，满行 37 字。

**撰书:** 白栋撰，周邦书，卜相篆盖。

**纹饰:** 志四周饰卷云纹，四角饰花朵纹。

**出土:** 出土于绥德县西郊黄家塔，时间不详。

**现藏:** 绥德县博物馆。

**著录:** 《榆林碑石》《新中国出土墓志·陕西叁》。

**备注:** 缺盖。

**提要:** 志文记载了魏功的籍贯、家族世系、生平、妻室、子嗣情况及卒年与葬地。志文记载了魏功经历的众多战事，是研究明代边境战事的重要实物资料。

## 朱惟燝墓志

**全称:** 明宗室保安王府镇国中尉竹陂墓志铭。

**年代:** 明嘉靖三十八年（1559）刻。

形制：正方形。边长 0.60 米。

行字：盖文篆书 4 行，满行 4 字，题"明宗室保安王府镇国中尉竹陂墓志铭"。志文楷书 22 行，满行 22 字。

撰书：朱惟爚撰、书并篆盖，张寡刻。

纹饰：志四周饰云龙纹。

出土：出土时间、地点不详。

现藏：西安市长安博物馆。

著录：《新中国出土墓志·陕西叁》

提要：志文记载了明宗室保安王府镇国中尉朱惟爚之家族世系、生平、妻嗣等。

## 赵元凯墓志

全称：明故迪功郎山西赵城县判簿赵君墓志铭。

年代：明嘉靖三十八年（1559）刻。

行字：志文楷书 24 行，满行 30 字。

撰书：任庆云撰，雷相书，寇玑篆盖。

出土：出土时间、地点不详。

现藏：商洛博物馆。

提要：志文记述了赵元凯的生平、历官、子嗣情况。

## *严嵩祭王槐野碑

年代：明嘉靖三十九年（1560）刻立。

形制：圆首方座。高 2.3 米，宽 0.82 米，厚 0.25 米。

行字：碑文楷书 13 行，满行 29 字。

撰书：严嵩撰。

出土：1984 年出土于华县城关镇王家坟。

现藏：华县文物管理委员会。

提要：碑文记载了王槐野的生平事迹及明嘉靖三十四年华州大地震之事。王槐野被任命南京国子监祭酒后回乡探视母病，适遇嘉靖三十四年十二月十二日华州大地震，不幸遇难身亡，终年五十岁。

## *嘉靖三十九年阙名碑

年代：明嘉靖三十九年（1560）刻立。

形制：圆首。高 1.12 米，宽 0.62 米。

行字：碑文楷书 16 行，满行 29 字。

撰书：吴梦吉撰。

出土：华阴西岳庙旧藏。

现藏：华阴市西岳庙文物管理处。

著录：《华山碑石》。

备注：字多漫漶。

提要：碑文记载了嘉靖三十四年关中大地震西岳庙被毁，以及震后重修主殿前东西竹楹的情况。

## *嘉靖三十九年岁贡题名碑

年代：明嘉靖三十九年（1560）刻立。

形制：高 0.59 米，宽 2.59 米。

行字：碑文楷书 80 行，满行 10 字。

撰书：江从春刻。

纹饰：碑身四周饰卷草纹。

出土：原在耀县文庙儒学明伦堂内，2006 年移于铜川市耀州区博物馆碑廊。

现藏：铜川市耀州区博物馆。

著录：《耀州文庙》。

提要：碑文记载了明洪武至天启元年辛酉（1621）耀州的贡生名录，共收录 162 人。根据书法笔迹确认，自崔衢之后的 42 人为碑成后续刻，嘉靖三十九年以前只有 120 人。

## *前代进士举人题名碑

年代：明嘉靖三十九年（1560）刻立。

形制：高 0.58 米，宽 2.16 米。

行字：碑文楷书 50 行，满行 11 字。

撰书：江从春刻。

纹饰：碑身四周饰卷草纹。

出土：原在耀县文庙儒学明伦堂内，2006 年移于铜川市耀州区博物馆碑廊。

**现藏：**铜川市耀州区博物馆。

**著录：**《耀州文庙》。

**提要：**碑文记载了古代耀州自唐到元考中进士的人员名录，共 82 人；另有前代举人 8 人，柳公权、柳公绰、令狐德棻、令狐楚都名列其中。

## 阎承恩暨妻张氏陈氏合葬墓志

**全称：**大明文林郎山西灵丘县致仕知县竹石阎公配孺人张氏陈氏合葬墓志铭。

**年代：**明嘉靖三十九年（1560）刻。

**形制：**盖边长 0.68 米，厚 0.11 米。志长 0.68 米，宽 0.66 米，厚 0.19 米。

**行字：**盖文篆书 6 行，满行 5 字，题"大明文林郎山西灵丘县致仕知县竹石阎公配孺人张氏陈氏合葬之墓"。志文楷书 40 行，满行 47 字。

**撰书：**阎奉思撰，阎守国书。

**出土：**1982 年出土于彬县东郊建材厂。

**现藏：**彬县文化馆。

**著录：**《咸阳碑刻》。

**备注：**青石质。

**提要：**志文记载了阎承恩之家族世系、生平及子嗣之情况。阎承恩，字天泽，号省斋，后改字为应征，改号为竹石，为阎本之孙，阎让长子。生于成化十五年（1479），卒于嘉靖三十九年（1560），寿八十二。历任四川潼川州判，升任山西灵丘县知县，在任一年即致仕。擅诗书，著有诗稿四卷，题曰《劲贞亭集》。其初配张氏，生于成化十八年（1482），卒于嘉靖二年（1523），寿四十二。继室陈氏，生于弘治十三年（1500），卒于嘉靖三十五年（1556），享寿五十七。

## 过五丈原诸葛忠武祠

**年代：**明嘉靖三十九年（1560）刻立。

**形制：**高 0.54 米，宽 0.37 米。

**行字：**碑文楷书 11 行，满行 8 字。

**撰书：**胡松撰，韩庭芳立。

**出土：**清光绪四年重修诸葛献殿时嵌于墙上。

**现藏：**岐山县五丈原诸葛亮庙博物馆。

**提要：**此碑为岐山知县韩庭芳于嘉靖三十九年春正月所立。碑刻录了明代诗人胡松诗句"问俗驱车过古祠，荒原空垒不胜悲。天心已定三分国，上将空怀十信奇。蜀道暮云犹黯黯，渭滨衰草总离离。指挥若定还伊吕，何事书生浪作疑"。

## 重修神泉镇觉黄寺碑记

**年代：**明嘉靖四十年（1561）刻立。

**形制：**高 2.95 米，宽 0.95 米，厚 0.33 米。

**行字：**碑文楷书 23 行，满行 50 字。

**纹饰：**碑额饰六螭垂首，碑身四周饰蔓草纹。

**现藏：**陇县城关镇神泉村城关水泥厂门前。

**提要：**碑文记载了觉黄寺的位置、沿革及重修的经过和捐助人姓名。碑阳、碑阴两面有字。

## 重修戒香寺记

**年代：**明嘉靖四十年（1561）刻立。

**形制：**高 1.10 米，宽 0.23 米。

**行字：**碑文楷书 9 行，满行 51 字。

**撰书：**党时享撰，郑宇钿书，党耀篆额。

**现藏：**合阳县博物馆。

**提要：**碑文记载了合阳县戒香寺自创立以来，开元、天禧时重修及嘉靖三十四年（1555）马云等集资重修事。

## *雷思村墓志

**年代**：明嘉靖四十年（1561）刻。

**出土**：蒲城县椿林乡。

**现藏**：蒲城县文物保护开发中心。

**提要**：雷思村（1494—1561），字士巽，蒲城县椿林乡人，宋金元为县右族，其祖雷兴系永靖知县。

## *五台山名碑

**年代**：明嘉靖四十年（1561）刻立。

**形制**：圆首方座。高 2.22 米、宽 0.75 米，厚 0.30 米。

**撰书**：江从春书。

**现藏**：药王山博物馆。

**著录**：《药王山碑刻》《陕西药王山碑刻艺术总集》。

**提要**：碑中部刻"五台山"三字。楷书，江从春书。碑下部为五台山各台名称，即"东瑞应，南起云，中齐天，西升仙，北显化"。

## *孙真人四言古诗碑

**年代**：明嘉靖四十年（1561）刻立。

**形制**：方首龟座。高 0.58 米，宽 0.58 米，厚 0.13 米。

**行字**：碑文楷书 15 行，满行 12 字。

**撰书**：焦应时书。

**现藏**：药王山博物馆。

**著录**：《药王山碑刻》《陕西药王山碑刻艺术总集》。

**备注**：附刻于《孝感神应记》碑之阴。

**提要**：碑文记载唐孙真人四言古诗："取金之精，合右之液。列为夫妇，结为魂魄。一体混沌，两精感激。河车覆载，鼎候无感。洪炉烈火，烘焰翕赫。类图未及点，欲不假碧。如畜扶桑，若

藏霹雳。姹女气索，婴儿声寂。透出两仪，俨子四极。壁立几多，马驰一驿。宛其死矣，适然从革。恶黜善迁，情回性易。紫色内达，赤芒外射，熠若火生，乍疑血滴。号曰中还，退藏于密。雾散五内，川流百脉。骨变金植，颜驻玉泽。阳德乃敷，阴功乃积。南宫度名，北斗落籍。"还记载"明嘉靖四十八年朔旦。住持杨教龄立石。藩掾龙桥焦应时谨书，富邑高宗枢刊"。

## 重修驻马桥记

**年代**：明嘉靖四十一年（1562）刻立。

**形制**：圆首方座。高 1.85 米，宽 0.17 米。

**行字**：碑文楷书 9 行，满行 28 字。

**撰书**：赵儒撰。

**纹饰**：碑身四周饰蔓草纹。

**出土**：出土时间、地点不详。1979 年移入华阴西岳庙。

**现藏**：华阴市西岳庙文物管理处。

**著录**：《华岳志》《华山碑石》。

**提要**：碑文记载了驻马桥的由来，驻马看华山，故而得名；华阴县县令李时芳政务闲暇之余，主修驻马桥。

## 宋修西岳金天王碑铭

**年代**：明嘉靖四十一年（1562）刻立。

**形制**：平首龟座。高 3.88 米，宽 1.17 米。

**行字**：碑文楷书 14 行，满行 48 字。

**撰书**：杨昭俭撰，杨九经书。

**出土**：华阴西岳庙旧藏。

**现藏**：华阴市西岳庙文物管理处。

**著录**：《华岳志》《华山碑石》。

**备注**：该碑断裂为两段，1981 年修复重立。

**提要**：原碑立于宋建隆二年（961）八月，

后毁。此碑为明代重刻碑，记载祷神祈灵、修庙事。

## 讲院种柏记

**年代**：明嘉靖四十一年（1562）刻立。
**形制**：高 0.36 米，宽 1.12 米。
**行字**：碑文楷书 35 行，满行 14 字。
**撰书**：孙应鳌撰并书。
**现藏**：西安碑林博物馆。
**著录**：《西安碑林全集》。
**提要**：碑文记述了孙应鳌在官邸左侧讲院栽种柏树的情景，并借楚人嗜材种美松于庭之史例发内心之感慨。

## *谕陕西官师诸生檄碑

**年代**：明嘉靖四十一年（1562）刻立。
**形制**：共 10 石。九石均高 0.36 米，宽 1.00 米。一石高 0.37 米，宽 0.41 米。
**行字**：碑文楷书 495 行，满行 17—21 字不等。
**撰书**：孙应鳌撰，宗孝书。
**出土**：西安碑林旧藏。
**现藏**：西安碑林博物馆。
**著录**：《西安碑林全集》。
**备注**：各石均有界格。其中第二石中部断裂，残损 16 行。
**提要**：碑文分为"订学""论心""立志"等十六条项，共 9000 余字，论述了励志、立身、进学及为人师表的道理。

## *孙应鳌华山诗碑

**年代**：明嘉靖四十一年（1562）刻立。
**形制**：共 2 石，尺寸相同。高 0.38 米，宽 1.02 米。
**行字**：碑文草书 71 行，满行 15 字。
**撰书**：孙应鳌撰并书。

**现藏**：西安碑林博物馆。
**著录**：《西安碑林全集》。
**备注**：第二石已断裂，残 11 字。
**提要**：碑文赞美了西岳华山的险峻壮观。

## 杨立暨妻宇文氏合葬墓志

**全称**：大明昭毅将军陕西都司都指挥佥事序斋杨公配淑人宇文氏合葬墓志铭。
**年代**：明嘉靖四十一年（1562）刻。
**形制**：志、盖尺寸相同。长 0.75 米，宽 0.74 米。
**行字**：盖文篆书 6 行，满行 5 字，题"大明昭毅将军陕西都司都指挥佥事序斋杨公配淑人宇文氏合葬墓志铭"。志文楷书 36 行，满行 42 字。
**撰书**：曹韩撰，康世隆书，秦可大篆盖。
**出土**：1954 年出土于西安市南郊沙坡村。
**现藏**：西安碑林博物馆。
**著录**：《西安碑林全集》。
**提要**：志文记载了杨立的家族世系、生平、历官，及原配宇文氏生平及子嗣情况。杨立官至陕西都司都指挥佥事。

## 菊记

**年代**：明嘉靖四十一年（1562）刻立。
**形制**：高 0.36 米，宽 1.13 米。
**行字**：碑文楷书 41 行，满行 17 字。
**撰书**：孙应鳌撰并书。
**现藏**：西安碑林博物馆。
**著录**：《西安碑林全集》。
**备注**：碑后半部分断裂，残 17 字。有界格。
**提要**：碑文记述孙应鳌在嘉靖三十六年任江西按察佥事，参议期间自署"万菊主人"。任陕西督学使期间，热衷于种菊，熟练掌握种菊技术，又从中悟出做学问及做人的道理。

## 重修城隍庙记

年代：明嘉靖四十一年（1562）刻立。

形制：螭首龟座。通高 2.95 米，宽 0.85 米。

行字：碑文楷书 18 行，满行 54 字。

撰书：胡汝安撰并书。

纹饰：碑身四周饰缠枝花草纹。

现藏：三原县博物馆。

提要：碑文记述了明嘉靖三十四年（1555）
冬日大地震红藕庙宇被毁，嘉靖四十
一年马大用等人重修庙内被损建筑，
修建牌坊、无梁门的情况。

## 星石铭

年代：明嘉靖四十一年（1562）刻立。

形制：高 0.62 米，宽 0.65 米。

行字：碑文行楷 14 行，满行 16 字。

撰书：章评撰并书。

现藏：兴平市博物馆。

提要：碑文记晋穆帝升平元年（357）陨石坠
于槐里之事，书者观其星石而作铭。

## 重修玉皇殿记

年代：明嘉靖四十一年（1562）刻立。

形制：圆首方座。高 1.56 米，宽 0.65 米，
厚 0.16 米。

行字：碑文楷书 19 行，满行 40 字。

撰书：左思聪撰并书，王克忠篆额。

现藏：药王山博物馆。

著录：《药王山碑刻》《陕西药王山碑刻艺术
总集》。

提要：碑文记河东居士武政目击齐天台故庙
因地震荡然无存，重修玉皇殿事；并
对五台山庙宇布局记录甚详。

## 黄帝庙除免税粮记

年代：明嘉靖四十二年（1563）刻立。

形制：圆首方座。通高 2.02 米，宽 0.63 米，
厚 0.12 米。

行字：碑文楷书 20 行，满行 42 字。

撰书：刘仕撰，刘光升书。

现藏：黄帝陵轩辕庙碑廊。

著录：《延安市文物志》《黄帝陵碑刻》。

提要：碑文记载了黄帝庙旧址在桥山西麓，
因地势狭隘，迁至桥山之东保生宫原
址；嘉靖四十二年，兴平侯章平因公
路过，与邑侯雷岱锋谒拜陵庙，看到
庙中道人拮据，邑侯雷岱锋免除黄帝
庙税粮。

## 雷庄镇立石记

年代：明嘉靖四十二年（1563）刻立。

形制：高 0.70 米，宽 0.43 米。

行字：碑文楷书 13 行，满行 33 字。

撰书：范垣书。

现藏：合阳县博物馆。

提要：碑文记载了雷庄镇是枲粮买丝的要
枢；嘉靖三十九年集市荒废。嘉靖四十
年镇人赵鸾授蔡公的意愿令集市复兴，
为了规范集贸市场，相继制定规章事。

## 重修高神殿记

年代：明嘉靖四十二年（1563）刻立。

形制：高 1.30 米，宽 0.65 米，厚 0.18 米。

行字：碑文楷书 16 行，满行字数不详。

撰书：杜惟精撰并书。

纹饰：碑身两侧饰水云纹。

现藏：韩城市普照寺高神殿门外。

提要：碑文记载李沧昌等重修韩城市高神
殿事。

## *鲁司寇孔子像碑

年代：明嘉靖四十二年（1563）刻立。

形制：高 1.00 米，宽 0.37 米。

行字：两段楷书题跋共 15 行。

撰书：吴道子画，孙应鳌题跋。

现藏：西安碑林博物馆。

著录：《西安碑林全集》。

提要：碑上部为题记，下部刻孔子及侍者像。孔子戴冠，身着礼服，腰佩宝剑，拱手而立。侍者稍矮，立于后。右侧注有"吴道子笔"四字。

## 重修耀州开化寺碑

年代：明嘉靖四十二年（1563）刻立。

形制：圆首方座。高 1.95 米，宽 0.84 米。

行字：额隶书 2 行，满行 3 字，题"重修开化寺碑"。碑文楷书 24 行，满行 38 字。

撰书：乔世宁撰并书。

纹饰：碑身四周饰缠枝卷草纹。

现藏：铜川市耀州区小丘镇朱村开化寺，镶嵌在大殿前檐墙壁上。

提要：碑文记载了耀州区小丘镇朱村明代维修开化寺的情况。碑文记载，开化寺古已有之，因年久失修，破败不可用。孤峰禅师（俗名成满德）倡导重修，历时四年修成。碑文撰、书者乔世宁，字景叔，耀州小丘人。嘉靖十七年（1538）进士，授南京户部主事，以佥事按川南，升湖广督学，后任河南参政、四川按察使。其修撰的（嘉靖）《耀州志》被誉为陕西名志。碑阴刻捐资人姓名。

## *松韶雅韵图碑

年代：明嘉靖四十二年（1563）刻立。

形制：高 1.05 米，宽 0.37 米。

行字：题跋楷书 19 行，满行 13 字。

撰书：孙应鳌画并书及撰。

现藏：西安碑林博物馆。

著录：《西安碑林全集》。

提要：碑中刻有月下两棵松树，相伴而立。树下左角刻竹石相伴。绘者孙应鳌，明清平人，字山甫，号淮海山人，官至刑部侍郎、工部尚书，善诗词。

## 宋寔墓志

全称：明庠生济桥宋子墓志铭。

年代：明嘉靖四十二年（1563）刻。

形制：志长 0.33 米，宽 0.79 米。

行字：志文楷书 40 行，满行 18 字。

撰书：白若璨撰，谢沾书。

出土：出土时间、地点不详。1963 年入藏西安碑林。

现藏：西安碑林博物馆。

著录：《西安碑林全集》。

备注：志文多处剥蚀。

提要：志文记录了宋寔的生平及配偶等。

## 城隍庙更新记

年代：明嘉靖四十三年（1564）刻立。

形制：高 1.70 米，宽 0.77 米。

行字：碑文楷书 18 行，满行 46 字。

撰书：庄辛子撰。

纹饰：碑身四周饰水波纹。

出土：此碑自立未移。

现藏：吴堡县城隍庙。

备注：碑下部剥蚀较重，字迹漫漶不清。

提要：碑文记载了城隍神纪侯之来由，及县大夫韩文寅捐资维修城隍庙、立讲堂、兴修水利、招佃荒芜、劝善惩恶之事。

## *无量祖师像碑

年代：明嘉靖四十三年（1564）刻立。

形制：高 0.63 米，宽 0.36 米。

现藏：西安碑林博物馆。

著录：《西安碑林全集》。

提要：无量祖师是真武大帝。无量祖师坐于巨
石之上，右侧放一柄宝剑，头后方有光
圈，面前地上有玄武。左侧有楷书题记。

## 张学墓志

全称：明秦府门官西坪张公墓志铭。

年代：明嘉靖四十三年（1564）刻。

形制：志、盖均为正方形，尺寸相同。边长
0.66 米。

行字：盖文篆书 4 行，满行 3 字，题"明秦
府门官西坪张公墓志铭"。志文楷书
28 行，满行 31 字。

撰书：邹应龙撰。

纹饰：志、盖四周饰蔓草纹。

出土：1956 年出于西安市东郊纬十三街。

现藏：西安碑林博物馆。

著录：《西安碑林全集》。

提要：志文记录了张学的生平及官职。张
学初选擢内府，后改授秦藩，升作
秦府门官。

## 题万佛岩和韵

年代：明嘉靖四十四年（1565）刻立。

形制：高 0.58 米，宽 0.82 米。

行字：碑文楷书 16 行，满行 14 字。

撰书：张永廉撰并书。

现藏：子长县钟山石窟。

著录：《新编子长县志》。

提要：记载张永廉与友欢聚饮酒、观景之
时，以万佛岩为题吟七言诗三首、
五言诗一首以抒情怀。

## *郝守业王儒游灵岩寺题皱眉罗汉诗碑

年代：明嘉靖四十四年（1565）刻立。

形制：高 0.88 米，宽 0.92 米，厚 0.16 米。

行字：碑文行草 18 行，满行 9 字。

撰书：郝守业、王儒撰，刘一惇刻。

纹饰：碑身四周饰花草纹。

出土：此碑自立未移。

现藏：略阳县灵岩寺博物馆。

著录：《灵岩流光》《汉中碑石》。

提要：此刻石介绍了郝守业等人泛舟嘉陵江、
游览灵岩寺时有感而作的三首诗歌，描
写了灵岩寺周围优美的自然风光。

## *甘茹游灵岩寺题诗碑

年代：明嘉靖四十四年（1565）刻立。

形制：高 0.92 米，宽 0.66 米，厚 0.16 米。

行字：碑文行草 15 行，满行 10 字。

撰书：甘茹撰并书，刘一惇刻。

出土：此碑自立未移。

现藏：略阳县灵岩寺博物馆。

著录：《灵岩流光》《汉中碑石》。

提要：此刻石介绍了甘茹、刘一惇等游灵岩
寺时所作的五首诗。诗文描写了灵岩
寺周围优美的自然风光。

## *白桂游灵岩寺题诗碑

年代：明嘉靖四十四年（1565）刻立。

形制：高 0.47 米，宽 0.70 米，厚 0.14 米。

行字：碑文草书 12 行，满行 10 字。

撰书：白桂撰并书。

出土：此碑自立未移。

现藏：略阳县灵岩寺博物馆。

著录：（道光）《略阳县志》《灵岩流光》《汉
中碑石》。

提要：此刻石介绍了李元杰、邓腾云在嘉靖
乙巳暮春之际同游灵岩寺时有感而
作的两首诗。诗文描写了灵岩寺优美
的自然风光。

## 重修罗汉寺画廊记

**年代：** 明嘉靖四十四年（1565）刻立。

**形制：** 圆首方座。高 1.60 米，宽 0.70 米，厚 0.16 米。

**行字：** 额篆书 2 行，满行 4 字，题"佛日增辉法轮常转"。碑文楷书 16 行，满行 33 字。

**撰书：** 种赋撰并书，杨雾刻。

**现藏：** 户县秦渡镇庞村罗汉寺。

**著录：**《户县碑刻》。

**提要：** 此碑主要记载罗汉寺沿革及修复该寺画廊情况。文中有嘉靖三十四年（1555）寺庙殿宇因地震遭到破坏的记载。

## 张公创建白水外城记

**全称：** 兵宪张公创建白水外城记。

**年代：** 明嘉靖四十四年（1565）刻立。

**形制：** 高 0.54 米，宽 0.96 米。

**行字：** 碑文楷书 45 行，满行 33 字。

**撰书：** 韩邦奇撰，武卿书。

**纹饰：** 碑身四周饰蔓草纹。

**出土：** 原立存白水县，后移藏西安碑林。

**现藏：** 西安碑林博物馆。

**著录：**《西安碑林全集》。

**提要：** 碑文记述了余子俊奏准修白水县外城的原因、经过，以及兵宪张公在修建白水外城中的功绩。余子俊（1429—1489），景泰二年进士，授户部主事，官至兵部尚书；曾于成化年间移抚陕西，任陕西按察司提督学金事。撰者韩邦奇，陕西朝邑人，官至兵部尚书，致仕归；著述甚富，为时所称；《明史》有传。

## *光复莲花寺碑

**年代：** 明嘉靖四十四年（1565）刻立。

**形制：** 圆首。高 2.75 米，宽 0.90 米。

**行字：** 碑文楷书，满行字数不详。

**撰书：** 汪腾鲲撰，陈善言、杨清和书。

**现藏：** 紫阳县前河乡田家坝村。

**著录：**《安康碑版钩沉》。

**提要：** 碑文记载莲花寺。古刹莲花庵，创自北宋大观年间（1107—1110），寺中香花多年兴盛，山谷之中皆知此寺。延及明嘉靖二十年（1541）以来，寺乏守戒之僧，处趋侵寺之徒以逞，致使佛事倾颓，殿宇荒芜，旧时鼎磬等器散入民家，遂僧散田方尽。此引起僧人牛玄聪、邑民李云共忿，并赴诉抚治郧阳御史，法既明，使得该寺得以再兴之势。

## 李应禧墓志

**全称：** 明故洵邑致仕郡博李公宾山墓志铭并盖。

**年代：** 明嘉靖四十四年（1565）刻。

**形制：** 志、盖均为正方形，尺寸相同。边长 0.55 米，厚 0.10 米。

**行字：** 盖文楷书 3 行，满行 4 字，题"明故大郡博宾山李公墓志铭"。志文楷书 25 行，满 25 字。

**纹饰：** 志四周饰山、云纹。

**出土：** 1983 年出土于旬阳县鲁家台。

**现藏：** 旬阳县博物馆。

**著录：**《安康碑石》。

**提要：** 志文记载李应禧之家族世系、生平情况。

## 雷近溪墓志

**全称：** 明故太学生近溪雷公墓志铭。

**年代：** 明嘉靖四十四年（1565）刻。

**形制：** 志正方形。边长 0.80 米。

行字：志文楷书 23 行，满行 35 字。

撰书：刘芝撰，□臣书。

现藏：商洛博物馆。

提要：志文记述了雷近溪的履历、家庭情况。

## 赵关建堡议碑

全称：同州知州赵公建堡议。

年代：明嘉靖四十五年（1566）刻立。

形制：圆首方座，首身一体。高 1.57 米，宽 0.75 米。

行字：碑文楷书 24 行，满行 50 字。

撰书：任铠撰，杨作舟书，张一鸿篆额。

现藏：韩城市博物馆。

提要：明西安府同州之澄城与洛川间的黄龙山、白水与宜君间的马莲滩、韩城与宜川间的麻线岭，谓"三险"。此碑由任铠刻碑写跋，记修堡之事。

## *方新游白云山寺题诗碑

年代：明嘉靖四十五年（1566）刻立。

形制：高 1.50 米，宽 0.70 米。

行字：碑文草书 15 行，满行 4—6 字不等。

撰书：方新撰并书。

现藏：户县石井镇白云寺。

著录：《户县碑刻》。

提要：此碑记载方新题写的《游白云山寺》诗文为："一入终南眺赏频，白云邀我上嶙峋。峰浮蓝水来天际，日拥黄尘薄海滨。屋在山川供子乐，身闲麋鹿自相亲。淹留欲问程明居，千载重游有几人。"撰书者方新，字德新，号定溪，池阳人；嘉靖进士，累官监察御史；因上疏言灾变外患，宜随事自责，痛加修省，帝怒，斥为民；穆宗继位，复官。

## *墨绣堂法帖碑

年代：明嘉靖四十五年（1566）刻立。

形制：共 5 石，均高 0.27 米，宽度不等。

行字：碑文行、草书均有，行字数不等。

撰书：孟缵祖书。

现藏：西安碑林博物馆。

著录：《西安碑林全集》。

备注：又称"天马赋"。

提要：法帖包括行书"墨绣堂"三字榜额，临米芾行书"天马赋"（二石），草书自作诗四首（二石）。书者孟缵祖，其人未详；据碑上钤章及跋款，知其字聿修，一字芥舟，室名墨绣堂，卢龙人。

## 姚选暨妻柳氏合葬墓志

全称：明故邻水县主簿东泉姚公配孺人柳氏合葬墓志铭。

年代：明嘉靖四十五年（1566）刻。

行字：志文楷书 31 行，满行 34 字。

撰书：陈汝明撰，姚时行书，张诏篆盖。

现藏：商洛博物馆。

提要：志文记述了姚选的履历、为官政迹、迁居及家族世系、子嗣情况。

## *葛桂游显化台太玄洞回文诗碑

年代：明嘉靖四十五年（1566）刻立。

形制：圆首。高 1.46 米，宽 0.72 米。

行字：碑文草书 6 行，满行 14 字。

撰书：葛桂撰并书。

出土：原存耀县药王山北洞火神洞。

现藏：药王山博物馆。

著录：《药王山碑刻》《陕西药王山碑刻艺术总集》。

提要：诗云："仙真隐化显名山，应响灵传遍宇环。玄洞远风通地穴，古台晴月印云关。湮生石灶丹留火，雨积盆池药点斑。牵兴剧游随上下，缘攀望日一偷闲。"

## 地接秦封

年代：明嘉靖间（1522—1566）刻立。

形制：高 1.30 米，宽 3.80 米。

行字：碑文楷书 1 行 4 字。

现藏：榆林市红石峡东壁。

提要：碑题意为此地有雄踞三秦大地的气概。上款"嘉靖岁次丁丑仲夏日"，下款"榆林镇长白韦陀保重修"。

## *训诫箴言碑

年代：明嘉靖间（1522—1566）刻立。

形制：高 1.95 米，宽 0.69 米，厚 0.08 米。

行字：碑文楷书 15 行，满行 44 字。

纹饰：碑身四周饰腾龙、祥云、火焰珠纹。

出土：1985 年出土于麟游县福利厂院内。

现藏：麟游县博物馆。

备注：现存碑右半部分。

提要：此碑内容为皇帝训诫臣属箴言刻石。

## *罗汉寺全图碑

年代：明嘉靖间（1522—1566）刻立。

形制：圆首座佚。高 1.24 米，宽 0.56 米。

现藏：户县秦渡镇庞村罗汉寺。

著录：《户县碑刻》。

提要：此图描绘了罗汉寺当时的殿宇方位及建筑全貌。由南至北排列在中轴线的建筑有山门、金刚殿、天王殿、钟楼与鼓楼、中殿、碑亭、正殿、二门楼、僧会司。中轴两则还建有地藏殿、水陆殿、伽蓝殿、画廊、僧堂等。保存较完好。

## *杨继盛对联碑

年代：明嘉靖间（1522—1566）刻立。

形制：高 1.24 米，宽 0.59 米。

行字：碑文草书 2 行，满行 7 字。

撰书：杨继盛撰并书。

现藏：西安碑林博物馆。

著录：《西安碑林全集》。

提要：此碑记载杨继盛撰书之七言楹联："初行竹里唯通意，直至花间始见人。"杨继盛，字仲芳，别号椒山，容城人。嘉靖二十六年（1547）进士，授南京吏部主事，召改兵部员外郎，坐论马市，贬狄道（今甘肃境内）典史，后稍迁诸城知县，又调南京户部主事转刑部员外郎，因草奏劾严嵩入狱。穆宗立，赠太常少卿，谥忠愍。著《杨忠愍集》。《明史》有传。

## 天地冥阳水路神祇殿碑记

年代：明隆庆元年（1567）刻立。

形制：通高 2.60 米，宽 0.76 米，厚 0.13 米。

行字：额篆书 1 行 4 字，题"皇帝万岁"。碑文楷书 19 行，满行 50 字。

纹饰：碑身四周饰牡丹花及卷草纹。

出土：此碑自立未移。

现藏：佳县刘国具乡白家铺村化云寺水陆殿内。

备注：略有剥蚀。

提要：此碑记释迦牟尼其人其事、佛教传入及开凿水路大殿起止时间等事。碑阴记施财人姓名。

## 秦继周暨妻申氏合葬墓表

全称：明故大学士秦双壑申孺人合葬墓表。

年代：明隆庆元年（1567）刻立。

形制：通高 1.00 米，宽 0.48 米。

行字：碑文楷书 19 行，满行 35 字。

撰书：范燧撰。

现藏：合阳县博物馆。

提要：志文记载了明大学士秦双塈的生平及
子嗣情况。秦双塈，讳继周，字希文，
号双塈。秦双塈谨言慎行，克勤克俭，
博览不自满，于嘉靖四十二年（1563）
六月去世。申氏淑慎贞洁，治家有方，
生有五男三女。

# 王元正诰命碑

全称：原任翰林院检讨赠奉议大夫光禄寺少
卿王元正诰命。

年代：明隆庆元年（1567）刻立。

形制：圆首方座。高 1.58 米，宽 0.72 米，
厚 0.18 米。

行字：额楷书 1 行 2 字。碑文楷书 13 行，
满行 30 字。

现藏：户县祖庵镇南街。

著录：《户县碑刻》。

提要：碑文记载了皇帝追赠原任翰林院检讨
王元正为奉议大夫、光禄寺少卿一
事。王元正，字舜卿，周至县人；明
正德六年（1511）进士，任翰林院检
讨；因性资刚毅，争大礼而杖于朝，
谪戍茂州，卒于戍所；《明史》有传。

# 巨公墓碑

全称：明处士洞玄巨公之墓。

年代：明隆庆元年（1567）刻立。

形制：圆首方座。高 1.44 米，宽 0.84 米，
厚 0.18 米。

行字：碑文楷书 3 行，共 38 字。

撰书：马鸿世书。

出土：此碑自立未移。

现藏：周至县尚村镇临川寺东门外路边。

备注：此碑镶于碑亭之内，碑座埋于地下，
墓冢已平。

提要：碑正中书"明处士洞玄巨公之墓"。
上款"任四川重庆府壁山县典史男巨
朝立石"，下款"隆庆元年岁次于卯二
月壬午吉日"。

# 渼陂空翠堂记

年代：明隆庆元年（1567）刻立。

形制：圆首方座。通高 2.40 米，宽 0.85 米，
厚 0.20 米。

行字：额篆书 2 行，满行 2 字，题"空翠堂
记"。碑文楷书 19 行，满行 45 字。

撰书：宋张仅撰，明王玮重立。

现藏：户县玉蝉镇陂头村空翠堂院内。

著录：《重修户县志》《户县碑刻》。

备注：碑身下部左右角残损。

提要：此碑首述渼陂风景为关中山水最佳之
地，有修复旧堂的必要；后记述修堂
的始末经过，及堂名"空翠"之由
来；可为研究户县地理疆域提供重
要资料。此碑原文为宋代宣和四年
（1122）户县知县张仅新撰。明隆
庆元年二月知户县事王玮照原文重
新刻立。空翠堂在户县县城西北三
公里处，玉蝉乡陂头堡东渼陂故址
中，取杜甫《渼陂行》"丝管啁啾空
翠来"诗句而得名。堂创建于宋宣
和四年五月。

# 五台山静明宫记

年代：明隆庆元年（1567）刻立。

形制：高 0.90 米，宽 0.45 米，厚 0.17 米。

行字：碑文楷书 21 行，满行字数不等。

出土：原存耀县药王山南庵。

现藏：药王山博物馆。

著录：《药王山碑刻》《陕西药王山碑刻艺术总集》。

备注：碑文简短，文后多为捐资人姓名。

提要：碑文"五台山静明宫记　唐敕封殿宇，于嘉靖三十四年十二月十三日地震，倒塌无存。于嘉靖四十三年二月初七日，本官道众，发心请臣，塑给三清圣像一堂，发心贴金庄采。明隆庆元年岁次丁卯春三月吉旦"。

## 登宝山记碑

全称：夏山人同城固三进士及熊县令登宝山碑记。

年代：明隆庆二年（1568）刻立。

形制：通高 2.85 米，宽 0.35 米，厚 0.19 米。

行字：额篆书 1 行 4 字，题"皇帝万岁"。碑文草书 6 行，满行 14 字。

撰书：夏山人书。

纹饰：碑额饰双龙纹。

出土：此碑自立未移。

现藏：城固县宝山寺。

提要：碑文记载夏山人同城固三进士及熊县令登宝山事。

## 葛蔓墓志

全称：诰封奉政大夫山西按察司佥事古村葛公墓志铭。

年代：明隆庆二年（1568）刻。

形制：志、盖均为正方形，尺寸相同。边长 0.70 米。

行字：志文楷书 37 行，满行 32 字。

撰书：马自强撰，张四维书，孙铤篆盖。

纹饰：志、盖均饰蔓草纹。

出土：1962 年出土于华阴县西泉店村。2003 年入藏西安碑林。

现藏：西安碑林博物馆。

著录：《华山碑石》。

提要：志文记录了葛蔓的家族世系、生平、历官、配偶及子嗣情况。葛蔓进士而入仕，曾知郏县、灵寿，任山西按察司佥事。

## *赵鱼时过雁塔寺有感诗碑

年代：明隆庆二年（1568）刻立。

形制：碑正方形。边长 0.68 米。

行字：碑文草书 9 行，满行 9—10 字不等。

撰书：赵鲋撰并书，萧大纲镌。

纹饰：碑身四周饰回纹。

出土：原存陕西省图书馆，后移藏西安碑林。

现藏：西安碑林博物馆。

著录：《西安碑林全集》《咸宁长安两县续志》《西京碑林》。

提要：碑文为七言律诗，记录了作者应试高中后雁塔题名的感想。落款为"越郡思林山人赵鲋识"。

## *创修道院穴居记碑

年代：明隆庆二年（1568）刻立。

形制：圆首方座。高 1.23 米，宽 0.66 米，厚 0.22 米。

行字：额横刻"大明"2 字，其下文横刻"创修道院穴居记"7 字。碑文楷书 15 行，满行 24 字。

撰书：李朝聘撰，李芳书。

现藏：药王山博物馆。

著录：《药王山碑刻》《陕西药王山碑刻艺术总集》。

提要：文述孝家里人赵演斌自幼投太玄师杨寿峰，长为众所推，创修道院房厦暨穴居事。

## 狄向化暨妻郭氏合葬墓志

**全称：** 明故弟狄兰谷配郭氏合葬墓志铭。

**年代：** 明隆庆二年（1568）刻。

**形制：** 志、盖均为正方形，尺寸相同。边长 0.62 米，厚 0.10 米。

**行字：** 盖文文篆书 3 行，满行 3 字，题"明故弟狄兰谷配郭氏合葬墓"。志文楷书，分上下二栏，每栏 18 行，满行 18 字。

**撰书：** 狄从化撰，王尧典书，卜占刻。

**出土：** 2005 年出土于西安市翠竹园二期工地。

**现藏：** 陕西省考古研究院。

**提要：** 墓志记述了志主狄向化之家族世系、生平、婚姻及子嗣情况。

## 重修万佛岩寺记

**全称：** 明安定二守孙公重修万佛岩寺记。

**年代：** 明隆庆三年（1569）刻立。

**形制：** 圆首长方座。通高 2.68 米，宽 0.84 米，厚 0.12 米。

**行字：** 额篆书 3 行，满行 3 字，题"孙公重修万佛岩记"。碑文楷书 24 行，满行 48 字。

**撰书：** 赵成安撰，齐右高书，梁宸篆额。

**纹饰：** 碑额饰云纹，碑身两侧饰蔓草纹。

**现藏：** 子长县钟山石窟。

**备注：** 正面铭文风化严重，约三分之一字迹无存。

**提要：** 碑文详细记载了万佛岩的地理位置、内部结构、开凿年代、造像泥铸历史沿革以及外寇入侵遭受破坏而后重修等情况。

## 重修兴信寺碑

**年代：** 明隆庆三年（1569）刻立。

**形制：** 圆首。高 1.61 米，宽 0.77 米，厚 0.21 米。

**行字：** 额篆书 2 行，满行 3 字，题"重修兴信寺碑"。碑文楷书 18 行，满行 35 字。

**撰书：** 宋慎斋撰，胡宗山、胡从化刻。

**纹饰：** 碑额饰二龙戏珠图案，碑身两侧饰波浪纹。

**出土：** 1988 年出土于千阳县。

**现藏：** 千阳县草碧镇白村寺小学。

**提要：** 碑文记明隆庆三年重修兴信寺之缘由及对其沿革、形胜之描绘。

## 李正暨妻史氏合葬墓志

**全称：** 诰封昭勇将军陕西都司都指挥佥事李公配太淑人史氏合葬墓志铭。

**年代：** 明隆庆三年（1569）刻。

**形制：** 志、盖均为正方形，尺寸相同。边长 0.64 米，厚 0.12 米。

**行字：** 盖文篆书 7 行，满行 4 字，题"诰封昭勇将军都指挥佥事李公配太淑人史氏合葬墓志铭"。志文楷书 35 行，满行 37 字。

**撰书：** 谢承芳撰，马希龙书，侯职篆盖。

**出土：** 1978 年出土于绥德县黄家塔。

**现藏：** 绥德县博物馆。

**著录：** 《榆林碑石》。

**提要：** 志文记载了李正及其妻史氏的籍贯、家族世系、生平、妻室、子嗣情况及其死时与葬地。

## 朱秉梗暨妻田氏合葬圹志

**全称：** 大明临潼王府辅国将军庸斋夫人田氏合葬圹志铭。

**年代：** 明隆庆三年（1569）刻。

**形制：** 志正方形。边长 0.69 米。

**行字：** 志文楷书 30 行，满行 31 字。

**撰书：** 南逢吉撰，马在驭书并篆盖。

纹饰：志四周饰云龙纹。

出土：出土于西安市近郊，时间不详。

现藏：西安碑林博物馆。

备注：志石断为四块。

提要：此墓志主要记录了朱秉梗之家族世系、生平、夫人和子嗣情况。朱秉梗，诰封为临潼王府辅国将军。

## *李海题诗碑

年代：明隆庆三年（1569）刻立。

形制：高 0.42 米，宽 0.56 米。

行字：碑文草书 7 行，满行 5 字。

撰书：李海撰并书。

出土：原存耀县药王山北洞洗药池外侧。

现藏：药王山博物馆。

著录：《药王山碑刻》《陕西药王山碑刻艺术总集》。

提要：碑文"洗药盆犹在，先生已入空。世间疼疴者，应愈配方功。隆庆三年二月，咸阳李海书"。

## *艾杞墓志

年代：明隆庆四年（1570）刻。

形制：志、盖均为正方形，尺寸相同。边长 0.82 米，厚 0.06 米。

行字：盖文篆书 4 行，满行 3 字，题"明故光禄寺监□公墓志铭"。志文楷书 35 行，满行 38 字。

撰书：郝汝松撰，杨兆书。

纹饰：志、盖四周饰水波纹。

出土：出土于米脂县城郊乡官庄村，时间不详。

现藏：米脂县城郊乡官庄小学后墙外。

著录：《榆林碑石》《新中国出土墓志·陕西叁》。

备注：志文缺字较多，盖文有残缺。盖、志

中部被凿出边长 0.23 米的方孔。

提要：志文记载了艾杞的籍贯、家族世系、生平、妻室、子嗣情况。

## 阎静乐墓碑

全称：诰封通议大夫都察院右副都御史阎公墓碑。

年代：明隆庆四年（1570）刻立。

形制：通高 1.84 米，宽 0.65 米，厚 0.15 米。

行字：碑文楷书 10 行，满行 27 字。

纹饰：碑额饰双螭、水波纹，碑身四周饰几何纹。

出土：此碑自立未移。

现藏：陇县天成乡上寨子村。

提要：碑阳为墓碑名。碑阴记述了阎静乐生平及葬地事。

## 戴隆暨妻侯氏合葬墓志

全称：诰赠骠骑将军中军都督府都督金事戴公暨夫人侯氏合葬墓志铭。

年代：明隆庆四年（1570）刻。

形制：盖长 0.49 米，宽 0.12 米，厚 0.07 米。志长 0.49 米，宽 0.13 米，厚 0.07 米。

行字：盖文篆书 4 行，满行 2 字，题"诰封都督戴公之墓"。志文楷书 35 行，满行 27 字。

撰书：万浩撰，殷士儋书。

纹饰：志、盖四周饰水波纹。

出土：1998 年出土于榆林市第六小学校。

现藏：榆林市文物研究所。

著录：《榆林碑石》《新中国出土墓志·陕西叁》。

提要：志文记载了戴隆的籍贯、家族世系、生平、妻室、子嗣情况及与原配夫人冯氏的合葬地。侯氏为其五位夫人之一。

## *隆庆四年祭黄帝陵碑

**年代**：明隆庆四年（1570）刻立。

**形制**：圆首方座。通高 1.76 米，宽 0.66 米，厚 0.16 米。

**行字**：碑文楷书 12 行，满行 21 字。

**纹饰**：碑身四周饰卷草纹。

**现藏**：黄帝陵轩辕庙碑廊。

**著录**：《延安市文物志》《黄帝陵碑刻》。

**提要**：碑文记载了明穆宗朱载垕派遣陕西延安府知府郭文和于隆庆四年八月二十一日祭祀轩辕黄帝事。

## 李珊暨妻刘氏合葬墓志

**全称**：明故峪口李君配刘氏合葬墓志。

**年代**：明隆庆四年（1570）刻。

**形制**：盖长 0.71 米，宽 0.72 米，厚 0.10 米。志长 0.74 米，宽 0.72 米，厚 0.10 米。

**行字**：盖文篆书 4 行，满行 3 字，题"明峪口李君配刘氏合葬墓志"。志文楷书 22 行，满行 29 字。

**撰书**：李世达撰，张惰书，张侍篆盖。

**现藏**：三原县博物馆。

**提要**：记载志主生平家世。

## *雷神洞碑

**年代**：明隆庆四年（1570）刻立。

**形制**：圆首。高 0.95 米，宽 0.55 米。

**现藏**：安康市汉滨区关家乡无梁殿雷神洞前。

**著录**：《安康碑版钩沉》。

**备注**：碑文部分漫漶。

**提要**：碑文记载信士王仲仁喜舍家资发心修雷神峒一处、佛堂青龙殿一处，赎取白云庵一处，舍与僧人真庆薙发立愿铸造雷祖一尊等。

## *重修金台观碑

**年代**：明隆庆五年（1571）刻立。

**形制**：高 0.70 米，宽 0.40 米。

**行字**：碑文楷书 24 行，满行 16 字。

**撰书**：范稽古撰。

**纹饰**：碑身四周饰忍冬纹。

**现藏**：嵌于宝鸡市金台观殿墙。

**提要**：碑文记李玄等重修金台观事。

## 改正庙窠地土碑

**全称**：秦府委员闫玺为改正庙窠地土序碑。

**年代**：明隆庆五年（1571）刻立。

**形制**：圆首。通高 1.62 米，宽 0.81 米，厚 0.17 米。

**行字**：碑文楷书 3 行，字数不详。

**纹饰**：碑额饰双龙图案，碑身四周饰云纹。

**现藏**：眉县齐镇东凉阁村，竖立于村北口路北太白庙外。

**提要**：记载明隆庆年间重新核定眉县太白庙土地之事。

## *怀山好碑

**年代**：明隆庆五年（1571）刻立。

**形制**：高 1.80 米，宽 0.70 米。

**行字**：碑文行书 6 行，满行 13 字。

**撰书**：赵贞吉撰。

**现藏**：留坝县张良庙文物管理所。

**著录**：《汉张留侯祠》《张良胜迹诗词选》《张良庙匾联石刻诗文集注》。

**提要**：此碑是张良庙石刻中年代最早的一通碑石。碑阳正文是当时四川"四大文豪"之一赵贞吉所作，通过对紫柏山留侯庙前景观的描写，表达了他对人生的看法和感悟。碑阴有张佳胤题《归去好碑》。

## 奠汉太史司马公祭文

年代：明隆庆五年（1571）刻立。

形制：圆首方座。高 1.75 米，宽 0.73 米。

行字：碑文楷书 14 行，满行 26 字。

撰书：张士佩撰并书。

纹饰：碑身四周饰卷云纹。

出土：此碑自立未移。

现藏：韩城市司马迁祠。

著录：《司马迁祠碑石录》。

提要：此碑为明隆庆五年，曾任南京户部尚书的芝川镇人张士佩在春祭司马迁时撰写的一篇祭文。

## *宗圣宫铜章石兽铭

年代：明隆庆五年（1571）刻立。

形制：圆首。高 2.40 米，宽 0.84 米，厚 0.25 米。

行字：额篆书 2 行，满行 4 字，题"宗圣宫铜章石兽铭"。碑文楷书 19 行，满行 43 字。

撰书：张炼撰，赵尔守书并篆额。

纹饰：碑额饰云纹。

现藏：周至县古楼观宗圣宫。

著录：《楼观台道教碑石》。

提要：记明隆庆间宗圣宫建设出土铜章石兽的异事。碑阴为施主、功德主及县内外信士 500 余人姓名。

## *谒太史公墓碑

年代：明隆庆六年（1572）刻立。

形制：圆首方座。高 1.30 米，宽 0.48 米。

行字：碑文行楷 8 行，满行 13 字。

撰书：叶梦熊撰并书。

纹饰：碑身四周饰花卉纹。

出土：此碑自立未移。

现藏：韩城市司马迁祠。

著录：《司马迁祠碑石录》。

提要：叶梦熊为明嘉靖四十四年（1565）进士。隆庆年间，以监察御史直谏马市，被贬为合阳丞。其有事来韩城，路过拜谒司马迁祠，捐献司马迁祠地三亩以供祭扫之用，并作七言律诗"大河东去世茫然，司马残碑纪汉年。孤史是非犹白日，龙门踪迹已浮烟。玉书神护空遗穴，石室云藏有剩编。国士飘零同感慨，一杯和泪滴重泉"。

## *刘松诗碑

年代：明隆庆六年（1572）刻立。

形制：正方形。边长 0.49 米。

行字：碑文楷书 4 行，满行 7 字。

撰书：刘松书，李宗尧立。

现藏：合阳县博物馆。

提要：诗文"清世何妨寄一官，年来卧病愧盘餐。欲知直道还三代，白发攀辕泪眼看"。

## 重修城隍庙碑记

年代：明隆庆六年（1572）刻立。

形制：圆首。通高 2.10 米，宽 0.84 米，厚 0.20 米。

行字：额篆书 2 行，满行 3 字，题"重修城隍庙记"。碑文楷书 15 行，满行 39 字。

撰书：廉汝撰。

纹饰：碑额饰双龙纹，碑身四周饰云纹。

出土：此碑自立未移。

现藏：城固县城隍庙。

提要：碑文记载城隍庙来历、重修城隍庙事及当时重修时房屋结构、规模。

## *义祀感格记碑

年代：明隆庆六年（1572）刻立。
形制：螭首方座。高 2.30 米，宽 0.86 米，厚 0.19 米。
行字：碑额篆书 2 行，满行 3 字，题“义记感格记碑”。碑文楷书 16 字，满行 46 字。
撰书：吴擢撰并书，何勋篆额。
现藏：周至县楼观台。
著录：《楼观台道教碑石》。
备注：“文化大革命”中被打碎为数块，后修复置原地。
提要：记载重大宗教祭祀活动之因由、经过、结果等。

## 礼泉古仪门寺重□□□□记

年代：明隆庆六年（1572）刻立。
形制：高 0.62 米，宽 0.24 米。
行字：碑文楷书 15 行，满行 39 字。
撰书：陈献策书，付世安刻。
出土：原在礼泉县仪门寺，1953 年移藏西安碑林。
现藏：西安碑林博物馆。
著录：《西安碑林全集》。
备注：四面均有残损，多处已漫漶不清。
提要：四面镌刻。左侧面刻“古仪门寺观音堂石醮盆”10 字，碑阴刻“骏马像赞”，右侧面刻“发心舍财助缘善”名单。

## 杜珝墓志

全称：明秦藩承奉司承奉副两泉杜公墓志铭。
年代：明隆庆六年（1572）刻。
形制：志、盖均为正方形，尺寸相同。边长 0.97 米。
行字：盖文篆书 4 行，满行 3 字，题“明秦藩承奉副两泉杜公之墓”。志文楷书 33 行，满行 42 字。
撰书：王鹤撰并书及篆盖。
纹饰：志四周饰云龙纹，四角饰宝相花纹。
出土：1956 年出土于西安市西稍门外。
现藏：西安碑林博物馆。
著录：《西安碑林全集》。
提要：志文记录了杜珝的生平及历官等。杜珝，以良家子被选供事内廷，秦藩为中侍，历官典膳副、典膳正、承奉司承奉副。

## 耀州修景范堂记

年代：明隆庆六年（1572）刻立。
形制：圆首座佚。高 2.34 米，宽 0.91 米，厚 1.26 米。
行字：碑文楷书 25 行，满行 56 字。
撰书：乔因羽撰。
纹饰：碑身四周饰卷云和卷草纹。
现藏：铜川市耀州区博物馆。
著录：《耀州文庙》。
备注：碑阴漫漶难辨。
提要：碑阳是明隆庆四年修建州署景范堂的记事。碑文分两部分，第一部分记知州望廷臣主持修建景范堂之事，第二部分是当时耀州各界人士的姓名，共 88 人。碑阴是各街市民和有关人员的姓名，有 53 人。

## 重修三官庙碑文记

年代：明隆庆六年（1572）刻立。
形制：高 1.12 米、宽 0.64 米。
行字：碑文楷书 19 行，满行 27 字。
现藏：洛南县灵口镇黄平村。
提要：碑文记载了三官庙于地震中坍圮，王

之绪父子募资修复事。

## *千金宝要碑

**年代**：明隆庆六年（1572）刻立。

**形制**：共 4 石，尺寸相同。高 2.27 米，宽 0.97 米，厚 0.22 米。

**撰书**：孙思邈撰，谢沾书。

**出土**：原存耀县药王山北洞药王大殿。

**现藏**：药王山博物馆。

**著录**：《药王山碑刻》。

**提要**：按"元、亨、利、贞"顺序排列，内容为"千金宝要"序、"千金宝要"（家方 900 余首）、"千金宝要"跋。

## *海上方碑

**年代**：明隆庆六年（1572）刻立。

**形制**：高 2.00 米，宽 0.88 米，厚 0.24 米。

**行字**：碑文楷书 36 页，页各 12 行，满行 14 字。

**撰书**：谢沾书。

**出土**：原存耀县药王山北洞药王大殿。

**现藏**：药王山博物馆。

**著录**：《药王山碑刻》。

**提要**：此碑所刊内容有重刻海上方序、孙真人枕上记、孙真人养生铭、海上方。

## *太上三元经碑

**年代**：明隆庆年间（1567—1572）刻立。

**形制**：通高 2.23 米，宽 0.80 米，厚 0.46 米。

**行字**：碑额篆书"太上三元经碑"。碑文楷书，共 1675 字。

**纹饰**：碑额饰二龙戏珠图案。

**现藏**：陇县堠底下乡小寨村南庙院内。

## *张维新吊汉太史公墓诗碑

**年代**：明隆庆年间（1567—1572）刻立。

**形制**：圆首方座。高 2.20 米，宽 0.65 米。

**行字**：碑文楷书 5 行，满行 15 字。

**撰书**：张维新撰并书。

**纹饰**：碑身四周饰卷云纹。

**出土**：此碑自立未移。

**现藏**：韩城市司马迁祠。

**著录**：《司马迁祠碑石录》。

**提要**：此碑刻诗为明隆庆年间所作，诗文"尔魂游廊落，而我抚松楸。一掬高山泪，千秋大块愁。瑶编余汉草，砥柱俯秦流。不尽林中色，云烟莽自浮"。

## 艾梓墓志

**全称**：明故光禄大夫左军都督府都督金事移轩艾公墓志铭。

**年代**：明万历元年（1573）刻。

**形制**：盖、志尺寸相同。长 0.82 米，宽 0.79 米。盖厚 0.10 米，志厚 0.11 米。

**行字**：盖文篆书 5 行，满行 4 字，题"明故显考骠骑将军左军都督府都督艾公墓志铭"。志文楷书 32 行，满行 35 字。

**撰书**：赵世勋撰，杨兆书，郝汝松篆盖。

**纹饰**：志、盖四周饰水波纹。

**出土**：出土于米脂县。

**现藏**：米脂县博物馆。

**著录**：《榆林碑石》。

**提要**：志文记载了艾梓的籍贯、家族世系、生平、历官等。其历官陕西领班都司、山西行都司金书、大同东路右参将、延绥西路左参将、左军都督府署都金事。志文为研究明代九边重镇延绥镇的历史与战事提供了重要信息，有较高的历史研究价值。

## 韦沂墓志

**全称**：明故国子监生两溪韦君墓志铭。

年代：明万历元年（1573）刻。

形制：盖、志尺寸相同。长 0.65 米，宽 0.63 米，厚 0.06 米。

行字：盖文篆书 4 行，满行 4 字，题"明故国子监生两溪韦公墓志铭"。志文楷书 20 行，满行 21 字。

撰书：孙嘉宾撰，单燧书并篆盖，田仕凌刊。

出土：2008 年出土于澄城县韦家社村南。

现藏：澄城县冯原镇韦家社村南。

备注：此墓志为青砂石。

提要：记载韦沂的生平经历。

## 韦君暨妻李氏合葬墓志

全称：明逸人乾柏韦君暨配李氏合葬墓志铭。

年代：明万历元年（1573）刻。

形制：志、盖尺寸相同，长 0.61 米，宽 0.60 米，厚 0.10 米。

行字：盖文楷书 4 行，满行 4 字，题"明逸人乾柏韦君暨配李氏合葬墓志铭"。志文楷书 28 行，满行 35 字。

撰书：田仕陵刊。

出土：2008 年出土于澄城县韦家社村。

现藏：澄城县冯原镇韦家社村二组韦罡胡院内。

提要：记载志主平生经历。

## 重修义勇武安王庙碑记

年代：明万历元年（1573）刻立。

形制：高 1.34 米，宽 0.65 米，厚 0.17 米。

行字：碑文楷书 22 行，满行 34 字。

撰书：杨汝清撰，马时雍书。

现藏：户县玉蝉镇陂头村空翠堂内。

著录：《户县碑刻》。

提要：碑文记载了重修武安王庙的必要性以及重修该庙的经过。武安王即关羽。义勇武安王庙即关帝庙。

## 刘以正墓志

全称：明甘肃游击将军都指挥金事杜曲刘公墓铭并序。

年代：明万历元年（1573）刻。

形制：志、盖均为正方形，尺寸相同。边长均 0.58 米。

行字：盖文篆书 5 行，满行 4 字，题"明甘肃游击将军都指挥金事杜曲刘公墓铭"。志文楷书 37 行，满行 42 字。

撰书：陈绶撰，杨余庆书。

出土：1956 年出土于西安市北郊红庙坡。

现藏：西安碑林博物馆。

著录：《西安碑林全集》。

备注：志左上角断裂。

提要：志文记载了刘以正的生平、历官、配偶及子嗣情况等。其主要历官有署指挥同知移陕西都司、甘州领班都司、行司都指挥金事等。

## *万历元年祭周武王碑

年代：明万历元年（1573）刻立。

形制：通高 1.14 米，宽 0.55 米。

行字：碑文楷书 10 行，满行 18 字。

纹饰：碑额饰龙纹。

出土：此碑自立未移。

现藏：咸阳市周陵文物管理所。

著录：《咸阳市渭城区志》《渭城文物志》。

提要：碑文记载了明万历元年神宗朱翊钧遣官祭周武王之事。

## 王庄墓志

全称：明山西石楼县典史王公黉西墓志铭。

年代：明万历元年（1573）刻。

形制：志正方形，尺寸不详。

行字：盖文篆书 4 行，满行 4 字，题"明故山西石楼县典史黉西王公墓志铭"。

志文楷书 26 行，满行 35 字。

撰书：杨舜臣撰，邵榆书，杨大宁篆盖。

现藏：商洛博物馆。

提要：记述墓主人生平。

## *凿千万佛洞记碑

年代：明万历二年（1574）刻立。

形制：高 1.27 米，宽 0.62 米。

行字：碑文楷书 14 行，满行 31 字。

撰书：贺胤烈、贺胤光书。

纹饰：碑身四周饰卷草纹。

出土：此碑自立未移。

现藏：神木县东山。

提要：碑文记叙了在神木县东山凿千万佛洞之事。

## *新修文昌宫记碑

年代：明万历二年（1574）刻立。

形制：高 1.49 米，宽 0.85 米。

行字：碑文楷书 22 行，满行 45 字。

撰书：翟涛撰。

出土：原在汉中文昌宫中，1980 年前后移于古汉台。

现藏：汉中博物馆中院镜吾池西侧。

提要：碑文记述知府翟涛委南郑知县李梓、主簿寇思舜督工维修文昌宫事。

## 路云达暨妻田氏赵氏合葬墓志

全称：明寿官先考严庭路府君妣田氏赵氏合葬墓志并铭。

年代：明万历二年（1574）刻。

形制：长 0.60 米，宽 0.57 米，厚 0.15 米。

行字：盖文篆书 4 行，满行 5 字，题"明寿宫先考严庭路府君妣田氏赵氏合葬墓志铭"。志文楷书 28 行，满行 28 字。

撰书：路车撰并书及篆盖。

出土：2000 年出土于澄城中学。

现藏：澄城县乐楼文物管理所。

提要：志文记载了路云达及其妻田氏、赵氏的生平及卒年等情况。撰者路车，明万历举人，后任四川叙州府同知。

## 员昂暨妻李氏合葬墓志

全称：明故大学生员公配李夫人合葬墓志铭。

年代：明万历二年（1574）刻。

形制：志、盖尺寸相同。长 0.60 米，宽 0.58 米。

行字：志文楷书 32 行，满行 31 字。

撰书：赵儒撰。

出土：1974 年出土于华阴县上洼村。

现藏：西安碑林博物馆。

著录：《华山碑石》。

提要：志文记录了员昂的家族世系、生平、夫人及子嗣情况。

## 冯显母卢氏合葬墓志

全称：明孺人冯母卢氏合葬墓志铭。

年代：明万历二年（1574）刻。

形制：志正方形。边长 0.79 米。

行字：志文楷书 31 行，满行 36 字。

撰书：王用宾撰并书，秦可大篆盖。

出土：出土时间、地点不详。1963 年入藏西安碑林。

现藏：西安碑林博物馆。

著录：《西安碑林全集》。

提要：志文记载了卢氏生平、夫婿及子嗣情况。

## 重修三原城隍庙三门记

年代：明万历二年（1574）刻立。

形制：圆首龟座。高 1.98 米；宽 0.87 米。

行字：碑文楷书 19 行，满行 43 字。

纹饰：碑身四周饰缠枝荷花、梅花纹。

现藏：三原县博物馆。

提要：碑文记述了城隍庙三门的始建人为张铭善，城隍庙三门的重修原因和倡导者、修建者等。

## 娄公献殿碑

全称：汉建信侯娄公献殿碑记。

年代：明万历二年（1574）刻立。

形制：圆首方座。高 2.50 米，宽 1.00 米，厚 0.24 米。

行字：碑文楷书 21 行，满行 41 字。

纹饰：碑额饰龙凤纹。

现藏：永寿县店头镇明月山。

提要：碑文主要记述了永寿县西南八十里的明月山上有汉建信侯娄敬祠事。

## 重建三清殿碑

全称：古楼观宗圣宫重建三清殿记。

年代：明万历二年（1574）刻立。

形制：螭首方座。高 3.30 米，宽 1.00 米，厚 0.23 米。

行字：碑额篆书 2 行，满行 3 字，题"重建三清殿记"。碑文 10 行，满行 49 字。

撰书：张几撰，焦霖书，王三聘篆。

现藏：周至县古楼观宗圣宫。

著录：《楼观台道教碑石》。

备注：文内有嘉靖三十四年地震情况记述。

提要：碑文记载明嘉清三十四年（1555）地震"三清殿坏，住持仵明宫等图修复，告诸四方，施主云集，三趋事泯效力"。该工程从嘉靖三十八年开始，至万历二年竣工。碑阴为助缘功德主姓名。

## 徐仁合葬墓志

全称：诰封荣禄大夫镇守大同甘肃固原总兵官都督双峰徐公合葬墓志铭。

年代：明万历三年（1575）刻。

形制：盖长 0.68 米，宽 0.80 米，厚 0.11 米；志长 0.73 米，宽 0.87 米，厚 0.11 米。

行字：盖文篆书 7 行，满行 4 字，题"诰封荣禄大夫镇守大同甘肃固原总兵都督双峰徐公合葬墓志铭"。志文楷书 40 行，满行 40 字。

撰书：崔镛撰，白栋书，马希龙篆盖。

出土：1983 年出土于榆林市榆阳桥南端种子站。

现藏：榆林市榆阳区文物管理所。

著录：《榆林碑石》。

提要：志文记载了徐仁的家族世系、生平、妻室、子嗣情况及葬地。其历官千户、指挥金事、定边守备、延安游击、密云副总兵、定边副总兵、固原总兵等。志文还记载大小战事数次，是研究明代九边重镇战争史的重要实物资料。

## *汉太史公世系碑

年代：明万历三年（1575）刻立。

形制：圆首方座。通高 1.61 米，宽 0.78 米，厚 0.18 米。

行字：碑文楷书 18 行，满行 36 字。

撰书：张士佩撰，薛之科书。

纹饰：碑身四周饰卷云纹。

出土：此碑自立未移。

现藏：韩城市司马迁祠。

著录：《司马迁祠碑石录》。

提要：明万历年间，芝川镇人南京户部尚书张士佩看到司马迁祠无守冢之人，于是将太史祠下自己的田地捐给司马迁祠，雇佣人耕种，并为司马迁守墓；同时，又听说河津人争司马迁为其乡人，因而将《太史公自序》节录并刻碑以记。

## *苟□发愿幢

年代：明万历四年（1576）刻立。

形制：高 1.02 米，每面宽 0.22 米。

行字：正面楷书 4 行，满行 22 字；背面楷书 2 行，满行 11 字。

撰书：吕引康撰，赵儒书。

纹饰：幢身饰腾龙、祥云、蔓草纹。

出土：麟游县九成宫镇城关村征集，时间不详。

现藏：麟游县博物馆。

著录：《慈善寺与麟溪桥》。

提要：此幢为麟游县常丰里信士苟□为阖家老小敬造发愿幢以祝福平安。

## 重建吾老洞殿宇记

年代：明万历四年（1576）刻立。

形制：高 2.8 米，宽 0.85 米，厚 0.24 米。

行字：额篆书 2 行，满行 4 字，题"重建吾老洞殿宇记"。碑文楷书 12 行，满行 32 字。

撰书：康海撰，方演惠书，王崇礼篆额。

纹饰：碑身四周饰菊花纹。

现藏：周至县古楼观吾老洞前。

著录：《楼观台道教碑石》。

备注：碑身左下角残缺。

提要：该碑记载了明大历年间道士赵继亨等"募于十方，苦行数载"，把"（吾老洞）殿院层阶，复拓一新"之事。

## *徐用检关士同年会诗碑

年代：明万历四年（1576）刻立。

形制：高 0.54 米，宽 0.86 米。

行字：碑文行书 16 行，满行 4—6 字不等。

撰书：徐用检撰并书。

纹饰：碑身四周饰卷云纹。

现藏：西安碑林博物馆。

著录：《西安碑林全集》。

提要：此诗为徐用检中进士后十五年与同年中进士者即席赠诗。徐用检，又名徐克贤，号鲁源山人，嘉靖四十一年（1562）进士，曾任南京太仆卿，《明史》《明儒学案》有传。

## 朱秉楸圹志

全称：皇明秦藩辅国将军清溪君侯圹志。

年代：明万历四年（1576）刻。

形制：盖、志均为正方形。盖边长 0.86 米，志边长 0.87 米。

行字：盖文篆书 4 行，满行 4 字，题"皇明秦藩宗室辅国将军清溪君侯圹志"。志文楷书 30 行，满行 38 字。

撰书：陈绶撰，杨余庆书，张尚信刻。

纹饰：盖四周饰龙纹，志四周饰云龙纹。

出土：1988 年出土于西安市南郊。

现藏：陕西省考古研究院。

提要：志文记载了朱秉楸之家族世系、生平、配偶及子嗣情况。

## 改建琴鹤堂碑记

年代：明万历五年（1577）刻立。

形制：高 0.70 米，宽 1.75 米。

撰书：田东晓撰。

现藏：吴堡县古城衙署旧地。

提要：碑文记载了傅嘉行任职后，细观县城中神祠、学堂、衙署等建筑年久已废，便集资修建一新。碑文完整，是研究明代政治、经济、文化等方面的重要实物资料。

## 修建玄天上帝庙碑

全称：车度里居民修建玄天上帝庙碑。

年代：明万历五年（1577）刻立。

形制：高 1.08 米，宽 0.54 米。

撰书：谢守儒书。

纹饰：碑额饰双龙图案，碑身四周饰缠枝卷叶纹。

出土：1997 年征集。

现藏：蒲城县博物馆。

备注：碑身多处残。

提要：该碑记载了蒲城县东南车度里居民修建玄天上帝庙宇事。

## 孙汝绍暨妻潘氏合葬墓志

全称：明诰封昭勇将军署都指挥金事五军营参将前川孙公配淑人潘氏合葬墓志铭。

年代：明万历六年（1578）刻。

形制：盖、志尺寸相同。长 0.85 米，宽 0.67 米，厚 0.10 米。

行字：盖文篆书 8 行，满行 4 字，题"明诰封昭勇将军署都指挥金事五军营参将前川孙公配淑人潘氏合葬墓志铭"。志文楷书 41 行，满行 29 字。

撰书：纪文炜撰，程九思书，王宾篆盖。

出土：出土于榆林南郊羊毛衫厂，时间不详。

现藏：榆林市红石峡文物管理所。

著录：《榆林碑石》。

备注：志盖右下斜断为二。

提要：志文记载了孙汝绍及其妻子潘氏的籍贯、家族世系、生平、子嗣情况及葬地。孙汝绍曾任指挥金事、游兵管司、大同灭虏堡守备、陕西行都司金书、宁夏游击将军。

## *葛舜臣墓志

年代：明万历六年（1578）刻。

形制：高 0.61 米，宽 0.64 米，厚 0.10 米。

行字：志文楷书 35 行，满行 30 字。

撰书：李承薰撰并书，王廷举刻。

纹饰：志四周饰云纹。

出土：1981 年淳化县大店乡辛庄。

现藏：淳化县博物馆。

提要：记载志主生平经历。

## *肇祀记碑

年代：明万历六年（1578）刻立。

形制：圆首方座。通高 2.10 米，宽 0.74 米。

行字：碑文楷书 16 行，满行 61 字。

撰书：刘从古撰并书。

纹饰：碑身四周饰花卉纹。

出土：此碑自立未移。

现藏：韩城市司马迁祠。

著录：《司马迁祠碑石录》。

提要：此碑文为明万历年间韩城知县刘从古所写，这是最早将司马迁祠的祭祀活动纳入官祭的批文。碑文记载，知县将祭祀司马迁一事上报西安府同州，获得批准，并按照指示进行当年秋季祭祀。

## *万历六年敕谕碑

年代：明万历六年（1578）刻立。

形制：通高 1.77 米，宽 0.95 米，厚 0.13 米。

行字：额楷书 1 行 2 字，题"敕谕"。碑文楷书 41 行，满行 69 字。

撰书：阎性书。

纹饰：碑额饰云龙纹。

现藏：户县文庙大成殿东侧碑廊。

著录：《户县碑刻》。

提要：碑文记载了皇帝敕谕兴学育才方面的详细内容，共计十八条。

## *显妣李氏墓志盖并买地券

年代：明万历六年（1578）刻。

形制：长 0.33 米，宽 0.31 米。

行字：券文楷书 19 行，满行 20 字。

出土：出土时间、地点不详。2003 年入藏西
安碑林博物馆。

现藏：西安碑林博物馆。

著录：《华山碑石》。

提要：志文记载"明万历六年四月十六日，
山西等处承宣布政使司右参政葛大纪
为诰奉政大夫山西按察司佥事故显考
葛公，诰封宜人故显妣李氏合葬，谨
卜宅兆于家望城西泉店迤南原"。

## *单应元书对联碑

年代：明万历七年（1579）刻立。

形制：共 2 石。左石高 0.75 米，宽 0.21 米；
右石高 0.76 米，宽 0.21 米。

行字：2 石碑文共楷书 4 行，共 18 字。

撰书：单应元书。

出土：此碑自立未移。

现藏：神木县二郎山浩然亭左右壁后上方。

提要：右石上款"万历己卯"，上联题"山
环水绕"；左石题下联"月白风清"，
下款"云中单应元书"。

## *重修大夏禹王庙记碑

年代：明万历七年（1579）刻立。

形制：圆首方座，首身一体。通高 2.38 米，
宽 0.67 米，厚 0.24 米。

行字：碑文楷书 6 行，满行 53 字。

撰书：程嘉言撰，宁魁书并篆额。

纹饰：碑身四周饰蔓草纹。

现藏：韩城市大禹庙。

提要：记万历七年西社人捐银重修大禹庙事。

## *万历七年圣旨碑

年代：明万历七年（1579）刻立。

形制：通高 2.75 米，宽 0.85 米，厚 0.23 米。

行字：碑文楷书 14 行，满行 36 字。

纹饰：碑身四周饰缠枝蔓草纹。

出土：2002 年出土于临潼区油槐乡南张村。

现藏：西安市临潼博物馆。

提要：碑文记载张守成因弟张恩任御用监太
监之故，于嘉靖四十五年（1566）得
升迁，其父、祖等均受封事。

## 马自强墓志

全称：明光禄大夫太子太保礼部尚书兼文渊
阁大学士赠少保谥文庄马公墓志铭。

年代：明万历八年（1580）刻。

形制：志、盖均为正方形，尺寸相同。边长
0.95 米，厚 0.25 米。

行字：盖文篆书 6 行，满行 5 字，题"明光
禄大夫太子太保礼部尚书兼文渊阁
大学士赠少保谥文庄乾庵马公墓"。
志文楷书 49 行，满行 58 字。

撰书：张四维撰，姚弘谟书，胡执礼篆盖。

现藏：大荔县文物局。

著录：（光绪）《大荔县志》《大荔碑刻》《新
中国出土墓志·陕西叁》。

提要：志文记述了马自强的身世、生平及政
绩，对研究明代晚期政治、历史及马
自强的历史政绩有重要参考价值。

## 张绍芳暨妻阎氏合葬墓志

全称：明故奉政大夫浙江杭州府同知恒斋张
公配安人阎氏合葬墓志铭。

年代：明万历八年（1580）刻。

形制：志、盖尺寸相同。长 0.74 米，宽 0.72
米，厚 0.07 米。

行字：盖文篆书 5 行，满行 5 字，题"明故
奉政大夫浙江杭州府同知恒斋张公
配安人阎氏合葬墓"。志文楷书 44 行，

满行 45 字。

撰书：张学道撰并题盖，赵巍书。

出土：1967 年出土于户县甘亭镇六老庵村。

现藏：户县文物管理委员会。

著录：《户县碑刻》《新中国出土墓志·陕西叁》。

提要：志文记载了张绍芳之家族世系、生平、配偶及子嗣情况。张绍芳官至浙江杭州府同知。

## *诰封怀远将军张双鹤碑

年代：明万历八年（1580）刻立。

形制：龟座。通高 2.76 米，宽 0.81 米，厚 0.23 米。

行字：碑文楷书 23 行，满行 78 字。

撰书：孙继□撰，罗奎书，李时芳篆额。

出土：2002 年出土于临潼区油槐乡南张村。

现藏：西安市临潼博物馆。

备注：碑身残断为两截，边沿残缺。

提要：碑文记载张双鹤的生平及其子简况。此碑乃其子、孙、重孙为其所立。其一子张恩为御用监太监，另一子张守成任指挥同知。

## *王安仁等题诗碑

年代：明万历八年（1580）刻立。

形制：圆首方座。高 2.03 米，宽 0.87 米，厚 0.17 米。

行字：碑文行草 10 行，满行字数不等。

撰书：王安仁、王淑抃撰。

出土：原存耀县药王山北洞药王大殿。

现藏：药王山博物馆。

著录：《药王山碑刻》《陕西药王山碑刻艺术总集》。

提要：此碑记载诗四首。前为王安仁诗二首，后为王淑抃和诗二首。

## *张三丰书永乐、天顺帝语碣碑

年代：明万历九年（1581）刻立。

形制：高 0.73 米，宽 0.60 米。

行字：碑文楷书 26 行，满行 25 字。

撰书：范宗镇跋，樊一阳立。

纹饰：碑身四周饰蔓草纹。

现藏：宝鸡市金台观文物管理所。

提要：正文三段，首段为永乐十五年（1417）皇帝为张三丰书，中段为天顺三年（1459）皇帝制文，后为范宗镇跋文。

## 张世国暨妻郭氏合葬墓志

全称：诰封明威将军张公配郭氏夫人合葬墓志铭。

年代：明万历九年（1581）刻。

形制：盖长 0.68 米，宽 0.65 米，厚 0.08 米。志边长 0.67 米，厚 0.08 米。

行字：盖文楷书 3 行，满行 4 字，题"明明威将军张公配郭氏之墓"。志文楷书 30 行，满行 31 字。

撰书：杨栖凤撰。

出土：1987 年出土于神木县城关镇五渠村。

现藏：神木县文物管理所。

著录：《榆林碑石》。

提要：志文记载了张世国及其妻郭氏的籍贯、家族世系、生平、子嗣及葬地等。

## 龙蟠虎踞

年代：明万历九年（1581）刻立。

形制：高 9.20 米，宽 4.20 米。

行字：碑文行 1 行 4 字。

撰书：王汝梅书。

现藏：榆林市红石峡东壁。

提要：题刻上款"大明万历九年岁次辛巳中秋吉日，巡抚都御使安南肖岩王汝梅题"。下款"都督金事宣府高山贾国忠、户部郎中完县念堂田时秀、兵备副使蒲坂龙江洪忻同□石"。洪忻，万历八年任东路神木。王汝梅，明代巡抚都御史。

## 谒华岳神

年代：明万历九年（1581）刻立。

形制：高2.20米，宽0.87米。

行字：碑文楷书7行，满行18字。

撰书：郜光先书。

纹饰：碑四周饰蔓草纹。

现藏：华阴市西岳庙文物管理处。

著录：《华山碑石》。

提要：此碑刻为七言诗刻。

## 重修玄坛赵元帅庙碑记

年代：明万历九年（1581）刻立。

形制：高2.00米，宽0.73米，厚0.20米。

行字：碑文楷书22行，满行51字。

纹饰：碑额饰六螭图案。

出土：此碑自立未移。

现藏：周至县集贤镇赵代村财神庙。

备注：碑阳面部分脱落，字迹模糊不清。

提要：碑文记载了重修玄坛赵元帅庙碑记内容及赵元帅生平事迹和传说。

## *万历九年敕谕李维桢陕西各府州县学碑

年代：明万历九年（1581）刻立。

形制：高1.92米，宽0.80米。

行字：碑首楷书"敕谕"。碑文楷书36行，满行80字。

纹饰：碑额饰云龙纹。

现藏：韩城市博物馆。

提要：碑文载万历帝特命李维桢为司法长官，巡视陕西各府州县学事。

## 兴平县孔庙重修记

年代：明万历九年（1581）刻立。

形制：螭首圭额。通高3.10米，宽0.95米，厚0.25米。

行字：额篆书3行，满行3字，题"兴平县孔庙重修记"。正文楷书20行，满行49字。

撰书：魏学曾撰，刘琔篆额，吉来献书。

纹饰：碑额饰二龙戏珠图案，碑身四周饰蔓草纹。

出土：原存兴平县文庙。

现藏：兴平市博物馆。

著录：（乾隆）《兴平县志》。

提要：记载明嘉靖三十四年（1555）关中大地震及万历六年（1578）雷雨对兴平孔庙的破坏情况，以及万历九年仲春立碑记述新令为兴学而修复孔庙之事。

## 重修寿宁寺碑记

年代：明万历十年（1582）刻立。

形制：高0.81米。

行字：碑文楷书18行，满行54字。

撰书：赵英撰，马负图书，杨仲福刊。

纹饰：碑身四周饰水波纹。

现藏：榆林市红石峡。

备注：中部磨损，缺一角。

提要：碑文详细记载了寿宁寺的始建年代和取名用意及重修事。

## 淳化县地粮记

年代：明万历十年（1582）刻立。

形制：圆首。高1.80米，宽0.73米，厚0.20米。

行字：碑文楷书 29 行，满行 59 字。

纹饰：碑两侧饰凤纹、云纹及蔓草纹。

出土：淳化县政府院。

现藏：淳化县博物馆。

著录：《淳化县文物志》。

备注：碑断为两截。

提要：记淳化县地粮税定额事。

## 重修五门堰记

年代：明万历十年（1582）刻立。

形制：高 1.87 米，宽 0.92 米，厚 0.17 米。

行字：碑文楷书 30 行，满行 71 字。

撰书：黄九成撰，廉汝为书并篆额。

纹饰：碑身四周饰云纹。

出土：1986 年出土于城固县五郎曹家村。

现藏：城固县五门堰文物管理所。

提要：碑文记载万历三年（1575）新任城固县令乔起凤到任之初查五门堰，见其"上流工程破败，下流渠道浅窄，时遇洪水经常冲毁渠道，民甚苦，下令五门堰上游重新用石叠砌，以建悠久之基，下流修为活堰，以泄洪水，又于堰西创立禹稷庙三间，官房二十余间，并于沿渠一带，遍栽柳树，培植堤根于永固"。

## 重修钟台碑

全称：高陵县重修钟台记。

年代：明万历十年（1582）刻立。

形制：圆首方座。高 1.96 米，宽 0.76 米，厚 0.17 米。

行字：碑文楷书 22 行，满行 56 字。

撰书：吴侹撰，牟聪书。

纹饰：碑身四周饰卷云纹。

现藏：高陵县文化馆。

提要：记高陵县治旧有钟台因地震毁圮。邑

侯王献庵率众恢复钟台，媲美前修事。

## 乌昇墓志

全称：明中宪大夫南京通政使司右通政旭庵乌公墓志铭。

年代：明万历十年（1582）刻。

形制：志、盖均为正方形，尺寸相同。边长 0.76 米。

行字：盖文篆书 5 行，满行 4 字。志文楷书 47 行，满行 48 字。

撰书：李桐撰，朱惟燿书，朱秉槊篆盖。

出土：1956 年出土于西安市北郊。

现藏：西安碑林博物馆。

著录：《西安碑林全集》。

提要：志文记录了乌昇之家族世系、生平、配偶及历官情况。其历官大理寺左评事、广西司主事、吏部全台省兵科给事、太仆寺少卿、太常寺少卿、南京右通政。

## 新建琉璃照壁碣

全称：新建东岳庙大门外琉璃照壁碣记。

年代：明万历十年（1582）刻立。

行字：碑文楷 16 行，满行字数不等。

撰书：寇光裕撰并书，黄应科刻。

现藏：商洛博物馆。

备注：该壁曾被公布为县级文物保护单位，后在修师范学院时被掩埋。

提要：志文记述了商州东龙山东岳庙于明代增修琉璃照壁过程及经修人。

## *咏五丈原诗碑

年代：明万历十年（1582）刻立。

形制：高 0.60 米，宽 0.40 米。

行字：碑文楷书 11 行，满行 8 字。

撰书：范宗镇撰，张近仁立。

出土：清光绪四年（1878）重修诸葛献殿时
嵌于墙上。

现藏：岐山县五丈原诸葛亮庙博物馆。

提要：此诗为万历十年岐山县令张近仁所
立，内容为明范宗镇诗一首，诗文"五
丈原高寂寂幽，游人到此迥添愁。岐
下叠叠空横嶂，渭水萦萦自西流。斜
谷千秋仍险隘，屯田异代尚存留。可
怜贞信徒祠庙，长使英雄憾不休"。

## 城隍庙竖绰楔记

年代：明万历十年（1582）刻立。

形制：螭首龟座。高 2.09 米，宽 0.93 米。

行字：碑文楷书 21 行，满行 60 字。

撰书：温纯撰，雒遵书，胡桂篆额。

纹饰：碑额饰二龙戏珠图案，碑身饰缠枝花
草纹。

现藏：三原县博物馆。

提要：记载万历年间三原城隍庙举行祭祀活
动的相关情况。

## *重建府君庙碑

年代：明万历十年（1582）刻立。

形制：通高 2.17 米，宽 0.71 米，厚 0.22 米。

行字：碑文楷书 20 行，满行 40 字。

撰书：邹应龙撰，吴世显书，屈友直篆额。

纹饰：碑身四周饰缠枝纹。

出土：原立于咸阳市秦都区石斗村。

现藏：咸阳博物馆。

著录：《咸阳碑石》。

提要：碑文记述府君遗址的地理位置、重修
缘起、经过及祀神之功。

## 胡尚礼暨妻石氏薛氏高氏合葬墓志

全称：明文林郎馆陶县尹南溪胡公偕孺人石

氏薛氏高氏合葬墓志铭。

年代：明万历十年（1582）刻。

形制：盖盝形，志正方形。志、盖尺寸相同。
边长 0.70 米，厚 0.09 米。

行字：盖文篆书 5 行，满行 5 字，题"明文
林郎馆陶县尹南溪胡公偕孺人石氏
薛氏高氏合葬墓志铭"。志文楷书 35
行，1900 余字。

纹饰：盖四周饰蔓草纹。

出土：1989 年出土于甘泉县高哨乡南沟门
村胡家陵古墓中。

现藏：甘泉县博物馆。

提要：记载胡尚礼的家族世系、生平。

## 葛大纪墓志

全称：山西布政使右参政龙峪葛公墓志铭。

年代：明万历十一年（1583）刻。

形制：志正方形。边长 0.79 米，厚 0.10 米。

行字：志文楷书 38 行，满行 38 字。

撰书：盛讷撰，李廷仪书，魏学曾篆盖。

纹饰：盖四周饰花卉纹。

出土：1958 年出土于潼关县新庄村。

现藏：潼关县东门博物馆。

著录：《潼关碑石》。

备注：志石裂为数块。

提要：墓志记载了葛大纪的家族世系、生
平、配偶及子嗣情况。其曾任潞安
府同知、山东副使、山西右参政等。

## 增修祖茔大略记

年代：明万历十一年（1583）刻立。

形制：高 0.73 米，宽 0.57 米，厚 0.15 米。

行字：碑文楷书 16 行，满行 22 字。

撰书：王傅书，王念撰。

出土：原立于户县蒋村镇白庙村王家坟。

现藏：户县祖庵镇王生才家。

著录：《户县碑刻》。

提要：此碑为明故中宪大夫、湖广襄阳府知府、封通政使司右通政王玺次子王傅及后人王念为其先祖所立。记载了明弘治八年（1495）王家祖坟规模扩大的详细情况，及万历十年又在原有基础上再扩建的情况。

## 创修高陵城隍庙寝廊及司壁记

年代：明万历十一年（1583）刻立。

形制：圆首方座。高 1.70 米，宽 1.23 米，厚 0.12 米。

行字：额题隶书 3 行，满行 4 字，题"创修高陵城隍庙寝廊司壁记"。碑文楷书 18 行，满行 42 字。

撰书：吕畇撰，刘谟书。

纹饰：碑身四周饰蔓草纹。

出土：原在高陵县城隍庙巷，后移至高陵县文化馆。

现藏：高陵县文化馆。

著录：《高陵碑石》。

备注：碑石局部磨泐。

提要：碑文记载社人马应志、田武等十五人捐款修葺高陵城隍庙之事。工程始于万历十年九月，落成于十一年冬十月。

## 宋复元墓志

全称：明恩荣散官东川宋公墓志。

年代：明万历十一年（1583）刻。

形制：志长 0.60 米，宽 0.59 米。

行字：志文楷书 27 行，满行 29 字。

撰书：宋寔撰，王东征书。

现藏：西安碑林博物馆。

提要：志文记录了宋复元的家族世系、生平、官职、配偶及子嗣情况等。

## 张澍墓志

全称：明节判静庵张公墓志铭。

年代：明万历十二年（1584）刻立。

形制：志、盖均为正方形，尺寸相同。边长 0.55 米，厚 0.06 米。

行字：盖文楷书 1 行，满行 13 字，题"大明从仕郎泽州节判张公之墓"。志文楷书 31 行，满行 30 字。

撰书：浦应麒撰。

出土：1981 年出土于吴堡古城南门外。

现藏：吴堡县文物管理所。

著录：《榆林碑石》。

提要：志文记载了张澍的生平。张澍世居吴堡，九岁时选为邑庠，十三补增，十八补廪，正德十一年（1516）遂入贡太学。正德十三年武宗幸边过西驿时，延安二守闫公、葭守杨公以协济得罪投张澍门下。张慨然出百金，赂卫尉使闫、杨二人得以脱身。张澍嘉靖四年（1525）拜官山西泽州节判，六年奉命理军饷又擒五贼，建立奇功，朝野大震，后致政归里。

## 王国武墓志

全称：明诰封昭勇将军分守宁夏东路左参将南滨王公墓志铭。

年代：明万历十二年（1584）刻。

形制：盖长 0.74 米，宽 0.72 米，厚 0.11 米；志长 0.74 米，宽 0.74 米，厚 0.11 米。

行字：盖文篆书 3 行，满行 4 字，题"明诰封昭勇将军王公墓志铭"。志文楷书 28 行，满行 31 字。

撰书：崔镛撰，纪绍基书，李先桂篆盖。

出土：2002 年出土于榆林市榆阳区董家湾乡。

现藏：榆林市文物研究所。

提要：志文记载了王国武的家族世系、生平、历官及子嗣情况。他以武举入任，一生著有战功，历官绥德守备、延绥游击将军、分守宁夏东路花马池参将。

## 改复文庙上梁文碑

年代：明万历十二年（1584）刻立。

形制：高 0.67 米，宽 0.42 米，厚 0.14 米。

行字：碑文楷书 37 行，满行 31 字。

撰书：何廷琦撰，侯承志书。

出土：麟游县九成宫镇城关村出土。

现藏：麟游县博物馆。

提要：碑文记载学宫东迁城外的时间和重修扩建事，深刻反映当地有识之士感教育文化之重要和对办好学校的美好希冀。何廷琦、侯承志二人均为明晚期麟游籍人士，何曾任山西大宁县令。

## 创建青龙宫碑记

年代：明万历十二年（1584）刻立。

形制：高 1.48 米，宽 0.67 米，厚 0.16 米。

行字：碑文楷书 17 行，满行 43 字。

撰书：闫思栋撰并书。

纹饰：碑身四周饰花草纹。碑座正面为浮雕莲花纹，两侧为浮雕奔马图案。

现藏：陇县城关镇店子村小学院内。

备注：碑阴朝下埋入地内。

提要：碑文记述了创建青龙宫的始末及助建人员姓名等。

## *合阳县南王村新建□青石殿记碑

年代：明万历十二年（1584）刻立。

形制：高 1.58 米，宽 0.76 米。

行字：碑文楷书 16 行，满行 44 字。

撰书：雷应捷撰，张问政书。

现藏：合阳县博物馆。

提要：碑文记载了青石殿建造的地理位置构造，描述了青石殿的壮观气势。

## *谒武侯墓诗碑

全称：过定军山谒武侯墓一首。

年代：明万历十二年（1584）刻立。

形制：圆首方座。高 1.60 米，宽 0.70 米，厚 0.14 米。

行字：碑文草书 6 行，满行 16 字。

撰书：樊克己撰并书。

出土：此碑自立未移。

现藏：勉县武侯祠博物馆。

著录：《忠武祠墓志》《陕西金石志》《汉中碑石》。

提要：此碑刻录了万历年间樊克己在拜谒武侯墓后所作诗一首。诗原文："汉江盘护定军山，汉相英灵此借攒。英漫雄图勤六出，正缘五气愧偏安。人和曾拟乾旋易，国步其如蜀道难。千载祠林俱让向，分明遗恨荡中原。"

## *鹤洲楼观题咏碑

年代：明万历十二年（1584）刻立。

形制：高 0.50 米，宽 0.73 米。

行字：碑文楷书 11 行，题咏 5 行，满行 6 字。

撰书：鹤州撰，温器书。

现藏：周至县古楼观说经台。

著录：《楼观台道教碑石》。

提要：刻鹤洲题七言绝句一首。

## *祛倦魔文碑

年代：明万历十二年（1584）刻立。

形制：高 0.95 米，宽 0.64 米。

行字：碑文行书 83 行，满行 13 字。

撰书：申时行撰，李应春书，张禹信刻。

现藏：西安碑林博物馆。

著录：《西安碑林全集》。

提要：这是一篇关于修身养性和处世哲学的文章。申时行（1535—1596），吴县人，字汝默，号瑶泉，嘉靖四十一年进士第一，授修撰，历左庶子，掌翰林院事，迁吏部尚书；明《过庭论・分省人物考》曰“时行庭试时，上见其词翰兼美，视擢第一”；有《赐闲堂集》存世；《明史》有传。书者李应春，姑苏逸士，《国朝列卿传》有传。

## 朱惟熠墓志

全称：明秦藩奉国将军鹤山公墓志铭。

年代：明万历十三年（1585）刻。

形制：盖、志均为正方形。边长 0.88 米，志边长 0.85 米，均厚 0.15 米。

行字：盖文篆书 4 行，满行 3 字，题“明秦藩奉国将军鹤山公之墓”。志文楷书 42 行，满行 52 字。

撰书：王鹤撰，刘惟正书，邹应龙篆盖，张尚信刻。

纹饰：志、盖四周均饰龙纹。

出土：2004 年出土于西安市广电中心工地。

现藏：陕西省考古研究院。

著录：《文物》（2007 年第 2 期）《新中国出土墓志・陕西叁》。

提要：志文记载了朱惟熠之家族世系、生平、配偶及子嗣情况。

## *万里长城碑

年代：明万历十四年（1586）刻立。

形制：高 1.16 米，宽 1.45 米。

行字：碑文楷书 1 行 4 字。

撰书：王再聘等书。

现藏：榆林市红石峡东壁观音殿外。

提要：上款风蚀。下款“镇守总兵官关中杜桐。户部□□□□□文堂李丁，兵备□□□□实吾李春光，兵备副使早丘华川王再聘同书”。杜桐，万历初清水营守备，十四年任榆林镇总兵。王再聘，明代中路榆林道。

## *杨希贤墓志

全称：明代乡丞华野杨公墓志铭。

年代：明万历十四年（1586）刻。

形制：志正方形。边长 0.70 米，厚 0.06 米。

行字：志文楷书 22 行，满行 36 字。

出土：1995 年在宜川县境内采集收藏。

现藏：宜川县文物管理所。

提要：志文记载杨希贤生平。

## *赐智果寺藏经圣谕碑

年代：明万历十四年（1586）刻立。

形制：圆首龟座。通高 2.64 米，宽 1.11 米，厚 0.20 米。

行字：碑文楷书 16 行，满行 12 字。

撰书：申时行撰。

纹饰：碑额饰双龙纹。

现藏：洋县智果寺文物管理所。

提要：碑文分三部分。第一部分为赐经圣旨，第二部分为《圣母印施佛藏经序》，第三部分为《圣母印施佛藏经赞有序》。

## 秦自省墓志

全称：明故寿官中桥秦公墓志铭。

年代：明万历十四年（1586）刻。

形制：志、盖均为正方形，尺寸相同。边长 0.78 米，厚 0.15 米。

行字：盖文篆书 4 行，满行 4 字。志文楷书
　　　34 行，满行 35 字。

撰书：南轩撰，郭俊书，杨光训篆盖。

现藏：渭南博物馆。

提要：碑文记载了秦自省的生平、历官、子
　　　嗣、配偶等情况。秦自省，渭南人，
　　　字孟治，号中桥。

## *百神洞碑

年代：明万历十四年（1586）刻立。

形制：高 1.23 米，宽 0.59 米。

行字：碑文楷书 15 行，满行 35 字。

撰书：李光祖撰。

纹饰：碑身四周饰蔓草纹。

现藏：蓝田县小寨乡百神洞村百神洞前。

提要：碑文记载了当地乡绅李汉朝等人集资
　　　修建百神洞事。

## 员一元暨妻丁氏合葬墓志

全称：明故乡进士员公配丁夫人合葬墓志铭。

年代：明万历十四年（1586）刻。

形制：志正方形。边长 0.52 米。

行字：志文楷书 30 行，满行 32 字。

撰书：曹松撰。

出土：1977 年出土于华阴县上洼村。

现藏：西安碑林博物馆。

著录：《华山碑石》。

提要：志文记录了员一元的家族世系、生
　　　平、夫人及子嗣情况。

## 重建庙学记碑

年代：明万历十五年（1587）刻立。

形制：高 2.00 米，宽 0.83 米，厚 0.21 米。

行字：碑文楷书 22 行，满行 61 字。

撰书：许孚远撰，杨沂书。

纹饰：碑身四周饰蔓草纹。

出土：麟游县九成宫镇城关村。

现藏：麟游县博物馆。

备注：碑面风化脱落严重。

提要：碑文记载明万历年间对明初兴建的庙
　　　学圮坏部分重新修建事。

## *万历十五年经幢

年代：明万历十五年（1587）刻立。

形制：圆首方座。通高 0.34 米，宽 0.18 米，
　　　厚 0.18 米。

行字：幢文楷书 2 行，满行 12 字。

现藏：宝鸡青铜器博物馆。

提要：此经幢立于明万历十五年三月初一，
　　　由两位杨姓信士所立。

## *归去好碑

年代：明万历十五年（1587）刻立。

形制：高 1.80 米，宽 0.70 米。

行字：碑文草书 6 行，满行 13 字。

撰书：张佳胤撰并书。

现藏：留坝县张良庙文物管理所。

著录：《汉张留侯祠》《张良胜迹诗词选》《张
　　　良庙匾联石刻诗文集注》。

提要：碑载诗歌乃明“嘉靖七子”之一的张
　　　佳胤所作，表达了其对人生的看法和
　　　感悟。碑阳刻赵贞吉题《怀山好》。

## *圣谕图碑

年代：明万历十五年（1587）刻立。

形制：圆首龟座。通高 2.32 米，宽 0.86 米，
　　　厚 0.17 米。

撰书：钟化民绘撰。

现藏：西安碑林博物馆。

著录：《西安碑林全集》。

提要：“孝顺父母、尊敬长上、和睦乡里、
　　　教训子孙、各安生理”和“母作

非为"六大方面的圣谕，每部分都由图、解和歌组成，是利用圣谕教化民众的通俗画。

## 林具瞻墓志

全称：明处士柿泉林公墓志铭。

年代：明万历十五年（1587）刻。

行字：志文楷书 36 行，满行 38 字。

撰书：武克宅撰，祝多士书，刘应乡篆额。

出土：出土时间、地点不详。

现藏：商洛博物馆。

提要：志文记述了墓主人祖孙数代生平、历官、子嗣情况。

## *青山好碑

年代：明万历十六年（1588）刻立。

形制：平首方座。通高 2.40 米，宽 0.80 米，厚 0.33 米。

行字：草书 7 行（《青山好》诗歌），满行 14 字。楷书 6 行（庙内地界四至），满行 25 字。

撰书：王士性撰并书。

出土：此碑自立未移。

现藏：留坝县张良庙文物管理所。

著录：《张良庙匾联石刻诗文集注》《张良胜迹诗词选》。

备注：碑身中部断裂，有拼接痕迹。个别字迹也完全被毁。碑阴有损毁。

提要：碑载诗歌是万历十六年王士性在张良庙读赵贞吉《怀山好》后，和其韵所作。

## *唐石经补字碑

年代：明万历十六年（1588）刻立。

形制：共 96 石。每石尺寸不详。

行字：楷书，行、字数不详。

撰书：叶时荣等六人书。

现藏：西安碑林博物馆。

著录：《西安碑林全集》。

备注：其中四石断裂，十七石为两面刻字。

## *正己格物说碑

年代：明万历十六年（1588）刻立。

形制：圆首龟座。高 2.32 米，宽 0.86 米，厚 0.17 米。

行字：额题"正己格物"。碑文楷书 16 行，满行 52 字。

撰书：钟化民撰并书。

纹饰：碑额饰云鹤纹，碑身四周饰花草纹。

现藏：西安碑林博物馆。

著录：《西安碑林全集》。

备注：碑阳为《圣谕图》。

提要：碑文为钟化民任御史期间，对程颢"正己格物""激扬振肃"八字所作的阐述，提出了"精诚可对天地，可质鬼神"的要旨，告诫人们"正人易，正己难；狗物易，隔物难"，又提醒自己"化民根尘，不断内省"，以期达到"正己格物"的要求。撰者钟化民，字维新，仁和人，万历八年进士，授惠安知县，多异政，累迁议制郎中。其人居官勤励，所至有声誉，遍历八府，士民相率颂于朝；诏赠右副都御史，赐谥"忠惠"；《明史》有传。

## 许古溪合葬墓志

全称：明故真隶隆庆卫宣义郎经历司古溪许公合葬墓志铭。

年代：明万历十六年（1588）刻。

形制：志正方形。边长 0.60 米。

行字：志文楷书 22 行，满行 28 字。

出土：出土时间、地点不详。

现藏：蒲城县文物保护开发中心。

提要：许洪宇，字大宽，号古溪，世居蒲城县怀德里，隆庆二年（1568）卒。

## 合龙山创建接引寺记

年代：明万历十七年（1589）刻立。

形制：通高 3.04 米，宽 0.82 米，厚 0.16 米。

行字：碑文楷书 22 行，满行 57 字。

纹饰：碑身上边饰缠枝花草纹，左、右饰水波纹。

现藏：绥德县张家砭乡合龙山祖师庙正殿前。

著录：《榆林碑石》。

提要：记载善士李天福发愿舍财，感施者云起集资在合龙山建接引寺一事。

## 新建玄帝行宫碑

全称：合龙山新建玄帝行宫碑记。

年代：明万历十七年（1589）刻立。

形制：高 2.98 米，宽 0.80 米，厚 0.16 米。

行字：碑文楷书 26 行，满行 66 字。

撰书：郝汝松撰，王毓阳书。

纹饰：碑身上边饰缠枝花草纹，其余三边饰水波纹。

现藏：绥德县张家砭乡合龙山祖师庙正殿前左侧。

著录：《榆林碑石》。

备注：部分文字不清。

提要：碑文记载了合龙山的地理位置、周边环境、馆内建筑、庙宇的配置情况，记载新建玄帝宫的修建情况。

## 汉留侯辟谷处

年代：明万历十七年（1589）刻立。

形制：高 1.56 米，宽 0.80 米。

行字：碑阳楷书 5 行，满行 46 字。碑阴楷

书 22 行，满行 33 字。

现藏：洋县子房山。

提要：碑文记载明万历十七年，城固、洋县二县知县及县丞为白云山张良庙新立献殿所立石碑，上书"汉留侯辟谷处"及张良庙范围。

## 孟玉泉夫妇合葬墓志

全称：明恩荣寿官玉泉孟公合葬墓志铭。

年代：明万历十七年（1589）刻。

形制：志长 0.48 米，宽 0.45 米。

行字：志文楷书 31 行，满行 29 字。

撰书：仲科撰，张朝纪书。

出土：1977 年出土于华阴县红星村。

现藏：西安碑林博物馆。

著录：《华山碑石》。

备注：志石周边有残缺。

提要：志文记录了孟玉泉的家族世系、生平、夫人及子嗣情况。

## *重修孔庙石经记碑

年代：明万历十七年（1589）刻立。

形制：圆首方座。通高 2.40 米，宽 0.80 米，厚 0.20 米。

行字：碑文楷书 19 行，满行 72 字。

撰书：王鹤撰并书。

现藏：西安碑林博物馆。

备注：碑阴刻《白衣大士像》。

提要：碑文记载重修孔庙石经缘起及经过。

## 阎闾墓志

全称：明故孝敬勤俭童生阎闾墓志铭。

年代：明万历十七年（1589）刻。

形制：志、盖均为正方形，尺寸相同。边长 0.58 米，厚 0.12 米。

行字：盖文篆书 4 行，满行 4 字，题"明故

孝敬勤俭童生阎闿和仲之墓"。志文楷书 22 行，满行 36 字。

撰书：阎奉恩撰，松伴云衣老人篆盖。

出土：1982 年出土于彬县东郊建材厂。

现藏：彬县文化馆。

著录：《咸阳碑刻》。

提要：志文记载了墓主阎闿之生平，记述了其妻秦氏及子嗣之简况。阎闿乃阎奉恩之孙，字和仲，号忼玄；生于嘉靖四十四年（1565），卒于万历十七年。

## 新创合龙山宝塔记

年代：明万历十八年（1590）刻立。

形制：高 0.78 米，宽 1.21 米。

行字：碑文楷书 26 行，满行 66 字。

撰书：张柱石撰。

纹饰：碑身四周饰水波纹。

现藏：嵌于绥德县张家砭乡合龙山祖师庙宝塔后壁。

著录：《榆林碑石》。

提要：碑文记载了新建合龙山宝塔的情况、竣工日期，并记载了功德主的职官及姓名。

## 重修庙学记碑

年代：明万历十八年（1590）刻立。

形制：圆首方座。高 2.36 米，宽 0.85 米、厚 0.21 米。

行字：碑文楷书 12 行，满行 48 字。

撰书：沈春泗撰，潘惟讷书。

纹饰：碑身四周饰卷草花卉纹。

出土：1997 年出土于旬阳县邮电局家属楼基建工地。

现藏：旬阳县文庙。

著录：《旬阳文博》。

备注：碑石自首部右下至碑身左上斜断为两块。碑身右下部有一三角形缺失。

提要：记载明万历年间洵阳县重修文庙事。

## 创建卷棚灵官黑虎二殿记

年代：明万历十八年（1590）刻立。

形制：高 0.94 米，宽 0.85 米。

行字：碑文楷书 16 行，满行 20 字。

纹饰：碑身四周饰水波纹。

出土：此碑自立未移。

现藏：横山县波罗镇波罗村波罗堡。

备注：此碑右上角残，剥蚀较重，字迹漫漶不清。

提要：此碑记明万历十八年修建卷棚灵官、黑虎二殿之事宜。

## *韩城隍庙记碑

年代：明万历十八年（1590）刻立。

形制：下部残缺，尺寸不祥。

行字：碑文楷书 15 行，满行 50 字。

撰书：张士佩撰，孙从教书，吴从周篆额。

现藏：韩城市博物馆。

著录：（乾隆）《韩城县志》。

备注：碑下部残损，每行缺 6—9 字。

提要：碑记重修钟鼓楼始于隆庆五年（1571）夏，成于隆庆六年秋；重修灵佑殿始于万历五年夏，成于万历六年冬。

## 杨余庆墓志

全称：明昭勇将军山东民兵入卫参将署都指挥金事积庵杨公墓志铭。

年代：明万历十八年（1590）刻。

形制：志长 0.73 米，宽 0.72 米。

行字：志文楷书 39 行，满行 48 字。

撰书：秦大可撰，杨玠书，王鹤篆盖，许权

填刻。

出土：1954年出土于西安市南郊沙坡村。

现藏：西安碑林博物馆。

著录：《西安碑林全集》。

提要：志文记载了杨余庆的家族世系、历官、配偶及子嗣情况。其曾任西安左卫指挥使、河州守备、固原守备、陕西都司管屯、河南都司掌印、扬州备倭参将、山东民兵入卫参将、署都指挥佥事等。

## 朱近池暨妻刘氏合葬墓志

全称：大明宗室秦藩永兴王府奉国中尉安人刘氏合葬墓志铭。

年代：明万历十八年（1590）刻。

形制：志、盖均为正方形，尺寸相同。边长0.65米。

行字：志文楷书25行，满行30字。

撰书：吴登第撰，周新命书并篆盖，张尚信刻。

纹饰：志、盖饰龙凤纹，四角饰牡丹纹。

出土：1958年出土于西安市南郊观音庙村。

现藏：西安碑林博物馆。

著录：《西安碑林全集》。

提要：志文记载了刘氏的家族世系、生平、夫婿及子嗣情况等。刘氏之夫为秦藩永兴王府奉国中尉朱近池。

## 城隍庙修葺两廊碑颂记

年代：明万历十八年（1590）刻立。

形制：圆首龟座。高2.45米，宽0.92米。

行字：碑文楷书19行，满行50字。

撰书：温纯撰，常守宁、刘联芳书，刘枢篆额。

纹饰：碑额饰云龙纹，碑身身四周饰缠枝花草纹。

现藏：三原县博物馆。

提要：记载修建城隍庙之事。

## *刘马旗地界碑

年代：明万历十九年（1591）刻立。

形制：高1.00米，宽0.49米，厚0.10米。

行字：碑文行书5行，满行11字。

出土：2008年出土于黄龙县瓦子街镇。

现藏：黄龙县文物管理所。

提要：此碑为明万历年间刘马旗与王义佃种田地四至指示地界等。

## 重修武侯祠墓碑

全称：重修汉丞相诸葛忠武侯祠墓记。

年代：明万历十九年（1591）刻立。

形制：通高3.03米，宽1.16米，厚0.31米。

行字：碑文楷书12行。

撰书：赵可怀撰。

出土：此碑自立未移。

现藏：勉县武侯祠博物馆。

著录：《忠武祠墓志》。

提要：碑中记载了明万历十九年秋八月，都御史重庆赵可怀奉旨巡川陕等处时，路过武侯祠"见堂圮欲倾，瞻拜踟蹰"；次年十二月，再次过沔谒武侯墓时，"见垣已尽颓，陵地无禁"，"慨然伤之"，于是相邀僚属乡绅共举维修祠墓事。

## *三田祠记碑

年代：明万历十九年（1591）刻立。

形制：高1.63米，宽0.62米，厚0.17米。

行字：额篆书2行，满行2字，题"三田祠记"。碑文楷书16行，满行45字。

撰书：高宗□刊。

出土：1999年出土于西安市临潼区中心广场。

现藏：西安市临潼博物馆。

备注：碑断为两截，且碑右侧残损。碑文左右两边磨损甚为严重。

提要：碑文记万历年间重建三田祠事。

## *城隍庙新修看垣记

年代：明万历十九年（1591）刻立。

形制：高1.94米，宽0.83米。

行字：碑文楷书22行，满行52字。

撰书：魏奉琼撰。

出土：原立于户县城隍庙。

现藏：户县文物管理委员会。

著录：《户县碑刻》。

提要：碑文记载了河南归德府通判魏奉璋倡议，修建户县县城北城隍庙墙垣一事。撰者魏奉琼，户县人，明隆庆四年（1570）科举人，历任客城县教谕、兴济县知县。

## 城隍庙新建坊牌门屏记

年代：明万历十九年（1591）刻立。

形制：高2.27米，宽0.86米。

行字：碑文楷书22行，满行56字。

撰书：王惟康撰。

出土：原立于户县城隍庙。

现藏：户县文物管理委员会。

著录：《户县碑刻》。

备注：碑身上部有横向裂痕一道。

提要：碑文记述魏纲、王撰负责筹资修建城隍庙坊牌门屏事。

## *圣庙新增内外石栏碑

年代：明万历十九年（1591）刻立。

形制：圆首龟座。高1.09米，宽0.64米，厚0.20米。

行字：额楷书2行，满行4字，题"新建台池石栏杆记"。碑文楷书17行，满行32字。

撰书：梁元撰，薛之科书。

纹饰：碑额饰鱼龙纹，碑身四周饰蔓草纹。

现藏：韩城市博物馆。

提要：碑文记述了知县王应选新增大成殿月台石栏事。

## 新建集禄宫记

年代：明万历十九年（1591）刻立。

形制：圆首方座。高1.92米，宽0.81米，厚0.25米。

行字：碑文楷书23行，满行42字。

撰书：李希相撰。

出土：原存耀县药王山后山。

现藏：药王山博物馆。

提要：碑文评述郡人辛沦新建集禄宫诸殿、诸院及安奉诸神情况。

## *暖泉寺地震记事碑

年代：明万历十九年（1591）刻立。

形制：圆首。碑残损。残高1.18米，宽0.63米，厚0.14米。

行字：碑文楷书19行，行残存字数不等。

纹饰：碑身四周饰蔓草花纹。

现藏：富县直罗镇小河子村万花洞石窟内。

提要：志文记载了明嘉靖三十四年（1555）暖泉寺一带发生地震致使寺院破坏、宝塔倒损的详细情况和嘉靖三十七年重修寺院及募捐情况。

## 增修东山洞记

年代：明万历二十年（1592）刻立。

形制：高1.26米，宽0.66米。

行字：碑文楷书16行，满行30字。

撰书：杨栖凤撰。

纹饰：碑身四周饰卷草花纹。

现藏：神木县东山。

提要：碑文记叙了万历间增修东山洞事宜。

## *郗允中暨妻刘氏合葬墓志

年代：明万历二十一年（1593）刻。

形制：长 0.70 米，宽 0.65 米，厚 0.12 米。

行字：志文楷书 35 行，满行 42 字。

撰书：张世烈撰，郭逢恩书，王成刻。

出土：1975 年淳化县城关陈家咀。

现藏：淳化县博物馆。

著录：《明清西安词典》。

提要：志文记载郗允中及其妻刘氏的生平。

## *魏博题诗碑

年代：明万历二十一年（1593）刻立。

形制：高 0.83 米，宽 1.32 米，厚 0.20 米。

行字：碑文楷书 24 行，满行 3—14 字不等。

撰书：魏博撰并书。

现藏：周至县古楼观说经台。

著录：《楼观台道教碑石》。

备注：《楼观台道教碑石》名该碑为"佚名楼观题咏刻石"。碑石左部纵向有一条裂纹，左中下部有残。

提要：记魏博题诗《说经台》《吕翁洞》《又君不见词》三首。

## 薛国平墓志

全称：明处士薛君堡田墓志铭。

年代：明万历二十一年（1593）刻。

形制：长 0.50 米，宽 0.57 米，厚 0.13 米。

行字：盖文篆书 3 行，满行 4 字，题"明故处士保田薛公之墓志铭"。志文楷书 28 行，满行 28 字。

撰书：吴永图撰，马永亨篆盖。

出土：原在韩城市昝村开化寺碑。

现藏：韩城市博物馆。

提要：墓志记载了薛国平的家族世系、生平事迹、生卒年月、婚姻及子嗣情况。

## 创修沙河石桥记碑

全称：重修本村神庙创修沙河石桥记。

年代：明万历二十一年（1593）刻立。

形制：圆首龟座。高 2.07 米，宽 0.70 米，厚 0.18 米。

行字：碑文楷书 17 行，满行 36 字。

撰书：蔡鹤撰，蔡问沈书，赵吉能、赵吉会刻。

现藏：户县五竹镇东索村。

著录：《户县碑刻》。

提要：碑文记载了户县城东十五里东索村及关王庙的地理位置和在其东一里许的沙河路口建桥的必要性，及明万历二十一年冬在段思忠的倡议和众人的资助下石桥竣工事。

## 朱惟烜暨妻李氏合葬墓志

全称：皇明宗室奉国将军柏崖公配淑人李氏合葬墓志铭。

年代：明万历二十一年（1593）刻。

形制：盖、志均为正方形。盖边长 0.65 米，志边长 0.60 米。

行字：志文楷书 28 行，满行 35 字。

撰书：周威撰，朱敬鑑书。

纹饰：志四周饰云龙纹，盖四周饰龙凤纹。

现藏：西安市长安博物馆。

著录：《长安新出墓志》。

提要：志文记载了朱惟烜之家族世系、生平、婚姻及子嗣情况。

## *左思明书折桂进士碑

年代：明万历二十一年（1593）刻立。

形制：高 0.62 米，宽 0.92 米。

撰书：左思明书，左史刻。

现藏：西安碑林博物馆。

著录：《西安碑林全集》。

提要：碑阳刻"折桂"，碑阴刻"进士"。书者左思明，字五河，耀州人；嘉靖十三年（1534）举人，为永城令；因政绩卓然。升职赵州；《西安府志》有传。

## 杨汝秋墓志

全称：明故四川南江县巡检对山杨公墓志铭。

年代：明万历二十一年（1593）刻。

形制：志、盖均为正方形，尺寸相同。边长 0.53 米。

行字：盖文篆书 4 行，满行 4 字，题"明故四川南江县巡检对山杨公墓志铭"。志文楷书 29 行，满行 30 字。

撰书：员惟蓁撰，杨为梁书，马化龙篆盖。

纹饰：志四周饰卷云纹。

出土：1963 年出土于华阴县南寨村。

现藏：西安碑林博物馆。

著录：《华山碑石》。

备注：盖破成四块，佚一块。

提要：志文记载了杨汝秋的家族世系、生平、历官、夫人及子嗣情况等。其历官巩昌府章县三岔驿丞、临逃府河州驿之凤林、四川南江大坝巡检。

## 添修孙真人廊碑

全称：泾阳县夏村里东社牛吕白添修孙真人廊记。

年代：明万历二十一年（1593）刻立。

形制：圆首方座。高 1.10 米。

行字：碑文楷书 17 行，满行 30 字。

撰书：道大显撰。

纹饰：碑四周饰卷云纹。

现藏：泾阳县博物馆。

提要：圆首，上楷书"汉黄山"，下篆书"孙真人感应碑"。

## 武侯墓碑

全称：汉丞相诸葛忠武侯之墓。

年代：明万历二十二年（1594）刻立。

形制：圆首方座。通高 1.95 米，宽 1.08 米，厚 0.27 米。

行字：碑文楷书 3 行 10 字。

撰书：赵健立。

纹饰：碑身四周蔓草纹。

出土：此碑自立未移。

现藏：勉县武侯墓博物馆。

著录：《汉中碑石》《沔阳碑石》。

提要：原文"明万历甲午年秋九月之吉汉丞相诸葛忠武侯之墓，陕西按察使金陵赵健立石，沔县知县孙承光、千户张文光全镌"。

## 修建雷祖殿碑

全称：天台山修建雷祖三官庙殿碑记。

年代：明万历二十三年（1595）刻立。

形制：高 1.30 米，宽 0.72 米，厚 0.16 米。

行字：额篆书 2 行，满行 3 字，题"建雷祖殿碑记"。碑文楷书 22 行，满行 35 字。

撰书：张允升撰，韩文述书。

出土：此碑自立未移。

现藏：汉中市天台山庙中。

著录：（嘉庆）《汉中府志》《汉中碑石》。

提要：碑文记张凌春等重修雷祖殿事。

## 路车墓志

全称：明奉政大夫四川叙州府同知容庵路公墓志铭。

年代：明万历二十三年（1595）刻。

形制：盖长 0.82 米，宽 0.78 米，厚 0.14 米。
　　　志长 0.84 米，宽 0.75 米，厚 0.15 米。

行字：盖文篆书 5 行，满行 5 字，题"明奉
　　　政大夫四川叙州府同知清军□兼督
　　　□容闾路公墓志铭"。志文楷书 34 行，
　　　满行 33 字。

撰书：王学谟撰，李用中书，郑札篆盖。

出土：1978 年出土于澄城县运输公司。

现藏：澄城县乐楼文物管理所。

著录：《澄城碑石》。

提要：碑文主要记载了路车一生的事迹及其
　　　家庭情况。

## *三后祠祭文碑

年代：明万历二十三年（1595）刻立。

形制：高 0.48 米，宽 0.56 米。

行字：碑文楷书 7 行，满行 35 字。

撰书：康乃心撰。

现藏：合阳县博物馆。

提要：碑文记载了合阳县知事为祭祀三后祠
　　　而写的祭文。

## *杨近岳墓志

年代：明万历二十三年（1595）刻。

撰书：屈燦撰。

出土：出土于蒲城县高阳镇乔梓村，时间不详。

现藏：蒲城县文物保护开发中心。

提要：杨近岳，名汝东，万历甲辰右榜进士。

## *圣母殿碑

年代：明万历二十四年（1596）刻立。

形制：通高 1.67 米，宽 0.63 米，厚 0.21 米。

行字：碑文楷书 12 行，满行 38 字。

撰书：姚一元撰，姚至道书。

现藏：榆林市红石峡东壁三教殿内北壁。

备注：剥蚀严重。

提要：碑文记载了姚一元求得二子一孙，
　　　为报圣母殿神恩而立此碑事。

## *郑汝璧书雄石峡刻石

年代：明万历二十四年（1596）刻立。

形制：高 4.00 米，宽 6.20 米。

撰书：郑汝璧书。

现藏：榆林市红石峡东壁。

提要：雄石峡即红石峡。落款"万历癸巳孟
　　　夏朔旦东浙昆岩郑汝璧题"。

## 重修千佛洞碑记

年代：明万历二十四年（1596）刻立。

形制：圆首方座。高 1.17 米，宽 0.40 米。

行字：碑首刻"重修佛洞碑记"。碑文楷书
　　　13 行，满行 48 字。

撰书：杨于芳撰，昌禄书。

纹饰：碑身四周饰卷云纹。

出土：此碑自立未移。

现藏：府谷县千佛洞 2 号窟右侧。

备注：剥蚀较重。座残损。

提要：碑文记述善人李逢春修葺千佛洞，同
　　　乡尚经、王舜贵等又重修圣母庙、灵
　　　感庙两处。碑阴记弟子姓名。

## 新建真人洞碑记

年代：明万历二十四年（1596）刻立。

形制：高 1.17 米，宽 0.52 米。

行字：碑文楷书 12 行，满行 46 字。

撰书：甄文光撰并书。

现藏：合阳县博物馆。

提要：碑文记载了合阳县良石村创建药王
　　　庙真人洞事。

## 重修太清观记

年代：明万历二十四年（1596）刻立。

形制：高 1.80 米，宽 0.70 米。

行字：碑文楷书 10 行，满行 52 字。

撰书：范禔撰，范垣书。

纹饰：碑身四周饰云纹。

现藏：合阳县博物馆。

提要：碑文记叶华云重修大清观事。

## 重修仓颉庙记

年代：明万历二十四年（1596）刻立。

形制：圆首。高 0.90 米，宽 0.72 米，厚 0.21 米。

行字：正文楷书 23 行，满行 62 字。

现藏：白水县仓颉庙。

提要：记载万历二十四年重修仓颉庙事。

## 李真墓志

全称：（上阙）陕西总兵官右军都督府都督
金事古台李公墓志铭。

年代：明万历二十五年（1597）刻。

形制：志、盖尺寸相同。长 0.79 米，宽 0.80 米。

行字：盖文篆书 5 行，满行 4 字，题"皇明
荣禄大夫镇守陕西总兵官古台李公墓
志铭"。志文楷书 30 行，满行 33 字。

撰书：白栋撰，姜应熊书。

纹饰：盖志四边饰卷云纹。

现藏：榆林市榆阳区文物管理所。

著录：《榆林碑石》。

备注：志右上角残缺。

提要：该志文记载了李真的籍贯、家族世系、
生平、妻室、子嗣情况以及葬地。其
历任官职有千人长、榆林卫都指挥、
延绥高家堡守备、宣府东路参将、山
西协守副元帅。

## 玄天上帝祖师碑记

年代：明万历二十五年（1597）刻立。

形制：高 1.3 米，宽 0.68 米，厚 0.16 米。

行字：碑文行楷 9 行，满行 28 字。

纹饰：碑身两侧饰卷云纹。

出土：2005 年出土于志丹县马头山道观遗址。

现藏：志丹县永宁镇马头山道观遗址。

提要：碑文记载了历代修建玄天上帝宫以及
进士范炳衡与众生员捐资重修事。

## 高彻墓志

全称：古北口参将明川高公志铭。

年代：明万历二十五年（1597）刻。

形制：盖、志尺寸相同。长 0.64 米，宽 0.77
米，厚 0.12 米。

行字：盖文篆书 4 行，满行 3 字，题"明诰
封骠骑将军高公墓志铭"。志文楷书
39 行，满行 36 字。

撰书：赵楫撰。

纹饰：志、盖四周饰卷云纹。

出土：1984 年出土于榆林市榆阳区古塔乡
高家坟峁。

现藏：榆林市榆阳区文物管理所。

著录：《榆林碑石》。

提要：志文记载了高彻的籍贯、家族世系、
生平、妻室、子嗣及葬地等情况。
其曾任高家堡守备、遵化右营游击、
松棚路参将、延绥入卫游击、古北
口参将等。

## 王国宝墓志

全称：明教授舜齐王公墓志。

年代：明万历二十五年（1597）刻。

形制：志长 0.58 米，宽 0.46 米，厚 0.11 米。

行字：志文楷书 27 行，满行 35 字。

纹饰：志四周饰卷云纹。

出土：出土于志丹县灵皇地台，时间不详。

现藏：志丹县文物管理所。

提要：王国宝，号舜齐，祖籍米脂人，元末

始祖避乱于保安县（今志丹县）。

## *王亚魁上梁文序碑

年代：明万历二十五年（1597）刻立。

形制：高 0.42 米，宽 0.80 米。

行字：碑文楷书 26 行，满行 18 字。

撰书：张自让序，王亚魁书。

纹饰：碑身四周饰花卉纹。

现藏：韩城市博物馆。

提要：此碑记邑人王琢玉于万历二十五年四月初一夜梦中为大成殿作上梁文，八月乡试中举得亚魁。韩城教谕张自让作序刻石。

## 鄠县重修庙学碑记

年代：明万历二十五年（1597）刻立。

形制：首座皆佚。高 2.24 米，宽 0.86 米，厚 0.23 米。

行字：碑文楷书 18 行，满行 64 字。

撰书：王九皋撰，赵文莹书，张宗礼篆额，齐汝宁刻。

现藏：户县文庙碑廊。

著录：《户县碑刻》。

提要：碑文记载明万历年间王九皋任户县知县时，倡议修建庙学的经过。撰者王九皋，山东濮州人，举人出身。万历二十四年（1596）任户县知县，于任内主持编纂《重修户县志》，并主持修筑秦渡镇沣水广济桥等。

## *朝山进香碑

年代：明万历二十六年（1598）刻立。

形制：高 0.36 米，宽 0.48 米。

行字：碑文楷书 16 行，满行 25 字。

纹饰：碑身四周饰卷云纹。

现藏：西乡县午子山午子观。

提要：碑文记叙了明万历年间西乡簸箕河民众朝山进香祈福的经过。

## 以廪银置买田地取租碑记

年代：明万历二十六年（1598）刻立。

形制：高 0.40 米，宽 1.69 米。

行字：碑文楷书 58 行，满行 18 字。

纹饰：碑身四周饰花卉纹。

现藏：韩城市博物馆。

著录：（乾隆）《韩城县志》。

提要：此碑记知县马攀龙用廪银 100 两购买学田水地 10 亩，取租助赈贫生之用。

## 薛同术墓志

全称：明故奉直大夫安乐州知州乐山薛公墓志铭。

年代：明万历二十六年（1598）刻。

形制：长 0.60 米，宽 0.61 米，厚 0.13 米。

行字：盖文篆书 4 行，满行 4 字，题"明故奉直大夫安乐州知州薛公墓志铭"。志文楷书 33 行，满行 35 字。

撰书：梁元撰，薛之珍书，薛之科篆盖。

纹饰：碑身四周饰蔓草纹。

现藏：韩城市博物馆。

提要：墓志记载了薛同术的家族世系、生平事迹、历官、生卒年月、婚姻及子嗣情况。

## *心经白衣经并像碑

全称：般若波罗蜜多心经、白衣大悲五印心陀罗尼经。

年代：明万历二十六年（1598）刻立。

形制：高 0.95 米，宽 0.61 米。

行字："心经" 11 行，"白衣经" 15 行。

撰书：朱谊润摹勒。

现藏：西安碑林博物馆。

著录：《西安碑林全集》。

提要：碑分左右两部分。右半部上刻《般若波罗蜜多心经》，下刻文殊菩萨像。左半部上刻《白衣大悲五印心陀罗尼经》，下刻观世音菩萨像。

## *题洞中修真记碑

年代：明万历二十七年（1599）刻立。

形制：高 1.30 米，宽 0.70 米，厚 0.08 米。

行字：碑文楷书 13 行，满行 40 字。

撰书：真慧、潘文升、辛正乾、真海同撰。

纹饰：碑额饰云拱仰月纹，碑身四周饰缠枝花草纹。

现藏：米脂县王沙沟村万佛洞娘娘庙旁。

著录：《榆林碑石》。

备注：碑石下部剥蚀严重，缺字较多。座佚。

提要：碑文记载了一位武士修道多年，略有所成，虽已高龄却行动敏捷，完全没有年迈体衰之态之事。

## 重建大孔雀明王佛殿碑记

年代：明万历二十七年（1599）刻立。

形制：圆首方座。通高 2.10 米，宽 0.65 米，厚 0.13 米。

行字：额篆书 2 行，满行 2 字，题"皇帝万岁"。碑文楷书 17 行，满行 49 字。

纹饰：碑身四周饰卷草纹。

出土：此碑自立未移。

现藏：佳县刘国具乡白家铺村化云寺大孔雀明王殿内。

提要：记万历二十七年重修化云寺之事。碑阴为施财人姓名。

## 新建高公桥碑

全称：百丈堰新建高公桥碑记。

年代：明万历二十七年（1599）刻立。

形制：高 1.88 米，宽 0.80 米，厚 0.18 米。

行字：碑文楷书 20 行，满行 46 字。

撰书：罗应诏撰，刘潜书。

纹饰：碑身四周饰云纹。

出土：此碑自立未移。

现藏：城固县五门堰文物管理所。

提要：碑文记载明万历二十七年百丈堰处新修桥定名为高公桥事。

## *十祷有应志谢碑

年代：明万历二十七年（1599）刻立。

形制：通高 1.95 米，宽 0.71 米，厚 0.32 米。

行字：碑文楷书 8 行，满行 19 字。

撰书：马攀龙撰。

纹饰：碑身四周饰蔓草纹。

现藏：韩城市九郎庙奕应侯大殿前。

著录：《韩城市文物志》。

提要：此碑为两首诗文碑，以祈祷神灵有应而志谢。

## *重修六堰记碑

年代：明万历二十七年（1599）刻立。

形制：高 1.80 米，宽 0.82 米，厚 0.21 米。

行字：碑文楷书 22 行，满行 64 字。

撰书：黄九成撰，罗应诏书。

纹饰：碑身四周饰云纹。

出土：1986 年出土于城固县曹家村大渡槽。

现藏：城固县五门堰文物管理所。

提要：碑文记载城固县西北四十里有高堰，西四十里有上官堰，西北三十里有百丈堰，三十里有五门堰，二十里有石硖堰，县北十五里有杨填堰。此六堰溉田七万余亩。万历三年县令乔起凤曾一度整修，至今二十余年，工程多处已破败。县令高登明到任后每年春、夏必四处查看，看到此六堰现状，立即建议重新修整，亲临监督，经历半年使六堰灌溉无遗利。

## 武侯墓碑

**全称**：汉诸葛武侯墓碑记。

**年代**：明万历二十七年（1599）刻立。

**形制**：圆首。高2.15米，宽0.96米，厚0.16米。

**行字**：碑文楷书24行，满行40字。

**撰书**：张光宇撰，张九贡书，周禧同立。

**纹饰**：碑额饰双龙纹，碑身四周饰蔓草纹。

**出土**：此碑自立未移。

**现藏**：勉县武侯墓博物馆。

**著录**：《沔阳碑石》《定军山下话武侯》。

**备注**：碑身中部断裂，后粘接。

**提要**：记载钦差总督川湖贵州军务兼理粮饷、巡抚四川等处、兵部右侍郎兼都察院右监都御使李化龙奉命入蜀，两次途经武侯墓致祭诸葛亮事。

## 唐龙诗碑

**全称**：唐文襄公诗。

**年代**：明万历二十七年（1599）刻立。

**形制**：高0.60米，宽1.21米。

**行字**：碑文行书29行，满行9—10字不等。

**撰书**：唐龙撰，侯于秀书。

**现藏**：西安碑林博物馆。

**著录**：《西安碑林全集》。

**备注**：碑上部断裂，题跋残缺严重。

**提要**：唐文襄公即唐龙，字虞佐，号渔石，兰溪人。正德三年（1508）进士，初授御史，后擢迁陕西提学副使、山西按察使、右佥都御史、吏部尚书、刑部尚书等职，卒赠少保，谥文襄。《明史》有传。碑右下方刻有"太乙真人六字经并跋"，李凤羽书，卜升刻字。碑阴刻独立朝冈图。

## *朱敬镋草书千字文碑

**年代**：明万历二十七年（1599）刻立。

**形制**：高0.45米、宽1.78米。

**行字**：正文草书113行，满行10字。

**撰书**：周兴嗣撰，朱敬镋书，张文刻。

**出土**：西安碑林旧藏。

**现藏**：西安碑林博物馆。

**著录**：《西安碑林全集》。

**备注**：后半部分断裂，残14字。

**提要**：朱敬镋，朱樉八世孙，字进父，号志川道人，万历中官奉国中尉。

## *朱敬镋书金丹四百字碑

**全称**：紫阳真人金丹四百字。

**年代**：明万历二十七年（1599）刻立。

**形制**：高0.50米，宽0.58米。

**行字**：碑文草书37行，满行12—13字不等。

**撰书**：朱敬镋书。

**出土**：西安碑林旧藏。

**现藏**：西安碑林博物馆。

**著录**：《西安碑林全集》。

**提要**：碑文以四百字简述了炼金丹之过程、原理及方法。紫阳真人，道家传说中为汉代周仪山。

## *朱敬镋书般若心经碑

**年代**：明万历二十七年（1599）刻立。

**形制**：高0.46米，宽1.62米。

**行字**：碑文行书24行，满行13字。

**撰书**：朱敬镋书，杨思柳等七人题跋。

**出土**：西安碑林旧藏。

**现藏**：西安碑林博物馆。

**著录**：《西安碑林全集》。

**提要**：此为朱敬镋为给先人祈福所书《般若波罗蜜多心经》，时间当在其陕西关中任职期间，写于慈恩寺。

## *创建一天门碑

年代：明万历二十七年（1599）刻立。

形制：高 0.46 米，宽 0.60 米。

行字：碑文楷书 7 行，满行字数不等。

出土：原存耀县药王山一天门门洞。

现藏：药王山博物馆。

备注：砌于墙内。

著录：《药王山碑刻》《陕西药王山碑刻艺术总集》。

提要：文"万历二十七年，岁在己亥，春吉。奉直大夫知耀州事东鲁王衮创建，督工义民胡应元、刘仁、杜忠霞，署道卫司杨全明"。王衮，山东阳谷举人，万历二十四年任耀州知州，升苏州知府。（乾隆）《续耀州志》有传。

## 刘氏墓志

全称：明王门太孺人伯母刘氏墓志铭。

年代：明万历二十八年（1600）刻。

形制：长 0.75 米，宽 0.64 米，厚 0.14 米。

行字：志文楷书 29 行，满行 34 字。

撰书：王建业撰。

纹饰：志四周饰云纹。

出土：出土于志丹县灵皇地台，时间不详。

现藏：志丹县文物管理所。

提要：刘氏生于嘉靖二年（1523）二月二十八日，卒于万历二十八年正月初三日，享年七十八岁。志文记载了刘氏的生平。

## 徐母周氏墓志

全称：明故太孺人徐母周氏墓志铭。

年代：明万历二十八年（1600）刻。

形制：长 0.67 米，宽 0.61 米。

行字：盖文篆书 5 行，满行 5 字，题"明奉训大夫高唐应州奥山徐公配待赠宜人周氏墓志铭"。志文楷书 45 行，满行 39 字。

撰书：杨绍程撰，秦邻晋书，翟绣裳篆盖。

纹饰：志左右饰青龙、白虎，上下饰蔓草纹。

出土：1981 年出土于岐山县仓颉庙一组徐家祖墓。

现藏：岐山县博物馆。

著录：《新中国出土墓志·陕西叁》。

提要：志文记载了明代闻喜县令徐从愚之母周氏的生平。

## 金刚经启请碑

全称：金刚般若波罗蜜经金刚经启请。

年代：明万历二十八年（1600）刻立。

形制：高 0.53 米，宽 1.91 米。

行字：碑文行书，分上下两栏。上栏 48 行，满行 12—14 字不等。下栏 31 行，满行 8—11 字不等。

撰书：朱敬鑐书，朱谊润等跋。

现藏：西安碑林博物馆。

著录：《西安碑林全集》。

提要：上栏刻《金刚经启请》，下栏刻《金榜般若波罗蜜经》及跋识。"启请"为佛教徒每读金刚经之前必作之程序。书者朱敬鑐，详见《朱敬鑐书千字文》介绍。跋者朱谊润，朱敬鑐之子。此为谊润贺其父六十大寿所书。

## 万历二十八年祭黄帝陵碑

全称：明万历二十八年御祭黄帝陵祝文碑。

年代：明万历二十八年（1600）刻立。

形制：通高 2.31 米，宽 0.70 米，厚 0.11 米。

行字：碑文楷书 12 行，满行 14 字。

纹饰：碑身四周饰蔓草纹。

现藏：黄帝陵。

著录：《延安市文物志》《黄帝陵碑刻》。

提要：碑文记载了明神宗朱翊钧派遣延安府知府徐安于万历二十八年八月二十五日祭祀轩辕黄帝。

## 韩城县学重修记

年代：明万历二十八年（1600）刻立。

形制：高 2.30 米，宽 1.00 米，厚 0.41 米。

行字：额篆书"修学碑"3 字。碑文楷书 16 行，满行 58 字。

撰书：张士佩撰，吴从周书，薛亨篆额。

纹饰：碑额饰云龙纹。碑身四周饰花卉纹。

现藏：韩城市博物馆。

提要：碑文记载"韩之学建于洪武四年"以及知县马攀龙、戴章甫于万历十九年至二十三年在任期间重修大成殿事。

## *纯阳祖师像碑

年代：明万历二十八年（1600）刻立。

形制：高 0.88 米，宽 0.47 米。

行字：碑文行楷 13 行，满行字数不等。

撰书：林应光抄录，侯于秀书。

出土：西安碑林旧藏。

现藏：西安碑林博物馆。

著录：《西安碑林全集》。

备注：碑断裂。

提要：碑上段为宝诰一篇，下段刻吕洞宾坐像。

## *引泉水记事碣

年代：明万历二十八年（1600）刻立。

形制：碑残损。残高 0.70 米，宽 0.46 米。

行字：碑文楷书 26 行，满行 25 字。

撰书：王九泉撰并书。

现藏：乾县城关镇玉泉洞村村北玉皇洞内墙壁镶嵌。

提要：记叙玉皇洞村原生活用水困难，万历年间知州段氏开凿泉水以济乡民事。

## *重修洪堰众民颂德记碑

年代：明万历二十八年（1600）刻立。

形制：高 1.80 米，宽 0.74 米，厚 0.29 米。

行字：碑文楷书 24 行，满行 49 字。

撰书：陈葵撰，王立勋书。

纹饰：碑身四周饰卷云纹。

出土：1963 年出土于泾阳县王桥镇衙背后村南。

现藏：泾惠渠管理局张家山水库管理处。

备注：石碑断裂为三部分。

提要：此碑歌颂修理洪堰功德。

## *创建一天门题记碑

年代：明万历二十八年（1600）刻立。

形制：高 0.49 米，宽 0.53 米。

行字：碑文楷书 6 行，满行字数不等。

出土：原存耀县药王山一天门门洞。

现藏：药王山博物馆。

著录：《药王山碑刻》《陕西药王山碑刻艺术总集》。

提要：载万历二十八年王衮等人创建一天门之事。

## *三王殿记碑

年代：明万历二十九年（1601）刻立。

形制：高 0.82 米，宽 0.25 米。

行字：碑文楷书 12 行，满行 42 字。

撰书：谢赐纪撰。

现藏：合阳县博物馆。

提要：碑文记载三王殿在明隆庆年间修城时建，由 25 人出会金庀工而修，所供奉者为药王、马王、法王；并记述了"三王"的具体情况。

## 创建圣亲殿记

**年代：** 明万历二十九年（1601）刻立。

**形制：** 圆首方座。高 1.47 米，宽 0.68 米。

**行字：** 碑文楷书 14 行，满行 31 字。

**纹饰：** 碑额及碑身两侧饰卷云纹。

**现藏：** 洋县第一中学圣亲殿。

**提要：** 此碑记洋县令张任重认为文昌祠不妥，有子尊亲卑之误，令将圣亲殿从祠前移至祠后，再成圣亲殿事。

## 圣亲殿成碑记

**年代：** 明万历二十九年（1601）刻立。

**形制：** 高 1.52 米，宽 0.72 米。

**行字：** 碑文楷书 18 行，满行 38 字。

**撰书：** 张企程撰，杨明盛书，王一魁篆额。

**纹饰：** 碑额及碑身两侧饰卷云纹。

**现藏：** 洋县第一中学圣亲殿。

**提要：** 此碑记载原文昌祠制不妥，县令命典史刘大经再造文昌君二亲神殿，移至祠后事。

## *重修学宫碑

**年代：** 明万历二十九年（1601）刻立。

**形制：** 高 0.41 米，宽 0.78 米，厚 0.12 米。

**行字：** 碑文楷书 15 行，满行 15 字。

**现藏：** 韩城市博物馆。

**提要：** 此碑嵌于戟门外最东碑亭内，记载韩城教谕吴峻赞颂张士佩输财倡修学宫功德事。

## 屈嘉暨妻李氏仲氏合葬墓志

**全称：** 大明故邑学生石月屈公暨配孺人李氏仲氏合葬墓志铭。

**年代：** 明万历二十九年（1601）刻。

**形制：** 志、盖均为正方形，尺寸相同。边长均 0.63 米。

**行字：** 盖文篆书 5 行，满行 4 字，题"明邑学生石月屈公配孺人李氏仲氏合葬墓志铭"。志文楷书 30 行，满行 30 字。

**撰书：** 屈受善撰，屈受言书，许浑然篆盖。

**出土：** 1974 年出土于华阴县南营村。

**现藏：** 西安碑林博物馆。

**著录：**《华山碑石》。

**备注：** 志周边有残缺，志文漫漶不清。

**提要：** 志文记载了屈嘉的家族世系、生平、夫人及子嗣情况。

## *刘东周妻徐氏墓志

**年代：** 明万历三十年（1602）刻。

**形制：** 志长 0.30 米，宽 0.30 米，厚 0.15 米。

**行字：** 志文楷书 12 行，满行 10 字。

**出土：** 1990 年出土于志丹县砖瓦厂。

**著录：**《新中国出土墓志·陕西叁》。

**提要：** 志文记载了刘集后裔刘东周之妻徐氏的生卒年及子嗣情况。

## 真人洞记

**年代：** 明万历三十年（1602）刻立。

**形制：** 高 1.04 米，宽 0.54 米，厚 0.11 米。

**行字：** 碑文隶书 17 行，满行 33 字。

**撰书：** 张玶书。

**现藏：** 大荔县文物局。

**提要：** 碑文记述华山道人来同州真人洞后，为当地民众祈福解难及真人洞的香火盛况等。

## 纪占吾墓志

**全称：** 大明邠学生纪公墓志铭。

**年代：** 明万历三十年（1602）刻。

**形制：** 志正方形。边长 0.61 米。

**行字：** 志文楷书 32 行，满行 32 字。

撰书：赵完撰，纪中魁书，赵之胤篆盖。

出土：1995 年彬县城郊凤凰山下迎建村。

现藏：彬县文化馆。

提要：志文记载纪占吾的家世、生平。

## *韩城县儒学进士举人题名记碑

年代：明万历三十年（1602）刻立。

形制：高 2.18 米，宽 1.12 米。

行字：碑文楷书 25 行，满行 15 字。

撰书：张士佩撰，吴从周书。

纹饰：碑额饰双凤朝阳纹，四周饰花卉纹。

现藏：韩城市博物馆。

提要：刻韩城县万历三十年进士举人之名。

## *贡士题名记碑

年代：明万历三十年（1602）刻立。

形制：碑身高 2.38 米，宽 0.90 米。

行字：碑文楷书 22 行，满行 20 字。

撰书：吴从周撰，薛芳书。

纹饰：碑身四周饰花卉纹。

现藏：韩城市博物馆。

提要：刻韩城县万历三十年贡士之名。

## *玄天上帝碑

年代：明万历三十年（1602）刻立。

形制：高 1.43 米，宽 0.62 米，厚 0.15 米。

行字：额楷书"玄天上帝八宫一贯一庙"。
碑文楷书 10 行，满行 32 字。

撰书：李点书。

纹饰：碑四周饰蔓草纹。

出土：2006 年出土于富平县。

现藏：西安市临潼博物馆。

## 华阴县重修西岳庙记

年代：明万历三十年（1602）刻立。

形制：螭首龟座。高 6.30 米，宽 1.48 米。

行字：碑文楷书 26 行，满行 60 字。

撰书：张维新撰，王一乾书，顾其志篆额。

现藏：华阴市西岳庙文物管理处。

著录：（乾隆）《华阴县志》《华岳志》《华山碑石》。

备注：碑身有一道贯通裂纹，龟座已毁。碑阴刻《重修西岳庙记》。

提要：碑文记载了明嘉靖时西岳庙被关中大地震破坏，震后总督少傅兼太子太傅、兵部尚书李汶填等十余人捐金修筑之事。

## 重修西岳庙记

年代：明万历三十年（1602）刻立。

形制：螭首龟座。高 6.30 米，宽 1.48 米。

行字：碑文楷书 21 行，满行 60 字。

撰书：孙惟谌撰并书。

纹饰：碑身四周饰缠枝纹。

现藏：华阴市西岳庙文物管理处。

著录：《华岳志》（乾隆）《华阴县志》《华山碑石》。

提要：碑文记载潼关道张公谒祠，奉请朝廷修整，朝廷以当时边陲多事，未允。事隔数年，张公又来，奉命整饬潼关，召集属僚集资，交华阴县修复事。镌于《华阴县重修西岳庙记》碑之阴。

## 增修汉荆王祠记

全称：蓝田县增修汉荆王祠记。

年代：明万历三十年（1602）刻立。

形制：通高 3.65 米，宽 0.80 米，厚 0.28 米。

行字：碑文楷书 12 行，满行 42 字。

撰书：谢明善撰。

现藏：蓝田县南街趋利上群木器厂内。

提要：碑文记录了蓝田县境内汉荆王祠的地址及重修汉荆王祠的经过和原因。

## *万历三十年圣旨碑

**年代：** 明万历三十年（1602）刻立。

**形制：** 高 2.22 米，宽 0.87 米，厚 0.23 米。

**行字：** 碑文楷书 23 行，满行 59 字。

**撰书：** 宋谔书。

**纹饰：** 碑身四周饰蔓草纹。

**出土：** 乾县长留乡小留村。

**现藏：** 乾陵懿德太子墓博物馆。

**提要：** 该碑本明弘治十一年（1498）大理寺卿宋钦为纪念景泰三年（1452）、成化十一年(1475)、成化十八年(1482)朝廷先后给宋家颁发了三道嘉奖圣旨所立。万历三十年，其六、七世孙又重立此石。碑阴记立碑缘由，后有宋氏一门九十六人题名。

## 合龙山地粮记

**年代：** 明万历三十一年（1603）刻立。

**形制：** 螭首龟座。通高 3.37 米，宽 0.81 米，厚 0.16 米。

**行字：** 碑文楷书 24 行，满行 60 字。

**撰书：** 雷在恒撰，许文升书。

**纹饰：** 碑身四周饰水波纹。

**现藏：** 绥德县张家砭乡合龙山祖师庙正殿前左侧。

**著录：** 《榆林碑石》。

**备注：** 碑左上边沿残。

**提要：** 碑文记载了合龙山四至界地、各处地的用途，及为诸僧购置耕种之地事。

## 阎公墓志

**全称：** 明故秦府典宝继兰阎公之墓。

**年代：** 明万历三十一年（1603）刻。

**形制：** 志正方形。边长 0.65 米。

**行字：** 盖文楷书 3 行，满行 4 字，题"明故秦府典宝继兰阎公之墓"。志文楷书 4

行，满行 4 字。

**纹饰：** 盖四周饰云纹。

**现藏：** 陇县博物馆。

**著录：** 《新中国出土墓志·陕西叁》

## 赵近臣暨妻马氏合葬墓志

**全称：** 明进阶文林郎灵台赵公暨孺人马氏合葬墓志铭。

**年代：** 明万历三十一年（1603）刻。

**形制：** 长 0.55 米，宽 0.85 米，厚 0.16 米。

**行字：** 志文楷书 37 行，满行 25 字。

**撰书：** 李培根撰。

**纹饰：** 碑身四周饰水波纹。

**出土：** 1987 年出土于略阳县王家坪村赵氏祖茔，后移入略阳县灵岩寺博物馆。

**现藏：** 略阳县灵岩寺博物馆。

**著录：** 《汉中碑石》。

**提要：** 志文先记载了赵近臣之孙赵启光重振家业后，为其祖父扩修坟墓，移葬马氏与之合葬事。后叙述了赵近臣的家族世系、生平、历官及子嗣情况。赵近臣先为博士诸生，晋太学，授山西洪洞县丞，以加文林郎衔致仕。

## 蔡公祠铭

**全称：** 新建龙亭侯蔡公祠铭。

**年代：** 明万历三十一年（1603）刻立。

**形制：** 通高 2.16 米，宽 0.83 米，厚 0.26 米。

**行字：** 碑文楷书 27 行，满行 36 字。

**纹饰：** 碑额饰云龙纹

**现藏：** 洋县蔡伦墓祠文物管理所。

**备注：** 此碑因年久风化严重，内容不清。

## *李德性自述碑

**年代：** 明万历三十一年（1603）刻立。

形制：圆首方座。高 0.95 米，宽 0.57 米，厚 0.18 米。

行字：碑文行书 5 行，满行 16 字。

撰书：李德性撰并书。

纹饰：碑额饰双凤图案，碑身四周饰莲花纹。

出土：此碑自立未移。

现藏：略阳县灵岩寺博物馆。

著录：《汉中碑石》。

提要：原文"漳川李子尹兹略阳，迂儒拙吏，踽踽凉凉。忧民虑国，竭尽衷肠。公好公恶济此一方。万历癸卯秋九月永年日，葛子李德性书"。

## 杨玠墓志

全称：明昭勇将军西安左卫指挥使琢吾杨君墓志铭。

年代：明万历三十一年（1603）刻。

形制：志正方形。边长 0.69 米。

行字：志文楷书 34 行，满行 38 字。

撰书：秦可贞撰，秦东周书。

出土：1953 年出土于西安市南郊沙坡。

现藏：西安碑林博物馆。

著录：《新中国出土墓志·陕西贰》。

提要：志文记载了杨玠的家族世系、生平、官职、配偶、子嗣情况等，其官至西安左卫指挥使。

## 杨母何氏墓志

全称：大明诰封淑人杨母何氏墓志铭。

年代：明万历三十一年（1603）刻。

形制：志、盖尺寸相同。长 0.73 米，宽 0.72 米。

行字：志文楷书 34 行，满行 40 字。

撰书：秦可贞撰，秦成夏书。

出土：1954 年出土于西安市南郊沙坡村。

现藏：西安碑林博物馆。

著录：《西安碑林全集》。

提要：志文记载了何氏生平、夫婿及子嗣情况。

## 雷始声合葬墓志

全称：明儒官雷公合葬墓志铭。

年代：明万历三十一年（1603）刻。

行字：志文楷书 22 行，满行 24 字。

撰书：张养心撰，雷文耀书，雷通篆盖。

出土：出土时间、地点不详。

现藏：商洛博物馆。

提要：志文记述了墓主人生平、历官及子嗣情况。

## *二水寺塔志碑

年代：明万历三十一年（1603）刻立。

形制：碑残损。残高 0.75 米，宽 0.45 米。

行字：碑文楷书 23 行，共 204 字。

撰书：李舒芳撰。

纹饰：碑身四周饰云纹。

出土：1987 年出土于武功县二水寺村。

现藏：武功县城隍庙。

备注：已残为三块，中上部无存。

提要：碑文记欲祀文昌而改浮图事。

## 尚冲和生录序碑

全称：三教弟子九峰道人尚冲和生录序。

年代：明万历三十一年（1603）刻立。

形制：高 1.40 米，宽 0.63 米。

行字：碑文楷书 20 行，满行 41 字。

撰书：遆华川撰。

现藏：洛南县博物馆。

提要：记载尚冲和信奉三教、广招善财、修复庙宇、教导弟子、兴办公益等事。

## 重修孔庙儒学碑

全称：洛南县重修孔庙儒学记。
年代：明万历三十一年（1603）刻立。
形制：高 1.32 米，宽 0.95 米。
行字：碑文楷书 24 行，满行 41 字。
纹饰：碑身两侧饰波浪纹。
现藏：洛南县博物馆。
提要：碑文记载了洛南县文庙儒学创建因
　　　由、过程和作用。

## 蔡伦墓碑

全称：汉龙亭侯蔡伦之墓。
年代：明万历三十一年（1603）刻立。
形制：圆首龟座。通高 2.38 米，宽 0.86 米，
　　　厚 0.24 米。
行字：碑阴额楷书"皇清"2 字，其下横刻
　　　楷书 1 行，题"汉龙亭候碑记"。碑
　　　文楷书。碑阳 3 行，满行 8 字。碑阴
　　　12 行，满行 22 字。
撰书：姚诚立，刘馨识。
纹饰：碑阳四周饰卷云纹，碑阴四周饰卷
　　　云纹。
现藏：洋县蔡伦墓祠文物管理所。
著录：（光绪）《洋县志》《汉中碑石》。
提要：此碑为洋县知事姚诚所立。碑阴有清
　　　人题记，载祠毁于战火，墓荒芜，康
　　　熙间县丞刘馨祭祀之事。

## *下凉泉村香幢

年代：明万历三十二年（1604）刻立。
形制：通高 1.33 米，上下端直径 0.66 米，
　　　中间直径 0.33 米。
撰书：刘登建撰。
纹饰：顶、座均浮雕莲花图案。
现藏：陇县杜阳镇下凉泉村四组山神庙前。

提要：幢文为经文和捐助者姓名。

## 秦中桥妻李氏墓志

全称：明诰赠中宪大夫直隶真定府知府中桥
　　　秦公元配李太恭人墓志铭。
年代：明万历三十二年（1604）刻。
形制：志、盖均为正方形，尺寸相同。边长
　　　0.78 米，厚 0.15 米。
行字：盖文篆书 5 行，满行 5 字。志文楷书
　　　36 行，满行 42 字。
撰书：南师仲撰，南居益书，杨光训篆盖。
现藏：渭南博物馆。
备注：盖已断成二块。
提要：碑文记载了秦中桥原配夫人李氏的
　　　生平、子嗣、家族世系等情况。

## *张稽古墓志

年代：明万历三十二年（1604）刻。
形制：尺寸不详。
行字：志文楷书，行字数不详。
出土：出土于蒲城县西漫泉河一带，时间不详。
现藏：蒲城县文物保护开发中心。
提要：张稽古，世居县城西安乐里，先后在
　　　山西、四川、山东等地任职。

## *张士佩著作碑

年代：明万历三十二年（1604）刻立。
形制：高 0.42 米，宽 5.05 米。
行字：碑额篆书，题"宸翰"2 字。碑文楷
　　　书 149 行，满行 16 字。
撰书：薛之科书。
纹饰：碑额饰二龙戏珠图案，碑身四周饰
　　　云龙纹。
现藏：韩城市博物馆。
提要：碑文记载张士佩的四篇著作《恒性

说》《心性辨》《人心道心辨》《中庸大指》及韩城知县戴章甫读后所撰《说后》《辨后》《大指后》。

## 朱惟㷟暨妻刘氏合葬墓志

**全称：** 大明宗室永寿郡支镇国中尉榴亭公配恭人刘氏合葬墓志铭。

**年代：** 明万历三十二年（1604）刻。

**形制：** 志、盖均为正方形，尺寸相同。边长为 0.69 米。

**行字：** 盖文篆书 6 行，满行 5 字，题"大明宗室秦藩永寿郡支镇国中尉榴亭公元配恭人刘氏合葬墓志铭"。志文楷书 28 行，满行 37 字。

**撰书：** 朱惟㷟撰并书及篆盖。

**纹饰：** 志、盖四周饰龙凤纹。

**出土：** 1953 年由西北师范学院征集。

**现藏：** 西安碑林博物馆。

**著录：**《西安碑林全集》。

**提要：** 志文记载了朱惟㷟的家族世系、生平、夫人及子嗣情况。

## *万历三十二年石马槽碑

**年代：** 明万历三十二年（1604）刻立。

**形制：** 长 0.62 米，上宽 0.58 米，厚 4.57 米，底宽 0.56 米。

**行字：** 碑文楷书 2 行，共 21 字。

**撰书：** 王全镌。

**现藏：** 咸阳市秦都区双照镇萧何庙村红色记忆博物馆。

## 赵祖舜墓志

**全称：** 明文林郎河南洧川县令德宇赵公墓志铭。

**年代：** 明万历三十二年（1604）刻。

**行字：** 志文楷书 24 行，满行 31 字。

**撰书：** 李垂街撰，张三俊书。

**现藏：** 商洛博物馆。

**提要：** 志文记述了赵祖舜的生平、历官、子嗣情况。

## *重修午子山紫金城碑

**年代：** 明万历三十三年（1605）刻立。

**形制：** 高 0.62 米，宽 0.45 米。

**行字：** 碑文楷书 27 行，满行 19 字。

**纹饰：** 碑身四周饰卷云纹。

**现藏：** 西乡县午子山午子观。

**提要：** 碑文记述了明万历年间西乡民众重修午子山紫金城的经过。

## 重修后堂园池碑

**全称：** 邑侯姚公重修后堂园池记。

**年代：** 明万历三十三年（1605）刻立。

**形制：** 高 1.24 米，宽 0.75 米，厚 0.17 米。

**行字：** 碑文楷书 24 行，满行 39 字。

**撰书：** 杨明盛书。

**纹饰：** 碑额饰云纹，碑身饰波浪纹。

**现藏：** 洋县文物博物馆。

**提要：** 碑文记述了姚公德政及后堂园林重修后的美丽景致。

## *朱敬鑑书金刚经碑

**年代：** 明万历三十三年（1605）刻立。

**形制：** 共 4 石。一、二石高 0.46 米，宽 1.60 米。第三石高 0.50 米，宽 1.70 米。第四石高 0.50 米，宽 1.84 米。

**行字：** 碑文行书共 460 行，满行 12—15 字不等。

**撰书：** 朱敬鑑书。

**出土：** 西安碑林旧藏。

现藏：西安碑林博物馆。

著录：《西安碑林全集》。

## 宿智果寺诗碑

年代：明万历三十四年（1606）刻立。

形制：高 0.70 米，宽 1.24 米，厚 0.16 米。

行字：碑文楷书 31 行，满行 16 字。

撰书：姚成立。

出土：此碑自立未移。

现藏：洋县智果寺文物管理所。

著录：《汉中碑石》（光绪）《洋县志》。

提要：姚成立，明万历二十二年进士，万历
　　　三十四年任洋县县令。姚诗可读出作
　　　者怀才不遇之叹。

## *竖轩记碑

年代：明万历三十四年（1606）刻立。

形制：高 0.54 米，宽 0.69 米。

行字：碑文楷书 12 行，满行 9 字。

撰书：张士佩撰。

出土：此碑自立未移。

现藏：韩城市司马迁祠。

著录：《司马迁祠碑石录》。

提要：碑文记载太史庙前立轩三间事。

## 冯栋梁暨妻赵氏合葬墓志

全称：明寿官效庵冯公暨配硕人赵氏合葬
　　　墓志铭。

年代：明万历三十四年（1606）刻。

形制：长 0.62 米，宽 0.60 米。

行字：志文楷书 29 行，满行 32 字。

撰书：武之望撰，张国祥书，赵昌运篆盖。

出土：2002 年临潼区斜口乡高沟大队征集。

现藏：西安市临潼博物馆。

提要：该墓志是万历晚期时任河南巩县知

县冯汝贤（大尹）为其父母迁坟合葬
时所立。武之望，字叔卿，临潼阜广
里人（今武屯乡），万历十七年（1589）
进士，曾任职南方诸省，后主持三边
防务（榆林、宁夏、甘肃），万历年
间曾编修《临潼县志》四卷。张国祥，
字伯善，号居白，临潼贾村人，万历
三十五年丁未科进士；入礼部任职，
皇帝敕赐一品服，转职谏院，著有《梧
垣奏稿》等。

## 创建救苦殿碑

全称：说经台创建救苦殿记。

年代：明万历三十四年（1606）刻立。

形制：螭首方座。高 2.41 米，宽 0.85 米，
　　　厚 0.18 米。

行字：碑文楷书 13 行，满行 40 字。

撰书：武烈撰，邓和德书。

出土：此碑自立未移。

现藏：周至县古楼观说经台。

著录：《楼观台道教碑石》。

提要：该碑记述了明隆庆年间（1567—1572），
　　　羽士康明卿、冯明交募化修建救苦
　　　殿、龙虎殿事。

## 魏奉璋墓志

全称：明河南归德府通判直轩魏公墓志铭。

年代：明万历三十四年（1606）刻。

形制：志长 0.84 米，宽 0.65 米，厚 0.06 米。

行字：盖文篆书 5 行，满行 3 字，题“明归
　　　德府通判直轩魏公墓志铭”。志文楷
　　　书 48 行，满行 35 字。

撰书：文在中撰，武穆书，王忻篆盖，杨辅
　　　松刻。

纹饰：志、盖四周饰梅花圆珠纹。

出土：1988 年出土于户县县城北郊宁西林

业局产品经销部后院。

现藏：户县文物管理委员会。

著录：《户县碑刻》《新中国出土墓志·陕西叁》。

提要：志文记载了魏奉璋之家族世系、生平、历官及子嗣情况。

## 王卫暨妻李氏魏氏合葬墓志

全称：明诰封武略将军北田王公配宜人李氏魏氏合葬墓志铭。

年代：明万历三十四年（1606）刻。

形制：志正方形。边长 0.65 米。

行字：志文楷书 30 行，满行 38 字。

撰书：徐文贞撰，谢三寿书，徐崇文篆盖。

纹饰：志四周饰几何纹。

现藏：西安市长安博物馆。

著录：《长安新出墓志》。

提要：志文记载了王卫之家族世系、生平、历官、婚姻及子嗣情况。

## *梅雪轩书晦翁不自弃文碑

年代：明万历三十四年（1606）刻立。

形制：高 0.66 米，宽 1.61 米。

行字：碑文行书 51 行，满行 12—14 字不等。

撰书：朱熹撰，朱进父书，朱谊润、晋文煜等跋。

出土：原立于朱氏家塾，明崇祯十六年（1643）移置府学，后移藏西安碑林。

现藏：西安碑林博物馆。

著录：《西安碑林全集》。

提要："梅雪轩"是朱敬鑑斋号。碑右下方另刻有武秉文撰并书的吊唁吴从义的《忠烈歌》一首并跋，行书。

## *赠李垂街父母敕命碑

年代：明万历三十四年（1606）刻立。

形制：高 2.15 米，宽 0.82 米。

行字：碑文楷书 13 行，满行 35 字。

出土：2004 年出土于镇安县文庙。

现藏：镇安县教场沟。

提要：碑文记载镇安人李垂街在任直隶顺天府香河县知县期间政绩突出，皇帝赠封其父母敕文。

## *造像记碑

年代：明万历三十四年（1606）刻立。

形制：高 1.22 米，宽 0.61 米，厚 0.17 米。

出土：原存耀县药王山。

现藏：药王山博物馆。

著录：《药王山碑刻》。

备注：此碑所记之造像为铜质，共三尊。

## *陇州增修学宫碑

年代：明万历三十五年（1607）刻立。

形制：残高 0.45 米，宽 0.83 米，厚 0.21 米。

行字：碑文楷书，行字数不详。

现藏：陇县南道巷中学院内。

提要：碑文主要讲述增修学宫事宜。

## 天限南北

年代：明万历三十五年（1607）刻立。

形制：高 4.50 米，宽 1.70 米。

行字：碑文楷书 1 行 4 字。

现藏：榆林市红石峡东壁。

提要：此题刻颂扬红石峡雄关在边疆上阻险南北。上款"万历丁未秋吉旦"，下款"□章涂宗浚题"。涂宗浚，南昌人，明万历年巡抚榆林镇。

## 步张天尊吊司马祠后

年代：明万历三十五年（1607）刻立。

形制：高 0.67 米，宽 0.63 米。

行字：碑文楷书 15 行，满行 10 字。

撰书：孙廷秀撰。

纹饰：碑身四周饰卷云纹。

出土：此碑自立未移。

现藏：韩城市司马迁祠。

著录：《司马迁祠碑石录》。

提要：此诗为明神宗时韩城儒学教事孙廷秀所作，诗云："悠悠汉太史，孤冢依长楸。遗事渔樵话，荒山草木愀。编摩空世代，愤激噎河流。赋客停骖处，苍然烟霭浮。"

## 乌阶墓志

全称：明将仕佐郎鸿胪寺序班幼庵乌公墓志铭。

年代：明万历三十五年（1607）刻。

形制：志正方形。边长 0.74 米。

行字：盖文篆书 4 行，满行 4 字，题"大明将仕佐郎鸿胪寺序班幼巷乌公墓"。志文楷书 36 行，满行 41 字。

撰书：李桐撰，郑承恩书，朱惟燻篆盖。

纹饰：志、盖四周均饰几何纹。

出土：1956 年出土于西安市北郊纬二路。

现藏：西安碑林博物馆。

著录：《西安碑林全集》。

提要：志文记载了乌阶的家族世系、生平、官职及子嗣等。其主要历官有仕佐郎、鸿胪寺序班。

## 张氏墓志

全称：皇明宗室秦国永寿郡诰封镇国中尉恭人张氏墓志铭。

年代：明万历三十五年（1607）刻。

形制：志、盖均为正方形，尺寸相同。边长 0.73 米。

行字：盖文篆书 5 行，满行 5 字，题"皇明宗室秦藩永寿王府诰封镇国中尉恭人张氏墓志铭"。志文楷书，分刻上下栏，共 35 行，满行 17 字。

撰书：朱怀乢撰，朱敬鑊书，朱怀虆篆盖。

纹饰：志、盖四周均饰双凤云纹。

出土：1954 年出土于西安市南郊。

现藏：西安碑林博物馆。

著录：《西安碑林全集》。

提要：志文记载了张氏的家世、生平、夫婿及子嗣情况。

## 重修天圣宫墙垣碑记

年代：明万历三十五年（1607）刻立。

形制：高 1.59 米，宽 0.64 米，厚 0.14 米。

行字：碑阳额篆书 2 行，满行 4 字，题"重修天圣宫之碑记"。碑阴额楷书 2 行，满行 4 字，题"重阳王祖师仙迹记"。碑文楷书 16 行，满行 36 字。

撰书：冯从吾撰，高学诗书，李廷信篆额。

纹饰：碑阳额饰二龙戏珠图案，碑身上下为日月纹，左右为云龙纹。碑阴额饰翔鹤卷云纹，四周饰缠枝山水纹饰。

出土：原立咸阳市秦都区大魏村东天圣村。

现藏：咸阳博物馆。

著录：《咸阳碑石》。

提要：碑文记述了天圣宫的位置，重阳祖师号"天圣"，及天圣宫墙垣的缘起、经过和述记原因。碑阴楷书捐资人姓名。

## 岩壑金汤

年代：明万历三十六年（1608）刻立。

形制：高 1.30 米，宽 4.40 米。

行字：碑文楷书 1 行 4 字。

撰书：王威书。

现藏：榆林市红石峡西壁。

提要：题刻意指红石峡陡峭的石壁和险峻
的山谷形成坚不可摧的关峪。上款
"万历戊申秋吉"，下款"榆溪王威
题"。王威，万历二十三年任神木副
总兵。

## 流觞池

年代：明万历三十六年（1608）刻立。

形制：尺寸不详。

行字：碑文楷书 1 行 3 字。

现藏：吴堡县城南二里石塔寺下右侧。

提要：三字右侧竖刻"知吴堡县事杜邦泰、
教谕王学诗、典史王仲科"，左侧竖
刻"明万历三十六年菊月吉日勒石"。

## 松柏碑记

年代：明万历三十六年（1608）刻立。

形制：高 1.91 米，宽 0.72 米，厚 0.18 米。

行字：碑额篆书 4 字，题"松柏碑记"。碑文
楷书，分上下两部分。上部 13 行，满
行 10 字，下部 22 行，满行 36 字。

撰书：刘广生撰，刘光著书。

纹饰：碑身四周饰蔓草纹。

出土：甘泉县雨岔乡雨岔村。

现藏：甘泉县博物馆。

提要：此碑文共两部分。上部主要记载延安
府禁止砍伐杨氏祖茔松柏的公告，下
部主要记载当时延安府知府朱梦环
为禁止砍伐此地松柏而操劳的事迹，
是明代禁伐林木的碑记。

## *王真寿护观记碑

年代：明万历三十六年（1608）刻立。

形制：高 1.45 米，宽 0.70 米。

行字：碑文楷书 9 行，满行 36 字。

现藏：现嵌于白云山白云观正殿钟楼内墙上。

著录：《白云山白云观碑刻》。

备注：部分碑文漫漶不清。

提要：碑文主要记载了北京白云观道士王
真寿等是年主持佳县白云观，持陕西
布政司帖，可以捉拿白云山上为恶之
徒，维护白云山上的治安。

## *重修城隍庙记碑

年代：明万历三十六年（1608）刻立。

形制：高 0.45 米，宽 0.38 米。

行字：碑文楷书 4 行，满行 13 字。

现藏：韩城市博物馆。

提要：此碑嵌于含光殿前檐墙外侧，记南社
陈世勋于万历三十四年因病许愿城
隍布施银十两，重修寝殿墙壁、地基、
装饰门面栋梁之事。

## *秦聚奎题咏碑

年代：明万历三十六年（1608）刻立。

形制：正方形。边长 0.60 米。

行字：碑文楷书 18 行，满行 4—17 字不等。

撰书：秦聚奎题，武祯书。

现藏：周至县楼观台。

著录：《楼观台道教碑石》。

提要：记秦聚奎题诗《题说经台》《题吕公
洞》二首。

## 朱谊淮妻王氏墓志

全称：皇明宗室诰封恭人王氏墓志铭。

年代：明万历三十六年（1608）刻。

形制：志正方形。边长 0.65 米。

行字：志文楷书 20 行，满行 26 字。

撰书：许东周撰，杨一芳书。

纹饰：志四周饰龙凤纹。

出土：1954 年出土于西安市南郊草场坡。

现藏：西安碑林博物馆。

著录:《西安碑林全集》。

提要:志文记载了王氏的生平及夫婿情况。

## 路母杨氏合葬墓志

全称:明恭人路母杨氏合葬墓志铭。

年代:明万历三十七年(1609)刻。

形制:盖、志均正方形。盖边长 0.72 米,厚
0.15 米。志边长 0.72 米,厚 0.18 米。

行字:盖文篆书 4 行,满行 4 字。志文楷书
30 行,满行 31 字。

撰书:杨一魁撰,王学谟书并篆盖。

出土:1978 年出土于澄城县运输公司。

现藏:澄城县乐楼文物管理所。

著录:《澄城碑石》。

提要:志文记载杨一魁母杨氏的生平。

## 浮山灵雨记

年代:明万历三十七年(1609)刻立。

形制:通高 2.10 米,宽 0.80 米,厚 0.27 米。

行字:碑文楷书 18 行,满行字数不详。

撰书:李应策撰,马憺书并篆额。

纹饰:碑额饰日、月、云气纹,碑身四周饰
缠枝花卉纹。

现藏:蒲城县尧山庙大殿东檐下。

著录:《尧山圣母庙与神社》。

提要:碑文记述了明代两次旱灾及尧山两
度云兴雨将的神奇事迹。碑文后所附
社人共十二名。

## 任佩暨妻楚氏合葬墓志

全称:明登仕佐郎肃藩教授玉庵先生任公配
楚孺人合葬墓志铭。

年代:明万历三十七年(1609)刻。

形制:盖边长 0.64 米,厚 0.09 米。志边长
0.66 米,厚 0.06 米。

行字:志文楷书 43 行,满行 51 字。

出土:2004 年出土于高陵县姬家乡东城
坊村。

现藏:高陵县文化馆。

备注:盖右上角断残。

提要:记载志主生平事迹。

## *显应碑

年代:明万历三十七年(1609)刻立。

形制:圆首方座。高 1.90 米,宽 0.68 米。

行字:额楷书"显应"2 字。碑文楷书 3 行,
满行字数不等。

现藏:药王山博物馆。

著录:《药王山碑刻》《陕西药王山碑刻艺术
总集》。

提要:此碑系祈嗣功德碑。

## 建造龙门洞景福山碑

年代:明万历三十八年(1610)刻立。

形制:通高 1.20 米,宽 0.40 米。

行字:碑文楷书 19 行,满行 30 字。

撰书:杨缅程撰,门涛书。

纹饰:碑身四周饰蔓草纹。

现藏:镶嵌于陇县新集川乡龙门洞道院王
母宫山崖下。

提要:记述了龙门洞的胜景及娄景、丘处机
在此成仙之事。

## *重修关王庙碑

年代:明万历三十八年(1610)刻立。

形制:高 1.57 米,宽 0.74 米。

行字:额篆书"重修"2 字。碑文楷书 13
行,满行 11 字。

纹饰:碑额饰云龙纹,碑身四周饰花卉饰。

现藏:韩城市博物馆。

提要:碑文记载重修东营关王庙正殿、献
殿各三间及西牌坊,另建三圣祠三

间及西南角小坊之始末由来。其后承
捐银者姓名。

## 朱惟炘妻胡氏墓志

**全称：** 皇明诰封淑人胡氏墓志铭。

**年代：** 明万历三十八年（1610）刻。

**形制：** 志、盖均为正方形，尺寸相同。边长
0.73 米。

**行字：** 盖文篆书 4 行，满行 3 字，题"皇明
诰封淑人胡氏墓志铭"。志文楷书 30
行，满行 35 字。

**撰书：** 黄道见撰，刘奇栋书并篆盖。

**纹饰：** 志、盖四周均饰双凤莲花纹。

**出土：** 1954 年出土于西安市东郊胡家庙。

**现藏：** 西安碑林博物馆。

**著录：**《西安碑林全集》。

**备注：** 由陕西文物管理委员会移藏西安碑林。

**提要：** 志文记载了胡氏生平、夫婿及子嗣情
况。胡氏，其夫为郃阳王府奉国将军
朱惟炘。

## 恭建金容碑记

**年代：** 明万历三十八年（1610）刻立。

**形制：** 圆首方座。高 1.22 米，宽 0.61 米，
厚 0.17 米。

**行字：** 碑文楷书 12 行，满行 36 字。

**现藏：** 药王山博物馆。

**著录：**《药王山碑刻》《陕西药王山碑刻艺术
总集》。

**提要：** 碑记扶风县饴原乡人恭建孙真人金
容事。附刻于《造像碑记》之阴。

## *李联芳政绩碑

**年代：** 明万历三十九年（1611）刻立。

**形制：** 高 2.60 米，宽 0.85 米，厚 0.22 米。

**行字：** 碑文楷书 17 行，满行字数不等。

**纹饰：** 碑身四周饰龙纹、祥云纹。

**现藏：** 大荔县朝邑镇岱祠岑楼内。

**著录：**《大荔碑刻》。

**提要：** 李联芳为原朝邑南留社人，进士，任
河南洧川县知县，后迁户部主事，积
功升员外郎。碑文记述李联芳从政期
间的功德。

## 游龙门

**年代：** 明万历三十九年（1611）刻立。

**形制：** 高 0.66 米，宽 0.40 米。

**行字：** 碑文楷书 20 行，满行 15 字。

**撰书：** 郭孔通撰，薛之科书。

**纹饰：** 碑身四周饰蔓草纹。

**现藏：** 韩城市博物馆。

**提要：** 此碑记韩城教谕郭孔通题写七言诗
《游龙门》《吊太史公墓》《谒苏中郎
祠》《游横山》。

## *邢云路诗碣

**年代：** 明万历末（1608—1611）刻立。

**形制：** 高 0.84 米，宽 0.53 米。

**行字：** 正文楷书 10 行，满行 10 字。

**撰书：** 邢云路撰，朱炳然刻。

**纹饰：** 四周饰蔓草纹。

**出土：** 此碑自立未移。

**现藏：** 宝鸡市金台观。

**提要：** 碣刻律诗一首。

## 朝山进香加回籍建醮碑

**全称：** 维大明国陕西西安府临潼县永丰乡东
梁里见在铁炉村居民人等朝山进香
回籍建醮碑记。

**年代：** 明万历四十年（1612）刻立。

**形制：** 高 1.75 米，宽 0.69 米，厚 0.20 米。

**行字：** 额楷书 1 行 4 字。碑文楷书 12 行，

满行 32 字。

撰书：唐文宦撰，志玉书。

纹饰：碑额饰龙凤纹。

出土：2006 年富平县史家街道征集。

现藏：西安市临潼博物馆。

提要：此碑载明代万历年间临潼永丰乡东梁里铁炉村乡民远赴武当山朝圣回籍后，以丘氏家族为代表集资建庙之事。

## *娄敬修道处碑

全称：汉关内候娄敬修道处。

年代：明万历四十年（1612）刻立。

形制：高 2.24 米，宽 0.83 米，厚 0.20 米。

行字：碑文楷书 5 行，满行字数不等。

现藏：户县光明乡娄村娄敬庵。

著录：《户县碑刻》。

提要：右侧书立碑年月。左侧为前户县吕大重、教谕蒋讚、现任户县知县百应辉、典史王之玺等落款。

## *龙台观建修碑

年代：明万历四十年（1612）刻立。

形制：圆首方座。高 1.30 米，宽 0.75 米。

行字：碑文楷书 17 字，满行 24 字。

撰书：杨梧撰，高克勤、高克俭镌。

现藏：户县大王镇龙台坊。

著录：《户县碑刻》。

提要：碑文记载了郭世元等六十余善士各发虔诚，真舍赀财，择地建大雄慈悲宝殿（龙台观）的经过。

## *王进德书西铭碑

年代：明万历四十年（1612）刻立。

形制：高 1.81 米，宽 0.80 米。

行字：碑文行书 26 行，满行 12 字。

撰书：王进德书。

出土：原立于蒲城县张载祠，后移交蒲城县博物馆。

现藏：蒲城县博物馆。

著录：《蒲城县志》。

提要：此碑系知县李烨然所立，碑文为张载所作《西铭》。

## *徐仕升等诗碑

年代：明万历四十年（1612）刻立。

形制：高 0.36 米，宽 1.00 米。

行字：碑文行书 44 行，满行 20 字。

撰书：徐仕升、张衡等撰，罗谈宸书，卜桢刻。

现藏：户县草堂寺碑廊。

著录：《户县碑刻》。

提要：碑文记载了徐仕升、张衡、王之玺、魏邦佐等八人题的《咏草寺》《高观潭》《子房庄》诗词共十首。

## 张绍芳妻王氏墓志

全称：明封安人王氏墓志铭。

年代：明万历四十年（1612）刻。

形制：志、盖均为正方形。盖边长 0.62 米，厚 0.08 米。志边长 0.62 米，厚 0.07 米。

行字：盖文篆书 5 行，满行 4 字，题"明浙江杭州府同知垣斋张公继配封安人王氏墓"。志文楷书 65 行，满行 20 字。

撰书：赵崡撰，王士书并篆盖，卜祯镌。

出土：1967 年出土于户县甘亭镇六老庵村。

现藏：户县文物管理委员会。

著录：《户县碑刻》《新中国出土墓志·陕西叁》。

提要：志文记载了张绍芳继配王氏之家族世系、生平及子嗣情况。王安人卒于万历三十八年，享年六十八岁，于万历四十年与丈夫合葬。撰文者赵崡，字子函，周至县人。万历十三年中举，后因三次考进士未中，遂无意仕途，潜心于金石考据研究，撰有《石墨镌华》。

## 张邦俊赠解额疏碑

**全称：** 韩城县襟黄张公赠解额疏。

**年代：** 明万历四十年（1612）刻立。

**形制：** 高1.58米，宽0.71米。

**行字：** 碑文楷书28行，满行64字。

**纹饰：** 碑身四周饰花卉纹。

**现藏：** 韩城市博物馆。

**著录：**（乾隆）《韩城县志》。

**提要：** 碑文记张邦俊号襟黄，乙未（1595）进士，南京河南道监察御史，万历四十年作《请增解额疏》，次年作《请增会额疏》。

## *刘扶买地券

**年代：** 明万历四十年（1612）刻立。

**形制：** 长0.39米，宽0.38米，厚0.07米。

**行字：** 券文楷书19行，满行约20字。

**出土：** 1991年出土于高陵县通远镇唐家窑。

**现藏：** 高陵县文化馆。

**著录：**《高陵碑石》。

## 南柄墓志

**全称：** 明开封府祥符县县丞南公墓志铭。

**年代：** 明万历四十年（1612）刻。

**形制：** 志正方形。边长0.61米。

**行字：** 志文楷书30行，满行30字。

**撰书：** 史记事撰，张养心书。

**现藏：** 商洛博物馆。

**提要：** 志文记述了墓主人生平、历官及子嗣情况。

## 修佛记

**年代：** 明万历四十年（1612）刻立。

**形制：** 摩崖题刻。

**行字：** 碑文楷书6行，满行9字。

**撰书：** 焦真宦撰。

**出土：** 刻于耀县药王山摩崖造像《补修古佛记》背面。

**现藏：** 药王山博物馆。

**著录：**《药王山碑刻》《陕西药王山碑刻艺术总集》。

**提要：** 题记"明万历四十年，富平县流曲里指挥金事孙丕振，室人乔氏，见有太玄洞左佛首损坏，特发心输银，遣匠补修。工完，理合书此，以垂永久，故记"。

## *石佛堂石窟修造创立碑

**年代：** 明万历四十一年（1613）刻立。

**形制：** 高1.48米，宽0.70米，厚0.08米。

**行字：** 碑文楷书12行，满行字数不等。

**纹饰：** 碑身四周饰蔓草纹。

**现藏：** 富县张家湾镇石坊头村石佛堂石窟内。

**提要：** 碑文记载了修造石佛堂石窟的相关情况。

## 金汤吐秀

**年代：** 明万历四十一年（1613）刻立。

**形制：** 高2.10米，宽1.80米。

**行字：** 碑文行书1行4字。

**现藏：** 榆林市红石峡西壁。

**提要：** 此题刻赞扬了红石峡为坚不可摧的雄关，景致幽雅。

## 华夷天堑

**年代：** 明万历四十一年（1613）刻立。

**形制：** 高1.45米，宽4.40米。

**行字：** 碑文行书1行4字。

撰书：刘敏宽撰。

现藏：榆林市红石峡西壁。

提要：此题刻赞扬了红石峡雄关是当时明朝
与北方少数民族之间的天然关隘。上
款"万历癸丑仲夏之吉"，下款"河
东刘敏宽题"。

## 白珍暨妻刘氏合葬墓志

全称：明庠生崑岗白公元配孺人刘氏合葬
墓志铭。

年代：明万历四十一年（1613）刻。

形制：盖长 0.62 米，宽 0.58 米，厚 0.09 米。
志长 0.62 米，宽 0.57 米，厚 0.15 米。

行字：盖文篆书 3 行，满行 3 字，题"白公
刘氏合葬墓志铭"。志文楷书 28 行，
满行 28 字。

撰书：白琚撰，韩一良书，韩淑与篆额。

纹饰：志四周饰花卉纹。

出土：2000 年出土于澄城县城东关。

现藏：澄城县乐楼文物管理所。

著录：《新中国出土墓志·陕西叁》。

提要：此墓志主要记述了白珍夫妇的生平
事迹。

## *给道官王冲云执照碑

年代：明万历四十一年（1613）刻立。

形制：圆首。高 2.30 米，宽 0.23 米。

行字：碑文楷书 6 行，满行 67 字。

现藏：华阴市西岳庙文物管理处。

著录：《华山碑石》。

备注：镌于《重修城隍庙记》侧棱。

提要：此碑为一份执照。记载王冲云购买华
阴县城隍庙旁土地之事。

## 重新庙学碑记

年代：明万历四十一年（1613）刻立。

形制：圆首。高 1.80 米，宽 0.70 米。

行字：碑文楷书 18 行，满行 70 字。

撰书：张辉撰，郭如泰书，陈谕篆额。

纹饰：碑身四周饰缠枝花纹。

现藏：华阴市西岳庙文物管理处。

著录：（乾隆）《华阴县志》《华山碑石》。

提要：碑文记载了明代万历年间华阴县重
修学庙之事。

## *东厐先贤先儒碑

年代：明万历四十一年（1613）刻立。

形制：高 0.40 米，宽 1.36 米。

行字：碑文楷书 39 行，满行字数不等。

出土：原在华阴县文庙乡贤祠。

现藏：西安碑林博物馆。

著录：《华山碑石》。

备注：又称"东厐先昆曲先儒神位碑"。碑
石断为二块。

## 李拱暨妻王氏韩氏张氏合葬墓志

全称：明儒官肃轩李公暨元配王氏继韩氏
张氏合葬墓志铭。

年代：明万历四十一年（1613）刻。

形制：志、盖均为正方形，尺寸相同。边长
0.67 米。

行字：盖文篆书 6 行，满行 4 字，题"明儒
官肃轩李公元配孺人王氏继韩氏张
氏合葬墓志铭"。志文楷书 32 行，满
行 37 字。

撰书：王昌道撰，孟灿书，曹汝麟篆盖。

纹饰：志、盖四周均饰落花流水纹。

出土：1952 年出土于西安市近郊。

现藏：西安碑林博物馆。

著录：《西安碑林全集》。

提要：志文记载了李拱的家族世系、生平、
配偶及子嗣情况等。李拱，在过庭训

《本朝分省人物考》有记。

## 灵佑记

**年代：**明万历四十一年（1613）刻立。

**形制：**高 1.11 米，宽 0.59 米，厚 0.14 米。

**行字：**碑文楷书 17 行，满行 29 字。

**出土：**原存耀县药王山北洞药王大殿。

**现藏：**药王山博物馆。

**著录：**《药王山碑刻》《陕西药王山碑刻艺术总集》。

**提要：**碑文记本州痒生李蔚次子左肘患异疮，用《千金宝要》所载药方治愈事。

## 重修城隍庙正殿两庑记

**年代：**明万历四十二年（1614）刻立。

**形制：**圆首方座。通高 2.20 米，宽 0.78 米。

**行字：**碑文楷书 21 行，满行 40 字。

**撰书：**孙崇先撰，孙宗先书。

**纹饰：**碑身四周饰蔓草纹。

**出土：**此碑自立未移。

**现藏：**扶风县博物馆。

**提要：**碑文记录了县城隍庙沿革，及乡民韩云语万历年间出资重修正殿及两庑之事。

## 张泰运墓志

**全称：**明奉直大夫知直隶凤阳府亳州翊明张公墓志铭。

**年代：**明万历四十二年（1614）刻。

**形制：**长 0.62 米，宽 0.97 米，厚 0.11 米。

**行字：**志文楷书 53 行，满行 32 字。

**撰书：**麻僖撰，赵邦清书。

**出土：**1991 年出土于靖边县新城乡罗家窑子村。

**现藏：**靖边县文物管理委员会。

**著录：**《榆林碑石》。

**备注：**盖佚。

**提要：**志文记载了张泰运的籍贯、家族世系、生平、妻室、子嗣情况。张泰运建书院，创学田规，重视农业。在亳州任治洪有功，于河漕任遭妒被贬，遂归乡里。

## 屈同宇墓志

**全称：**明奉政（下阙）定府同知管宣镇上北路粮储奉旨加四品□□□同宇屈公墓志铭。

**年代：**明万历四十二年（1614）刻。

**形制：**志长 0.77 米，宽 0.76 米。

**行字：**志文楷书 35 行，满行 53 字。

**撰书：**史记事撰，杨呈秀书，赵昌运篆盖。

**现藏：**华阴市西岳庙文物管理处。

**提要：**志文记载了屈同宇的家世、生平及历官情况。

## 补修纯阳洞碑记

**年代：**明万历四十二年（1614）刻立。

**形制：**高 2.84 米，宽 0.90 米，厚 0.28 米。

**行字：**碑文楷书 18 行，满行 60 字。

**撰书：**张学道撰，武桢书，赵于逵篆额。

**现藏：**周至县古楼观说经台。

**著录：**《楼观台道教碑石》。

**备注：**该碑原立于吕祖洞，后因车撞倒碎，文物管理所运回粘接。

**提要：**碑文记述了明万历四十一年夏，"云游士有康前学者，适住是洞，补残葺缺"，补修纯阳洞之事。

## *忽吟暨妻合葬墓志

**年代：**明万历四十二年（1614）刻。

**形制：**志正方形。边长 0.68 米。

**出土：**出土于蒲城县苏坊镇乔村，时间不详。

**现藏：**蒲城县文物保护开发中心。

**备注：**边残缺，字迹漫漶不清。

提要：忽龙冈，讳吟，字若云，号龙冈。

## 崇文塔题名碑

**全称：** 泾阳县壬子科崇文塔题名记。
**年代：** 明万历四十二年（1614）刻立。
**形制：** 圆首方座。高 2.24 米，宽 0.80 米，厚 0.21 米。
**行字：** 碑文楷书 14 行，满行 51 字。
**撰书：** 袁化中撰。
**现藏：** 泾阳县崇文塔文物管理所。
**提要：** 碑文记载万历四十二年秋乡试中举六人姓名及袁化中所撰记其盛事之文。

## *傅振商书青山好碑

**年代：** 明万历四十三年（1615）刻立。
**形制：** 通高 2.25 米，宽 0.84 米。
**行字：** 碑文草书 10 行，满行 16 字。
**撰书：** 傅振商撰并书。
**现藏：** 留坝县张良庙文物管理所。
**著录：**《张良庙匾联石刻诗文集注》《张良胜迹诗词选》。
**备注：** 碑面有凿痕和多处石质剥落。
**提要：** 碑载诗歌是明万历十六年傅振商和赵贞吉《怀山好》韵所作。

## 重修观音殿记

**年代：** 明万历四十三年（1615）刻立。
**形制：** 高 1.21 米，宽 0.05 米。
**行字：** 碑文楷书 15 行，满行 41 字。
**撰书：** 秦一缙撰，法静书。
**现藏：** 合阳县博物馆。
**提要：** 该碑记叙了大像寺塔的位置及内部结构，并记叙了平政张氏家族及本寺僧员从元至正年间到明万历四十三年先后七次重修大像寺观音殿的原因

及过程。

## 乔进璠游灵岩寺诗碑

**全称：** 中原宋人乔进璠备兵兴元来游灵岩寺偶成。
**年代：** 明万历四十三年（1615）刻立。
**形制：** 高 0.67 米，宽 0.50 米，厚 0.15 米。
**行字：** 碑文楷书 13 行，满行 8 字。
**撰书：** 乔进璠撰并书。
**纹饰：** 碑身四周饰水波纹。
**现藏：** 略阳县灵岩寺博物馆。
**著录：**（道光）《略阳县志》《汉中碑石》。
**提要：** 碑文记载了乔进璠游览灵岩寺时所作的两首诗。

## *文庙西岳庙南坛残碑

**年代：** 明万历四十三年（1615）刻立。
**形制：** 碑残损，残似正方形。边长 0.98 米。
**行字：** 碑文楷书 21 行，满行 26 字。
**撰书：** 王九畴立。
**现藏：** 华阴市西岳庙文物管理处。
**著录：**《华山碑石》。
**提要：** 碑文记载了文庙西岳庙春、秋二季在南坛祭祀鹿银的开支情况。

## *蜡庙残碑

**年代：** 明万历四十三年（1615）刻立。
**形制：** 碑残损。残高 0.64 米，宽 0.54 米。
**行字：** 碑文楷书 15 行，行残存 17 字。
**撰书：** 王九畴立。
**出土：** 原在华阴县文庙乡贤祠，2003 年入藏西安碑林。
**现藏：** 西安碑林博物馆。
**提要：** 碑文记载修建蜡庙之事，惜残损，多数文字不清。

第 二 册

## 马汝龙暨妻杨氏墓志

**全称:** 明庠生马公配杨氏合葬墓志铭。

**年代:** 明万历四十四年(1616)刻。

**形制:** 志长 0.70 米,宽 0.65 米,厚 0.06 米。

**行字:** 志文楷书 25 行,满行 39 字。

**撰书:** 董儒撰,王国柱书,宋时宾篆盖。

**出土:** 1990 年在宜川县丹州镇征集。

**现藏:** 宜川县文物管理所。

**提要:** 志文记载了马汝龙及妻杨氏生平、子嗣等。

## 张泰运暨妻陈氏合葬墓志

**全称:** 明故敕封孺人陈氏张母合葬墓志铭。

**年代:** 明万历四十四年(1616)刻。

**形制:** 志长 0.64 米,宽 0.63 米,厚 0.10 米。

**行字:** 志文楷书 29 行,满行 31 字。

**撰书:** 麻僖撰,张廷玉书,张邦清篆盖。

**出土:** 1991 年出土于靖边县新城乡罗家窑子村。

**现藏:** 靖边县文物管理委员会。

**著录:**《榆林碑石》。

**提要:** 志文记载了张泰运之妻陈氏生平。

## 白侯擒盗行诗碑

**全称:** 赠父母白侯擒盗行。

**年代:** 明万历四十四年(1616)刻立。

**形制:** 碑正方形。边长 0.68 米,厚 0.09 米。

**行字:** 碑文楷书两栏,共 49 行,满行 14 字。

**撰书:** 罗秀士、张应升等撰,罗光祖书,张应升跋。

**现藏:** 户县草堂寺碑廊。

**著录:**《户县碑刻》。

**提要:** 碑文录罗和士、张应升等人的诗 5 首。白侯,即白应辉,四川几汇人,明万历年间任户县县令,县人尊称其为"父母白侯"。

## *张应升诗碑

**年代:** 明万历四十四年(1616)刻立。

**形制:** 高 0.79 米,宽 0.76 米,厚 0.14 米。

**行字:** 碑文楷书 99 行,满行 12 字。

**撰书:** 张应升撰,郭启睿书,罗秀士跋。

**现藏:** 户县草堂寺碑廊。

**著录:**《户县碑刻》。

**备注:** 碑右半部碎裂为五块,所幸损字不多。

**提要:** 碑文共录《登华山》《游子房庄》等诗 15 首。

## 程希仁暨妻刘氏合葬墓志

**全称:** 明处士北崖程公配孺人刘氏合葬墓志铭。

**年代:** 明万历四十四年(1616)刻。

**形制:** 志、盖尺寸相同。长 0.67 米,宽 0.66 米。

**行字:** 盖文楷书 4 行,满行 4 字,题"明处士北崖程公配孺人刘氏合葬之墓"。志文楷书 29 行,满行 35 字。

**撰书:** 任大僚撰,张省度书。

**纹饰:** 盖四周饰曲回纹,志四周饰蔓草纹。

**出土:** 1973 年高陵县崇皇乡桑程村出土。

**现藏:** 高陵县文化馆。

**著录:**《高陵碑石》。

**提要:** 志文记载程希仁之家族谱系、生平,配偶及子嗣情况。

## 杨母王氏墓志

**全称:** 故孺人杨母王氏墓志铭。

**年代:** 明万历四十四年(1616)刻。

**形制:** 志长 0.50 米,宽 0.90 米。

**行字:** 志文楷书 34 行,满行 26 字。

**撰书:** 石承恩撰,陈虞后书,陈虞裔篆盖。

**出土:** 1968 年出土于华阴县沙渠村。

**现藏:** 西安碑林博物馆。

**著录:**《华山碑石》。

备注：四周文字泐蚀。

提要：志文记载了王氏家世、生平、夫婿及子嗣情况。

## 洵阳县重建儒学记

年代：明万历四十四年（1616）刻立。

形制：圆首方座。高 2.33 米，宽 0.80 米，厚 0.20 米。

行字：碑文楷书 20 行，满行字数无法辨识。

撰书：陈士龙撰，倪克曙书。

现藏：旬阳县文庙。

著录：《安康碑石》。

备注：碑阳文字漫漶。碑仅部分文字尚存，可见"洵阳县重修儒学创建坊牌魁星楼"等字。

提要：碑文记载知洵阳县事陈士龙于明万历四十一年重建儒学事。

## 孙振基墓志

全称：明故朝议大夫山东按察司佥事原任户科给事中孙公公墓志铭。

年代：明万历四十四年（1616）刻。

形制：长 0.95 米，宽 0.90 米。

行字：志文楷书 50 行，满行 46 字。

撰书：南师仲撰，盛以弘书，张经世篆盖。

出土：1959 年出土于潼关县沙坡村。

现藏：潼关县东门博物馆。

著录：《潼关碑石》。

提要：记载孙振基之家族世系、生平。

## *大雄殿宝像记碑

年代：明万历四十五年（1617）刻立。

形制：通高 1.55 米，宽 0.44 米。

行字：碑文楷书 13 行，满行 49 字。

撰书：范垠撰，范铭书并篆。

现藏：合阳县博物馆。

提要：碑文记载了合阳建观音阁、大雄殿后，文运振起、科第蝉联事。

## 卫曾道墓志

全称：明处士卫鲁庵墓志铭。

年代：明万历四十五年（1617）刻。

形制：盖长 0.59 米，宽 0.51 米，厚 0.20 米。志长 0.59 米，宽 0.51 米，厚 0.19 米。

行字：盖文行书 3 行，满行 3 字，题"明处士卫鲁菴墓志铭"。志文楷书 13 行，满行 17 字。

撰书：侯恪撰，卫先范书，王都篆盖。

出土：2001 年出土于韩城市下峪口杨家岭。

现藏：韩城市博物馆。

著录：《新中国出土墓志·陕西叁》。

提要：墓志记载了卫曾道的家族世系、生平事迹、生卒年月及子嗣情况。

## *辋川真迹图碑

年代：明万历四十五年（1617）刻立。

形制：共 6 石，尺寸相同。高 1.04 米，宽 0.30 米。

行字：题名隶书 1 行 4 字。

撰书：郭世元绘。

现藏：蓝田县文物管理所。

著录：（光绪）《蓝田县志》。

提要：《辋川真迹》为宋代画家郭忠恕临摹的唐王维《辋川图》之作，明代郭世元又据郭忠恕作品临摹并刻石。

## 胡公泉创建石栏记

年代：明万历四十五年（1617）刻立。

形制：螭首龟座。高 1.60 米，宽 0.90 米。

行字：碑文楷书 18 行，满行 33 字。

撰书：薛应儒撰，王枫木书，杨威教篆额。

现藏：户县玉蝉镇丈八寺南堡。

著录：《户县碑刻》。

提要：碑文记载了薛应儒会同乡耆杨仲夏、郭增等率众出资，创建渼水源泉之一胡公泉石栏一事。胡公泉，位于户县县城西南六公里处天桥乡南丈八寺村东，是渼水源泉之一。明崇祯十六年《增补户县志》载："胡公、舜后，而封于陈……胡公尝莅于兹土地躬浚斯泉，以利百姓，百姓爱之，故祠而祀之焉。"

## 朱惟蹘暨妻黄氏墓志

全称：皇明宗室秦藩永寿王府诰封镇国中尉芳亭公元配恭人黄氏合葬墓志铭。

年代：明万历四十五年（1617）刻。

形制：志正方形。边长 0.83 米。

行字：志文分上、中、下三栏，共 100 行，满行 13 字。

撰书：朱怀圮撰，朱怀灘书，朱惟椌篆盖。

现藏：西安碑林博物馆。

著录：《新中国出土墓志·陕西贰》。

提要：志文记载了黄氏家世、生平及夫婿等情况。黄氏为秦镇国公朱惟蹘之妻。

## *南母墓志

年代：明万历四十五年（1617）刻。

形制：志长 1.16 米，宽 0.55 米。

行字：志文楷书 28 行，满行 22 字。

撰书：邵可立撰，史记事书，张养心篆盖。

纹饰：志四周饰宝相花及缠枝花纹。

现藏：商洛博物馆。

提要：志文记述了墓主人生平、品德、子嗣情况。

## 鲁卿墓志

全称：明诰封武略将军鲁公欢山墓志铭。

年代：明万历四十五年（1617）刻。

形制：志正方形。边长 0.75 米。

行字：盖文篆书 4 行，满行 3 字。志文楷书 29 行，满行 28 字。

撰书：刘威民撰，喻惟一书，陈大计篆盖。

纹饰：志四周饰缠枝花纹。

出土：1983 年出土于安康市郊一里坡。

现藏：安康市历史博物馆。

著录：《安康碑石》。

提要：碑文记述了明诰封武略将军鲁欢山生平事迹及卒年。鲁欢山征剿巨寇何勉，战死，其妻刘氏从容就义。

## 雷始奋暨妻孔氏墓志

全称：明庠生雷公始奋暨配旌表贞节孔氏合葬墓志铭。

年代：明万历四十五年（1617）刻。

形制：志正方形。边长 0.80 米。

行字：志文楷书 36 行，满行 38 字。

撰书：邵可立撰，牛维赤书。

现藏：商洛博物馆。

提要：志文记述了雷始奋夫妇生平、历官、子嗣等。孔氏守节抚养孤儿受到旌表。

## 吴宗仪登白云山诗碑

全称：登葭州白云山问真人遗像漫赋纪之。

年代：明万历四十六年（1618）刻立。

形制：通高 2.00 米，宽 0.77 米，厚 0.12 米。

行字：碑文草书 6 行，满行 16 字。

撰书：吴宗仪撰并书。

现藏：立于佳县白云山白云观三天门内左侧。

著录：《白云山白云观碑刻》。

提要：草书七言诗一首。落款"万历戊午年一阳月廿八日义兴吴宗仪题"。

## 杨绍程墓志

全称：明亚中大夫山西布政使司右参政洛源

杨公墓志铭。

**年代：** 明万历四十六年（1618）刻。

**形制：** 志长 0.77 米，宽 0.85 米。

**行字：** 志文楷书 52 行，满行 52 字。

**撰书：** 南师仲撰，李应策书，王图篆盖。

**纹饰：** 志四周饰云纹。

**出土：** 1958 年出土于岐山县孝子陵乡温家村。

**现藏：** 岐山县博物馆。

**提要：** 志文记述了明万历岐山进士杨绍程祖系参政河南、云南及山西诸多政事和军事。

## 敕建道大藏经阁记

**年代：** 明万历四十六年（1618）刻立。

**形制：** 螭首龟座。高 1.67 米，宽 1.08 米。

**行字：** 碑文楷书 34 行，满行 33 字。

**撰书：** 李嘉声撰，李绍晋书。

**纹饰：** 碑额饰二龙戏珠图案，碑身四周饰卷草纹。

**现藏：** 现立于佳县白云山白云观藏经阁前，圣旨碑楼内。

**著录：** 《白云山白云观碑刻》。

**提要：** 碑文前半为万历四十六年八月颁发的圣旨全文；后半是"敕建道大藏经阁记"，记述了敕建藏经阁及次年梁产九茎灵芝事宜。

## 史华仕暨妻冯氏合葬墓志

**全称：** 明史公配冯氏合葬墓志铭。

**年代：** 明万历四十六年（1618）刻。

**形制：** 志长 0.62 米，宽 0.60 米。

**行字：** 志文楷书 27 行，满行 30 字。

**撰书：** 史嘉诵撰，史焕文书，冯道长篆盖。

**纹饰：** 碑身四周饰卷云纹。

**现藏：** 华阴市西岳庙文物管理处。

**提要：** 志文记载了史华仕的籍贯、家族世系、生平及子女的情况，配偶冯氏仅见生死年月。

## 韩裕墓志

**全称：** 明礼部冠带儒士前庵韩公墓志铭。

**年代：** 明万历四十六年（1618）刻。

**形制：** 志长 0.74 米，宽 0.72 米。

**行字：** 志文分上、中、下三栏，楷书 99 行，满行 13 字。

**撰书：** 刘养性撰，秦东周书，管应律篆盖。

**出土：** 出土时间、地点不详。

**现藏：** 西安碑林博物馆。

**著录：** 《新中国出土墓志·陕西贰》。

**提要：** 志文记载了韩裕的家世、生平、配偶及子嗣情况。

## 朱惟烊墓志

**全称：** 皇明宗室郃阳王府诰封奉国将军望鹤公墓志铭。

**年代：** 明万历四十六年（1618）刻。

**形制：** 志、盖均为正方形，尺寸相同。边长 0.77 米。

**行字：** 盖文篆书 5 行，满行 4 字，题"皇明宗室郃阳王府诰封奉国将军望鹤公墓志铭"。志文楷书 31 行，满行 35 字。

**撰书：** 黄道见撰，李光辉书并篆盖。

**纹饰：** 志、盖四周均饰云龙纹。

**出土：** 1954 年出土于西安市东郊胡家庙。

**现藏：** 西安碑林博物馆。

**著录：** 《西安碑林全集》。

**提要：** 志文记载了朱惟烊的家族世系、生平、职官及子嗣情况。朱惟烊，封郃阳王府奉国将军。书者李光辉，时为西安府学生员，擅书画，西安碑林收藏其书画刻石数种。

## *尹伸书张载西铭碑

**年代：** 明万历四十六年（1618）刻立。

**形制：** 高 0.62 米，宽 1.00 米。

**行字：** 碑文楷书 22 行，满行 17 字。

**撰书：** 宋张载撰，尹伸书。

**出土：** 原立于眉县横渠镇学堂，后移藏西安碑林。

**现藏：** 西安碑林博物馆。

**著录：**《西安碑林全集》。

**备注：** 正文第 15 行至末行已残断成四块，损18 字。

**提要：** 张子即张载（1020—1077），北宋哲学家，理学创始人之一，曾讲学关中，故学派称为"关学"。"西铭"是其所著《订顽》的别称，《宋史》有传。书者尹伸，万历二十六年进士，曾任西安知府、陕西提学副使等职，工诗善书，《明史》有传。

## 纪益墓志

**全称：** 明真阳知县纪小华墓志铭。

**年代：** 明万历四十六年（1618）刻。

**形制：** 志正方形。边长 0.64 米，厚 0.09 米。

**行字：** 志文楷书 37 行，满行 36 字。

**撰书：** 纪云鹤撰并书。

**出土：** 2001 年出土于彬县东郊鸣玉池村。

**现藏：** 彬县文化馆。

**提要：** 志主纪益，字可受，号小华；历任延安府肤施县学训导，万历二十九年升任河南汝宁府真阳县知县；生于嘉靖癸卯（1543），卒于万历乙卯（1615），享寿七十三岁，万历四十六年葬于彬城东郊。原配席氏，生纪中绣。纪中绣娶阎氏，生纪庆宗。

## *重建虞帝庙碑

**年代：** 明万历四十六年（1618）刻立。

**形制：** 高 2.30 米，宽 1.10 米。

**撰书：** 许尔忠撰并书。

**出土：** 1990 年出土于安康市江北中学基建工地。

**现藏：** 安康市江北中学。

**著录：**《安康碑板钩沉》。

**提要：** 碑文记述虞帝庙年久失修，众姓捐资重建虞帝庙事。

## 重修邑城隍庙碑

**全称：** 重修邑城隍庙献殿钟鼓楼暨道院记。

**年代：** 明万历四十七年（1619）刻立。

**形制：** 圆首方座。高 2.40 米，宽 0.83 米。

**行字：** 志文楷书 24 行，满行 56 字。

**撰书：** 孙崇先撰，孙宗先书，兰桂篆额，彭曜、彭三才、彭三学刻。

**纹饰：** 碑身两侧饰螭龙祥云、火焰纹。

**出土：** 此碑自立未移。

**现藏：** 扶风县博物馆。

**提要：** 碑文记录城隍庙献殿因倾圮重修并对钟鼓楼进行加固维修的经过。

## 登白云山题诗碑

**全称：** 偶过佳州适值生辰登白云山留题。

**年代：** 明万历四十七年（1619）刻立。

**形制：** 高 1.58 米，宽 0.77 米，厚 0.12 米。

**行字：** 碑文草书 6 行，满行字数不等。

**撰书：** 吴宗仪书。

**现藏：** 佳县白云山白云观三天门内。

**著录：**《白云山白云观碑刻》。

**提要：** 正文草书五言诗"逆旅逢初度，悬壶正小春。有山皆紫气，无地着红尘。为问长生诀，言寻出世因。胜游良不偶，萱芦又更新"。落款"万历己未岁阳月十三日阳羡山人吴宗仪书"。

## 重修了然庵记

**年代：** 明万历四十七年（1619）刻立。

**形制：** 圆首方座。通高 1.85 米，宽 0.63 米，厚 0.15 米。

**行字：** 碑文楷书 18 行，满行 50 字。

**撰书：** 石宗岱撰，卜得魁镌。

**纹饰：** 碑额饰二龙戏珠图案。

**现藏：** 户县草堂镇黄堆村。

**著录：** 《户县碑刻》。

**提要：** 碑文记载了明万历四十七年重修户县草堂镇黄堆村了然庵的经过。了然庵为道教活动场所。

## 重修城隍庙记

**年代：** 明万历四十七年（1619）刻立。

**形制：** 高 2.30 米，宽 0.88 米，厚 0.23 米。

**行字：** 碑文楷书 20 行，满行 53 字。

**撰书：** 张毓翰撰，王弘睿书。

**出土：** 原立于华阴县城隍庙。

**现藏：** 华阴市西岳庙文物管理处。

**著录：** 《华山碑石》。

**提要：** 碑文记载了华阴城隍庙的职责、地理位置，及万历年间重修城隍庙、拓宽庙堂、增设神像事。碑侧棱有给道官王冲云执照。

## *万历四十七年祭华山碑

**年代：** 明万历四十七年（1619）刻立。

**形制：** 高 1.57 米，宽 0.90 米。

**行字：** 碑文楷书 13 行，满行 24 字。

**现藏：** 华阴市西岳庙文物管理处。

**著录：** 《华山碑石》。

**提要：** 此碑为致祭碑。明万历四十七年八月初七巡按陕西川湖监察御史傅振商奉命在西岳庙祭祀华山之神。

## 重修汉建信侯祠碑记

**年代：** 明万历四十七年（1619）刻立。

**形制：** 通高 2.46 米，宽 0.80 米，厚 0.15 米。

**行字：** 碑文楷书 32 行，满行 38 字。

**纹饰：** 碑身四周饰缠枝花卉纹。

**现藏：** 永寿县店头镇明月山。

**提要：** 碑文载明月山娄公祠所处的地理位置及重修事。

## 起建藏经阁功德碑

**全称：** 白云山起建藏经台阁会首功德疏。

**年代：** 明万历四十八年（1620）刻立。

**形制：** 高 1.48 米，宽 0.43 米。

**行字：** 碑文楷书 18 行，满行 36 字。

**撰书：** 李嘉声撰，李蓟书。

**纹饰：** 碑身两侧饰波浪纹。

**现藏：** 现嵌于佳县白云山白云观藏经阁前廊右壁上。

**著录：** 《白云山白云观碑刻》。

**提要：** 碑文记载了白云山起建藏经台阁事宜及本州部分官员、白云观道人、本会人姓名等。

## *高明川妻孙氏墓志

**年代：** 明万历四十八年（1620）刻。

**形制：** 志长 0.82 米，宽 0.81 米，厚 0.10 米。

**行字：** 志文楷书 43 行，满行 42 字。

**撰书：** 姜显允撰，高必登书。

**出土：** 1984 年出土于榆林市榆阳区古塔乡高家坟峁。

**现藏：** 榆林市榆阳区文物管理所。

**备注：** 志、盖残。志文右上角残，部分字残损。

**提要：** 志文记载了古北口参将高明川妻孙氏生平及子嗣情况。

## *登瑞芝阁碑

年代：明万历年间（1573—1620）刻立。

形制：高 1.50 米，宽 0.70 米。

行字：碑文行草 8 行，满行字数不等。

撰书：吴宗仪书。

纹饰：碑身四周饰卷草纹。

现藏：立于佳县白云山白云观藏经阁东廊墙上。

著录：《白云山白云观碑刻》。

提要：碑载草书七言诗"高阁穿出九级垚，登临幸喜结金貂。晓屏飞翠当簷起，俗障磨人对酒消。铁马几声风骤急，灵根千蕊雨滋骄。悬岗瑞气钟豪杰，清境先开聚窟标"。

## 带砺雄图

年代：明万历年间（1573—1620）刻立。

形制：高 2.00 米，宽 8.70 米。

行字：碑文行书 1 行 4 字。

撰书：许宗智书。

现藏：榆林市红石峡西壁。

备注：剥蚀严重。

提要：正文行书"带砺雄图"。上款"万历□亥□□□"，下款风蚀不清。

## *万福洞题名碑

年代：明万历年间（1573—1620）刻立。

形制：高 2.30 米，宽 0.95 米，厚 0.25 米。

行字：碑文行楷书 29 行，满行 31 字。

撰书：马作龙撰。

纹饰：碑身两侧饰花卉纹。

现藏：米脂县王沙沟万佛洞。

著录：《榆林碑石》。

提要：碑文记录了给道人孙天佑的耕地的四至。

## 秦希忠暨妻刘氏合葬墓志

全称：处士希忠秦公暨配刘孺人合葬墓志表。

年代：明万历年间（1573—1620）刻立。

形制：高 1.61 米，宽 0.62 米。

行字：志文楷书 14 行，满行 50 字。

撰书：明车林撰。

现藏：合阳县博物馆。

提要：碑文记载了秦希忠及妻刘氏的生平以及重刻立碑的原因。

## *周延镜游灵岩寺记碑

年代：明万历年间（1573—1620）刻立。

形制：高 1.02 米，宽 0.78 米。

行字：碑文行书 23 行，满行字数不等。

出土：此碑自立未移。

现藏：略阳县灵岩寺博物馆。

提要：此碑文主要是周延镜受郡伯公委托与武兴、周钟南同游灵岩寺时所作的一篇游记，叙述了灵岩寺的地理位置、周围环境和寺内的自然景观，并描写了嘉陵江两岸的风光。

## 李子庸墓志

全称：榆林卫李教授自志铭。

年代：明万历年间（1573—1620）刻。

形制：志长 0.69 米，宽 0.66 米，厚 0.11 米。

行字：志文楷书 33 行，满行 36 字。

撰书：张士庆书，郭性之篆，潘守规镌。

纹饰：志四周饰蔓草花纹。

现藏：华县文庙内。

提要：碑文记载了李子庸的生平、职官、配偶及子嗣、葬地情况。李子庸以科举入仕，嘉靖四十年初任陕州司训，万历初年升为榆林教授。

## *杜仲良墓志

**年代：** 明万历年间（1573—1620）刻。

**形制：** 盖长 0.57 米，宽 0.58 米。志正方形。边长 0.57 米，厚 0.09 米。

**行字：** 盖文篆书 3 行，满行 6 字。志文楷书 21 行，满行 21 字。

**纹饰：** 志、盖四周饰蔓草纹。

**出土：** 2004 年出土，地点不详。

**现藏：** 富平县文庙。

**提要：** 志文记载杜仲良的籍贯、生平情况。

## 重修东林寺并建□□场记

**年代：** 明万历年间（1573—1620）刻立。

**形制：** 碑残损。残高 0.58 米，宽 0.86 米，厚 0.17 米。

**行字：** 碑文楷书 22 行，满行 22 字。

**出土：** 此碑自立未移。

**现藏：** 周至县终南镇杨家大墙村东林寺。

**备注：** 碑阴已被破坏，字迹无存。

**提要：** 碑文记载了重修东林寺时新建庙宇的经过。

## *万圣洞石匾

**年代：** 明万历年间（1573—1620）刻立。

**形制：** 高 0.50 米，宽 0.85 米，厚 0.20 米。

**行字：** 中部大字楷书"万圣洞"3 字。

**现藏：** 周至县楼观台。

**著录：** 《楼观台道教碑石》。

**备注：** "万圣洞"三字清晰，其余小字部分漫漶。

## *闲居乐歌碑

**年代：** 明万历年间（1573—1620）刻立。

**形制：** 高 0.72 米，宽 0.41 米。

**行字：** 碑文楷书 12 行，满行 36 字。

**撰书：** 周之典撰，何承勋书，王梦吉镌。

**现藏：** 西安碑林博物馆。

**著录：** 《西安碑林全集》。

**备注：** 碑面稍有斑剥，立石年月已残。

**提要：** 碑文以诗歌形式抒发作者向往闲居生活的感慨。

## *草诀歌碑

**年代：** 明万历年间（1573—1620）刻立。

**形制：** 高 0.47 米，宽 1.49 米。

**行字：** 碑文草书 84 行，满行 10 字。

**撰书：** 朱敬鑑书，张文刻。

**现藏：** 西安碑林博物馆。

**著录：** 《西安碑林全集》。

**提要：** 碑文所记草诀歌为五言，旨在对草书之结构及书写规律作总结介绍，每句皆有楷书注释。末有行书题款 8 行，并刻有"志川子"篆文印。

## *"司民鉴政"石枋

**年代：** 明万历年间（1573—1620）刻立。

**行字：** 碑文楷书 4 字。

**出土：** 原在彬县城隍庙石枋门楣，1995 年移藏彬县文化馆。

**现藏：** 彬县文化馆。

**提要：** 镌刻"司民鉴政"四个大字，落款为"知州刘昇"。

## *梁忠奏章碑

**年代：** 明万历年间（1573—1620）刻立。

**形制：** 高 1.60 米，宽 0.75 米，厚 0.23 米。

**行字：** 碑文楷书 8 行，满行 37 字。

**撰书：** 梁忠撰。

**纹饰：** 碑身两侧饰蔓草纹。

**出土：** 乾县梁忠墓前出土。

**现藏：** 乾县王村镇王召村北堡子李吉家门前。

**著录：** 《新编乾县志》。

提要：梁忠为万历朝太监，年老告归还乡，皇帝恩准。此碑文为奏章文。

## *重修大园寺残碑（下部）

年代：明万历年间（1573—1620）刻立。

形制：残高 1.40 米，宽 0.90 米。

行字：额篆书 2 行，满行 2 字，题"佛日增辉"。碑文楷书 17 行，满行 40 字。

撰书：于跃龙书并篆，卜大庆等刻。

现藏：户县草堂镇大园寺。

著录：《户县碑刻》。

备注：碑身上端残缺，中部与下部断裂。

提要：碑文记载了明万历后期重修大园寺的简单经过。《重修户县志》卷二载："大园寺在县东南紫阁峪口，相传即子房庄，为子房辟谷处。明嘉靖乙卯建为寺，因寺僧大园而得名……万历间重修。"